DAS GROSSE BUCH VOM KÜCHENBAU

So gestalten Sie Ihre Traumküche:

Komplettlösungen • Einzelmöbel • Zubehör

MOEWIG

Die Ratschläge und Empfehlungen dieses Buchs wurden von den Autoren nach bestem Wissen und Gewissen erarbeitet und sorgfältig geprüft. Dennoch kann eine Garantie nicht übernommen werden. Eine Haftung der Autoren, des Verlags oder seiner Beauftragten für Personen-, Sach- und Vermögensschäden ist ausgeschlossen.

Abo-Service **selbst ist der Mann**: Tel. 0180/5 30 14 17

Wir danken den Firmen: Werner Bastian 217; Dalsgaard 190–193, 206–209, 210–211, 304–307, 324–329; Jürgen Delmes 90–97; GOR DET SELV 13, 21, 264–265, 277; Erich H. Heimann 60–65; Peter Himmelhuber 313, 330–333; IDK 225; LIVING ART 36–41, 146–153, 340–343; Objektiv Studio 116–123; Studio 2000 154–157; Edith Wöhlbier 13, 223, 229, 235.

Redaktion: Hans Altmeyer, Angela Altmeyer
Texte: Hans Altmeyer, Peter Baruschke, Margarete Grote, Wolfhild Kostopoulos, Peter Michels, Hans-Jürgen Reinbold, Karin Reinbold u.a.
Printed in Italy 1999
ISBN 3-8118-1494-X

Vorwort

Küchen zu planen und zu bauen, Eßzimmer einzurichten und zu gestalten – das ist keine Heimwerker-Aufgabe wie jede andere. Essen ist eines der Grundbedürfnisse des Menschen; täglich verbringen wir viel Zeit mit der Zubereitung und dem Genuß unserer Mahlzeiten, und es ist keineswegs verschwendete oder aus bloßer Notwendigkeit herumgebrachte Zeit. Kochen und Essen gehören heute für viele Menschen zu den wenigen verbliebenen Tätigkeiten, die zugleich kreativ sind und der Kommunikation dienen: Man probiert und experimentiert mit neuen Rezepten, Paare und Familien treffen sich am Eßtisch, tauschen Erlebnisse und Erfahrungen des Tages aus. Auch mit Freunden in der Küche zu stehen und gemeinsam zu kochen und zu klönen, ist inzwischen bei zwanglosen Abendeinladungen mit Recht zu einer beliebten Form des Zeitvertreibs geworden.

Wo es um derart – im wahrsten Wortsinn – wesentliche Dinge geht, muß auch die Umgebung stimmen. Nicht umsonst werden in professionellen Restaurant-Kritiken auch Punkte für das „Ambiente" vergeben – da sollte es sich eigentlich von selbst verstehen, daß wir zu Hause ebenso hohe Maßstäbe an ein gepflegtes Umfeld anlegen. Und nicht nur das: Kochen ist eine zuweilen recht komplizierte Aufgabe, die gut organisiert werden will. Eine wichtige Rolle spielen da Gesichtspunkte wie ergonomische Einrichtung und sinnvolle Ablaufplanung, die von vorherein in den Entwurf eines Küchen-Grundrisses einfließen müssen.

Auf den Seiten dieses umfangreichen Bandes werden Sie für alle Aspekte der Küchenplanung und des Küchenbaus, der Einrichtung und Gestaltung des Eßraumes und der fachmännischen Konstruktion von Möbeln und Zubehör erprobte Ratschläge und detaillierte Anleitungen finden. Wir zeigen an verschiedenen Beispielen, wie man Einbauküchen selbst konstruiert, und berücksichtigen dabei sowohl die verschiedenen Bedürfnisse als auch die ganze Bandbreite räumlicher Gegebenheiten sowie die unterschiedlichen handwerklichen Fähigkeiten des einzelnen. Wenn Sie nicht gerade mit den sprichwörtlichen zwei linken Händen geschlagen sind, werden Sie hier zumindest den entscheidenden Anstoß für den Selbstbau Ihrer Traumküche erhalten.

Natürlich muß es nicht in jedem Fall eine vollständig neue Küche sein, die man sich wünscht. Auch für diejenigen, die mit ihrer Küche eigentlich recht zufrieden sind, haben wir Tips und Anleitungen zusammengestellt: Vom einfachen Überstreichen über das Beschichten und Auswechseln von Möbelfronten bis hin zum kompletten Küchen-Umbau erhalten Sie wertvolle Informationen rund um die Küchen-Modernisierung. Ist die Substanz der Möbel noch tadellos, können Sie auf diese Weise ausgesprochen preiswert an eine Einrichtung auf dem aktuellen Stand von Technik und Design kommen.

Rund um das zentrale Thema Küche gruppieren sich mit Eßplätzen und Eßzimmer-Möbeln, mit Kleinteilen und Speziallösungen weitere interessante Betätigungsfelder für ambitionierte Heimwerker, die einmal auf den Geschmack gekommen sind. Nicht zu vergessen auch der Garten, in dem an wärmeren Tagen ebenfalls gerne gekocht, gegrillt und gegessen wird. Wie man sich hier das Leben erleichtert, zeigt ein eigenes Kapitel am Ende des Bandes. Eingestreut haben wir zudem eine ganze Reihe von kleineren Themen, die als Fingerübungen für größere Aufgaben dienen können oder auch als persönliches Geschenk und nettes Mitbringsel für Freunde.

Bei der Lektüre wünschen wir Ihnen ebensoviel Freude wie bei der kreativen Umsetzung und später beim Kochen und Genießen in Ihrer selbstgebauten Einrichtung.

Ihr Redaktionsteam
»selbst ist der Mann«

Inhalt

Kapitel 1: Küchen aus Porenbeton

Kapitel 2: Küchen aus Holz

Kapitel 3: Küchen modernisieren

Kapitel 4: Schöne Eßplätze

Kapitel 5: Möbel und Kleinteile

Kapitel 6: Kochen und essen im Freien

Dekorative und nützliche Extras

Kapitel 1

Küchen aus Porenbeton

Porenbeton ist ein idealer Werkstoff für den Selbstbau von Einbauküchen: Er ist sehr preiswert, auch Ungeübte können damit umgehen, und wenn man sie richtig baut, eignen sich Porenbetonküchen ohne weiteres für Mietwohnungen

INHALT

Gemauerte Küchen

Wenn Sie's besonders solide mögen, können Sie Ihre neue Küche auch Stein auf Stein aus Gasbeton mauern

So entsteht der Rohbau der gemauerten Küche. Die zugeschnittenen Porenbeton-Paßteile werden mit Klebemörtel zusammengefügt. Spätere Korrekturen sind nicht möglich. Deshalb präzise arbeiten

Haben Sie gedacht, Möbel könnten nur aus Holz oder Holzwerkstoffen bestehen? Dann dürfte dieses Bild einer besonders attraktiv gestalteten Küche Sie eines Besseren belehrt haben. Das Baumaterial sind 6 cm dicke Porenbetonsteine – ein leichtes und problemlos zu bearbeitendes Material. Paßstücke werden einfach mit der Säge zugeschnitten. Zur Verbindung der Teile dient dünn aufgezogener Klebemörtel.

Die hier gezeigte Küche besticht durch ihre elegante Linienführung. Die Stollen-Elemente der Unterschränke setzen ihre Schräge in den Oberschränken fort. Die Konstruktion wirkt solide und dabei doch sehr leicht.

Beim Abstand der Stollen richtet man sich nach den Einbaumaßen der vorgesehenen Elektrogeräte. Türen und Schubladen können beim Eigenbau auf die konkreten Raummaße abgestimmt werden, so daß die Zeile genau von Wand zu Wand reicht.

Als Beschichtung für den Bereich der Arbeitsfläche wurden Platten aus Granitgranulat gewählt. Die übrigen Korpusteile erhielten einen Überzug aus Baumwollmasse, die als dünner Brei wie Putz aufgezogen wird. Alternativ kann auch Fein- oder Rollputz aufgetragen werden. □

TIP

So wird bei kleinen Küchen jeder Zentimeter optimal genutzt

- Die Untergrenze für funktionelle Kleinküchen liegt bei etwa 5 Quadratmetern.
- Wichtig ist, die Raumhöhe voll auszunutzen. Eine kleine, klappbare Trittleiter hilft beim Benutzen der obersten Fächer in den deckenhohen Oberschränken.
- Statt der üblichen 60 cm breiten Elektro-Einbaugeräte können auch die nur 45 cm messenden Raumspar-Ausführungen eingeplant werden. Mit Herd, Spülmaschine und Kühlschrank spart man so 45 cm, was Platz für einen weiteren Schrank ergibt.
- In die Sockel der Unterschränke können Schubladen integriert werden, die eine Menge zusätzlichen Stauraum schaffen.
- Soll ein Eßplatz vorhanden sein, wählt man eine Lösung mit Klapp-Elementen an der Wand.

TIP

Treffpunkt für

Gourmets

Wandbeschichtung: Jadecor; Spüle: Franke; Armatur: Klud; Fliesen: Korzilius; Türen: Parador; Beschläge: Robbi; Geräte: Küppersbusch

1. Teil

Mit Porenbeton gemauert

„Preiswert bauen – erstklassig einrichten" heißt das Losungswort für diese Küche. Wir zeigen Ihnen, wie man mit viel Phantasie und einfachen Zutaten den Rahmen für eine exzellente Ausstattung setzt

Das Grundprinzip der feinen Küche ist die Einfachheit. Sowohl bei der Zubereitung als auch beim Genuß und nicht zuletzt bei einem optimalen Ambiente. Das ist auch nicht anders, wenn es erst einmal um die Einrichtung einer guten Küche geht: Mit einer großen Portion Kreativität läßt sich aus vielen einfachen Komponenten ein Meisterstück gestalten. Das kann in der großzügigen Villa mit Wirtschaftstrakt gelingen, genauso aber auch in der Mietwohnung am Stadtrand von Saarbrücken oder im kleinen Appartement in der Altstadt von Jena. Allerdings sollte es – bitteschön – nicht immer eine der kunststoffurnierten Eichen-Kombinationen vom Möbel-Discounter sein. Aber gleich so etwas exotisches wie eine gemauerte Küche? Spielt denn da überhaupt der Ver-

1 *Vor Beginn der Arbeiten wird die gesamte Küche mit einer dicken Baufolie ausgelegt, die bis in die Ecken reicht*

2 *Grundvoraussetzung für Arbeiten mit Porenbeton ist passendes Werkzeug wie dieser Fuchsschwanz mit einer speziellen Anordnung der Zähne, die sich nicht zusetzen*

3 *Zuerst wird der Eckstein im Herdbereich fixiert, weil sich nach dieser Position alle weiteren Teile richten. Die unterste Steinlage mit Zementmörtel auf die Folie setzen*

4 *Den Porenbetonkleber mit einer speziell gezahnten Kelle dünn auftragen. Das reicht für eine dauerhafte Verbindung*

5 *Die passend zugesägten Seitenteile und der 5 cm dicke Zwischenboden liegen. Mit Lot und Bleistift den Regal-Entwurf von der Zeichnung auf die Wand übertragen*

6 *Überstehende Kleberreste sollte man stets direkt entfernen: Sie werden mit einem rauhen Glättbrett geschliffen, um eine saubere Oberfläche und exakte Kanten zu bekommen*

mieter mit? Gibt's denn da keine Probleme mit der Statik? Und was passiert, wenn man auszieht? Das erste Problem lösen Sie, indem Sie das Buch Ihrem Vermieter zeigen und ihm die wichtigsten Details erläutern. Vor allem, daß hier nicht mehr Löcher gebohrt werden als sonst üblich, eher noch weniger.

Das zweite ist auch leicht aus der Welt geschafft, denn die Gasbetonsteine (neuerdings Porenbeton genannt) haben hier nur einen geringen Querschnitt und belasten Decken und Wände nicht mehr als eine übliche Einbauküche.

Und die Frage des unkomplizierten Ausbaus ist bereits mit dem Foto 1 (oben) beantwortet: Eine Baufolie dient als Schutzschicht zwischen wertvollen Fliesen und dem aufgemauerten Porenbeton. An den Wänden werden die Platten nur an wichtigen Punkten mit Dübel und Anker verbunden – wir haben hierbei ganz darauf verzichtet. Die Blöcke lassen sich also problemlos wieder entfernen.

Bevor Sie nun anfangen zu bauen, sollten Sie Ihre Küche

7 *Langsam wächst das Regalteil. Rechts der Raum für den Kühlschrank. Im hinteren Bereich ist der Boden für die Hinterlüftung ausgespart. Wegen der Abluft wird später auch oben eine Öffnung freigelassen. Für das leichtere Einpassen des Kühlschranks sollten Sie an beiden Seiten je 1 cm zum Einbaumaß des Gerätes hinzugeben*

8 *Der Rohbau des rechten Unterschranks ist fertig. Als Vorbereitung für das exakte Auflegen der Arbeitsplatte schleift man die Köpfe der Mauerscheiben plan (mit Wasserwaage kontrollieren). In der rechten Ecke sehen Sie die diagonale Rückwand für Herd und Dunstabzugshaube. Damit man Geräte daranhängen kann, muß sie oben mit zwei Porenbetondübeln oder -nägeln fixiert werden*

9 ***Sieht komplizierter aus, als es ist: Die versetzt angeordneten Seitenteile zur Aufnahme der Kochmulde müssen sauber geschnitten und verklebt werden***

10 ***Beim Zuschnitt der Arbeitsplatten müssen Sie die Dicke der umlaufenden Fliesenkante berücksichtigen, damit Sie nachher keinen Überstand bekommen***

11 ***Als Grundlage für die Arbeitsflächen haben wir wasserfest verleimte Spanplatten aufgelegt. Man kann sie einfach mit Porenbetonnägeln fixieren. Die Befestigung mit Dübeln ist auch möglich, für die Stabilität jedoch nicht notwendig***

12 ***Die markante Ecklösung über dem Herd: Zunächst setzt man an beiden Seiten stabile Rahmen auf, dann folgt das massive Sturz-Formteil***

Sollte in keiner Küche fehlen: Hackklotz nach bewährtem Muster

Hackklotz für Küchenfreunde

Wer gerne kocht und ein gutes Stück Fleisch zu würdigen weiß, kennt auch die Vorzüge eines Hackklotzes. Zudem ist dieser hier ein besonders prächtiges Stück. Um ihn herzustellen, müssen Sie 32 Kieferleisten mit einer Länge von 80 mm laut unserer Zeichnung miteinander verleimen. Bevor der Klotz auf die Grundplatte (10 mm dickes Sperrholz) aufgebracht wird, müssen Sie diese an allen vier Ecken ausklinken. Für die Standbeine jeweils zwei 130 mm lange Leisten in der gleichen Stärke miteinander verleimen und dann unter Leimangabe mit Spanplatten-Schrauben an den Ecken befestigen. Die Löcher der versenkten Schraubenköpfe mit Holzstopfen verschließen. Zum Schluß den Hackklotz mehrfach fein schleifen.

Material:
Sperrholz, 10 mm dick:
1 Grundplatte, 400 x 240 mm;
Kieferleiste, 60 x 40 mm:
32x 80 mm lang; 8x 130 mm lang. Dazu: 4 Spanplatten-Schrauben*) 6,0 x 100 mm; 4 Spanplatten-Schrauben*) 6,0 x 80 mm; 8 Holzstopfen, ∅ 12 x 20 mm; wasserfester Holzleim.
*) Etwa 20 mm tief einlassen

Werkzeug:
Stich- oder Handkreissäge; Bohrer; Schleifpapier

Materialkosten:
rund 25 Mark

13 ***Der Rohbau des Gerätebereichs in der rechten Küchenhälfte steht. Das Staufach über der Kühlschrank-Öffnung dient zur Ableitung der warmen Luft (siehe Zeichnung unten)***

14 ***Weiter geht's im linken Teil: Für das Zuschneiden der abgeschrägten Sockel eignet sich eine Bandsäge oder ein Elektro-Fuchsschwanz mit speziellem Sägeblatt hervorragend***

exakt planen. Da sind die Maße der Einbaugeräte genauso wichtig wie die Anzahl der Stauräume und die gewünschte Größe und Höhe der Arbeitsflächen. Auch die Reihenfolge der Arbeitsabläufe ist entscheidend für die optimale Nutzbarkeit einer (Wohn-)Küche. Hilfestellung bietet hier der Ratgeber ‚Küche' der Arbeitsgemeinschaft Die moderne Küche, Dannstadter Straße 6 in 68199 Mannheim.

Wir haben uns beim Porenbeton für 7,5 cm dicke Wandscheiben und für 5 cm dicke Böden entschieden. Das Maß der Regal-Segmente sollte auf handelsübliche Türbreiten und -höhen sowie auf die Größe der Wunschfliesen abgestimmt sein, um unnötigen Verschnitt zu vermeiden.

Vor dem Start sollten Sie auch überlegen, wo Sie die Steine zuschneiden können. Das Bearbeiten von Porenbeton verursacht Staub! Ist Platz genug vorhanden, sollten Sie in Erwägung ziehen, beim Baustoffhändler eine Bandsäge mit speziellem Blatt auszuleihen: Damit läßt sich nicht nur exakter schneiden, sondern wohl auch die Bauzeit erheblich verkürzen.

Zur schnelleren Fertigstellung tragen auch Formteile wie etwa Stürze bei. Erkundigen Sie sich deshalb vorher, welcher Hersteller welche Teile anbietet und wie lang die Lieferzeiten dafür sind.

Als Basis für Arbeitsflächen nimmt man wasserfeste Spanplatten, die nicht aufwendig befestigt werden müssen.

Achten Sie in dieser Phase auf Durchbrüche oder Bohrungen für Wasser- und Elektroinstallationen (Fachmann zu Rate ziehen!). Steckdosen können übrigens nicht zahlreich genug vorhanden sein. Wir haben uns bemüht, auf einer Fläche von 12 m² so viele Ideen wie möglich einzubringen. Selbstverständlich läßt sich eine gemauerte Küche auch auf einer kleineren Fläche kompakter unterbringen. Für die Anordnung der Arbeitsbereiche gibt es wissenschaftliche Erkenntnisse. Ebenso für die individuelle Arbeitshöhe. Auch darüber gibt der „Ratgeber Küche" Auskunft. Natürlich müssen Sie bei der Planung auch Ihre persönlichen Wünschen verwirklichen, denn schließlich sollen Sie sich in Ihrem Gourmet-Treffpunkt viele Jahre lang wohlfühlen. □

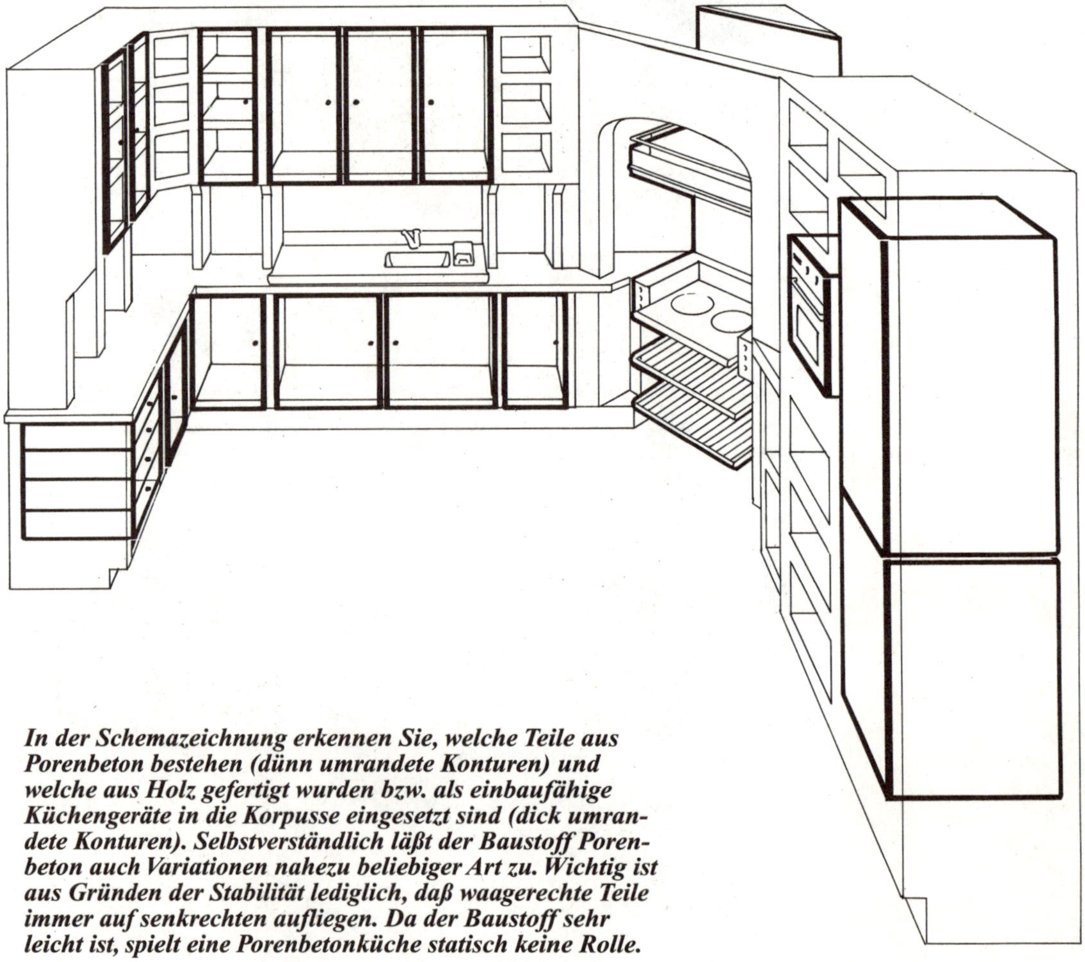

In der Schemazeichnung erkennen Sie, welche Teile aus Porenbeton bestehen (dünn umrandete Konturen) und welche aus Holz gefertigt wurden bzw. als einbaufähige Küchengeräte in die Korpusse eingesetzt sind (dick umrandete Konturen). Selbstverständlich läßt der Baustoff Porenbeton auch Variationen nahezu beliebiger Art zu. Wichtig ist aus Gründen der Stabilität lediglich, daß waagerechte Teile immer auf senkrechten aufliegen. Da der Baustoff sehr leicht ist, spielt eine Porenbetonküche statisch keine Rolle.

15 *Die Regalböden der Oberschränke wurden zurückgesetzt angebracht, damit die Türen bündig mit den Stollen abschließen. Die Sockel haben eine geringere Tiefe: So vergrößert sich die Arbeitsfläche. Der Überstand der Oberschränke bietet Platz ◀ für die Lichtleiste*

16 *Die Rohbauphase ▲ ist abgeschlossen. Die Anzahl einzelner Fächer muß individuell bestimmt werden. Berücksichtigen Sie schon bei der Planung die Maße von Geschirr, Töpfen, Flaschen und Geräten, damit es beim Einräumen keine bösen Überraschungen gibt*

Treffpunkt für Gourmets

'Preiswert bauen - erstklassig einrichten' hieß das Losungswort für diese Küche. Im zweiten Teil zeigen wir die Feinarbeit: Verputzen und Fliesen, den Einbau von Türen, Geräten und Licht

Porenbeton: Hebel; Wandbeschichtung: Jadekor; Fliesen: Korzilius; Türen: Parador; Elektrogeräte: Küppersbusch; Spüle: Franke; Armatur: Kludi; Beschläge: Robbi; Beleuchtung: Hailo; Accessoires: WMF, Porzellanfabrik Friesland

2. Teil

Verputzen Fliesen Einrichten

Die Wände außerhalb des Spritzbereichs haben wir mit einem Naturprodukt auf Baumwollbasis beschichtet. Das Material stammt ursprünglich aus Japan und wird dort seit über 150 Jahren im gesamten Wohnbereich eingesetzt. Es hat eine schimmernde weiche Oberfläche und ist pflegeleicht. Mechanische Beschädigungen bessert man einfach mit Blumenspritze und Spachtel aus. Durch Mischen der Basiskomponenten läßt es sich jedem Farbwunsch anpassen. Wir haben eine Zusammensetzung gewählt, die auf die grau-metallicfarbenen Lackfronten der Türen abgestimmt ist. Diese stammen aus einem Modulsystem, das beim Holzhändler zu beziehen ist.

Die Fliesen für Spritzbereich und Arbeitsplatte kommen aus einer Serie mit vielen pfiffigen Ideen. Basis für den Einsatz in der Küche sind eine Vielzahl von Formstücken. Sie ermöglichen saubere Übergänge an den vorderen Kanten, den Kehlen an der Wand oder in den Ecken. Die Relief-Dekore sind nicht nur dekorativ, sondern teilweise auch Funktionselemente. Sie lassen sich als Gewürzregale, Seifenhalter etc. nutzen.

Die Lichtleisten unter den Oberschränken unterstreichen zum einen die Raumatmosphäre, zum andern geben sie hervorragendes Licht für die Arbeitsfläche. Die Niedervolt-Halogenstrahler sind sowohl einzeln als auch zusammen schaltbar.

Das Spül- und Rüstzentrum bietet mit viel sinnvollem Zubehör eine breite Fläche zum Vorbereiten von Salat, Gemüse und Fleisch. Das uralte ökonomische Prinzip von Abfalltrennung und Weiterverwertung bekommt

1 Die Wände außerhalb des Spritzbereichs beschichtet man mit einem Naturprodukt auf Baumwollbasis. Es wird einfach mit Wasser angerührt und sorgfältig von Hand durchgeknetet

2 Das ist wichtig: Das Baumwollmaterial muß nahtlos in einem Arbeitsgang aufgetragen werden. Es entsteht dabei kein Schmutz und Geruch, kein Abfall und auch kein Verschnitt

3 Ein guter Rat vom Fachmann: Saubere Übergänge an den Kanten erreicht man, indem man

6 Die Fliesen bringt man mit einem wasserdichten Kleber auf die Arbeitsplatte auf. Erst werden die ◀ Kanten, dann die Flächen belegt

7 Sorgfältiges Schneiden ist die Grundvoraussetzung für eine optimale Oberfläche. Besondere Mühe sollte man sich bei den Formteilen geben

11 Das Ausfüllen und Säubern nach dem Verfugen erfolgt in bewährter Form mit Rakel, Schwamm und Wasser. Dabei das Fugengummi oder -brett diagonal zu den Fugen führen

12 In die Lackfronten haben wir selbstschließende Topfbänder in die 32er Topfbohrung eingebracht. Dadurch spart man eine spezielle Zuhaltung, was den Arbeitsfortschritt wesentlich beschleunigt

13 Die Montageplatte wird mit kleinen Porenbetondübeln in der Seiten-

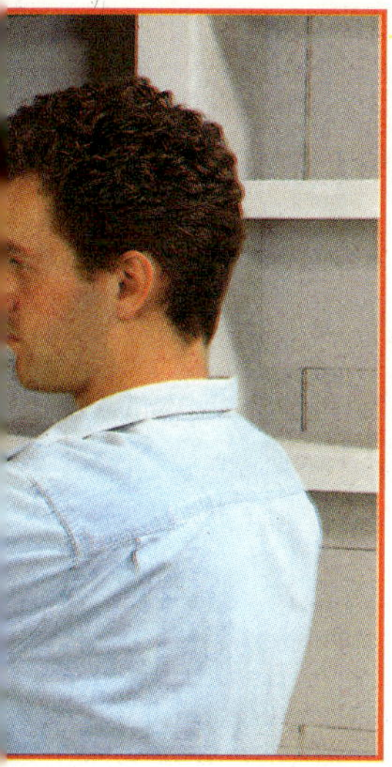

diese mit Kelle und Glättkelle sorgfältig parallel an beiden Seiten abzieht

4 Auch die Türen unter der Spüle haben wir mit diesem Material beschichtet. Die wasserfesten Spanplatten wurden vorher grundiert und für die diagonale Unterteilung mit Kreppband abgeklebt

5 Die Baumwollschicht lebt wie die Natur; das Material atmet und reguliert die Luftfeuchtigkeit. Der Hersteller liefert viele attraktive Farben, Effekte und Strukturen, die untereinander kombinierbar sind

8 Die Fliesen bis auf 5 mm an das Baumwollmaterial heranlegen und im Anschluß dauerelastisch abspritzen

9 Speziell an Küchenarbeitsplatten werden ganz besondere Ansprüche gestellt. Sie müssen hygienisch, praktisch und vor allem optisch schön sein. Hier hat sich der Einsatz von Formfliesen vor allem bei den Wandanschlüssen bewährt

10 Die Fliesen mit speziellem Epoxidharz ausfugen. Das ist die Grundlage für absolute Dichtigkeit und Langlebigkeit

wand befestigt. Das garantiert eine dauerhafte Nutzung. Anschließend das Topfband einfach aufstecken und die Tür ausrichten

14 Die Lackfronten aus dem Anbaumöbel-Programm von Parador gibt es mit schwarzen, grau-metallicfarbenen, transparenten und weißen Oberflächen. Sämtliche Systemteile sind im Holzfachhandel erhältlich

bei steigenden Müllmengen auch im privaten Haushalt einen neuen Stellenwert. Darum ist die Spüle mit einem von oben zugänglichen Trennsystem versehen.
Die Armatur ist ein Multitalent: Sie hat einen überlangen Auslauf, dessen vorderer Teil herausziehbar ist. Mit dem integrierten Absperrventil lassen sich Geschirrpüler oder Waschmaschine abstellen. Eine versteckt angebrachte Verbrühsicherung schützt Kinderhände.
Clou der Küche ist das neue, teleskopartig ausfahrbare Koch- und Grillcenter – attraktiv in einer Nische mit Rundbogen untergebracht. Im vorderen Teil kann nach Herzenslust gekocht werden, während hinten Steaks und Gambas fachgerecht gegrillt

werden. Töpfe und Pfannen haben wir direkt unter dem Herd untergebracht. Brühsieb, Bratkartoffelwender und Schaumbesen hängen griffbereit an der angearbeiteten Dunstabzugshaube.

Den Backofen mit integrierter Mikrowelle haben wir in Sichthöhe plaziert und darunter Fächer für das Mikrowellengeschirr vorgesehen. Griffbereit daneben die Kühl- und Gefrierkombination.

Ist alles fertig eingerichtet, wird der - selbstverständlich ebenfalls gemauerte - Tisch hübsch gedeckt, und die erste Gourmet-Session in der neuen Küche kann beginnen. □

15 *Die Spüle setzt man mit einem Dichtband in den vorgesehenen Ausschnitt ein. Dadurch wird vermieden, daß später eventuell Wasser unter den Beckenrand läuft*

16 *Sitzt die Spüle richtig, werden Edelstahl-Rückfront und die Armatur, der Abfluß mit Siphon und Geschirrspüler-Anschluß sowie der Abfallsammler montiert*

Das Lichtsystem besteht aus einem Trafo, Halogenstrahlern, Stromschienen, Verbindungskabeln und Netzstecker. Die Stromschienen mit Haltern unter den Oberschränken, Strahler und Trafo mit Klemmhebeln in der Schiene befestigen

Die Reliefdekore der Fliesen haben zum Teil nutzbare Funktionen, z.B. fungieren sie als Seifenhalter. Hier nehmen sie Gewürze auf

In der Nische haben wir das teleskopartig ausfahrbare Koch- und Grillcenter, den Traum jedes Hobbykochs, untergebracht. Natürlich sind auch weniger aufwendige Lösungen denkbar

Das Kühl-/Gefrierzentrum und der Backofen mit integrierter Mikrowelle sind in die Mauernischen eingelassen. Den Anschluß sollten Sie unbedingt dem Elektriker überlassen!

Hier die Gourmet-Küche aus der Vogelperspektive. Rechts werden die einzelnen Arbeitsphasen verdeutlicht. In unserer Traumküche haben wir so viele Ideen wie möglich realisiert. Sie sollten aber bei der Planung immer auch Ihren persönlichen Wünschen Rechnung tragen. Denn schließlich wollen Sie sich in Ihrem Gourmet-Treffpunkt viele Jahre rundum wohlfühlen

Tisch-Verlängerung

Überraschende Gäste sind meist problemlos zu versorgen. Etwas kritisch wird es erst dann, wenn der Besuch zu Kaffee und Kuchen eingeladen werden soll und nicht alle am vorhandenen Tisch Platz finden. Dieses Problem läßt sich ganz einfach lösen, indem Sie unsere Tischverlängerung nachbauen. Sie ist nicht schwierig anzufertigen und bequem an einem Nachmittag hergestellt.

Die Ablageplatte aus 19-mm-Spanplatte sollte zwischen 600 und 800 mm breit sein, die Länge richtet sich nach Ihrer Tischplatte. Alle vier Seiten erhalten auf Gehrung geschnittene Kantenleisten als Abschluß (20 x 10 mm). Dann die Trägerleisten unter der Ablageplatte mit Leim und Spanplatten-Schrauben befestigen (siehe Zeichnung) und die Bohrungen für die Flügelschrauben herstellen. Die beiden Einschraubmuttern als Gegenstücke paßgenau in die untere Seite der großen Tischplatte einlassen.

Material:
19-mm-Spanplatte: Ablageplatte, 600 oder 800 mm breit, Länge richtet sich nach der Tischplattenbreite. Kantenleisten, 20 x 10 mm (entsprechend der Plattengröße). 2 Trägerleisten (Dachlattenstücke) entsprechend der Plattenbreite. Spanplatten-Schrauben; 2 Flügelschrauben M6 x 35 mit Scheiben und Einschraubmuttern.

Werkzeug:
Stichsäge; Gehrungslade; Bohrer; Schraubendreher; Schleifpapier

Materialkosten:
rund 30 Mark

Das Prinzip der Tisch-Verlängerung ist ganz einfach. Bei Nichtgebrauch wird die Platte einfach abmontiert und zur Seite gestellt

Muscheln in der Vase

Besonders schöne Exemplare, die Sie aus dem letzten Strandurlaub mitgebracht haben, finden mit unserem Gestaltungsvorschlag eine dekorative Verwendung. Eine bauchige Glasvase wird mit etwas grobem Sand und den Muscheln zu einem Viertel gefüllt; dann fügt man Wasser hinzu und setzt Blumen ein.

FEST GEMAUERT...

Der berühmte Auftakt des Gedichts „Die Glocke“ von Friedrich von Schiller trifft auch auf die hier vorgestellte Küche zu. Sie steht zwar nicht „in der Erden“ sondern in einem Neubau, wird aber mit diesem immerhin fest verbunden. Keine Angst: Aus Ton gebrannt ist sie nicht, die Küche. Vielmehr mauert man sie aus leicht zu verarbeitenden Gasbetonsteinen. Wie das geht, lesen Sie auf den folgenden Seiten

So macht das Kochen Spaß: Auf der großen Arbeitsplatte wird das Essen vorbereitet – daneben ist Platz zum Sitzen

Porenbetonsteine sind so leicht, daß man sie mühelos alleine auch in die oberen Stockwerke tragen kann

Mit Porenbeton gestaltete Küchen bieten ganz spezielle Designmöglichkeiten. Massiv wirkende Zwischenwände und stabile Böden verlangen geradezu nach einer ausgefallenen Gestaltung. Hinzu kommt die leichte Handhabung der großen hellgrauen Steine: Man kann sie einfach passend zusägen, kleine Änderungen mit einer Raspel vornehmen und anschließend mit dem Spezialmörtel mauern. Ein idealer Werkstoff für den Heimwerker? Sicherlich – solange man über genügend Platz verfügt. Es sollte nämlich nicht vergessen werden, daß Porenbetonwände immer dicker ausfallen als solche aus Holzwerkstoffen. Und einen weiteren Nachteil sollten Sie gleichfalls berücksichtigen: Umbauten sind mit sehr viel Mühe verbunden. Schließlich sind alle Wände gemauert und zusätzlich verschraubt. Aber wer baut schon eine gut geplante Einbauküche um?

Bevor der Neubau fertig ist, beginnt man mit der Küche

Nun zum konkreten Bauvorhaben: Die Küche entstand in einer neu errichteten Dreizimmer-Eigentumswohnung. Sie wurde schon während der Bauphase des Hauses begonnen. So mußte keine Rücksicht auf Nachbarn und Teppichböden genommen werden. Wie aus dem Grundriß auf Seite 24-25 zu ersehen ist, stand für die Küche eine Fläche von 3,25 x 3,3 m zur Verfügung. Mikrowelle, Spüle, Herd und Kühl-/Gefrier-Kombination sollten integriert werden. Außerdem mußte noch Platz für einen kleinen Eßtisch bleiben. Um dem Projekt eine eigene Note zu geben und die Ober- mit den Unterschränken optisch zu verbinden, wurde ein Design mit vorspringenden Dreiecken gewählt. Diese verspielte Variante nimmt den Zwischenwänden viel von ihrem optischen Gewicht.

Natürlich beginnt das Mauern der Küche bei den Sockeln. Und das wichtigste Werkzeug ist die Wasserwaage. Da Korrekturen im nachhinein sehr schwer durchzuführen sind, ist genaues Arbeiten besonders wichtig. Nach den Sockeln folgen die Zwischenwände der Unterschränke. Sie werden einerseits mit Mörtel untereinander und mit der Wand verbunden, andererseits befestigt man sie zusätzlich noch mit speziellen Lochblechen und Nageldübeln am festen Mauerwerk.

Falls einmal ein Stein nicht genau paßt, kann man ihn mit dem Elektrofuchsschwanz leicht auf das erforderliche Maß zurechtsägen. Anschließend wird die so entstandene Kante mit einem Putzbrett solange bearbeitet, bis eine gerade Fläche entstanden ist. Hat man den Bogen erst einmal heraus, macht diese Arbeit sogar Spaß.

Ebenfalls mit dem Fuchsschwanz werden die Dreiecke hergestellt. Beim Anpassen sollte man wiederum sehr sauber und sorgfältig arbeiten, damit die abschließenden Putzarbeiten nicht zu umfangreich werden. Da man die Dreiecke nur mit Mörtel befestigt, sie aber nicht zusätzlich dübelt, schlägt man unter dem letzten Stein der Verzierung

Lesen Sie weiter auf Seite 27

FEST GEMAUERT...

Mit Hilfe des Zollstocks oder einer passenden Leiste zeichnet man entlang einer Richtlatte die vordere Begrenzung auf den Boden

Zur Orientierung hier der Grundriß der Küche mit den wichtigen Maßen

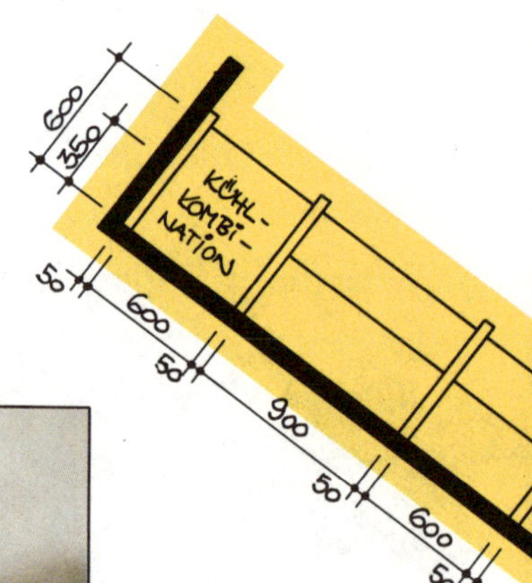

Beim Kleben des Sockels empfiehlt sich sorgfältiges Arbeiten. Wasserwaage und Gummihammer sind hier die wichtigsten Werkzeuge

Distanzleisten helfen beim Ermitteln der richtigen Abstände. Noch kann man die gesamte Planung verändern

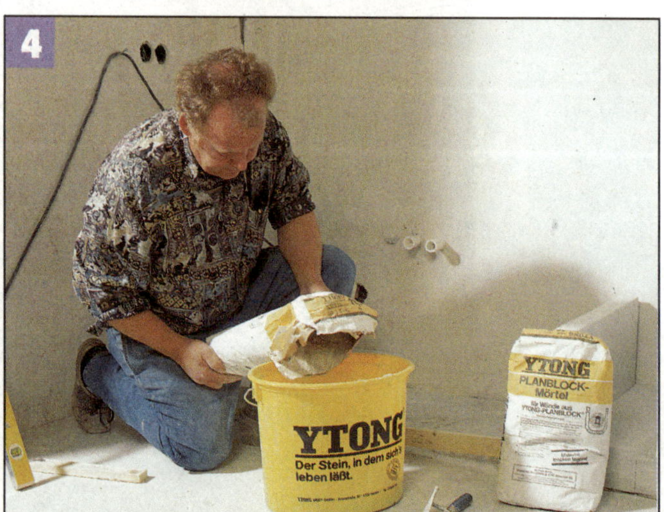

Um beim Arbeiten nicht unter Zeitnot zu geraten, sollte man immer nur kleine Mengen des Mörtels anmischen

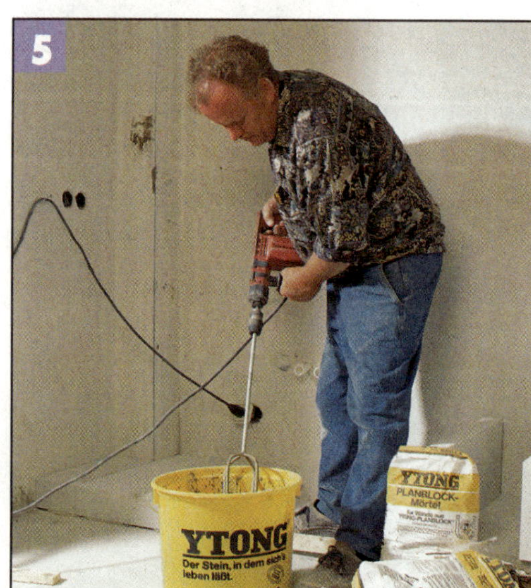

Der Mörtel muß sehr gut durchgemischt werden. Nur dann läßt er sich hinterher leicht verarbeiten

FEST GEMAUERT...

Wenn die Gasbeton-Blöcke mit dem Fuchsschwanz zugesägt sind, werden sie mit einem Putzbrett abgerichtet. Anschließend kann man den Mörtel auftragen

Durch die Konbination verschieden dicker Steine erreicht man die unterschiedlichsten Höhen, wie hier beim Sockel

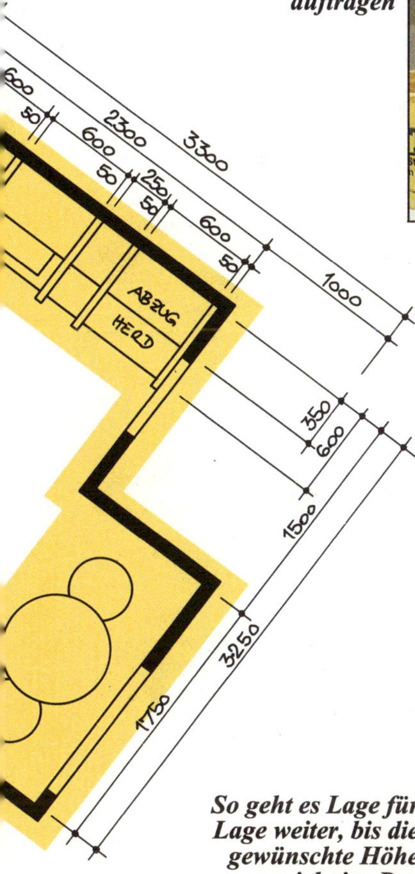

Jetzt wird die untere Lage der Zwischenwände genau ausgerichtet und fest vermauert. Hier helfen wieder die Leisten

So geht es Lage für Lage weiter, bis die gewünschte Höhe erreicht ist. Das Anpassen der letzten Schicht dürfte keine größeren Probleme bereiten

Mit diesem speziellen Werkzeug wird eine Nut in die oberste Steinlage geritzt. Hier hinein paßt der Sicherungsbolzen

Über der vorletzten Lage schlägt man einen Halterungsbolzen in die Wand. Er verleiht der Wand zusätzliche Stabilität

Die Wände oberhalb der Arbeitsplatte müssen ebenfalls zusätzlich gestützt werden. Dazu bohrt man Löcher vor

FEST GEMAUERT...

Die gelochten Blechwinkel werden anschließend mit Nageldübeln im Mauerwerk befestigt und geben den Wänden Halt

Um eine ausreichende Stabilität zu schaffen, erhalten alle senkrechten Lagen solche Sicherungsbleche

Bei den Zwischenböden treten wieder Wasserwaage und Gummihammer in Aktion. Denn nach dem Abbinden des Mörtels kann man nur noch unter großem Aufwand nachbessern

In diesem Stadium bekommt man langsam einen Eindruck davon, wie die fertige Küche später einmal aussehen soll

Die dreieckigen Verzierungen müssen genau angepaßt werden. Für die Winkel fertigt man sich am besten eine Schablone

Damit die Verzierungen beim Abbinden des Mörtels nicht herunterrutschen können, schlägt man hier Nägel als Sicherung ein

FEST GEMAUERT...

Um eine durchgehende Arbeitsplatte zu schaffen, zeichnet man die Verlängerung der Dreiecke auf den ...

... Zwischenwänden an und sägt dann das überschüssige Material mit dem Elektro-Fuchsschwanz ab

Auch vor die Zwischenwände der Unterschränke werden die dreieckigen Verzierungen gesetzt. So erhält die Küche ihr Design aus einem Guß

Als letzter Arbeitsgang vor Fertigstellung des „Rohbaus" erfolgt das Verputzen aller Fugen und Sichtkanten

Die Maurerarbeiten sind beendet. Auf den folgenden Seiten zeigen wir Ihnen, wie Fliesen und Wandbeschichtung angebracht werden

einen Nagel ein, der ein Herabrutschen verhindern soll (Foto 18). Wenn der Mörtel abgebunden hat, können die Dreiecke aus den Wänden zwischen Arbeitsplatte und Oberschränken herausgesägt werden. Nun müssen Sie alle Fugen und Sichtkanten sauber verputzen. Als nächstes haben wir dann die Zwischenräume zwischen den Stollen gefliest. Die Arbeitsplatten wurden mit großformatigen Granitgranulatplatten beklebt. Für die nun noch offenen Porenbeton-Flächen und die Wände der Küche haben wir eine-Baumwoll-Wandbeschichtung eingesetzt, die einfach mit Im zweiten Abschnitt auf den nächsten Seiten zeigen wir, wie Sie auf Arbeitsplatte und Wand fliesen und wie die Baumwollbeschichtung aufgebracht wird.

Porenbeton-Küche 2.Teil

Fest gemauert...

Nachdem wir im ersten Teil über das Mauern und Verputzen der Porenbeton-Steine berichteten, wird die Küche in dieser Folge fertiggestellt. Wir zeigen Ihnen, wie man Fliesen und Baumwollbeschichtung anbringt, welche Maschinen und anderes Zubehör wo eingebaut werden und schließlich, wie die Fronten zu montieren sind. Und dann können Sie selbst in Ihrer Küche loslegen

Aber fangen wir doch da an, wo wir im letzten Abschnitt aufgehört haben: Sind alle Fugen verputzt und die Flächen vom Sägestaub befreit, kann man mit dem Fliesen beginnen. Der Kleber wird jeweils nur in einem Fach zwischen zwei Porenbetonwänden mit dem Zahnspachtel aufgetragen. So hat man genügend Zeit, die Fliesen genau auszurichten, und setzt sich nicht selbst unter Druck. Durch die Zwischenwände wird das waagerechte Ausrichten der ersten Fliesenreihe natürlich erleichtert, braucht man sich doch keine Hilfslinien aufzuzeichnen. Falls Sie es sich nicht zutrauen, gleichmäßige Fugenabstände einzuhalten, können Sie kleine Fugenkreuze im Baumarkt kaufen. Diese sichern zugleich die nächste Lage vor dem Herabrutschen. Bei den von uns gewählten Fliesen klebt man zuerst die vier weißen Platten und dann die kleinen dazwischen. Als nächstes folgen die Zierfliesen mit integriertem Aluminium-Profil. Eine Variante davon sind gleichfarbige Platten ohne Profil, vor die man einen Alu-Rundstab setzt. Dadurch

Nachdem alles fertig gemauert ist, hat man eine Vorstellung vom späteren Aussehen der Küche

Beim Fliesen bearbeitet man immer nur ein Feld gleichzeitig. Zuerst wird der Kleber mit einem Zahnspachtel aufgetragen

Von unten nach oben werden die Fliesen aufgesetzt. Ist die erste Platte sauber ausgerichtet, kann man die weiteren zügig in den Kleber drücken

Die Aussparungen für Steckdosen und Rohre zeichnet man auf den Fliesen möglichst genau an

Die Unterseite der großen Fliesen erhält ebenfalls eine Schicht Kleber, bevor man die Platten vorsichtig auflegt

An den Vorderseiten der Arbeitsfläche bringt man mit dem Winkelschleifer eine Gehrung an

Entsprechend den Herstellerangaben werden die Baumwollflocken und Wasser in einen großen Mörtelkübel gegeben

Anschließend vermengt man Flocken und Wasser durch Kneten zu einem Brei

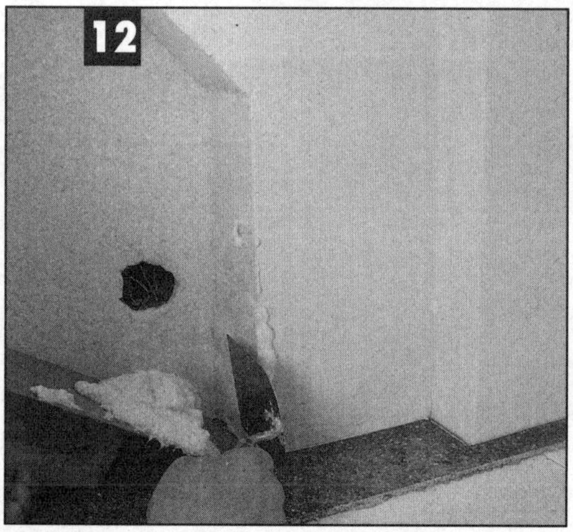

Im nächsten Arbeitsgang folgen die Ecken und Winkel. Mit einer kleinen Kelle zieht man den Brei von unten nach oben zuerst auf die Stirnseiten der Wände

Anschließend werden die großen Flächen an den Seitenwänden der Fächer beschichtet

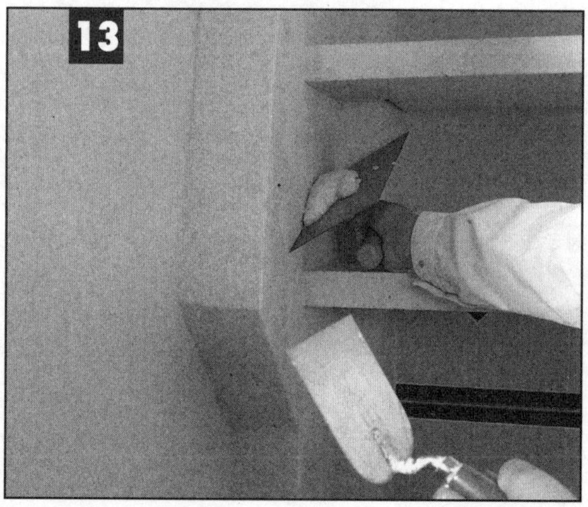

Fest gemauert...

Auch für die Platten der Arbeitsfläche trägt man den Kleber möglichst gleichmäßig auf

entsteht eine Schiene, an die man Kochgerät und andere Utensilien hängen kann. Im Foto 29 auf Seite 35 ist dies gut zu erkennen.

Sind die Wände fertiggestellt, folgen die Arbeitsplatten. Hier verwendeten wir Granitgranulat-Platten. Beim Zuschneiden und Auflegen ist jedoch Vorsicht geboten, da große Flächen leichter zerbrechen als kleine. Um an der Vorderkante einen sauberen Abschluß zu bekommen, erhalten die Fliesen eine Gehrung. So können die schmalen Deckstreifen gut darangesetzt werden.

Der nächste Arbeitsgang ist das Verschönern von Außenwänden und Porenbeton. Hierzu eignet sich besonders gut eine Baumwoll-Beschichtung. Diese wird einfach mit Wasser zu einem dicken Brei vermengt. Anschließend zieht man sie mit Traufel und Ziehbrett oder Kelle auf die Wand.

Lesen Sie bitte weiter auf Seite 33

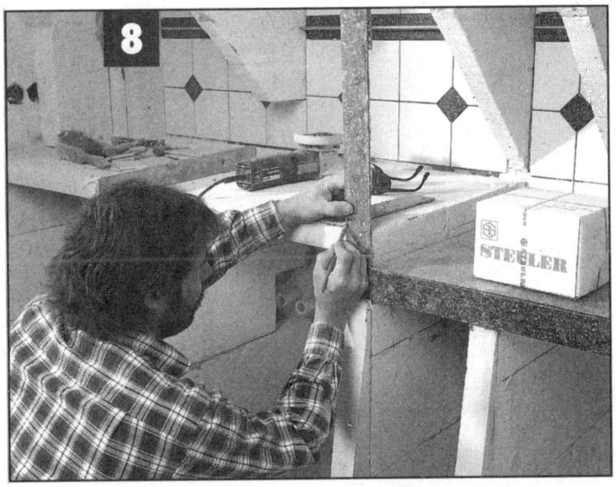

Schmale Fliesenstreifen bilden den sauberen Abschluß der Arbeitsplatte

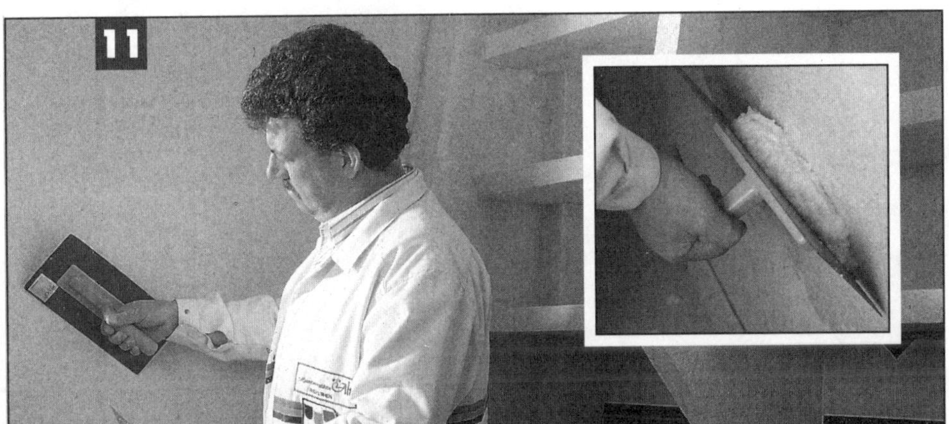

Die Baumwollbeschichtung wird mit der Traufel aufgezogen und anschließend mit dem Reibebrett auf eine gleichmäßige Schichtstärke abgezogen

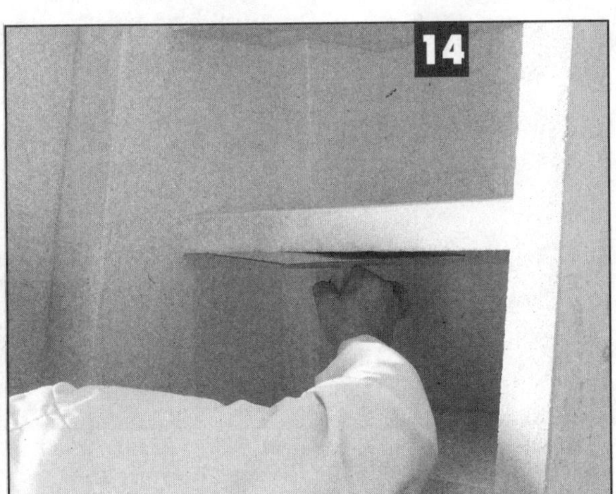

Etwas Übung verlangt die Unterseite der Fachböden. Aber Erfahrung haben Sie inzwischen sicherlich gesammelt

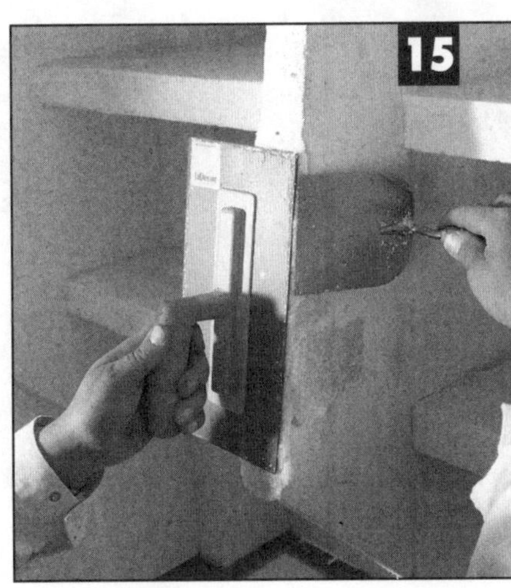

Wohl die kniffligste Arbeit ist das saubere Beschichten von Ecken und Kanten. Mit zwei Kellen läßt sich aber auch diese Aufgabe schaffen

Damit man das Doppelspülbecken einsetzen kann, muß die Zwischenwand im Unterschrank entsprechend ausgeklinkt werden

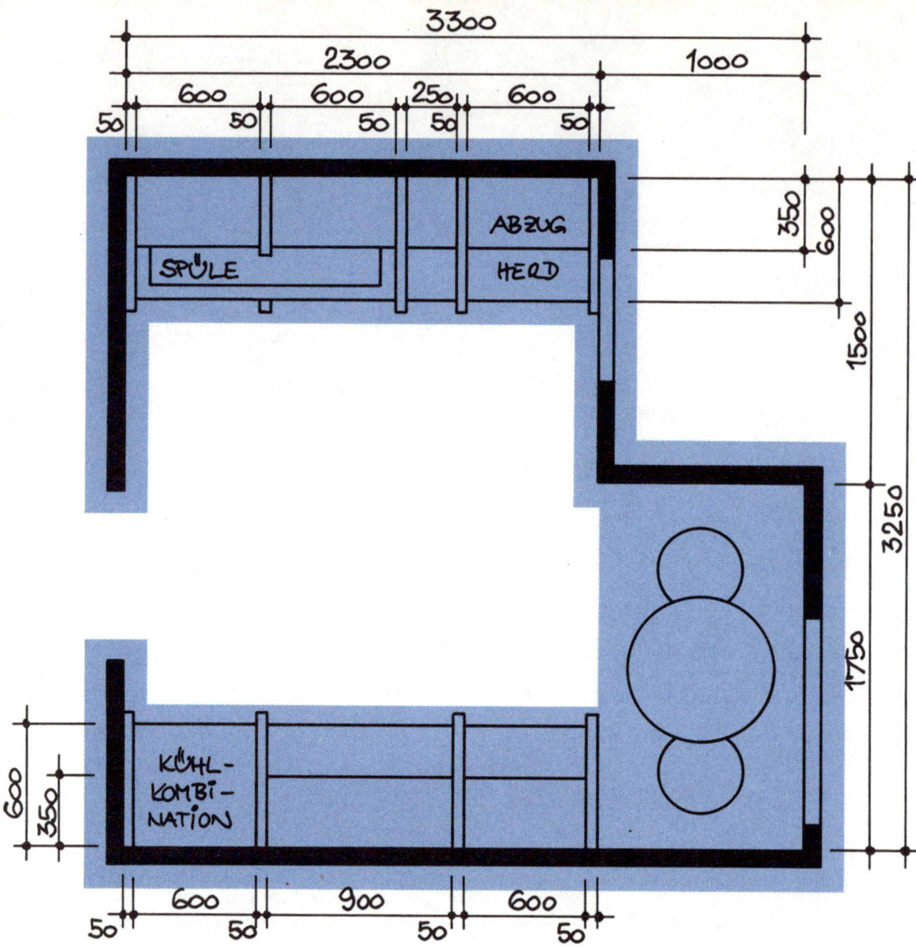

Zur besseren Übersicht zeigen wir Ihnen hier noch einmal den Grundriß. Denkt man sich den Erker mit dem Eßtisch weg, paßt unser Vorschlag auch in eine Küche von 2,30 x 3,25 m Grundfläche

Der Herd wird einfach in den Unterschrank eingeschoben. Die Kabel sollte man vorher durch ein Loch in der Trennwand führen

Die Dunstabzugshaube schiebt man ebenfalls in die dafür vorgesehene Aussparung. Dann wird sie am Mauerwerk befestigt

Die hier eingebaute Dunstabzugshaube verfügt über eine integrierte Leuchtstoffröhre, die Licht in das Dunkel der Kochtöpfe bringen soll

Über dem Kühlschrank ist Platz für eine Mikrowelle – ebenfalls ein Einbaugerät

Die beiden Schränke an der Spüle haben keinen gemauerten Sockel. So paßt hier eine unterbaufähige Spülmaschine hinein

Für das Kochfeld wurde eine Aussparung in die Arbeitsplatte gesägt. Vor dem Einbau sollte man es mit dem Herd verbinden

Wenn der Kühlschrank eingeschoben, ausgerichtet und angeschlossen ist, werden innen die Ablagen montiert

Beginnen sollten Sie mit einer großen Fläche, um erst einmal etwas Übung zu bekommen. Dann folgen die Stollen der Schränke. Ganz zum Schluß erst sollte man sich an die Ecken und Winkel wagen, da diese Arbeit Erfahrung im Umgang mit der Kelle verlangt. Wenn die Beschichtung getrocknet ist, können Maschinen und Geräte eingebaut werden. Die Außenabmessungen sollte man jedoch schon in die Planung mit einfließen lassen. Sonst kann es passieren, daß Sie bei der Montage böse Überraschungen erleben.

Als nächstes folgen die Einbaukörbe, Türen und Fronten. Eine kleine Auswahl von pfiffigen Drahtbehältern haben wir Ihnen auf der Seite 48 abgebildet. Die Fronten gibt es in allen gängigen Größen und in verschiedenen Farben. Die Firma Kreipe verschickt hierzu Prospekte und nennt Bezugsquellen. Die Schranktüren erhalten Topfscharniere. Für diese bringt man Löcher mit dem Forstnerbohrer in Serie an. Achten Sie aber darauf, daß die Fronten beim Bohren nicht beschädigt werden. Eine gute Alternative für Oberschränke stellen Klappbänder dar (Foto 24, Seite 34). Ihre Montage ist ebenso einfach wie die von Topfscharnieren. Haben Sie bei Kühlschrank und Spülmaschine dekorfähige Modelle gewählt, erhalten diese die gleichen Fronten.

Besonders wichtig in jeder Küche ist gutes Licht. Damit die Arbeitsflächen hell erleuchtet sind, haben wir Stromschienen unter die Oberschränke montiert. Auf ihnen finden sowohl die Transformatoren als auch die Halogenlampen Platz. Die Transformatoren sind mit kleinen herausstehenden Hebeln als Schalter versehen. So kann man auch einmal mit dem Ellenbogen oder Handrücken das Licht anmachen. In die Dunstabzugshaube ist eine Leuchte integriert. □

FEST GEMAUERT...

Porenbeton-Steine: Ytong AG, Kranstraße 30, 59071 Hamm, 02388/3070-0
Baumwoll-Beschichtung: JaDecor, Hauptstraße 45, 56598 Rheinbrohl, 02635/9520-0
Spüle: Fa. Franke, Mumpferfährstr. 70, 79713 Bad Säckingen, 07761/52-0
Elektrogeräte: Küppersbusch, Küppersbuschstr. 16, 45883 Gelsenkirchen, 0209/4010
Fliesen: Fa. Steuler, Industrriestraße 78, 75417 Mühlacker, 07041/801-0
Beschläge, Körbe: Robbi Beschläge GmbH, Lange Str. 51, 49326 Melle, 05428/955-0
Armaturen: Kludi, Landstraße 2, 58730 Fröndenberg, 02373/904-01
Beleuchtung: Hailo, Flammersbvach, 35708 Haiger, 02773/82-0

Besteckschubladen oder Einsätze mit entsprechender Einteilung kann man im Fachhandel kaufen

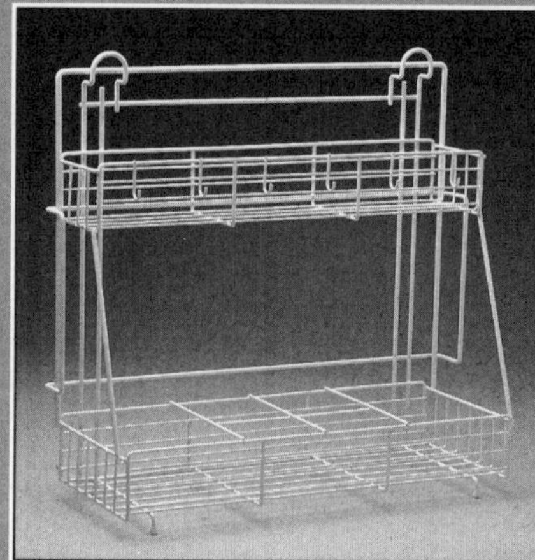

Solche Hängekörbe montiert man auf den Innenseiten von Schranktüren

Damit das Kochgeschirr leicht zu erreichen ist, erhalten die Drahtkörbe Auszugsschienen

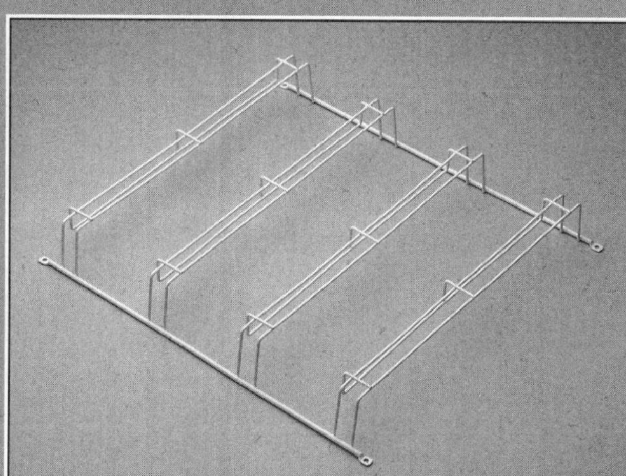

Dieses Gewürzbord paßt gut an die Innenseite der Tür vor der Dunstabzugshaube. So hat man die Gewürze beim Kochen immer griffbereit

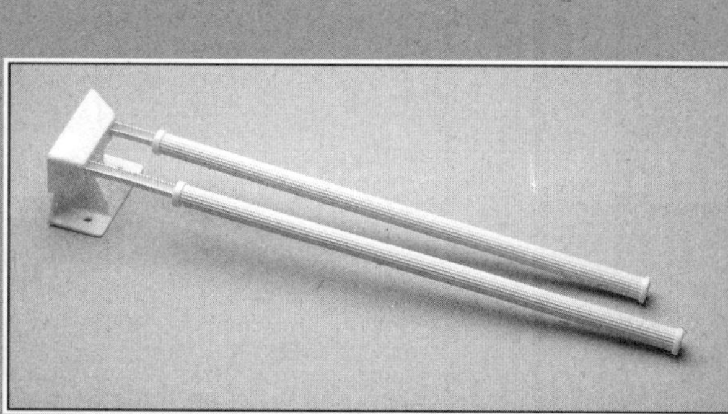

Auch die Handtuchhalterungen kann man herausziehen. Sie fanden ihren Platz in dem Fach zwischen Herd und Spüle

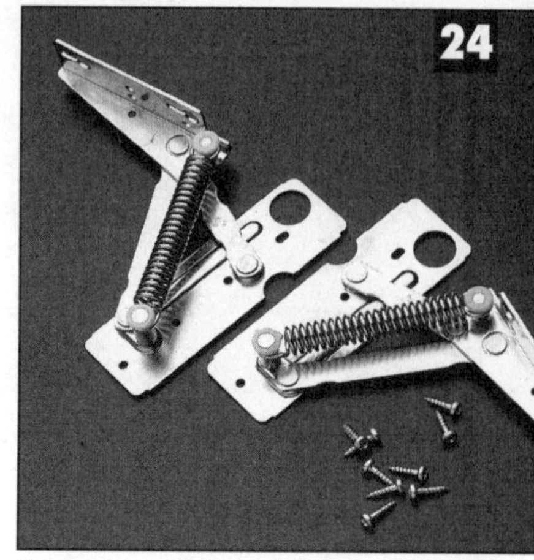

Damit man Schranktüren auch nach oben oder unten öffnen kann, gibt es im Fachhandel Beschläge mit Feder

Die Löcher für die Topfscharniere bohren Sie am besten in Serie mit dem Forstnerbohrer auf dem Bohrständer

FEST GEMAUERT...

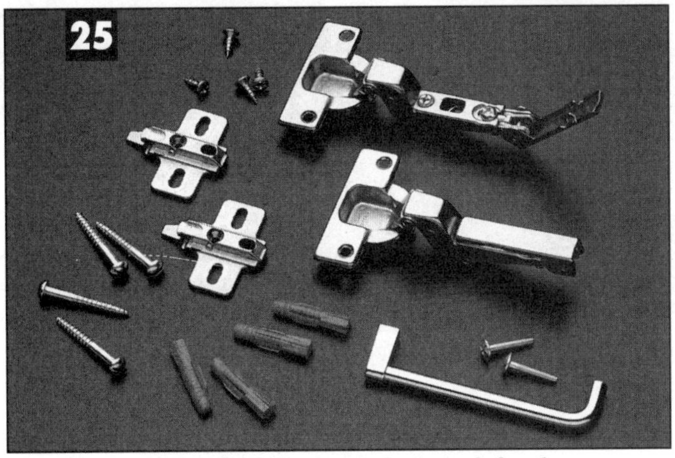

Beim Einkaufen sollten Sie daran denken, daß neben Topfscharnieren und Griffen auch noch Dübel gebraucht werden, um die Türen am Porenbeton anzuschlagen

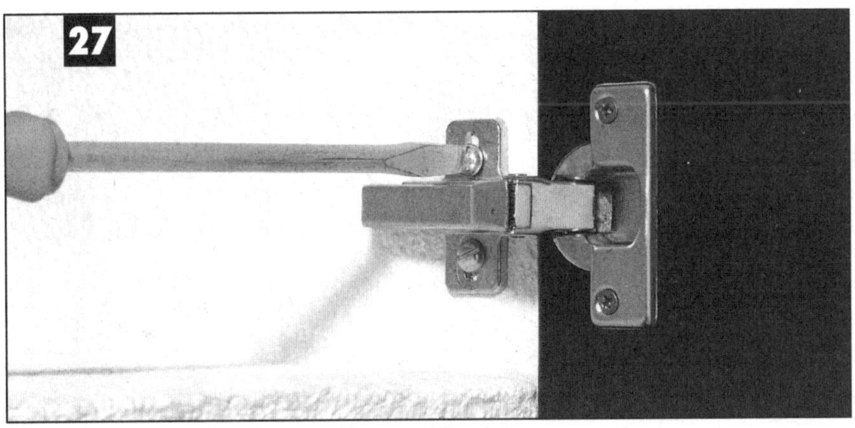

Beim Anschlagen der Türen sollte man Vorsicht walten lassen, um die Fronten nicht zu beschädigen

Die hier eingebaute Mikrowelle hat eine schwarze, hochklappbare Blende, so daß sie zu den Schrankfronten paßt. Auch der Kühlschrank erhielt eine schwarze Holzfront

Unter den Oberschränken wurden Lichtschienen installiert, auf die man Transformator und Halogenlampen aufsetzen kann

Die Zierfliesen haben zum Teil aufgesetzte Aluminiumleisten. Bei anderen wurde ein Alu-Rundstab als Hakenersatz davormontiert

Wie im sonnigen Süden

Gemauerte Küchen sind aus den klassischen Urlaubsländern Italien, Spanien, Frankreich und Griechenland bekannt; doch entfalten sie auch hierzulande ihren unvergleichlichen Charme. Sehen Sie selbst!

Es sind nicht nur kulinarische Genüsse, die Urlaubserinnerungen wecken. Auch das entsprechende Ambiente kann für Ferienstimmung und gute Laune sorgen. Unsere mediterrane Küche ist das beste Beispiel dafür. Einfach aus Porenbeton gemauert wie ihre Vorbilder aus dem sonnigen Süden, mit Arbeitsplatten und Schränken aus Leimholz und Fronten in fröhlichem Hellblau strahlt sie geradezu heitere Gelassenheit, Behaglichkeit und Lebensfreude aus. Damit der Etat auch für die entsprechenden Gaumenfreuden reicht – in fester und flüssiger Form –, können Sie das Küchen-Paradies einfach und preiswert in Eigenregie verwirklichen.

Die Unterschränke mit Auszügen bzw. Einlegeböden sind komplette Elemente aus Leimholz, die in die Zwischenräume der Porenbeton-Konstruktion eingesetzt und verschraubt werden. Zum Fixieren der Oberschrank-Tür baut man einen Holzrahmen (Zeichnung Seite 41), der an den Seitenwänden verschraubt wird.

Die Porenbeton-Konstruktion selbst ist ein Kinderspiel. Dieser rein mineralische Baustoff – er besteht hauptsächlich aus Kalk, Sand, Wasser und Zement – wird

Mauerwerk erstellen

1 *Zuerst werden die Seitenteile und Böden aus 100 bzw. 81 mm dicken Porenbetonplatten zugeschnitten und auf ein Tiefenmaß von ...*

2 *... 58 cm gekürzt. Die Kanten glättet man mit einem Bretthobel vor, der leicht und gerade über die Oberfläche geführt wird*

3 *Noch vorhandene Unebenheiten lassen sich mit dem Schleifbrett entfernen. Danach die Kanten vom Abrieb säubern*

4 *Zeichnen Sie die Winkel für die Wandbefestigung der Hängeschränke auf den unteren Bodenplatten an. Markieren Sie auch die...*

5 *... Stellen, an denen die Vertiefungen für diese Schwerlastwinkel mit Hilfe eines Rillenkratzers herausgeschabt werden sollen*

6 *Durch leichte Schläge mit dem Gummihammer lassen sich die unteren Bodenplatten der Hängeschränke ins Lot bringen*

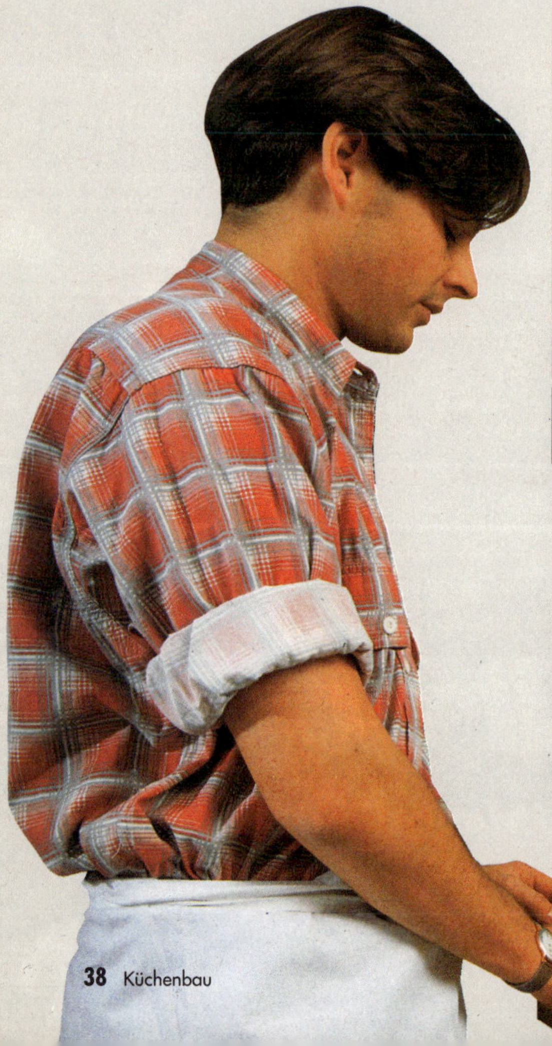

Porenbeton ist preiswert und läßt sich leicht bearbeiten

7 *Den Mörtel trägt man mit der für die Wanddicke passenden Plankelle gleichmäßig 1 mm dick auf die Lagerfugen auf*

Porenbeton: Ytong, 80089 München; Leimholz: Brügmann, 44006 Dortmund; Putzfarben: Keimfarben, 86416 Diedorf; Holzoberflächen: Auro, 38002 Braunschweig; Türscharniere und Auszüge: Hein, 71116 Gärtringen

Fronten & Arbeitsplatten

1 Die Arbeitsplatte aus Kiefer-Leimholz wird mit der Handkreissäge und einem Parallelanschlag gerade und paßgenau zugeschnitten

2 Die Ausschnitte für Spüle und Ceranfeld mit der Stichsäge herausarbeiten und die Kanten mit der Oberfräse (Abrundfräser) runden

3 Die Kanten von Arbeits- und Tischplatte ebenfalls abrunden. Wo in den Ecken Arbeitsplatten zusammenstoßen, verbindet man ...

4 ... diese mit Flachdübeln. Dafür muß man in die Platten-Unterseiten mit der Schattenfugenfräse die entsprechenden Schlitze fräsen

5 Um die Türrahmen an den Innenwänden und die Auszugscontainer zu befestigen, braucht man spezielle Dübel für Porenbeton

6 Mit Hilfe eines Akkuschraubers lassen sich die Kreuzschlitzschrauben zum Fixieren problemlos in die Spezialdübel eindrehen

Die Inneneinteilung ist gut durchdacht

A

B

C

A Gutes Licht zum Arbeiten: Die Spüle ist direkt unterm Fenster eingebaut.
B Ceranfeld, Backofen und Dunstabzugshaube aus Edelstahl (Seite 10/11) passen hervorragend zum Charakter der modernen Küche.
C Die Unterschränke mit Auszügen sind ganze Elemente aus Leimholz, die in die Zwischenräume des Porenbeton-Korpusses eingesetzt und verschraubt werden

einfach mit dem (Elektro-) Fuchsschwanz präzise zugeschnitten und mit einem Spezialkleber fixiert. Außer Hohlblocksteinen gibt es Trennwand- und Universalplatten in diversen Abmessungen, die sich wie hier hervorragend für die Innengestaltung eignen.

Verputzt wurde in unserem Fall mit einem kunststoffvergüteten Dünnschichtputz, der ohne vorherige Grundierung einlagig 1-2 mm dünn mit der Glättkelle aufgetragen wird. Nach dem Trocknen bereitet man die Flächen mit einem Fixativ für den nachfolgenden Grundanstrich vor. Hierfür haben wir zunächst weiße, verdünnte Innenfarbe auf Silikatbasis (ohne Lösungsmittel) mit der Rolle aufgetragen und danach einmal abgetönte Farbe. Zum Mischen der Wandfarbe sollten grundsätzlich nur Volltonfarben verwendet werden! Naturprodukte auf Pflanzenbasis sind auch die Grundlage für die Oberflächengestaltung der Arbeits- und Tischplatten

Oberflächen

1 *Die Arbeitsplatten werden mit verdünntem Kräuterfirnis behandelt. Damit sie sich nicht verziehen, von beiden Seiten streichen*

2 *Die Eßtischplatte beidseitig mit Natur-Harzöl-Imprägnierung vorbehandeln, anschleifen und Pflanzen-Hartwachsbalsam auftragen*

3 *Streichen Sie dann die vorab grundierten Oberflächen der Fronten und Türinnenrahmen mit farbiger Natur-Harzöl-Lasur vor*

4 *Um eine gleichmäßige Oberfläche zu erzielen, vor dem nächsten Farbauftrag mit 220er/240er-Körnung zwischenschleifen*

Tips & Tricks für die Küche

Praktische Lebenshilfe für alle, die ihre Kücheneinrichtung planen: In ihrem neu aufgelegten und aktualisierten ‚Ratgeber Küche' gibt die Arbeitsgemeinschaft Die Moderne Küche (AMK) umfassende Ratschläge zum Thema Küchen einrichten und modernisieren. Der 48seitige, firmenneutrale Ratgeber mit vielen anschaulichen Zeichnungen ist gegen Einsendung eines Verrechnungsschecks über fünf Mark und eines ausreichend frankierten DIN A4-Rückumschlages zu bestellen bei der AMK Service GmbH, Postfach 240364, 68173 Mannheim.

Materialliste:

Alle Wände:
Trennwandplatte, 100 mm dick,
Handelsgröße 625 x 500 mm

Alle Böden:
Allbauplatte, 81 mm dick,
Handelsgröße 2550 x 625 mm

Arbeitsplatten:
Kiefer-Leimholz, 38 mm dick,
Handelsgrößen: Längen ab 1500 mm,
Breiten ab 200 mm

Türen, Innenrahmen und Böden:
Fichte-Leimholz, 18 mm dick,
Handelsgrößen: Längen ab 800 mm,
Breiten ab 200 mm

sowie der Schranktüren. So wurden – je nach Beanspruchung und Strapazierfähigkeit – die Arbeitsplatte mit Kräuter- und Leinölfirnis behandelt, die Eßtischplatte mit Pflanzen-Hartwachsbalsam und die Türfronten mit einer Naturharzöl-Innenlasur. Damit sich die Flächen nicht verziehen, müssen sie von beiden Seiten behandelt werden!
Es versteht sich fast von selbst, daß eine umweltfreundliche Küche wie diese auch eine passende Geräte-Ausstattung bekommt. So gibt es beispielsweise Kühl- und Gefrier-Schränke oder Spülmaschinen mit extrem niedrigen Verbrauchswerten, Glaskeramik-Kochfelder mit Restwärme-Anzeige oder Backöfen, die sich partiell nutzen lassen. Durch solche Energiesparmaßnahmen und den Küchenbau in Eigenregie bleibt dann noch manche Mark übrig für Köstlichkeiten aus dem sonnigen Süden. □

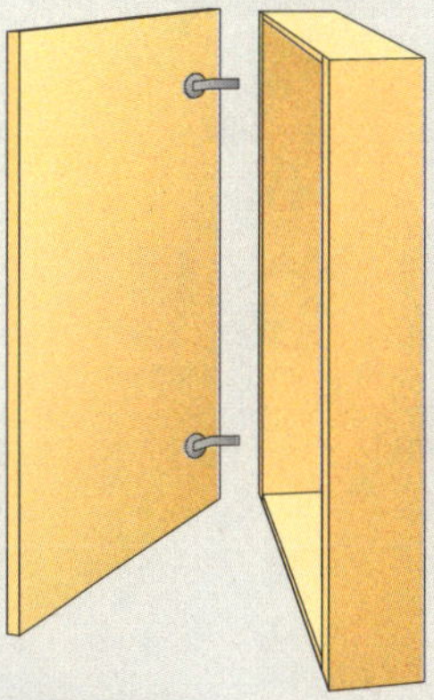

Der Holzrahmen für die Türbefestigung wird an den Innenwänden der Porenbeton-Konstruktion verdübelt und mit Kreuzschlitzschrauben fixiert

Korpus aus Porenbeton, Arbeitsplatten aus Holz

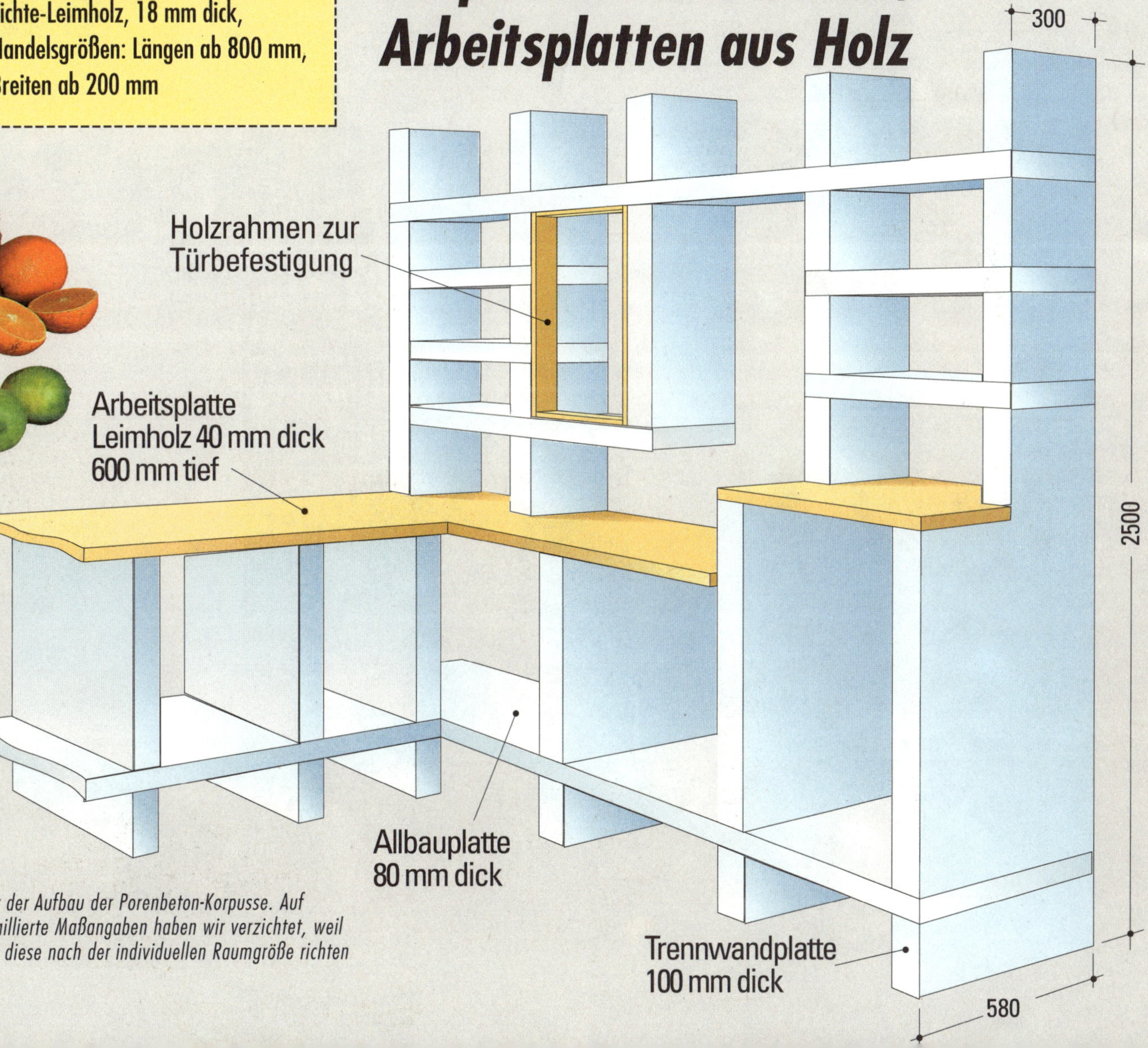

Hier der Aufbau der Porenbeton-Korpusse. Auf detaillierte Maßangaben haben wir verzichtet, weil sich diese nach der individuellen Raumgröße richten

Porenbeton-Küche 1. Teil

Mauer-Werk

Landhaus-Stil im besten Sinne: weiß verputztes Mauerwerk, gebürstete Echtholztüren und italienische Keramikfliesen. Dazu eine durchdachte Raumaufteilung und pfiffige Detail-Lösungen – eine Traumküche

Anders als bei zuvor gezeigten Porenbeton-Küchen haben wir diesmal zuerst Korpusse aus weiß beschichteter Spanplatte gebaut und diese dann mit Porenbeton ummauert. Das hat nicht nur den Vorteil, daß es sich so einfacher arbeiten läßt; die Schränke sind später auch im Gebrauch wesentlich pflegefreundlicher. Wer die Korpusse nicht selbst bauen möchte, kann natürlich fertige nehmen, vielleicht sogar die ausgedienten aus der alten Küche – was das Bauvorhaben erheblich preiswerter macht. Auch die Grundrißlösung ist eine ganz besondere: Der Herd steht diesmal frei im Raum – stilgerecht ummauert und verputzt.

VORHER

Eine typische Null-acht-fünfzehn-Küche aus den siebziger Jahren

Die Erneuerung der alten 70er-Jahre-Küche kam in diesem Fall einem kompletten Neubau gleich. Angefangen bei Boden, Wand und Decke, gab es hier eine Renovierung von Grund auf: Die alten Wand- und Bodenfliesen wurden herausgerissen, und auch die Holzpaneele an der Decke mußten weichen. Selbst die Mahagoni-Tür haben die Besitzer – passend zu den späteren Schrankfronten – durch ein Exemplar aus Fichtenholz ersetzt.

Alles sollte freundlich, hell und großzügig wirken. So bot es sich an, auch die Wand zum Eßbereich zu entfernen. Durch die einheitliche Boden-, Decken- und Wandgestaltung des nun offenen Wohn-Eß-Küchen-Raumes entstand, wie beabsichtigt, ein großzügiger, harmonischer Gesamteindruck.

Linke Wand

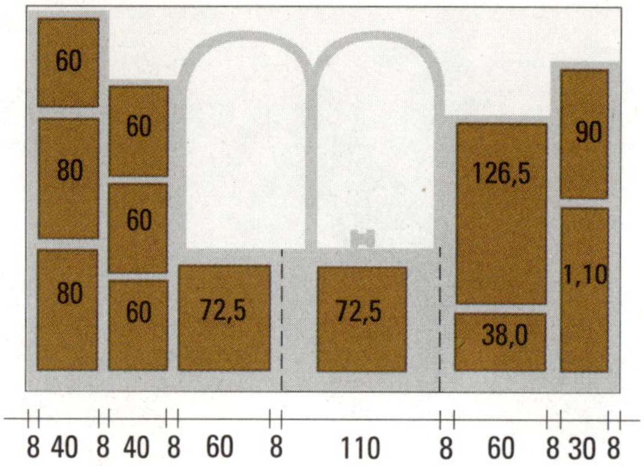

Rechte Wand

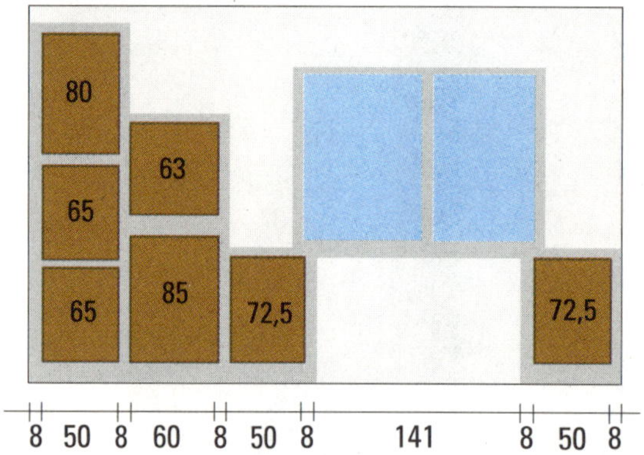

In den Grafiken links finden Sie die Maße der Küchenschränke in cm: oben die der linken Seite, unten die der rechten. Ganz unten links: die Küche aus der Vogelperspektive. Rechts: Ein Blick in den Raum mit vorbereiteten Anschlüssen

Estrich auftragen

1 *Nachdem sämtliche Leerrohre einschließlich der elektrischen Leitungen verlegt sind, wird die gesamte Bodenfläche mit einer strapazierfähigen Folie abgedeckt*

2 *Bevor der Estrich dünn aufgeschüttet und verteilt wird, muß man die gesamte Bodenfläche mit engmaschigen Bewehrungsmatten auslegen*

Korpusse anfertigen

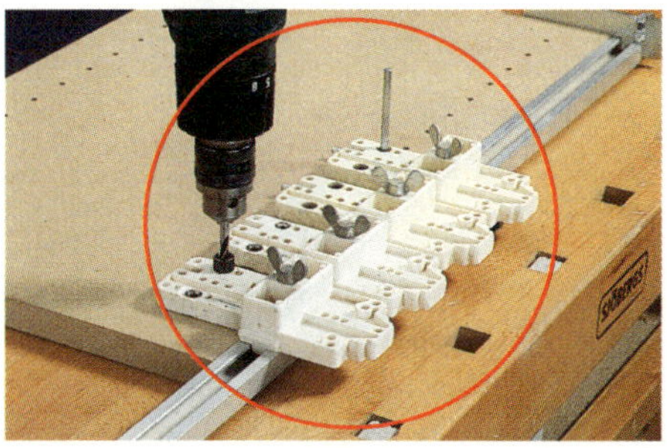

Eine gute Möglichkeit zum Herstellen des Verbindungssystems ‚Raster 32' bietet eine solche Lochschablone. ‚Raster 32' bedeutet, daß die senkrechten Bohrungen an Seitenwänden 32 mm Abstand zueinander halten

Die Zeit, die der Estrich zum Aushärten braucht – das sind immerhin vier Wochen – haben wir zum Bau der Korpusse und Türen genutzt. Für die Korpusse wurde beschichtete Spanplatte verwendet. Sie ist relativ preiswert und später absolut pflegeleicht. Wichtig beim Zuschnitt ist das richtige Sägeblatt. Es sollte möglichst viele speziell auf das Material abgestimmte Zähne haben (Dach-Hohlschliff-Zahnblatt).

Das Bohren der senkrechten Lochreihen im Schrankinneren wird durch den Einsatz der oben abgebildeten Raster-32-Lochschablone wesentlich erleichtert. Diese Schablone können Sie in Kundenkommission über die Baumärkte bestellen (den Hersteller finden Sie auf Seite 51). In das Raster-32-System passen dann die unterschiedlichsten Beschläge: Scharniere, Bodenträger, Verbinder und Schubkastenführungen.

Da die Schraublöcher später ohnehin nicht mehr zu sehen sind, erfolgt der Zusammenbau mit Leim und Schrauben. Das heißt, daß man ohne Zwingen arbeiten kann

1 *Der Zuschnitt der beschichteten Spanplatten mit Kreissäge und Anschlagschiene. Wichtig ist ein auf das Material abgestimmtes Sägeblatt. Hier haben wir ein Dach-Hohlschliff-Zahnblatt verwendet*

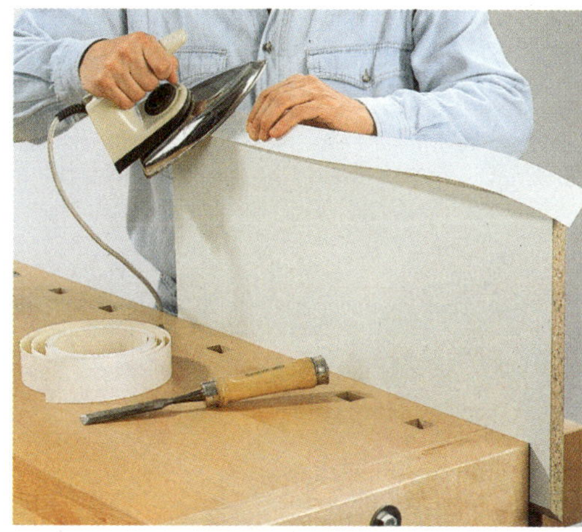

2 *Da für die 45°-Kanten des Spülenschrankes normale Umleimer zu schmal sind, werden hier 40 mm breite Kunststoff-Kanten für Arbeitsplatten eingesetzt. Den Überstand mit dem Stechbeitel entfernen*

3 *Für die Rückwand wird ein Falz gefräst. Dazu den Parallelanschlag der Oberfräse mit einer Holzleiste als Anschlagverlängerung versehen. Ein möglichst großer Nutfräser erledigt dann den Rest*

4 *Alle Schränke werden mit Flachdübeln verbunden. Hierfür reicht ein Winkelschleifer mit entsprechendem Vorsatzgerät zum Flachdübelfräsen völlig aus*

Türen bauen

1 *Nach dem Zuschnitt der Türen werden alle Außenkanten mit der Oberfräse und einem Abrundfräser mit Kugellager bearbeitet*

2 *Mit einem 35-mm-Forstnerbohrer bringt man nun die Löcher für die Topfscharniere ein. Unbedingt einen Bohrständer verwenden*

Die Türen werden mit einer gebürsteten Oberfläche versehen. Dafür sind drei Arbeitsgänge notwendig: grobes Tiefenbürsten mit einer Messing-Walze, Strukturschleifen mit einer Nylon-Walze und Feinschleifen bzw. Polieren mit einer Sisal-Walze

Danach kann man die Oberfläche ölen. Dafür haben wir 2,5 l farbloses Hartöl mit 0,75 l dazu passender Lasur im Farbton Nußbaum gemischt

Die Türen bestehen aus sogenannten Drei-Schicht-Massivholzplatten. Diese haben gegenüber herkömmlichen Massivholztüren den Vorteil, daß sie sich nur geringfügig bzw. gar nicht verziehen. Die Oberfläche wurde in diesem Fall gebürstet (Foto oben) und geölt. Eine Mischung aus farblosem Hartöl und Lasur in Nußbaum betont den warmen Charakter des Fichtenholzes.

Besonderes Augenmerk muß bei einer Porenbeton-Küche auf die Topfscharniere gerichtet werden: Normale Scharniere sind für grobe Putzarten nicht geeignet. Hier wurden Scharniere für den Mittelwandanschlag mit 10 mm Kröpfung verwendet. Diese sind in jedem gut sortierten Baumarkt zu haben. Die Topfscharniere für die 135°-Korpuswinkel (Spülenschrank) gibt es allerdings nur im Fachhandel. Beiden Scharnieren gemeinsam ist die montagefreundliche Aufklips-Technik mit Automatik bzw. Feder.

Auszüge

Sämtliche Auszüge werden nach dem Zuschnitt rundum mit Umleimer versehen. Zum Fixieren der Reling setzt man an allen vier Eckpunkten Bohrlöcher. Diese lassen sich mit Hilfe einer speziellen Bohrschablone markieren, die man bestellen kann (Adresse siehe ‚Kontakte' auf Seite 51). Zum Ablängen der Relingstäbe empfiehlt sich ein Winkelschleifer; es geht aber auch von Hand mit einer Eisensäge. Die Enden sauber feilen.

Mit dem 4-mm-Bohrer und einer Schablone an allen vier Eckpunkten Löcher bohren

Die Relingstäbe auf Länge schneiden und die Enden mit der Feile bearbeiten

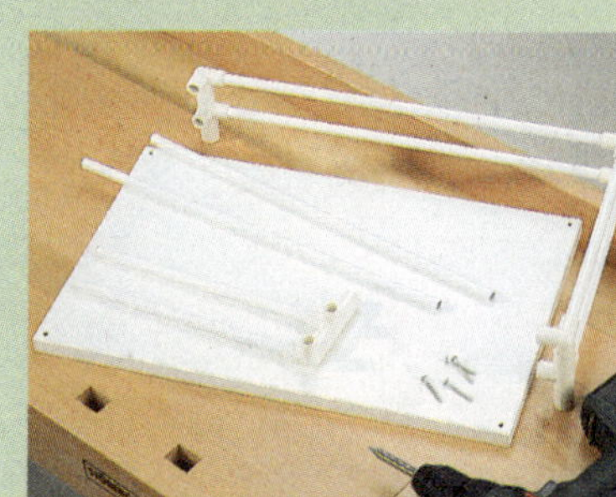

Die Stäbe in die Relingecken einsetzen und mit der Grundplatte verschrauben

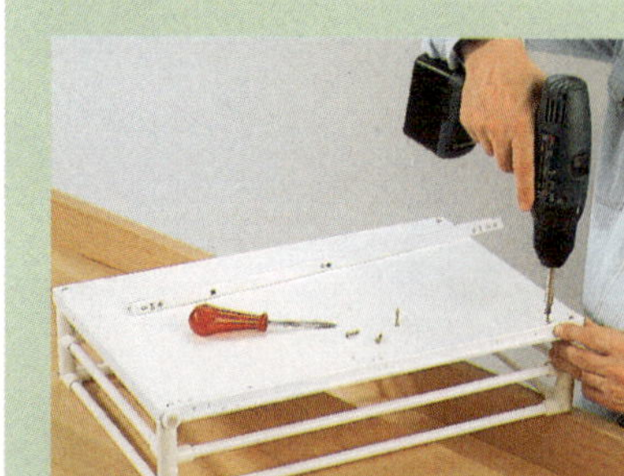

Zum Schluß die Schubkasten-Schienen von unten am Tablar verschrauben – fertig

Mauern mit Porenbeton

Sind sämtliche Korpusse, Türen und Tablare vorgefertigt, geht's ans Mauern. Wir haben uns für Porenbeton entschieden – ein umweltfreundliches Material, das aus Sand, Zement, Kalk und Wasser besteht. Unter Zugabe eines Treibmittels werden die ‚Zutaten' bei der Herstellung vermischt und in Formen gegossen. Das Treibmittel hat einen ähnlichen Effekt wie Backpulver beim Sonntagskuchen: Es enstehen Millionen kleinster Luftporen. Sie

1 Erst wenn der Estrich völlig abgebunden hat, d. h. begehbar ist, zeichnet man den exakten Grundriß der Küchenblöcke auf. Dabei nicht versäumen, die Zeichung immer wieder auf Rechtwinkligkeit zu prüfen

2 Die Küchenwände werden mit Haft-Emulsion gesperrt. Diese läßt sich am besten mit einem Quast auftragen. Dabei senkrecht und waagerecht arbeiten!

3 Porenbeton läßt sich sehr leicht bearbeiten. Dieser grobzahnige Fuchsschwanz (Widiasäge) ist das ideale Werkzeug, um längere gerade Schnitte auch in dickeren Bauteilen auszuführen

4 Das Verkleben der Porenbetonsteine auf dem Estrich erfolgt mit einem speziellen Dünnbettmörtel

5 Die Grundrißzeichnung auf dem Boden dient als Schablone für den Zuschnitt der Sockelsteine. Sie werden nacheinander in das Kleberbett eingelegt und sofort nivelliert

6 Auch die Fugen zwischen den einzelnen Porenbetonsteinen werden mit Dünnbettmörtel gefüllt. Kontrollieren Sie immer wieder, ob jeder Stein ‚in der Waage' ist

Mauern mit Porenbeton

Die Werkzeuge:
1 Porenbeton-Fuchsschwanz
2 Grobes Schleifpapier
3 Porenbeton-Hobel
4 Zahnspachtel;
5 Planstein-Kelle

sind zum größten Teil Ursache für die bauphysikalischen und verarbeitungstechnischen Vorteile, die Porenbeton auszeichnen: Trotz hoher Druckfestigkeit und großer Formate sind die Steine leicht und – was für Heimwerker besonders wichtig ist – einfach zu bearbeiten. Sie lassen sich problemlos sägen oder bohren und mit einfachen Werkzeugen in jede gewünschte Form bringen. Alle Bauteile sind systemgerecht aufeinander abgestimmt: Steine, Stürze, Bauplatten, bewehrte Platten sowie Mörtel, Kleber und Putze – alles paßt zusammen und ist miteinander kombinierbar. Die wichtigsten Bauteile sind im Baustoffhandel und gut sortierten Baumärkten vorrätig oder können dort bestellt werden.

Die linke Küchenzeile: Die ersten Korpusse sind bereits eingemauert. In die ‚Baulücke' kommt später die Spülmaschine

7 Die vorgefertigten Korpusse werden unter Zugabe von Silikon auf den Sockelsteinen verankert und sofort ausgerichtet. Nach dem Abbinden ist eine Korrektur der Position nicht mehr möglich

9 Die Porenbeton-Rückwand – sie wird mit der Küchenwand verklebt – erhält vorher alle erforderlichen Aussparungen. Da sie später im hinteren Bereich die Arbeitsplatte trägt, muß auch sie exakt ausgerichtet werden

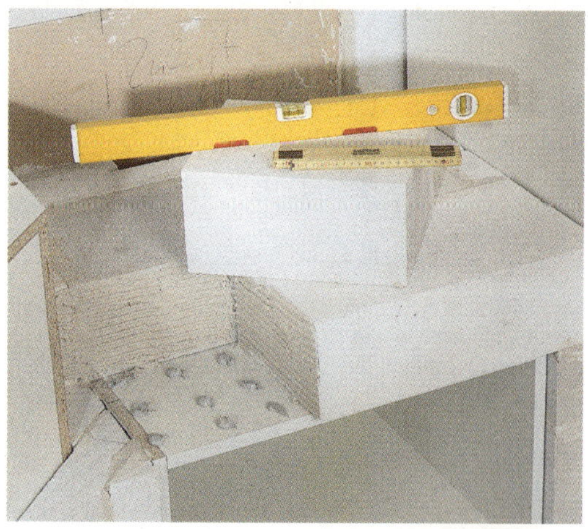

11 Alle Verbindungen zwischen Spanplatten-Korpussen und Porenbeton-Steinen werden mit Silikon ausgeführt. Hier ist es eine Zwischenlage Porenbeton auf einem der Unterschränke

13 Unmittelbar nach dem Aufsetzen wird der Korpus mit Hilfe einer Wasserwaage genau ausgerichtet. Bis zum Aushärten des Silikons sollte der Korpus nicht mehr bewegt werden

8 Hier ist der Lüftungskanal für die Kühl-Gefrier-Kombination zu erkennen. Dieser muß wie auch die Versorgungsleitungen bereits bei der Planung berücksichtigt werden

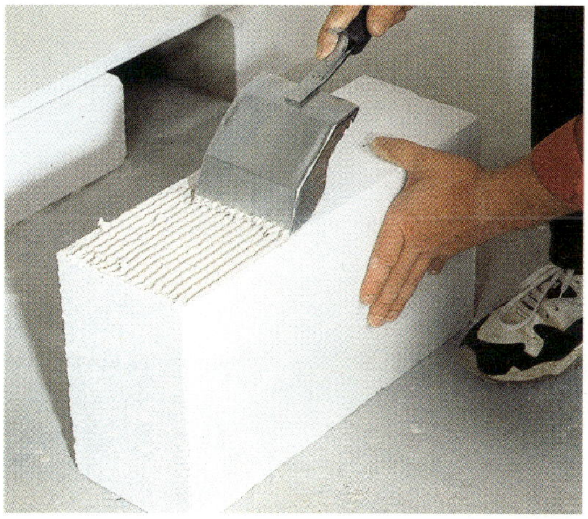

10 Eine besondere Konstruktion ist die Planstein-Kelle, die es passend für jede Steinbreite gibt. Sie verhindert weitgehend, daß der Dünnbettmörtel beim Auftragen seitlich an den Steinen herabläuft

12 Damit man eine tragfähige Verbindung zum Sockel erhält, werden in möglichst gleichen Abständen Silikonbatzen aufgespritzt. Den Korpus sofort aufsetzen

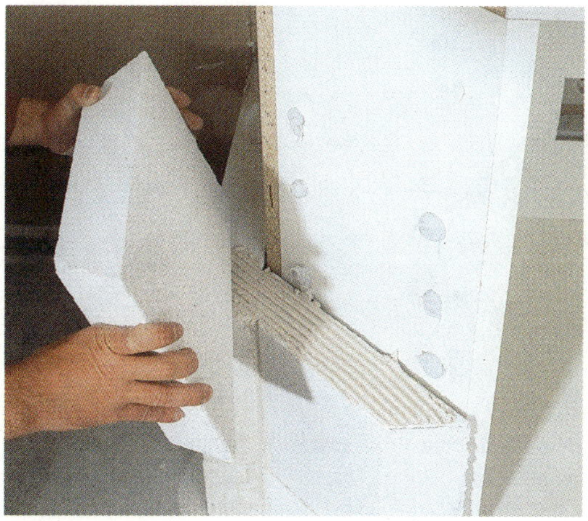

14 Auch die Korpusschrägen – hier die Ecke an der Spüle – werden mit exakt zugeschnittenen Füllstücken aus Porenbeton verkleidet. Das Fugenmaterial ist natürlich wieder Dünnbettmörtel

Die Arbeitsplatte

Solche Fliesenträgerplatten lassen sich sowohl mit der Handsäge als auch mit der Stichsäge zuschneiden; sogar mit dem Teppichmesser geht es

Eine feine Sache sind solche Hartschaum-Trägerplatten mit eingearbeitetem Armierungsgewebe, wie wir sie hier als Arbeitsplatte verwendet haben. Sie lassen sich mit fast allem schneiden, was Zähne hat: mit Stichsäge oder Fuchsschwanz, sogar mit dem Messer. Das extrem leichte Material – expandierter Hartschaum – ist äußerst belastbar und wird häufig im Sanitärbereich eingesetzt, z. B. bei Badrenovierungen. Im Gegensatz zu Holzarbeitsplatten können Hartschaum-Trägerplatten mit gewähnlichem Fliesenkleber verklebt werden. In unserem Fall ist die Platte 50 mm dick. Sie soll später – passend zu Wänden und Boden – mit italienischen Keramikfliesen gestaltet werden. Selbstverständlich können Sie auch wasserfest verleimte Spanplatte als Untergrund verwenden, was allerdings teurer und vor allem auch wesentlich schwerer wird, oder – wenn nicht gefliest werden soll – fertige Küchenarbeitsplatten aus Holz, Kunststoff oder Stein.

Im Gegensatz zu Holzarbeitsplatten können Fliesenträgerplatten mit gewöhnlichem Fliesenkleber fixiert werden

Die zugeschnittene Platte wird einfach aufgelegt und exakt ‚in die Waage' gebracht. Da das Material extrem leicht ist, läßt sich dies problemlos bewerkstelligen

15 Hier ist die rechte Seite, die Fensterwand, zu sehen. Ständige Kontrolle mit der Wasserwaage ist auch hier unerläßlich. Die Bauelemente müssen sowohl horizontal als auch vertikal präzise ausgerichtet werden

16 Der ,Rohbau' auf der rechten Seite steht. Im Vordergrund erkennt man den Elektroanschluß für den freistehenden Herd. Dieser wird nach demselben Konstruktionsprinzip erstellt wie die Küchenzeilen rechts und links

Die linke Küchenwand: Die Mauerarbeiten sind abgeschlossen, jetzt geht es ans Verputz

Verputzen

Wie vorher die Küchenwände werden nun auch die Porenbeton-Steine mit Haftemulsion grundiert

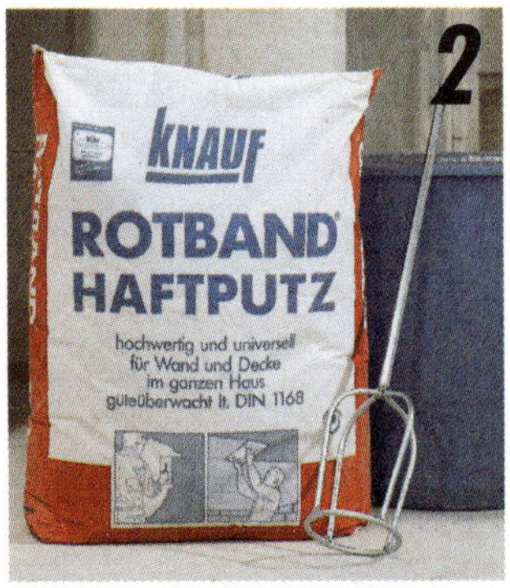

Der in eine starke Bohrmaschine eingespannte Mörtelquirl erleichtert das Ansetzen des Haftputzes erheblich

Der frisch angesetzte Haftputz wird mit der Glättkelle aufgetragen. Sämtliche Korpusse sind abgeklebt

Sobald der Haftputz abzubinden beginnt, erhält er mit einem feuchten Pinsel seine rustikale Struktur

Beim Verputzen haben wir uns für Rotband entschieden. Dieser atmungsaktive Haftputz läßt sich hervorragend verarbeiten und ‚fast alles mit sich machen'. Vor dem Putzauftrag haben wir sämtliche Korpusse abgeklebt und die Porenbeton-Steine mit Haftemulsion grundiert. Passend zu den verputzten Decken und Wänden im angrenzenden offenen Wohn-Eßbereich bekam auch die Küche eine rustikale Struktur mit einem feuchten Pinsel. Nach dem Trocknen wurden die verputzten Flächen mit weißer Landhausfarbe gestrichen. Damit ist der schwerste Teil der Arbeit bereits getan. Im nächsten Abschnitt zeigen wir, wie Boden, Wände und Arbeitsflächen gefliest werden, sowie die Montage von Türen und Auszügen. ☐

Kontakte:
Porenbeton: Hebel AG, Pf. 1353, 82243 Fürstenfeldbruck;
Bauprodukte: Knauf GmbH, Pf. 10, 97343 Iphofen;
Holz: O. A. Lüghausen KG – 1001, Wilhelmstr. 146, 53721 Siegburg;
Beschläge, Bohrschablonen: Robbi, Pf. 1180, 49313 Melle;
Fliesen: Rex Ceramiche Artistiche S. p. A., I-41042 Fiorano Modenese (Modena), Casella Postale n. 72
Holzöl: Livos, 29568 Wieren;
Müll-Trenn-System: Hailo-Werk, Pf. 1262, 35702 Haiger

Die Rundbögen

Die beiden Rundbögen über der Spüle haben hier lediglich dekorativen Charakter. Sie sollen später einmal den Rahmen für toskanische Landschaftsmalereien bilden, die die Hausherrin eigenhändig ausführen wird. Bis dahin dienen zwei dazwischengesetzte Teleskopstangen zum Aufhängen von Küchenutensilien. Denkbar wäre auch, Glas- oder Holzböden einzusetzen, die Gewürze, Essig- und Ölflaschen oder andere dekorative Küchenaccessoires aufnehmen.

Die Steine für die beiden Bögen über der Spüle werden grob auf Gehrung geschnitten und mit Kleber und Mauerwerksankern (Detailfoto) an der Wand fixiert

Holzklötzchen, mit extrem langen Nägeln in der Wand verankert, stützen die Bogensteine bis zum Aushärten des Klebers

Erst nach dem Aushärten des Klebers werden die Stützklötze entfernt

Porenbeton-Küche 2. Teil

Ein Stück fürs Leben

›Fest gemauert in der Erde‹ steht sie bereits, unsere prächtige Porenbeton-Küche. Im zweiten Bauabschnitt geht es nun um das Fliesen von Boden, Wänden und Arbeitsplatte sowie die fachgerechte Montage der Schranktüren und Auszüge

Auf Wunsch der Hausherrin sollten die Küchen-Fronten möglichst geschlossen sein und ein ruhiges, einheitliches Gesamtbild abgeben. So wurde zugunsten großer Türen weitgehend auf Schubkästen verzichtet. Für den notwendigen Bedienkomfort sorgen jede Menge Auszüge. Sie haben zum einen den Vorteil, daß man beim Herausziehen auf einen Blick sieht, was sich im Schrankinneren verbirgt, zum anderen braucht man sich nicht zu bücken. Sämtliche Einbaugeräte sind voll integrierbar, das heißt, daß sie mit der passenden Holzfront verkleidet werden können. Hierbei sollte man besonders auf montagefreundliche Befestigung der Verkleidung an der Gerätetür achten. Nicht mehr zeitgemäß und problematisch zu montieren sind beispielsweise Kühlschranktüren mit sogenannter Schlepptür-Mechanik. Bei modernen Kühlschränken wie hier hingegen braucht man die Holzfront lediglich mittels zweier Schienen auf die Kühlschranktür zu schrauben. Ganz einfach ist es bei der Spülmaschine: Ihre Bedienblende sitzt auf der Türoberseite und ist bei geschlossener Tür nicht sichtbar, so daß sich die Klappe mit Hilfe eines mitgelieferten Dekorrahmens vollflächig verkleiden läßt.
Unter dem geräumigen Spülenschrank ist reichlich Platz für ein Vierfach-Mülltrenn-System. Auch hier ist die Montage kinderleicht: Das Grundgestell am Boden verschrauben, die Behälter einhängen und den Deckel auflegen – fertig.

Arbeitsplatte und Wand fliesen

1 Gummirakel zum gründlichen Einschlämmen des Fugenmörtels
2 Fliesen- oder Papageien-Zange
3 Gummihammer zum Nivellieren von Fliesen und Platten
4 Mit Hilfe der Schlagschnur wird die Ausgangslinie festgelegt
5 Schwamm zum Glattwaschen der Fugen sowie zum Nachwischen
6 Fliesenschneidemaschine

Boden, Arbeitsplatte und der angrenzende Wandbereich wurden, um räumliche Weite zu erzielen, mit demselben Belag gestaltet: italienischen Keramikfliesen. Das Besondere daran: Jede Fliese hat eine farblich andere Oberfläche, was in Verbindung mit den verschiedenen Formaten für ein lebhaftes Bild sorgt. Beim Verarbeiten empfiehlt es sich, stets Fliesen aus mehreren Paketen zu mischen. So bleibt der charakteristische Streuungseffekt erhalten. Gefliest wird von oben nach unten: zuerst Arbeitsplatte und Wand, dann der Boden. Nach dem Abbinden des Klebers läßt sich so alles auf einmal verfugen. Wichtig ist es, sowohl beim Kleber als auch beim Fugenmörtel die Verarbeitungshinweise des Herstellers genauestens zu befolgen. Mehr zum Fliesenlegen finden Sie übrigens in „Das große Buch vom Innenausbau“, Moewig-Verlag.

1 *Hier die Spülenecke. Anhand der vom Hersteller mitgelieferten Schablone wird der Ausschnitt für das Spülbecken, hier ein sechseckiges Modell, festgelegt. Daran orientiert sich die Position der ersten Fliese*

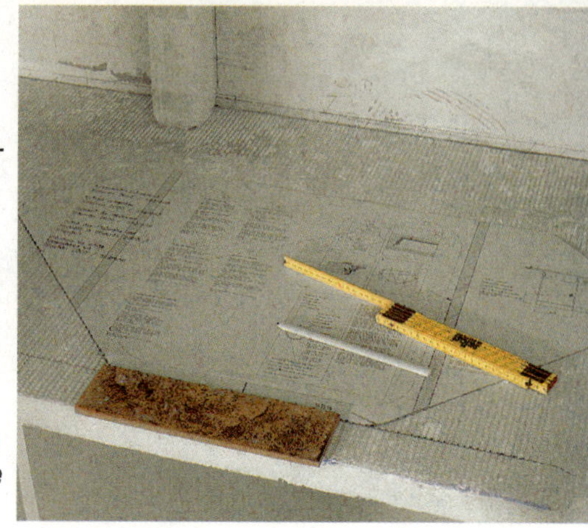

4 *Ausschnitte – hier für die Steckdosen – werden folgendermaßen hergestellt: Ausschnitt anzeichnen und mit dem Winkelschleifer (mit Diamant-Trennscheibe) einschneiden, Rest anritzen und mit einer Fliesenzange ‚ausknabbern‘*

Bodenfliesen verlegen

1 *Mit Hilfe einer Schlagschnur wird die Mitte der Küche als Ausgangslinie für das Verlegemuster markiert. Rechts im Bild der freistehende Herd*

2 Ist der Fliesenkleber satt aufgetragen und mit dem Zahnspachtel sauber durchgekämmt, legt man die Keramikfliesen Stück für Stück ein. Es empfiehlt sich, stets mehrere Fliesen auf einmal vorzuschneiden

3 Da die Keramikfliesen deutliche Toleranzen in den Abmessungen aufweisen, haben wir anstatt der üblichen Kunststoff-Fliesenkreuze Hartholz-Keile verwendet. Damit korrigieren die Profis Maßabweichungen

5 Bei komplizierten Verlegemustern oder problematischer Flächenaufteilung wie hier empfiehlt es sich, vorher einen Verlegeplan anzufertigen. Ist die gesamte Fläche gefliest, über Nacht ruhen lassen

6 Dann mit einer Gummirakel den Fugenmörtel einschlämmen und glattwaschen. Nach kurzem Antrocknen die Fliesen mit Wasser und Schwamm nachwischen

---

2 Hier wiederum das Auftragen und Durchkämmen des Fliesenklebers mit dem Zahnspachtel. Dabei nicht die gesamte Fläche auf einmal, sondern in Teilabschnitten einstreichen

3 Die Fugenmasse diagonal zum Fugenverlauf einschlämmen. Überschüssige Masse abziehen und die Reste mit einem nassen Schwamm entfernen

Fliesen im Innenbereich verlegt man in der Regel im Floating-Verfahren (Kleber auf Untergrund). Die Fliesen werden schräg zur Kämmung in das Kleberbett eingelegt und kräftig angedrückt

Schrank-Türen

Hinter den traditionellen Türen aus gebürstetem Fichtenholz verbirgt sich selbstverständlich modernste Beschlagtechnik. So lassen sich die Türen einfach einhängen bzw. aufklipsen und, falls nötig, beim späteren Reinigen problemlos demontieren. Beim Montieren der Griffe ist wiederum die Raster-32-Schablone eine große Hilfe, deren Vorzüge wir bereits im letzten Heft gezeigt haben. Sie ist über Baumärkte zu beziehen.

1

Zuerst werden die Kreuzmontageplatten für die Topfbänder in die vorgesehenen ***Rasterbohrungen (siehe Seite 45) geschraubt***

2

Danach können schon die Türen eingehängt bzw. aufgeklipst werden. Dafür ist kein zusätzliches Werkzeug nötig

3

Die Raster-32-Schablone ist auch zum Markieren der Griffe hervorragend geeignet. Einfach die Schablonen auf den Lochabstand der Griffe einstellen und mit dem Ankörnstift die Bohrpunkte markieren

4

Im Anschluß mit einem 4-mm-Bohrer je zwei Löcher bohren und die Griffe mit den beigelegten Schrauben befestigen

Montage von Türen und Auszügen

Dem ländlich-rustikalen Stil der Küche entsprechend, wurden Echtholztüren mit brünierten Messinggriffen als ‚Frontdekor' gewählt. Dahinter verbergen sich – wo immer möglich – Auszüge. Sie haben im Gegensatz zu einfachen Fachböden den Vorteil, daß sich der Schrankinhalt mit einem Griff übersichtlich präsentiert. Damit die Auszüge und Schubkästen an den Schranktüren vorbeigeführt werden können, haben wir 25 mm dicke Aufdoppelungen aus weiß lackiertem Leimholz auf die Seitenwände geschraubt – aber nur dort, wo die Scharniere für die Montageplatten sitzen. Auf diesen Leisten werden dann die Schubkasten-Schienen fixiert. Den Schubkasten (Foto 4 u. 5) baut man genauso wie die Korpusse: einfach seitlich mit Flachdübeln verbinden, eine 8-mm-Platte als Boden daruntersetzen und Schienen daranschrauben – fertig. Bei den Einbaugeräten sollten Sie unbedingt integrierbare Modelle wählen. Nur diese können mit den passenden Fronten bestückt werden.

1 *Damit die Schubkästen bzw. Tablare an den Türen vorbei laufen, werden im Bereich der Montageplatten 25 mm dicke Aufdoppelungen auf die Seitenwände geschraubt. Daran fixiert man die Schubkastenschienen*

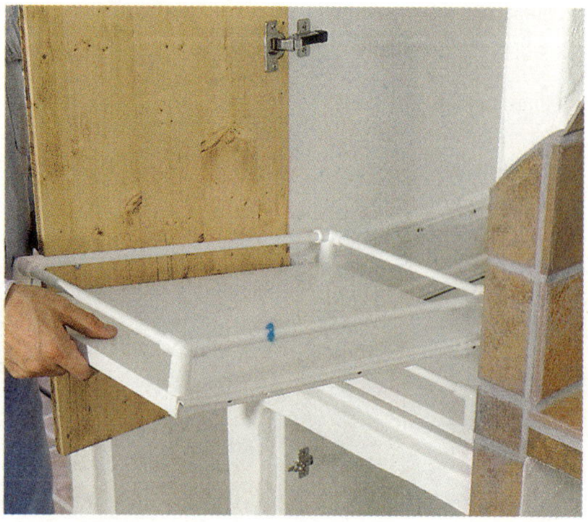

2 *Ohne Aufdoppelungen ließe sich das Tablar weder einhängen noch herausziehen, es würde anstoßen. Die Seitenwände ersetzt hier eine umlaufende Reling*

3 Bei modernen integrierbaren Kühlschränken wie hier wird die Holztür mittels zweier Schienen einfach auf die Kühlschranktür geschraubt. Nicht integrierbare Geräte können nicht verkleidet werden

4 Unterhalb des Kühlschranks wurde ein geräumiger Schubkasten eingeplant, den man genauso fertigt wie die Korpusse. Es werden lediglich noch Schubkasten-Schienen aufgeschraubt

5 Nach dem Einhängen kann die Schubkastenfront ausgerichtet, mit Zwingen fixiert und dann von innen verschraubt werden

6 Der Spülenausschnitt wird vom Schrankinneren aus mit einer Stichsäge ausgeklinkt. Zuvor die Eckpunkte mit einem mindestens 10 mm dicken Bohrer durchbohren – das erleichtert das Aussägen wesentlich

7 Das Spülbecken in den dafür vorgesehenen Ausschnitt einsetzen und rundum mit Silikon abdichten. Der geräumige Spülenschrank darunter bietet sich für eine vierfache Müll-Trennung geradezu an

8 Bei diesem System ist die Montage besonders einfach. Das Grundgestell befestigt man mit vier Schrauben auf dem Boden, hängt die Behälter ein und legt den Deckel auf – auch zum Nachrüsten bestens geeignet

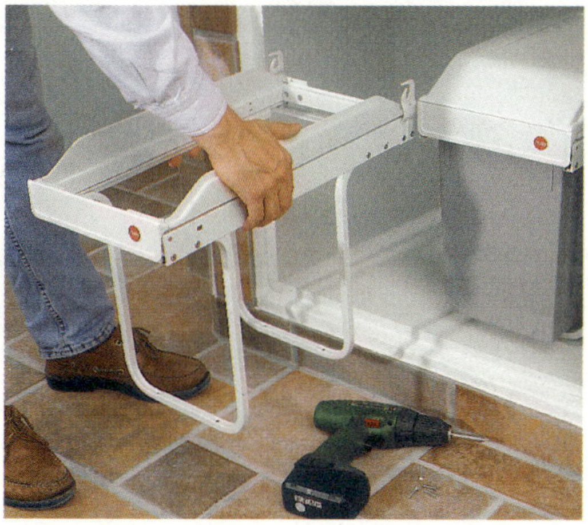

9 Hier wurden anstelle der Einfachauszüge Vollauszüge verwendet. Sie haben den Vorteil, daß sie ‚volle Sicht' auf den Inhalt gewähren. Allerdings kosten sie ungefähr das Dreifache eines einfachen Auszuges

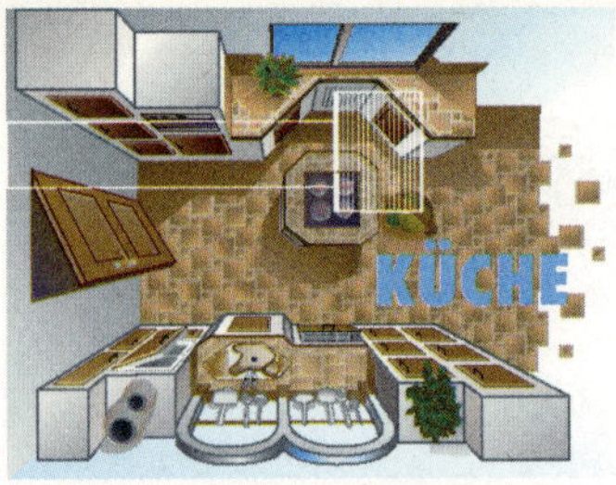

Im Mittelpunkt: der Herd

Landhaus-Stil: weißer Putz, Keramikfliesen und gebürstete Fichtenholz-Türen

Raum-Mittelpunkt ist der freistehende Herd – um ihn dreht sich das ganze Geschehen. Wird er nicht als Kochstelle genutzt, dient das Ceranfeld als zusätzliche Arbeits- oder Ablagefläche. Gebaut wird der Herd nach demselben Konstruktionsprinzip wie die übrigen Küchenschränke auch: Den Korpus aus beschichteter Spanplatte bettet man in Porenbeton ein und verputzt ihn (siehe Seite 42ff). Hinter den Fichtenholz-Türen verbergen sich wiederum praktische Auszüge für Kochtöpfe und dergleichen, unter der Dunstabzugshaube ‚Marke Eigenbau' ein besonders leistungsstarkes Abluft-Modell, was wegen des großen Abstandes zum Kochfeld auch unerläßlich ist. Der Backofen wurde auf Wunsch der Hausfrau in Sichthöhe und in Reichweite des Herdes plaziert. Alles in allem eine funktionelle und optisch ansprechende Lösung, die sicherlich viele Liebhaber finden wird. □

1 *Am Herd braucht man die Türen ebenfalls nur aufzuklipsen. Auch hier sind wiederum die Aufdoppelungen notwendig. In den Vollauszügen ist reichlich Platz für Töpfe, Pfannen und dergleichen*

2 *Das Ceranfeld setzt man in die dafür vorgesehene Aussparung ein und dichtet die Ränder wie beim Spülbecken mit Silikon ab. Das Anschließen des Kochfeldes bleibt dem Fachmann überlassen*

Die Dunstabzugshaube ist ebenfalls ‚Marke Eigenbau'. Dafür wurde eine Holzkonstruktion gebaut, die passend zum Umfeld ebenfalls verputzt und gefliest wurde

Kontakte: Porenbeton: Hebel AG, Pf. 1353, 82243 Fürstenfeldbruck; **Bauprodukte:** Knauf GmbH, Pf. 10, 97343 Iphofen; **Holz:** O. A. Lüghausen KG – 1001, Wilhelmstr. 146, 53721 Siegburg; **Beschläge, Bohrschablonen:** Robbi, Pf. 1180, 49313 Melle; **Fliesen:** Rex Ceramiche Artistiche S. p. A., I-41042 Fiorano Modenese (Modena), Casella Postale n. 72, **Holzöl:** Livos, 29568 Wieren; Einbaugeräte: Miele, 33325 Gütersloh; **Müll-Trenn-System:** Hailo-Werk, Pf. 1262, 35702 Haiger

Kapitel 2

Küchen aus Holz

Hier zeigen wir Ihnen die ganze Bandbreite der klassisch konstruierten Selbstbauküchen: Von der Miniküche bis zum großzügigen Kochparadies. Auch der handwerkliche Anspruch variiert, so daß für jeden etwas dabeisein dürfte

INHALT

Kompaktküche

Klein aber

Wohnraum ist knapp und teuer. Gleichzeitig steigt die Zahl der Ein- und Zweipersonenhaushalte. Wir zeigen Ihnen, wie man auf 4 m² eine funktionelle und pfiffige Küche unterbringt

Gerade in kleinen Küchen muß man jede Lücke nutzen. Daher wurden hier Mikrowelle und Heißwassergerät unter ein Bord montiert. Über dem Dunstabzug finden die Gewürze Platz

praktisch

Appartements und Kleinwohnungen sind bei Singles beliebt. Ihr Nachteil: Sie haben oft nur eine winzige Küche oder Kochnische. Die hier vorgestellte Kompakt-Lösung kommt mit einer Grundfläche von 4 m^2 aus. Selbstgebaute Möbel, vom platzsparenden Klapptisch vor dem Fenster bis zu raffiniert genutzten Schränken und Regalen, bieten gute Arbeitsmöglichkeiten. Auch die Farbgebung spielt eine nicht zu unterschätzende Rolle.

Weil eine zweckmäßige Küchenplanung sehr stark vom Grundriß und der Lage der Fenster und Türen abhängt, wird sich unser Beispiel in den seltensten Fällen exakt kopieren lassen. Die darin vorgestellten Ideen bieten aber sicherlich viele interessante Lösungsansätze für individuell geplante und funktionelle Kleinküchen.

Da ein solcher Raum auf jeden Fall pflegeleicht sein sollte, beginnt die Neugestaltung mit dem Fußboden. Im Hinblick auf die starke Beanspruchung wählten wir weißglasierte Steinzeug-Fliesen im Format 100 x 100 mm. Die durch Netzklebung zu handlichen 300 x 500 mm großen Tafeln zusammengefaßten Platten werden entlang der Hauptblickachse ausgerichtet. Wenn der Estrich eben ist, erfolgt die Verklebung im Dünnbett-Verfahren. Nach dem Trocknen des Klebers wird der Boden verfugt. Die Wände fliest man nach dem gleichen Verfahren, jedoch nur oberhalb der Arbeitsplattenhöhe. Für die übrigen Wandflächen eignet sich Prägetapete mit unregelmäßigem

Kompakt-Küche

1 ***Die Fliesen sind auf 300 mal 500 mm großen Tafeln zusammengefaßt, damit man sie leichter verlegen kann***

2 ***Für den Zuschnitt am Rand leihen Sie sich möglichst ein Fliesenschneidgerät***

Perlenmuster. Damit man die Prägung nicht „plättet", sollten die Bahnen mit einer Tapezierbürste oder Lammfellrolle nur leicht angedrückt werden. Abschließend erfolgt der Anstrich mit Acryl-Seidenmattlack. So erhalten Sie eine ausdrucksvolle Oberfläche, die sich wunderbar leicht abwischen läßt.

Wer einen vorhandenen Grundriß möglichst gut ausnutzen möchte, kommt mit maßgeschneiderten Selbstbau-Möbeln am besten ans Ziel. Dabei müssen lediglich die üblichen Breiten- und Tiefenmaße für Einbaugeräte berücksichtigt werden. Wenn alle Teile laut Einkaufszettel zugeschnitten sind, kann die Montage beginnen: Mit einer Lehre, wie sie im Foto 6 zu sehen ist, lassen sich die Dübellöcher problemlos dekkungsgleich herstellen. Die exakte Tiefe wird mit einem Stellring am Holzbohrer festgelegt. Dann können die Verbindungsstellen mit Holzleim eingestrichen werden. Unter Verwendung eines Beilageholzes klopft man die Korpusteile anschließend zusammen und spannt das Ganze mit langen Zwingen ein.

Den meisten Einbauspülen liegt eine Schablone bei, mit deren Hilfe die Konturen der Aussparung aufgezeichnet werden. Anschließend bohrt man an den Ecken 10-mm-Löcher und sägt die Arbeitsplatte entlang den Linien aus. Dann wird die Platte ebenfalls mit Fliesen belegt. Sowohl für das Bett als auch für das Verfugen eignet sich am besten Zweikomponenten-Kleber. Er

5 ***Saubere Kanten beim Zuschneiden von beschichteter Spanplatte erhält man mit einem Sägeblatt aus Hartmetall***

8 ***Zum Einbau der Spüle bohrt man an den Ecken vier Löcher und sägt die Platte entlang den Markierungen aus***

9 ***Nachdem die Arbeitsplatte angebracht ist, wird der Zweikomponentenkleber dünn aufgetragen***

3 Auch die Wände werden im Dünnbett-Verfahren gefliest. Wenn alles verfugt ist, kann es an das Tapezieren gehen

4 Beim Kleben von Prägetapete sollte man die Bahnen mit einer weichen Bürste nur leicht andrücken

6 Mit einer solchen Bohrhilfe erreicht man deckungsgleiche Löcher für die Dübelverbindung

7 Während der Holzleim abbindet, sollte man den Schrank in langen Zwingen fest eingespannen

10 In den Kleber kann man nun die Fliesenmatten legen und diese dann sauber dort ausrichten

11 Als Fugenfüller findet wiederum Kraftkleber Verwendung. Er schützt die Holzplatte vor Nässe

Kompakt-Küche

EINKAUFSZETTEL

Pos.	Anz.	Bezeichnung	Maße in mm	Material
1	2	Seitenwände	850 x 450	beschichtete Spanplatte 19 mm dick
2	1	Rückwand	850 x 562	
3	1	Frontwand	562 x 433	
4	1	Zwischenwand	562 x 417	
5	4	Böden	562 x 90	
6	1	Blende	562 x 100	
7	2	Blenden	393 x 100	

Umleimer; Holzleim.
Materialkosten rund 80 Mark

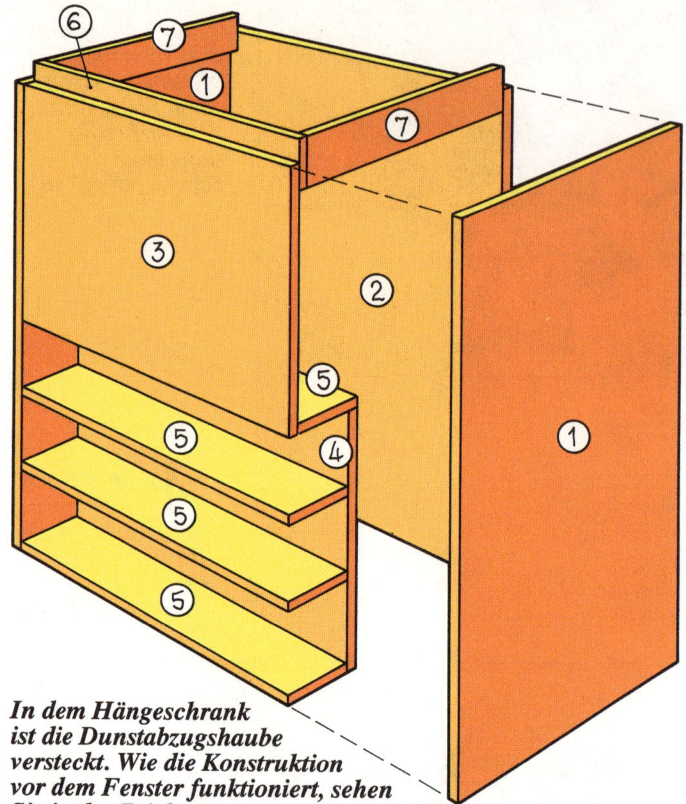

In dem Hängeschrank ist die Dunstabzugshaube versteckt. Wie die Konstruktion vor dem Fenster funktioniert, sehen Sie in der Zeichnung unten. Links haben wir den Grundriß der Küche abgebildet

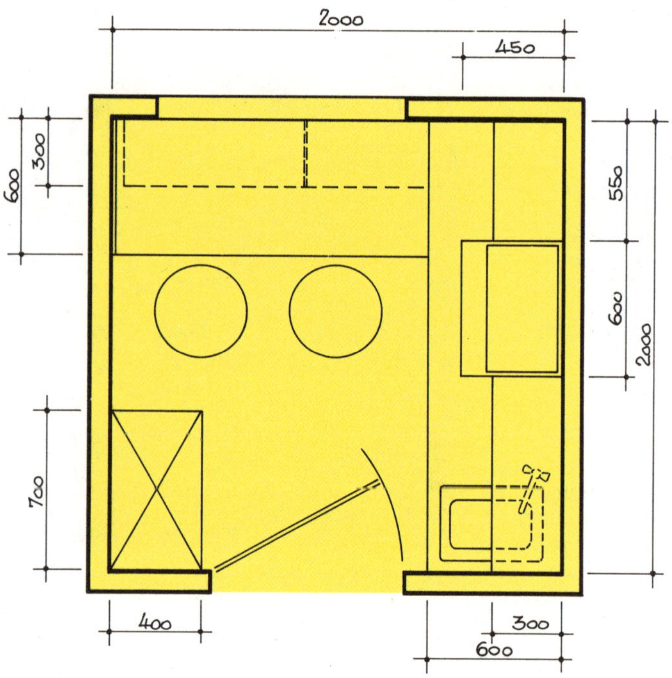

GRUNDRISS

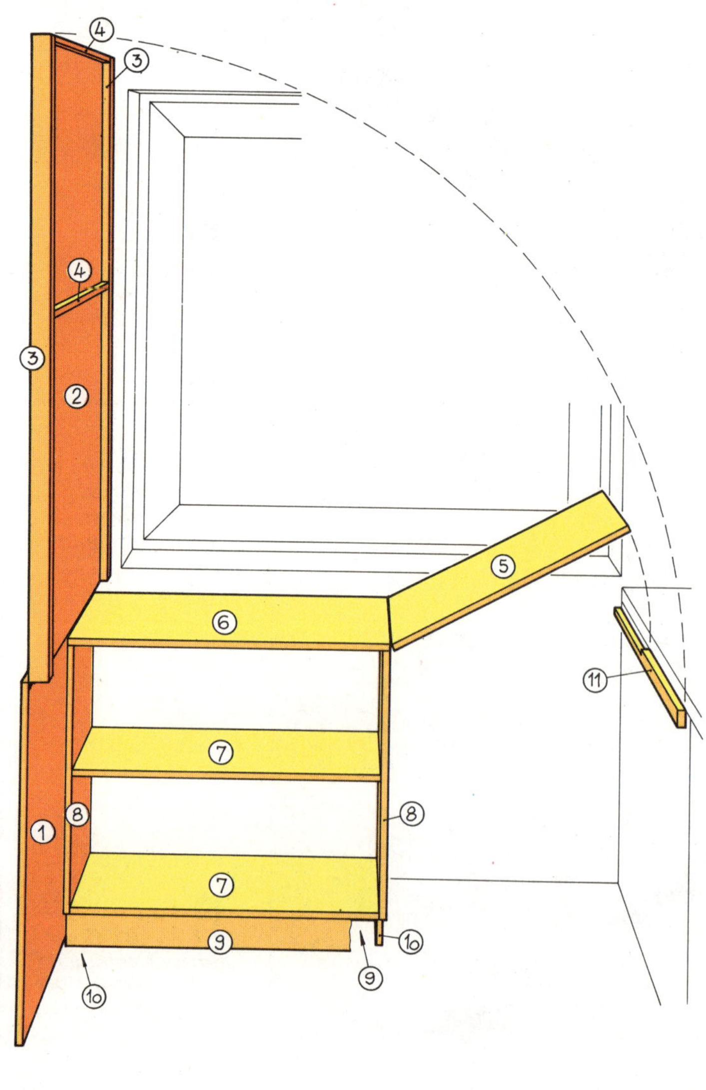

EINKAUFSZETTEL

Pos.	Anz.	Bezeichnung	Maße in mm	Material
1	1	Wandplatte	850 x 600	beschichtete Spanplatte 19 mm dick
2	1	Tischplatte	1380 x 562	
3	2	Kantenbretter	1380 x 40	
4	2	Stege	562 x 21	
5	1	Klappe	575 x 300	
6	1	Ablage	800 x 300	
7	2	Böden	762 x 300	
8	2	Seitenwände	641 x 300	
9	2	Sockelbretter	790 x 150	
10	2	Sockelbretter	240 x 150	
11	1	Auflager	600 lang	Fichte, 30 x 40 mm

Umleimer; Klavierband, je 1 x 600 und 300 mm lang; Schrauben; Holzdübel; Holzleim.
Materialkosten rund 120 Mark

12 *In den Hängeschrank wird die Dunstabzugshaube integriert. Die Montage erfolgt mit Leim und Holzdübeln*

13 *Hat man eine Wasserwaage mit Markierungsdornen zur Verfügung, ist das Anbringen des Kastens kein Problem*

14 *Lackiert wird die Fläche am Schrank erst nach dem Aufhängen. Die Uhr schraubt man erst zum Schluß an*

15 *Die Eßtisch-Klappe vor dem Fenster schlägt man mit einem Klavierband an der Wandplatte an*

In das schmale Regalbord wurden noch eine Rezeptablage sowie eine Soffittenlampe zur guten Arbeitsplattenbeleuchtung integriert

schließt die Arbeitsplatte mit einer harten, emailleartigen Schicht gegen von oben eindringendes Wasser ab.

Die Abzugshaube über dem Kochfeld versteckten wir in einem Spanplattenkasten, in dessen Front drei Gewürzborde und eine Uhr integriert sind. Das schmale Regalbrett daneben dient nicht nur als Ablage: Auf seiner Unterseite verbirgt sich eine Rezept-Ablage, die mit einem Klavierband angeschlagen ist. Vorne am Bord befindet sich eine Leiste, hinter der sich gut die blendfreie Arbeitsplatten-Beleuchtung verstecken läßt. Vor dem Fenster gibt es zwei weitere Mechanismen: Zum einen kann ein großer Arbeits- und Eßtisch heruntergeklappt werden; zum anderen läßt sich die Arbeitsplatte hochschwenken, damit das Fenster leicht erreichbar ist.

So sah der alte Küchenplatz aus: Unansehnliche Wand- und Bodenfliesen bestimmten die Optik. Gut erkennbar ist die abgewinkelte Bodenplatte, die die äußere Kontur der neuen Küche bestimmte

Ein Platz zum Kochen und Plaudern

Durch geschickte Aufteilung und ein Interieur, das sich dem übrigen Wohnraum anpaßt, entstand ein Ensemble, das die Bar-Küche bei aller Zweckmäßigkeit zum kommunikativen Zentrum der Wohnung werden ließ

Die Materialien und Werkzeuge: Fliesen, Kleber, Schneidemaschine, Zollstock, Nägel, Schnur und Kellen

Mit dieser eleganten offenen Küche erfüllten sich die neuen Wohnungsbesitzer einen langgehegten Traum: Endlich ein Raum, in dem man nach Herzenslust dem gemeinsamen Hobby nachgehen kann und gleichzeitig nicht mehr vom übrigen Geschehen isoliert ist. Die Bartheke, die zugleich als Rückwand der rechten Küchenzeile dient, verleitet zum gemütlichen Plausch, bei dem jeder in die Töpfe gucken und nach Lust und Laune mithelfen kann. Auch der Eßtisch steht in unmittelbarer Nähe, nämlich genau dem Kücheneingang gegenüber.

Bis es soweit war, fiel allerdings einiges an Arbeit an. Zwar bot das 18 Jahre alte Haus eine hervorragende Bausubstanz, doch entsprachen viele Details nicht mehr dem Zeitgeschmack. Dazu zählte unter anderem die bisherige Küche. Hier wurde dann auch von den Fliesen bis zur Einrichtung alles erneuert. Ein Glücksfall: Der Schnitt des großen Wohnraums bot für die beabsichtigte Lösung nahezu ideale Bedingungen – eine zusätzliche Motivation, die Mühen des Umbaus auf sich zu nehmen.

Installateur und Elektriker wurden zuerst tätig, indem sie entsprechend der Planung die erforderlichen Rohre, Dosen und Leitungen verlegten. Die nächsten Seiten zeigen alle weiteren Maßnahmen.

1

Zuerst zwei Platten auslegen, um die Flucht zu ermitteln; dann wird eine Richtschnur gespannt

2

Der angerührte Kleber wird portionsweise auf die alten Fliesen aufgetragen und die Schiene ...

3

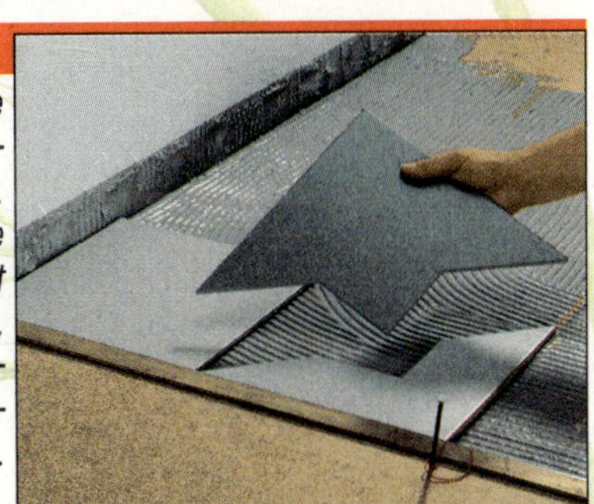

... auf die Kante gedrückt. Die erste Platte erhält ihren Platz, und die Fliesen-Formstücke ...

4

... fügt man einzeln an. Dabei haben wir immer auf die Fugenbreite und den Musterverlauf geachtet

BODENFLIESEN

Der alte Küchenboden blieb liegen; nur die Fußleisten und die Fliesen über der Arbeitsfläche wurden abgelöst. Da die neuen Platten 10 mm dick sind, entstand am Eingang der Küche eine kleine Schwelle. Dieses Problem wurde vor dem Verlegen des angrenzenden Teppichs durch Beispachteln des Übergangs gelöst. An den beiden rechten Seiten spielte die Höhe keine Rolle, die Kante wird hinterher von den gleichlaufenden Küchen-Unterschränken verdeckt. Da die Fläche des Küchenbodens nicht übermäßig groß ist, beschränkte man sich auf ein Dekor der „Noblesse Vario" von Röben, das in drei Reihen gelegt wurde. Die Platten beginnen an der linken Wand und enden am alten Fliesenrand rechts. Auf der kleinen Zeichnung (links oben im Bild) können Sie genau den Grundriß des Küchenbodens erkennen, ebenso den Verlauf der Musterfliesen. Auf Fußleisten wurde hier verzichtet. Bei den zweigeteilten Musterfliesen war auf eine sehr exakte Verlegung zu achten, damit der Fugenverlauf stimmt. Setzt man die kontrastierenden Stücke zur Fliese zusammen, ergibt sich das Fliesenmaß von 30 x 30 cm, einschließlich der mittleren Fuge.

5 Nun kann man mit der nächsten Reihe beginnen. Nacheinander wird die ganze Fläche belegt

6 Die abgeschrägten Fliesen werden zuletzt eingepaßt. Dazu die ganze Platte anlegen und ...

7 ... die Größe des benötigten Teiles markieren. Man ritzt mit dem Fliesenschneider vor, ...

8 ... dann schlägt man leicht gegen die Rückseite, und die Teile trennen sich. Das benötigte Stück ...

9 ... fügt sich genau in die verbliebene Lücke. Mit den anderen Paßstücken sind wir ebenso verfahren

10 Hier mischen wir die benötigte Menge des Fliesenmörtels nach Vorgabe des Herstellers an

11 Dann wird mit einem Gummischaber der Fugenmörtel sorgfältig in alle Zwischenräume eingearbeitet

12 Mit klarem Wasser und einem Schwamm wischt man den überschüssigen Fugenmörtel ab

PLANUNG

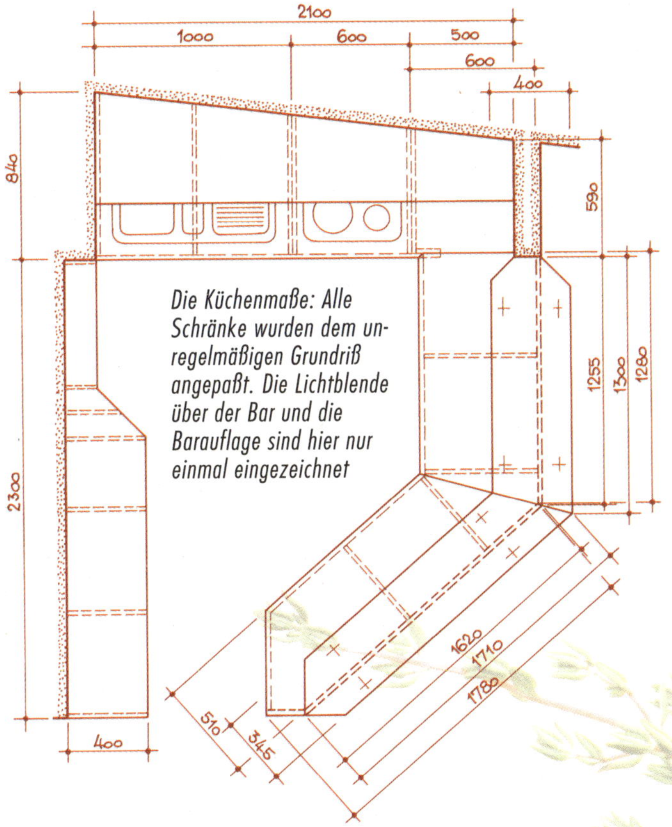

Die Küchenmaße: Alle Schränke wurden dem unregelmäßigen Grundriß angepaßt. Die Lichtblende über der Bar und die Barauflage sind hier nur einmal eingezeichnet

Nachdem Wunschausstattung und Dekorationsfarben feststanden, ging es nach den Vorgaben des Grundrisses an die Küchenplanung. Folgende Geräte sollten untergebracht werden: Spülmaschine, Spüle, Herd, Ceranfeld, Dunstabzugshaube und ein Kühlschrank. Da die einzige lange Wand in der Küche schräg verläuft, wurde hier die Tiefe der Küchenzeile entsprechend angepaßt (siehe Zeichnung oben). Die linke, schräg hochlaufende Wand (dahinter verbirgt sich die Treppe ins Obergeschoß) erhielt ein Regal für Flaschen und Gläser, das nur unten Türen hat, damit beim Blick vom Wohnraum her der Barcharakter erhalten bleibt und die Einrichtung optisch nicht zu schwer wirkt. Der gesamte Thekenbereich besteht aus Unterschränken, zwischen die der Eisschrank gesetzt wurde. An der hinteren Wand (Länge 2,10 m) fanden eine 50-cm-Spüle mit Ablaufbrett, eine 45-cm-Spülmaschine und der 60 cm breite Herd Platz. Rechts entstand ein Eckschrank, der vom ersten Unterschrank der Bar aus zugänglich ist. Für Drehgestelle reichte der Platz leider nicht aus. Die Unterschränke der Bartheke schließen an ihrer Rückseite mit dem Mauervorsprung ab. Das hat zwei Vorteile: Die Fläche der Küche vergrößert sich um die Mauerdicke, und die Bar schließt vom Wohnraum gesehen bündig ab. Als Material für die Küchenschränke verwendeten wir Spanplatte, 16 und 19 mm dick. Die Küchenarbeitsplatte mit Granitdekor besitzt eine Stärke von 40 mm, die des Regals und die Barauflage ebenfalls; sie sind jedoch aus MDF gefertigt und mit Laminat im gleichen Dekor beklebt. An der Fläche unter den Oberschränken wurden mit diesem Dekor bezogene Spanplatten angebracht; das ergibt einheitliches Bild. Die Beleuchtung erfolgt mit Halogenstrahlern über Schränken und Bar, zudem wird die Arbeitsplatte indirekt beleuchtet.

Die Bar: Eleganter Übergang vom Wohnraum zur Küche

Die großzügige Bartheke schafft nicht nur Platz für Topfgucker, sondern dient auch als Treffpunkt für gemütliche Stunden

UMLEIMER

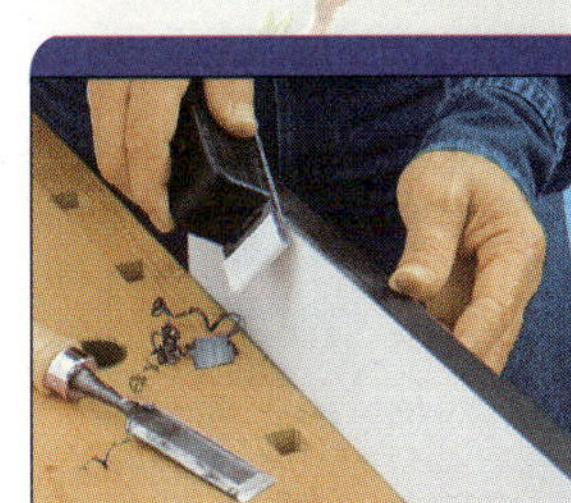

Da die Türen der Küche in Anthrazit metallic gespritzt wurden und die Schränke aus beschichteter Spanplatte bestehen, wären weiße Blitzkanten entstanden. So entschieden wir uns für einen Umleimer in der Farbe der Türen (beim Regal dient dies gleichzeitig als Dekoration); die nicht sichtbaren Kanten wurden weiß gefaßt. Die Umleimer kann man problemlos auf die Plattenkanten aufbügeln. Ein Streifen Zeitungspapier zwischen Bügeleisen und Umleimer erleichtert das schonende Aufbringen. Direkt danach sollte man mit einem Korkklotz nachreiben, damit der Umleimer sich nicht nach oben wölben kann. Beim Entfernen der überstehenden Kanten mit dem Beitel ist das Eisen flach an das Brett zu halten; abgestochen wird schräg nach unten.

PLATTEN BESCHICHTEN

Die Laminat-Oberfläche muß man entlang einer Leiste mehrfach mit einem Beitel ...

... vorritzen. Danach läßt sich der Überstand auf ganzer Länge einfach abbrechen

Laminat-Rückseite und MDF werden mit Kontaktkleber versehen. Für diesen Arbeitsgang sind ...

... ausgelegte Leisten günstig: sie helfen, das Laminat ganz exakt aufzukleben

Dann fährt man mit der Hand nach, und anschließend wird noch einmal fest gerollt

Überstehende Laminatkanten haben wir dann sorgfältig mit einem Fräser entfernt

Die MDF-Platte der Barauflage, die Spanplatte der Barrückwand (innen, über der Arbeitsfläche) und unter den Oberschränken mußten, bevor wir sie einbauen konnten, mit Schichstoffplatten beklebt werden. Dazu benötigten wir Kontaktkleber, Andruckrolle, Stechbeitel und Holzzulagen. Das Laminat wurde zunächst größer als benötigt zugeschnitten und die Oberfläche dann mit einem Stechbeitel auf 5 mm Überstand angeritzt. Das Laminat läßt sich dann einfach abknicken. Die Fläche und die Laminatrückseite wurden mit Kontaktkleber versehen. Nach dem Antrocknen des Klebers haben wir mit Hilfe von Leisten das Laminat aufgedrückt und mit der Andruckrolle nachgerieben. Das überstehende Laminat entfernten wir mit einem Bündigfräser. Dadurch entstanden saubere Kanten, die nur noch gebrochen werden mußten.

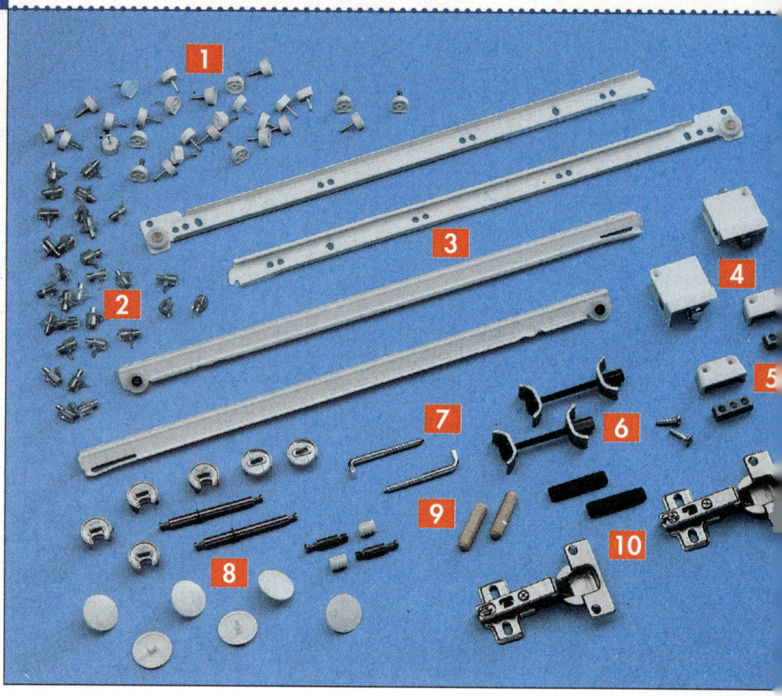

Unser Foto zeigt alle Verbindungen und Beschläge der Firma Robbi, die wir bei der Anfertigung der Küche verwendet haben

1. Bodenträger mit Stift
2. Bodenträger mit Zapfen
3. Rollschubführungen
4. Schrankaufhänger
5. Trapezverbinder
6. Arbeits- und Holzplattenverbinder
7. Aufhängehaken
8. Schrankbeschlag Elite 25, Muffen, Kappen
9. Holzdübel
10. Euromat-Plus mit Feder, für aufliegende Türen

Alle auf diesen beiden Seiten gezeigten Verbindungen und Beschläge benötigten wir zur Anfertigung der Küche. Da sich die Arbeitsschritte wiederholen, zeigen wir sie anhand von Detailfotos, die stellvertretend für den gesamten Aufbau stehen. Die einzelnen Schränke wurden ohne Leim miteinander verdübelt; bis auf den Unterschrank des Seitenregales, bei dem zur Erhöhung der Stabilität der Verbindung Holzleim zugefügt wurde. Fast alle Seiten der Schränke sind später unsichtbar, daher konnten die Elemente der Küche anschließend von außen miteinander verschraubt werden. Die Dübellöcher stellten wir mit der Bohrlehre her. Dazu wurden jeweils in die Kopfseiten des Schrankes drei Bohrungen gesetzt. Der Anschlag am Bohrer wurde auf die entsprechende Tiefe eingestellt (ca. 30 mm, plus Stärke der Dübellehre). Mit Markierspitzen in den drei Kopflöchern haben wir die Gegenbohrungen gekennzeichnet. Die Anschraublöcher konnten gleich mit gebohrt und von den Außenseiten her dann mit einem Krauskopfbohrer angesenkt werden. So sitzen die Schraubenköpfe plan im Korpus. Nacheinander stellten wir auf diese Weise die einzelnen Körper her, bis auf die offene Ecke neben dem Schubladenschrank (Zeichnung S. 76f). Da hier die äußeren Seiten

BESCHLÄGE & VERBINDUNGEN

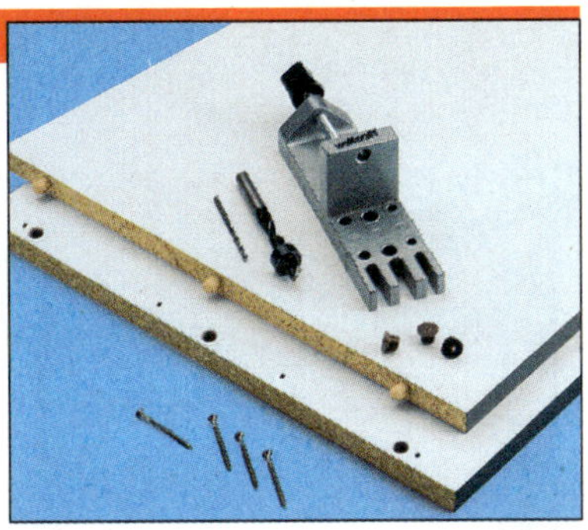

1 *Eine Dübellehre und Markierspitzen helfen bei den Verbindungen*

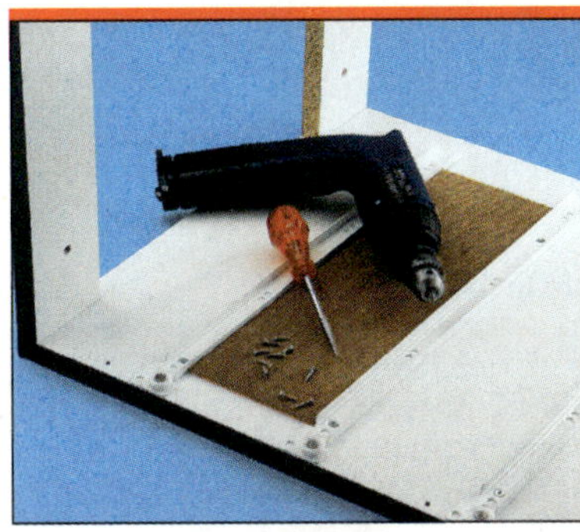

2 *Ein zugeschnittenes Hilfsbrett markiert die Schubladenabstände*

3 *Diese Schrankaufhänger sorgen für den Halt der Oberschränke*

4 *Das Foto zeigt alle Einzelteile und Verbindungen einer Schublade*

5 *An die Schubladen kommen Blenden, Griffe und Schienen*

6 *So werden alle Löcher für die Topfscharniere in den Türen hergestellt*

7 *Die aufeinanderstoßenden Platten-Zuschnitte müssen genau passen*

8 *Eine zusätzliche Möglichkeit: eine Schücoschiene einsetzen*

9 *Zur Aufnahme der einzelnen Flachdübel werden Schlitze gefräst*

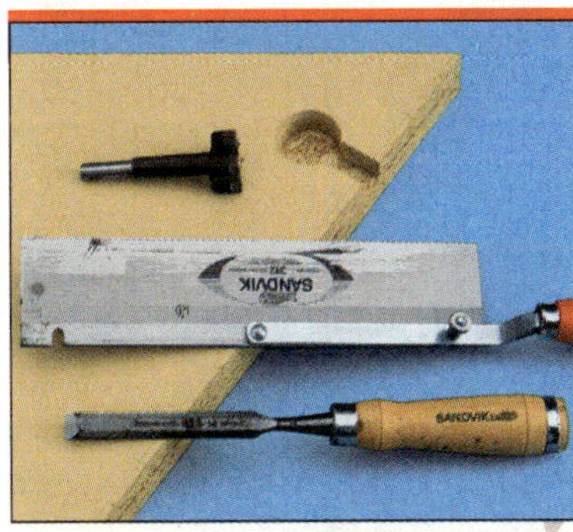

10 *Mit dem Forstner-Bohrer, einer Feinsäge und dem Stechbeitel ...*

11 *... haben wir die Aussparungen für die Plattenverbinder hergestellt*

12 *Rückseitige Barauflage: geschlossen mit Flachdübeln und Möbelverbindern*

vom Raum aus sichtbar bleiben, kamen dort Trapezverbinder zum Einsatz. Die Küchenarbeitsplatten haben wir mit Flachdübeln und Arbeitsplattenverbindern zusammengefügt, die Barauflage mit Flachdübeln und Elite-Verbindern. Hier mußten zuvor die Gehrungen ganz exakt angezeichnet und dann mit der Stichsäge hergestellt werden. Anschließend haben wir mit einem Flachdübelvorsatz die Nuten gefräst, die Aussparungen an der Unterseite für Arbeitsplatten- und Elite-Verbinder dagegen mit Feinsäge, Forstner-Bohrer und Stechbeitel gefertigt.
Bei endbehandelten Küchentüren – wie in unserem Fall – muß der Bohrständer mit weichem Material gepolstert werden, damit die empfindliche Oberfläche nicht verkratzt.
Wegen der bauseitigen Gegebenheiten wie Bodenplatte und Wandvorsprünge rechts und links mußten alle Einbauten auf Maß gefertigt werden. Folglich besitzen die Küchentüren ebenfalls Sondermaße. Aus diesem Grund haben wir die Türen (Kanten gefast, wie bei der Lichtleiste) aus 16-mm-MDF in einer Möbelschreinerei fertigen lassen. Die Wunschfarbe, nämlich Anthrazit metallic, erhielten die Türen dann in einer Auto-Lackiererei.

Die Elemente

Unterschränke

Die kleine Grundrißzeichnung, die Sie nun auf jeder Doppelseite finden, zeigt jeweils die Teile, die angefertigt werden und deren Standort. Wir präsentieren die Schränke in der Reihenfolge, die für die Herstellung am sinnvollsten ist.
Wenn Sie neue Küchengeräte bestellen, sollten diese vor Beginn der Planung an Ort und Stelle sein oder zumindest technische Zeichnungen davon, da Sie beim Einbau jeweils die Eigenheiten der verschiedenen Modelle berücksichtigen müssen.
Die Maße unserer Küche müssen Sie auf Ihre Gegebenheiten umrechnen, da kein Grundriß dem anderen gleicht. Im oberen Einkaufszettel auf Seite 73 finden Sie alle Maße und Materialien für die Unterschränke. Der zweite enthält die Angaben zu den Oberschränken. Für die hintere Wand sind je drei Ober- und Unterschränke nötig.
Die Warmwasserversorgung der Küche erfolgt über einen offenen 10-l-Speicher, der im Abstellraum nebenan untergebracht ist, so daß im Spülen-Unterschrank noch genügend Platz für Abfalleimer oder Putzmittel bleibt. Der Freiraum, der zwischen Spüle und Herd entstand, ist für die Spülmaschine vorgesehen. Ein umlaufender Sockel, der aus 19 mm dicker beschichteter Spanplatte be-

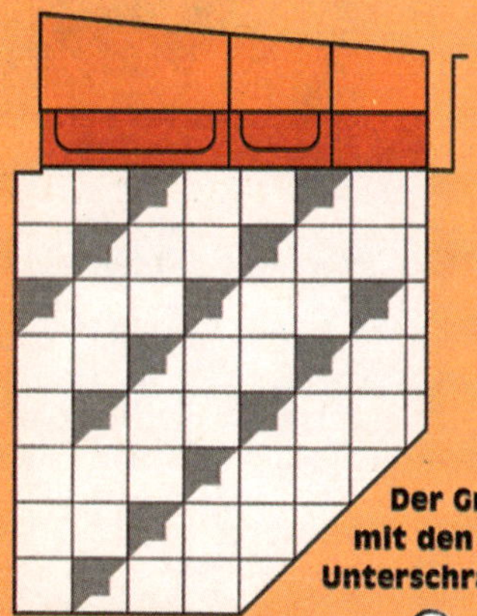

Der Grundriß mit den Ober- und Unterschränken

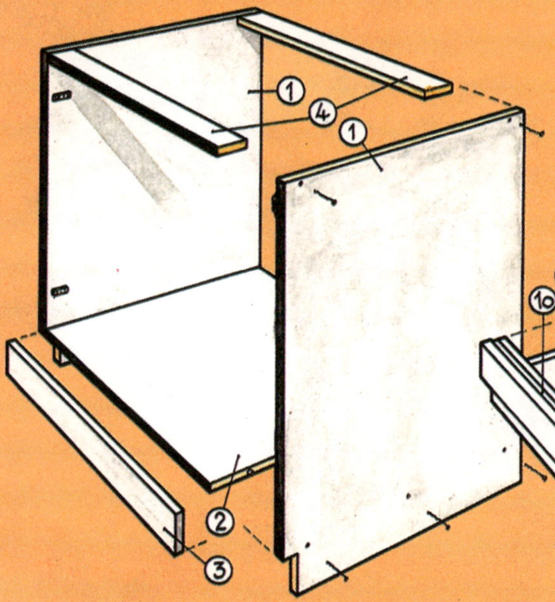

Der erste Unterschrank ist für eine Spüle mit Ablaufbrett konzipiert. Aus Platzgründen konnten wir nur ein 50er Becken installieren. Auf einen Zwischenboden wurde verzichtet

Der nächste Korpus dient als Konstruktion für den Einbauherd und erhält zusätzlich noch eine sehr praktische Schublade. Sie ist durch die Rollschubführung sehr leichtgängig und besitzt eine aufgedoppelte ...

Wand-Oberschränke

Der erste obere Wandschrank ist als Doppelschrank mit drei Einlegeböden konstruiert

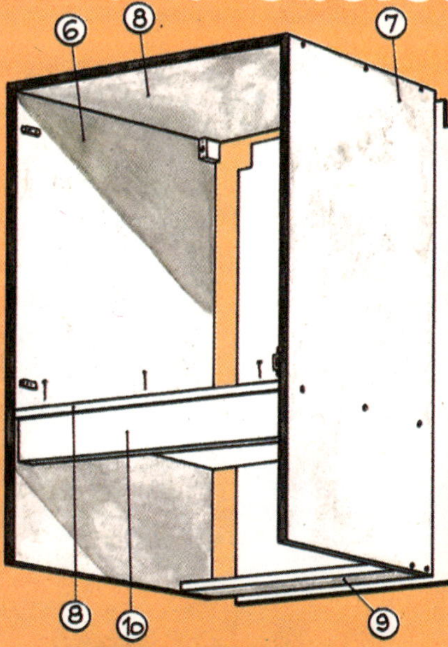

Im mittleren Teil ist die Dunstabzugshaube untergebracht. Der Einbau eines weiteren Bodens ...

... ist je nach Platzangebot möglich. Das rechte Schrankoberteil erhält ebenfalls drei Zwischenböden

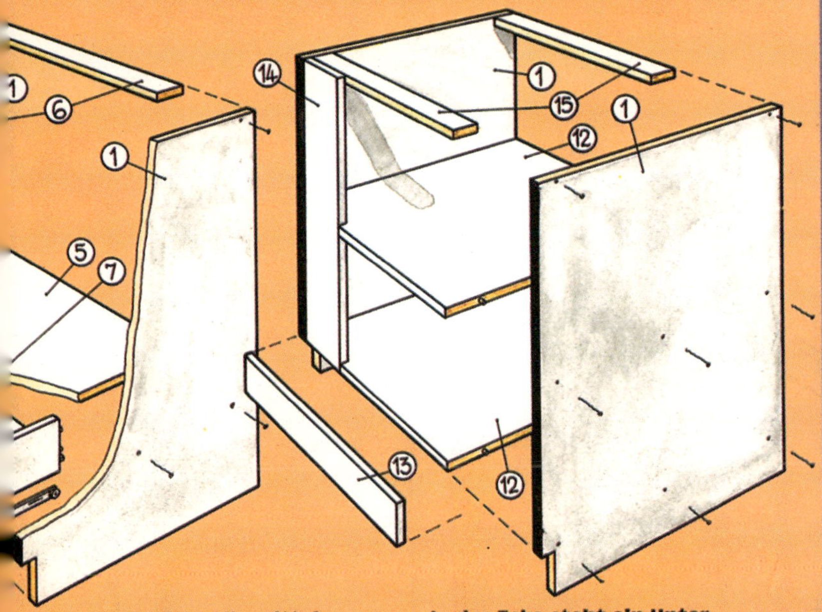

... Griffleiste, die mittels Zwischensteg auf der Frontblende montiert ist. Gleichzeitig dient die Frontblende bei diesem Korpus als Sockel, der um die Breite der Seitenwände ausgeklinkt wurde

In der Ecke steht ein Unterschrank, der vorne offen bleibt. An diese Öffnung schließt sich später der erste Korpus der Bartheke an. Die Unterschränke besitzen keine Rückwände

EINKAUFSZETTEL

Pos.	Anz.	Bezeichnung	Maße in mm	Material
1	6	Seitenwände	825 x 580	beschichtete Spanplatte 19 mm dick
2	1	Bodenplatte	580 x 500	
3	1	Sockelbrett	538 x 100	
4	2	Querstege	500 x 60	
5	1	Bodenplatte	580 x 562	
6	2	Querstege	500 x 60	
7	1	Rückenteil	540 x 135	
8	2	Seitenteile	500 x 150	
9	1	Frontblende	600 x 200	
10	1	Distanzleiste	540 x 80	
11	1	Griffleiste	600 x 100	
12	2	Böden	580 x 460	
13	1	Sockelbrett	498 x 100	
14	1	Wandsteg	725 x 120	
15	2	Querstege	460 x 60	
16	1	Schubladenboden	525 x 520	Hartfaser weiß 3,2 mm dick

1 Arbeitsplatte 2120 x 840 mm; 1 Tür, 710 x 520 mm; 1 Tür, 570 x 450 mm (Spülmaschine); 1 Möbelgriff; 1 Paar Topfscharniere für aufliegende Türen; 1 Magnetschnäpper; 1 Rollschubführung; Umleimer; Spanplatten-Schrauben; Holzdübel; Holzleim.

EINKAUFSZETTEL

Pos.	Anz.	Bezeichnung	Maße in mm	Material
1	1	Seitenwand	1080 x 550	beschichtete Spanplatte 19 mm dick
2	1	Seitenwand	1080 x 440	
3	2	Böden	962 x 550	
4	1	Mittelsteg	1042 x 60	
5	3	Einlegeböden	960 x 550	
6	1	Seitenwand	1080 x 440	
7	1	Seitenwand	1080 x 360	
8	2	Böden	562 x 440	
9	1	Quersteg	562 x 80	
10	1	Blende	562 x 100	
11	1	Seitenwand	1080 x 305	
12	1	Seitenwand	1080 x 305	
13	2	Böden	462 x 360	
14	3	Einlegeböden	460 x 360	
15	1	Rückwand	1080 x 998	Hartfaser weiß 3,2 mm dick
16	1	Rückwand	1080 x 598	
17	1	Rückwand	1080 x 498	

1 Lichtleiste, MDF 28 mm dick, 2120 x 220 mm; Abschlußleisten unten, MDF 28 mm dick, je 1 x 1010 x 80 und 500 x 80 mm; Türen: 3 x 1065 x 495 und 1 x 1065 x 595 mm; 4 Magnetschnäpper; 6 Schrankaufhänger; Bodenträger; Spanplatten-Schrauben; Umleimer; Holzdübel; Holzleim.

steht, besitzt eine Höhe von 10 cm, so daß alle Seitenwände entsprechend auszuklinken waren. Die schon mit Umleimern versehenen Teile der Schrank-Körper setzten wir nach und nach zusammen.
Bevor wir an den Oberschränken die Rückwände aus Hartfaserplatte einfügen konnten, waren die Schrankaufhänger zu montieren und die Rückwände in diesem Bereich auszuschneiden. An den Wandsteg (14) des Unterschrankes auf der dritten Zeichnung oben haben wir anschließend den ersten Barschrank angefügt. Die obere Lichtleiste besteht aus einer durchgehenden MDF-Platte, deren Kanten entsprechend den Tür-Profilen abgeschrägt wurden. Die Abschlußleiste unter den Schränken ist zweigeteilt, weil die Dunstabzugshaube dazwischen sitzt und dafür eine spezielle Griffleiste angefertigt werden mußte, die genau den Maßen der Haube entspricht. Sie führt die Kontur fort, damit ein einheitliches Bild entsteht. Die obere Blende schraubten wir durch den Boden von innen fest, die untere von außen. Die Lichtblenden und die Griffleiste waren vor dem Befestigen zu grundieren, zu schleifen und mit dem gewünschten Lack zu versehen.

Lichtblenden

Die Zeichnung verdeutlicht den Sitz der Licht- und Abschlußleisten an den Küchenoberschränken. Sie bestehen beide aus 28 mm dicken MDF-Platten und wurden mit einem Autolack im passenden Farbton versehen

Wandregal mit Aufsatz

Ein formschönes, leichtes Regal haben wir für die linke Küchenseite entworfen

Hier fügt sich das abgeschrägte Regalteil ein

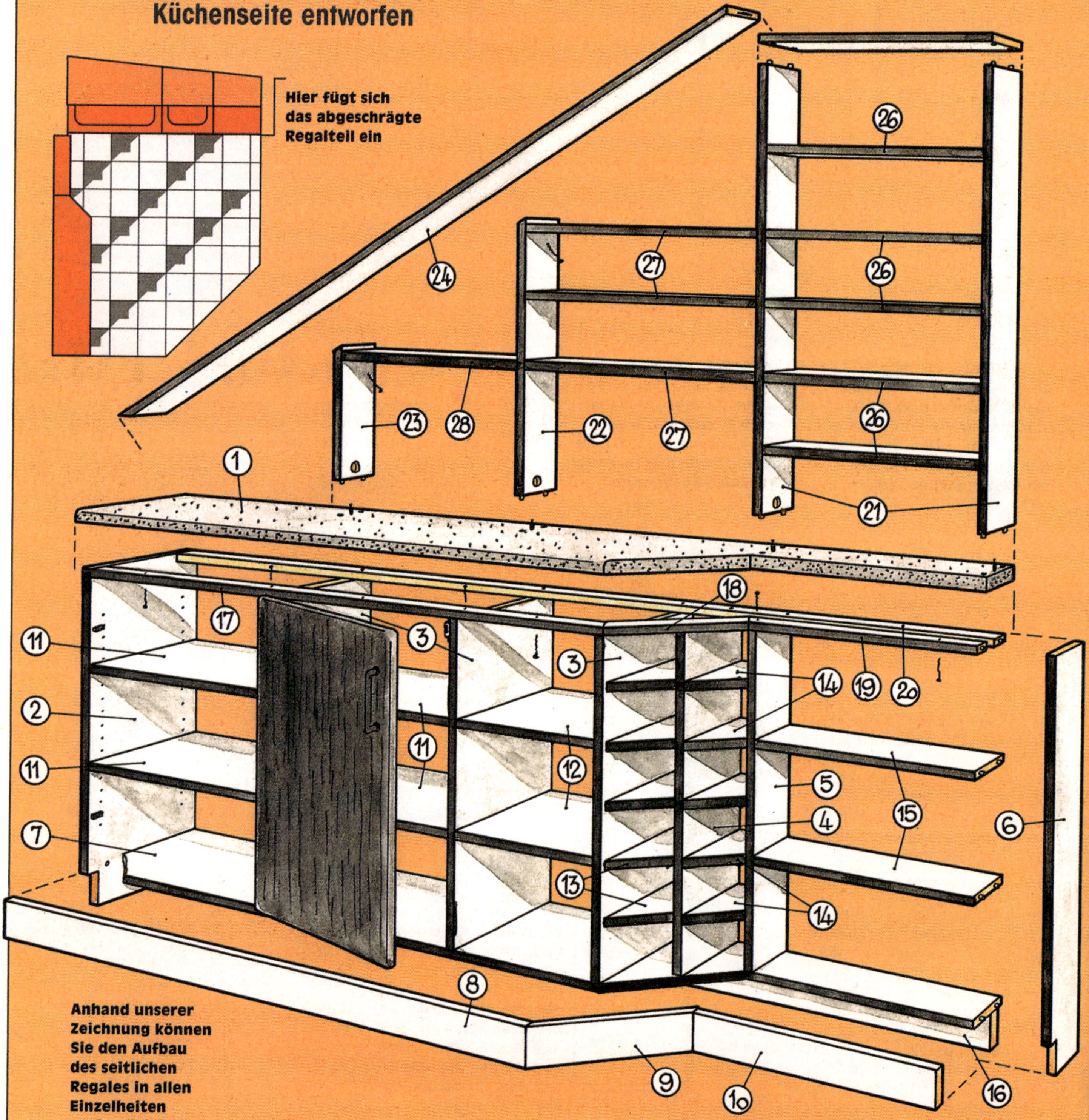

Anhand unserer Zeichnung können Sie den Aufbau des seitlichen Regales in allen Einzelheiten nachvollziehen

Das seitliche Regal wurde der Form des vorhandenen Treppenaufganges angepaßt, dadurch fügt es sich harmonisch in die Umgebung ein. Das Regal ist natürlich eine Maßanfertigung. Möglich wäre allerdings auch, es zum Beispiel in einer Dachschräge einzusetzen oder das obere Teil ganz einfach gerade zu bauen. Die Besonderheit, die hier zu beachten war, ist ein Wandvorsprung von 15,5 Zentimetern im Bereich von Spüle und Treppenaufgang (siehe kleine Zeichnung links). Wir haben die Breite des Vorsprunges für das erste Teilstück des Regales aufgenommen. Das hatte zweierlei Gründe: Die Hausfrau erhielt dadurch genügend Platz zum Arbeiten, und die Tür des Spülen-Unterschrankes läßt sich problemlos öffnen. Das Flaschenregal verläuft dann als Verbreiterung schräg nach vorne, um die Tiefe von 37,5 Zentimetern beim vorderen Teil zu erreichen. Durch die etwas überstehende Arbeitsplatte erhielt das Seitenregal vorne dann die endgültige Breite von 40 Zentimetern. Der Eingang zur Küche ist immer noch so breit, daß man auch dann problemlos hindurchgehen kann, wenn man mit Einkäufen beladen ist.
Bevor wir mit dem Aufbau des Seitenregales begannen, haben wir alle Bohrungen für die Verbindungen hergestellt. Ebenso wurden wieder alle Kanten mit dem anthrazitfarbenen Umleimer beklebt – sie schaffen farblich eine Verbindung zu den Küchentüren. Das Unterteil des Regales wurde in einem Stück mit Hilfe von Holzleim und Dübeln zusammengefügt.
Vorher erhielten die Außenwände eine Aussparung für das Sockelbrett. Wegen der unterschiedlichen Tiefen haben wir es in drei Stücke aufgeteilt, und das Mittelstück erhielt an beiden Seiten Gehrungen. Nachdem wir die Arbeitsplatte angebracht hatten, begann der Aufbau des oberen Gläserregales, welches von Elite-Verbindern zusammengehalten wird. Schließlich wurden die beiden Küchentüren montiert.

EINKAUFSZETTEL

Pos.	Anz.	Bezeichnung	Maße in mm	Material
1	1	Arbeitsplatte	2300 x 400	Spanplatte
2	1	Außenwand	820 x 375	
3	3	Zwischenwände	682 x 375	
4	1	Zwischenwand	682 x 250	
5	1	Zwischenwand	682 x 155	
6	1	Außenwand	820 x 155	
7	1	Bodenplatte	2262 x 375	
8	1	Sockelbrett	1450 x 100	
9	1	Sockelbrett	350 x 100	
10	1	Sockelbrett	650 x 100	
11	4	Einlegeböden	475 x 375	
12	2	Böden	415 x 375	beschichtete
13	5	Böden	370 x 100	Spanplatte
14	5	Böden	250 x 100	19 mm dick
15	2	Böden	602 x 155	
16	1	Sockelbrett	2262 x 100	
17	1	Kopfleiste	1450 x 60	
18	1	Kopfleiste	350 x 60	
19	1	Kopfleiste	650 x 60	
20	1	Kopfleiste	2262 x 60	
21	2	Wände	1160 x 155	
22	1	Zwischenwand	700 x 155	
23	1	Zwischenwand	350 x 155	
24	1	Schräge	2040 x 155	
25	1	Kopfplatte	640 x 155	
26	5	Böden	602 x 155	beschichtete
27	3	Böden	653 x 155	Spanplatte
28	1	Boden	475 x 155	16 mm dick

2 Türen, 710 x 495 mm; 2 Möbelgriffe; 2 Paar Topfscharniere für aufliegende Türen; 2 Magnetschnäpper; Verbindungsbeschläge; Spanplatten-Schrauben; Umleimer; Flachdübel; Holzdübel; Holzleim.

Moderne Kunststoff-Arbeitsplatten

Die Kunststoff-Arbeitsplatten, die bei unserer Küche verwendet wurden, stammen von der Firma Hornitex. Es gibt sie in vielen Ausführungen, abgestimmt auf die Farben und Dekore moderner Einrichtungen: Uni-Töne, grafische Dekore und Holzreproduktionen. Hornitex-Arbeitsplatten verfügen über sehr gute Gebrauchseigenschaften, denn sie sind extrem unempfindlich gegen Stoß, Schlag und Abrieb. Außerdem können ihnen heiße Topfböden (bis 180 °C), Zigarettenglut und auch die üblichen im Haushalt vorkommenden Säuren, Laugen, Obst- und Gemüsesäfte, Tinte, Öl und Fette nichts anhaben, da sie hochverdichtet sind. Ein weiterer Pluspunkt ist die Lichtechtheit. Auf zwei Dinge sollten Sie allerdings achten: Die Oberfläche nicht mit Druck scheuern und Porzellan- oder Steingutsachen mit rauhen Böden nicht über die Fläche schieben oder ziehen.
Alle Arbeitsplatten-Dekore können Sie auch als Laminate erhalten und damit im Material-Mix arbeiten, wie zum Beispiel bei unserer Küche (Arbeitsplatten/Barauflage/Wandverkleidungen). Die Arbeitsplatten werden mit zwei verschiedenen Kantenprofilen im Fachhandel angeboten, ein drittes gibt es als Sonderanfertigung. Bei einer Plattenstärke von 40 mm sind zwei unterschiedliche Abmessungen erhältlich: 355 x 60 cm und 520 x 60 cm. Und damit Sie auch einen einheitlichen Abschluß herstellen können: Horniflex-Kantenumleimer gibt es ebenfalls passend zu allen Dekoren.

Frühstücks-Bar

Die Grafik zeigt die Position der Barschränke

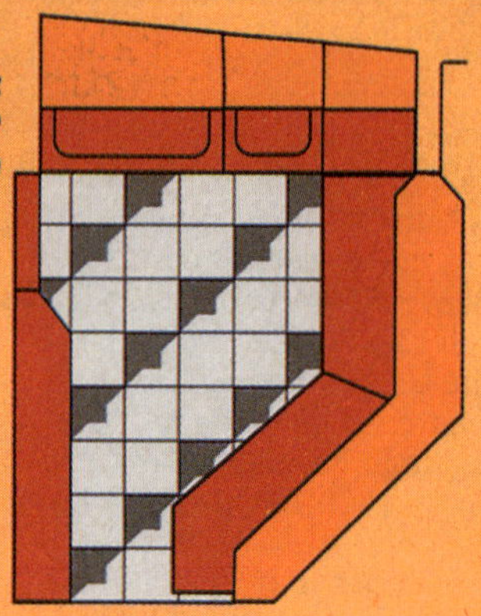

Unterschränke

Im Bereich der Küchenbar haben wir die Einbauten am Verlauf der Fliesen ausgerichtet, da wir die Schräge auch als gestalterisches Element einsetzen wollten und der Wohnraum so mehr Großzügigkeit gewann. Hier zeigen wir den Zusammenbau der Möbel in diesem Bereich. Zu fertigen waren das an die Wandzeile anschließende Teil und der Schubladenschrank mit seinem offenen Eckfach, der an den Eingang vom Wohnraum zur Küche grenzt. Da die Dicke des Mauervorsprungs (siehe kleine Zeichnung oben) mit zu den Maßen der Unterschränke gerechnet wurde, erhielten die beiden Böden des Anschlußregales in diesem Bereich jeweils eine Aussparung. So fügte sich das Regal nahtlos an den Unterbau der Wandzeile an.
Bei unserer Ecklösung mußte darauf geachtet werden, die vorgegebenen Winkel genau einzuhalten, damit die anschließende Seitenwand auch mit dem Fugenverlauf der Bodenfliesen übereinstimmte. Der Schubladenschrank und das Eckfach entstanden in einem Arbeitsgang. Bevor wir die Teile zusammenfügten, mußten die fünf Paar Rollschubführungen für die Schubkästen montiert werden. Mit einem Flachdübelvorsatz, den man an jeden Winkelschleifer montieren kann, erhielten die Front- und Seitenteile der Schubladen die Nuten zur Aufnahme der

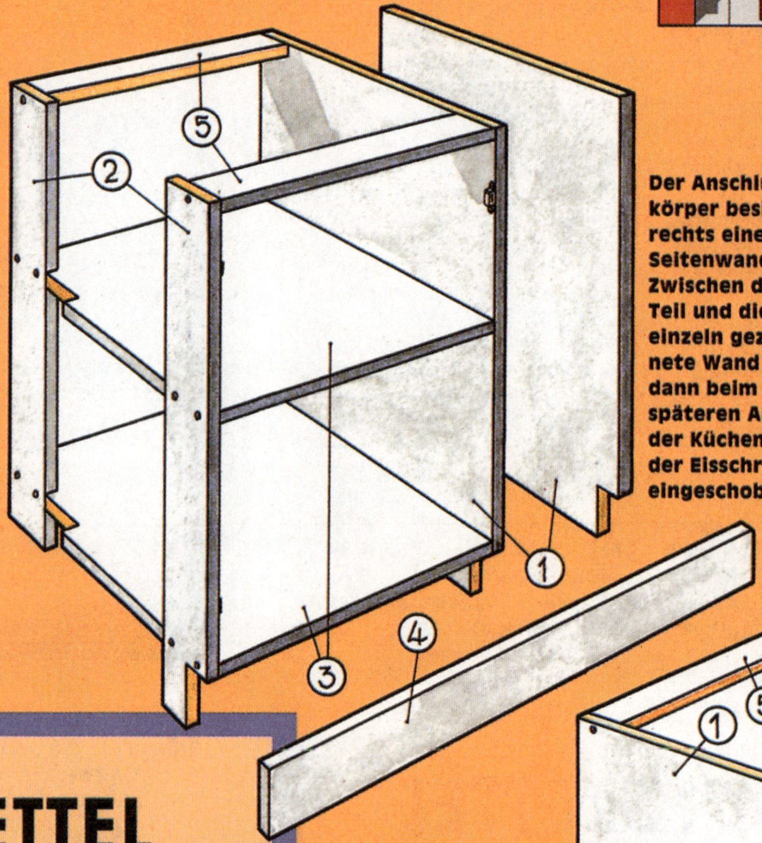

Der Anschlußkörper besitzt nur rechts eine Seitenwand. Zwischen dieses Teil und die einzeln gezeichnete Wand wird dann beim späteren Aufbau der Küchenbar der Eisschrank eingeschoben

EINKAUFSZETTEL

Pos.	Anz.	Bezeichnung	Maße in mm	Material
1	2*)	Seitenwände	825 x 570	
2	2	Wandstege	825 x 80	beschichtete
3	2	Böden	465 x 570	Spanplatte
4	1	Sockelbrett	550 x 100	19 mm dick
5	2	Querstege	465 x 60	

1 Tür, 710 x 470 mm; 1 Tür 710 x 600 mm (Kühlschrank);1 Möbelgriff;
1 Paar Topfscharniere für aufliegende Türen; 1 Magnetschnäpper;
1 Arbeitsplatte, 40 mm dick, 1280 x 600 mm; Spanplatten-Schrauben;
Umleimer; Holzdübel; Holzleim.
*) 1 x für die rechte Kühlschrankseite

Schubladenschrank und Eckfach

EINKAUFSZETTEL

Pos.	Anz.	Bezeichnung	Maße in mm	Material
1	2	Seitenwände	825 x 480	
2	1	Seitenwand	825 x 490	
3	1	Seitenwand	825 x 200	beschichtete
4	1	Boden	480 x 460	Spanplatte
5	2	Querstege	460 x 60	19 mm dick
6	1	Boden	880 x 460	
7	1	Einlegeboden	878 x 480	
8	1	Sockelbrett	1100 x 100	
9	5	Frontteile	405 x 120	beschichtete
10	5	Rückenteile	405 x 105	Spanplatte
11	10	Seitenteile	450 x 120	16 mm dick
12	5	Böden	430 x 425	Hartfaser weiß 3,2 mm dick

1 Arbeitsplatte, 40 mm dick, 1780 x 510 mm; 5 Schubladenblenden 135 x 480 mm; 5 Möbelgriffe; 5 Paar Rollschubführungen; Möbelverbinder; Bodenträger; Umleimer; Flachdübel; Spanplatten-Schrauben; Holzdübel; Holzleim.

Böden aus Hartfaserplatte. Ebenso die Schlitze für die Flachdübel. Nachdem nun die zwei Seiten mit dem Frontteil unter Leimangabe zusammengefügt waren, wurde der Boden in die Nuten eingeschoben und mit dem Rükkenteil von unten verschraubt. Bevor wir die nach Maß bestellten Schubladenblenden anbrachten, mußten zuerst die Griffe daran befestigt und die Schraubenköpfe rückseitig versenkt werden. Anschließend erst wurden die Blenden jeweils mit dem Frontteil der Schublade von innen verschraubt. So haben wir alle Kästen fertiggestellt.

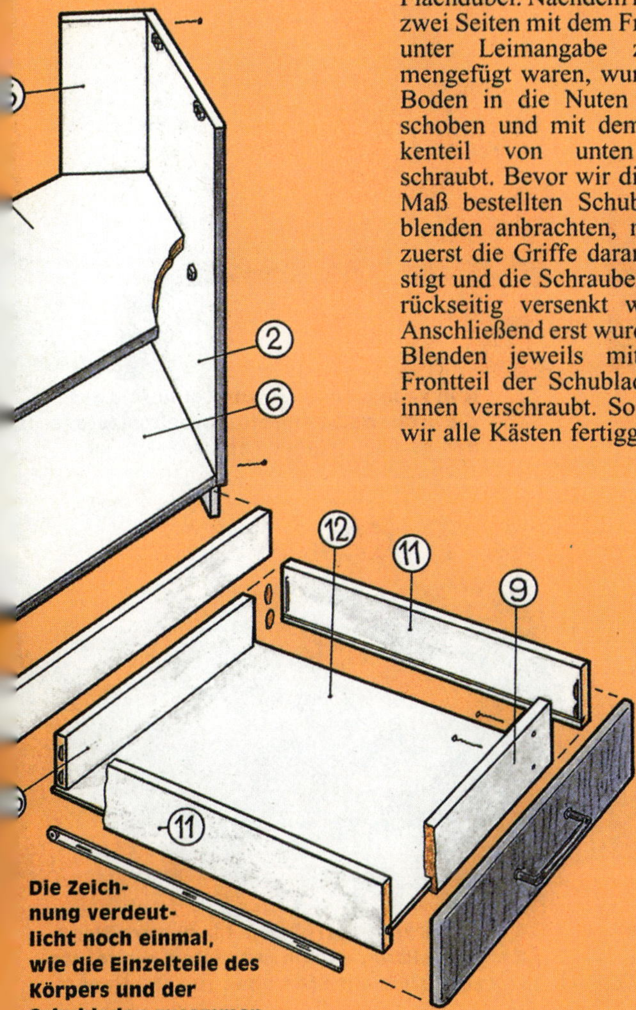

Die Zeichnung verdeutlicht noch einmal, wie die Einzelteile des Körpers und der Schubladen zusammengefügt werden

Verkleidungen

Der untere Einkaufszettel zur Bartheke und für die Lichtleiste enthält keine Positionsnummern, sondern nur Stückzahl, Material und Maße. Unter dem Thekenbrett wurde eine Versteifung für zusätzliche Stabilität angebracht. Die auf Gehrung geschnittenen Rückwände aus Spanplatten haben wir mit selbstschneidenden Schrauben befestigt, ebenso die Stufe, die auf vier Stützen ruht. Das Brett für die Strahler wurde nach der Form der Auflage zugeschnitten.

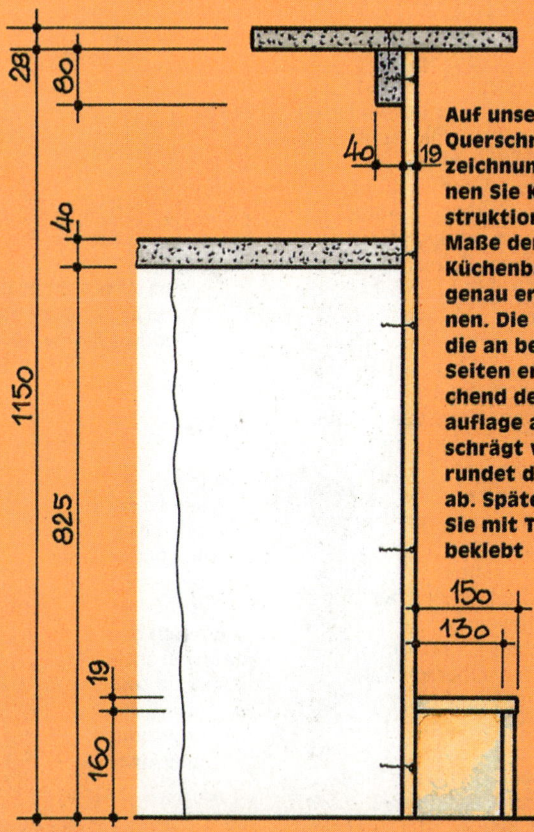

Auf unserer Querschnittszeichnung können Sie Konstruktion und Maße der Küchenbar genau erkennen. Die Stufe, die an beiden Seiten entsprechend der Barauflage abgeschrägt wird, rundet das Bild ab. Später wird sie mit Teppich beklebt

EINKAUFSZETTEL

Anz.	Bezeichnung	Maße in mm	Material
1	Barwand (rechts)	1255 x 1150	
1	Sockelbrett	1400 x 160	
1	Sockelbrett	1850 x 150	Spanplatte
1	Barwand (links)	1620 x 1150	19 mm dick
1	Sockelbrett	1400 x 160	
1	Sockelbrett	1850 x 150	
8	Sockelrippen	160 x 130	
1	Thekenbrett (rechts)	1300 x 400	
1	Thekenbrett (links)	1710 x 345	MDF
1	Hängebrett (rechts)	1300 x 400	28 mm dick
1	Hängebrett (links)	1710 x 345	
1	Versteifung (rechts)	1250 lang	Fichte/Tanne
1	Versteifung (links)	1600 lang	80 x 40 mm
8	Trägerrohre komplett	500-600 lang	verchromte Rohre
	Wandverkleidung Spülen-/Herdnische		
1	Rückwand	2165 x 530	Spanplatte
1	Seitenwand links	1660 x 830	8 mm dick
1	Seitenwand rechts	1660 x 580	

Einbau der Schränke

Nachdem nun alle Ober- und Unterschränke angefertigt waren, konnten wir mit dem Einbau beginnen. Der Spülen-Unterschrank erhielt als erster seinen Platz in der linken Ecke der Stirnwand. Daran fügt sich die Spülmaschine an, die durch ihre verstellbaren Füße gut in der Höhe zu justieren war. Die Schläuche der Spülmaschine liegen hinter den Unterkörpern, da durch die schräg verlaufende Wand dort genügend Platz ist. Herd- und Eckschrank sind durch Verbindungsschrauben (Robbi 00424, weiß, 34-41, Stahlgewinde M6, Durchmesser 8 mm) miteinander verbunden. Jetzt konnten wir die Arbeitsplatte zuschneiden und die Nuten und Aussparungen zur Aufnahme der Flachdübel und der Arbeitsplattenverbinder anbringen. Um die linke Wandverkleidung zu befestigen, wurden zuerst die Dübellöcher (für 6-mm-Allzweckdübel mit Schrauben 4 x 60 mm) im Bereich der Oberschränke gebohrt und auf der Verkleidungsrückseite markiert. Dort brachten wir auch den Montagekleber auf, um die Platte an der Wand zu fixieren. Zum Schluß wurde die Verkleidung fest angeschraubt. Die Fotos 6-9 zeigen Ihnen, wie man die Aussparungen für Spüle und Ceramfeld schafft. Das Anzeichnen geschieht auf der Küchenzeile, zum Ausschneiden legt man die Platte auf Böcke oder auf die noch nicht eingebauten Unterschränke. Bevor die Arbeitsfläche dann endgültig eingesetzt wird, sind noch die Verbinder (rechts, zur Barthekе hin) einzufügen. Anschließend wird die Arbeitsplatte mit den Unterschränken fest verschraubt. Nun folgt die hintere Wandverkleidung, die jedoch nur mit Montagekleber angebracht wird, anschließend die rechte, die wiederum Kleber und Schrauben halten.

1 Mit dem Spülen-Unterschrank haben wir in der Ecke begonnen, dann folgten Spülmaschine, Herdschrank und ...

2 ... der rechte Eckschrank. Nach dem Verschrauben von Herd- und Eckkorpus wird die Zeile exakt ausgerichtet

5 Die Platte wird dann auf die linke Wand geschraubt. Die Löcher haben wir vorher im Bereich der Oberschränke gesetzt und auf der Verkleidung markiert

6 Nun kann man Spüle und Ceramfeld auf die probeweise einpaßte Arbeitsplatte legen und den genauen Sitz anzeichnen

9 Die Spüle erhält ihren Platz im Korpus. Die Platte kann man nun wieder auflegen und durch Schrauben mit den ...

10 ... Schränken verbinden. Die hintere Wandverkleidung ist nun mit Kleber, die rechte zusätzlich mit Schrauben zu befestigen

3 Die 40 mm dicke Küchen-Arbeitsplatte besteht aus einem Stück. Sie wird auf das Maß der Zeile zugeschnitten und zuerst probeweise eingepaßt

4 So sieht die Konstruktion der schon vorher mit Laminat beklebten Wandverkleidungen von hinten aus. Die Leisten werden mit Montagekleber versehen

7 Die Platte entfernt man wieder, um die Ausschnitte herzustellen. In jede Ecke wird zunächst ein Loch gebohrt, um die Stichsäge ansetzen zu können

8 Alle so entstandenen Schnittkanten haben wir nun sorgfältig mit pilzhemmender Silikon-Fugenmasse ausgespritzt und gut trocknen lassen

11 Jetzt geht es an die Oberschränke. Die Aufhängungen anzeichnen und mit dem Schlagbohrer die Löcher herstellen. Die Dübel einsetzen, dann die Haken ...

12 ... mit Fett bestreichen und eindrehen. Den doppelten Oberschrank einhängen und mit der Wasserwaage ausrichten. Dann durch die Innenschrauben justieren

Im nächsten Schritt haben wir die Oberschränke angebracht. Da in unserer Küche im Bereich des Doppelschrankes ein Wasserüberlauf vorhanden ist, mußte die Rückwand dort ausgeklinkt werden, ebenso beim Dunstabzugskörper für das Abluftrohr. Nun wurden nacheinander die Oberschränke und zuletzt die Lichtleiste angebracht. Nach dem Einsetzen der Küchengeräte kam das Seitenregal an die Reihe (Fotos 20-25). Das Unterteil stellten wir an die Wand, verbanden die Arbeitsplatte damit und fügten dann die Einzelteile des Gläser-

13 nun wird der mittlere Oberschrank für die Dunstabzugshaube montiert, dann ...

14 ... der obere Eckschrank. Damit sind alle Oberschränke angebracht. Im Anschluß daran schiebt man den Einbauherd in den dafür vorgesehenen Korpus und fügt das ...

17 Die Dunstabzugshaube muß man genau nach den Angaben des Herstellers in den dafür gebauten Hängeschrank einpassen

18 Nachdem das geschehen ist, wird das biegsame Rohr für die Abluft eingefügt

19 Erster Abschnitt des „Rohbaus“: Die Küchenzeile an der Stirnwand ohne Türen

Regales zusammen (siehe Zeichnung Seite 74). Damit waren zwei Seiten der Küche fertiggestellt, und der Aufbau der Bartheke konnte beginnen. Die Arbeitsfolge zeigen die Fotos 24-33. Nacheinander wurden hier montiert: Anschlußschrank, Eisschrank, Einzelseite, verbunden durch eine mit dem Schubladenkörper/Eckregal verschraubte und zuvor lackierte Verbindungsleiste (Foto 26), Arbeitsplatten, Rückwand, Barauflage und Lichtabhängung.

23 Zweiter „Rohbau“-Abschnitt: Nach der Stirnwand ist nun auch das Seitenregal bis auf den Einbau der Küchentüren fertiggestellt

15 ... Ceramfeld in die Aussparung ein. Die Kochplatte kann erst dann mit dem Arbeitsbrett verschraubt werden, wenn der Elektriker alles angeschlossen hat

16 Die Lichtleiste, in der schon die Strahler sitzen, wird durch die Oberschränke hindurch mit Schrauben befestigt

20 Nun geht es an das Seitenregal. Das Unterteil ist komplett zusammengebaut und wird nun mit der die Arbeitsplatte versehen

21 Anschließend verbindet man die Einzelteile des Gläser-Regales miteinander

22 Zum Schluß haben wir die schräg verlaufende Abdeckplatte des Seitenregals montiert, die dem Verlauf des Treppengeländers folgt

24 Jetzt folgt der Einbau der Barteile. Den ersten Körper haben wir an die halbe Wand und den Eckschrank der Stirnwand angefügt. Danach erhielt der ...

25 ... Eisschrank seinen vorgesehen Platz. Muß man die Höhe des Eisschrank regulieren, ist eine Wasserwaage unentbehrlich. Jetzt folgt die Einzelwand

26 Nun die Arbeitsplatte bis zum Knick einfügen. Den Schubladenschrank ansetzen, durch eine Leiste mit der Seitenwand verbinden

27 Das zweite Teil der auf Gehrung geschnittenen Arbeitsfläche anfügen und dann mit den eingesetzten Plattenverbindern von unten veschrauben

28 Hier verbinden wir die auf Gehrung geschnittenen Spanplatten für die Rückwand mit den Unterschränken. Die mit Laminat bezogene Barauflage besteht auch aus ...

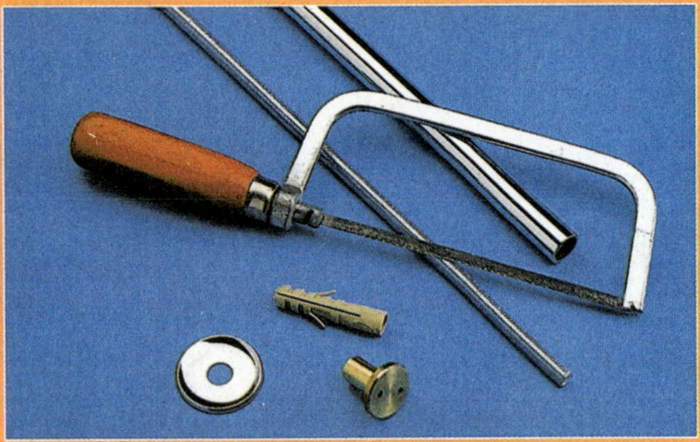

32 Mit diesen Teilen erfolgt die Befestigung der Bar-Lichtleiste. Zuerst werden die Bohrungen hergestellt, dann die Dübel eingesetzt. Die Gewindestangen dreht man ...

33 ... in die Dübel ein, zieht die Deckel auf und stülpt die Chromrohre über. Dann das Gewinde in die Löcher der Lichtleisten und von unten die Kappen eindrehen

37 Im Spülen-Unterschrank ist der Abfalleimer an der Innenseite der Tür befestigt. Der verbliebene Platz kann zum Unterbringen von Putzmitteln genutzt werden

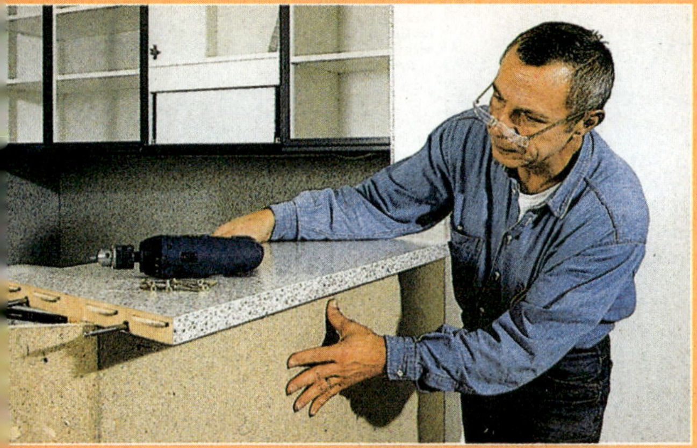

29 ... zwei Teilen und nimmt die Gehrung der Arbeitsplatte auf. Die Befestigung erfolgt durch lange Schrauben, die in die Versteifung greifen

30 Die Kanten der Barabhängung werden oben und unten im Winkel von 45° gefast

31 Alle Bohrungen und Aussparungen der Bar-Lichtleiste waren vor dem Lackieren herzustellen

34 Nachdem die Bar-Lichtleiste angebracht ist, schlagen wir nun hier die mit Topfscharnieren versehenen Türen an die Küchenschränke an

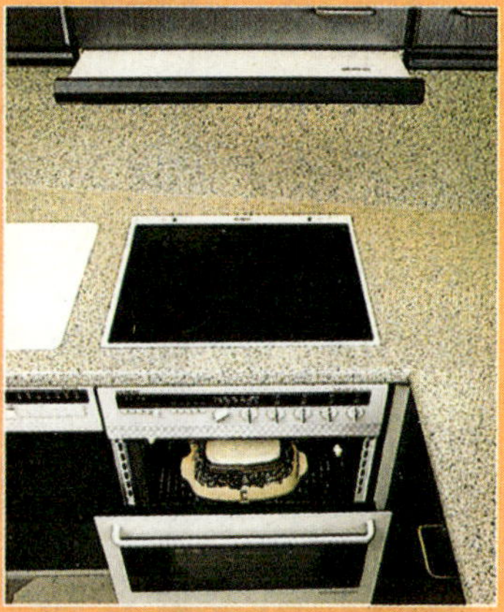

35 Detail: Da der neue Herd im Eckbereich sitzt, war ein Modell mit Backwagen am praktischsten

36 Praktisch auch der Kühlschrank: Aus Platzgründen ein Unterbaugerät mit Auszugwagen

ie Spanplatte der Barwand zum ohnraum hin wurde mit Tief- und behandelt, anschließend mit uhfaser tapeziert und dann mit ner abwaschbaren Farbe gestrichen

Blick von der eppe auf die tiggestellte rtheke: sreichende Ar- its- und Stell- chen erleich- n hier die chenarbeit

Weitere Materialien:

2 x Hornit HPL (Schichtstoffplatten), Dekor E 33, 3550 x 1300 mm, 0,6 mm dick, Relief 15; aufbügelbarer Umleimer E 33, 45 mm breit, Relief 15; weißer Umleimer; Kontakt- und Montagekleber; Arbeitsplatten-Verbinder; Sanitärfuge in Grau und Weiß; 8 sehr flache Halogenspots; Trafo; 2 Luminestra-Leuchtstofflampen

Als wir die Lichtleiste über der Bar anbrachten, mußten wir genau darauf achten, daß sie parallel zum Thekenbrett verlief. Nachdem alle Schränke mit den entsprechend bestellten Türen versehen waren, wurden die beiden Abschlußleisten unter die Oberschränke und die Leiste der Dunstabzugshaube montiert. Der nächste Schritt war das Anbringen der Griffe auf den Küchentüren. Sie können – je nach Wunsch – quer oder längs gesetzt werden. Beim Eisschrank war der Griff aufzuschrauben, bevor die Dekorplatte befestigt werden konnte. Als Beleuchtung für die Arbeitsplatte unter den Oberschränken verwendeten wir die extrem flachen Luminestra-Leuchstofflampen (2 cm) von Osram in 55 und 34 cm Breite, da sie hinter den 28-mm-Abschlußleisten nicht sichtbar sind. Die Dunstabzugshaube selbst besitzt eine eingebaute Lampe, so wird die Arbeitsfläche ausreichend beleuchtet. Zum Schluß wurden alle Fugen im Bereich der Arbeitsfläche und der Bartheke mit fungizider Silikonfugenmasse in Grau versehen. Damit verhindert man, daß Feuchtigkeit in die Plattenkanten dringt und die Hölzer quellen läßt. Der Übergang vom Fliesenboden zu den Unterschränken wurde ebenfalls verfugt.

Ein Traum in Weiß

Die weiße Kunststoff-Küche feiert ein gelungenes Comeback. Das Material ist pflegeleicht, preiswert und ideal für den Selbstbau kompletter Küchenzeilen

Selbstmontierte Halogenstrahler sorgen über der Arbeitsfläche für eine optimale Beleuchtung

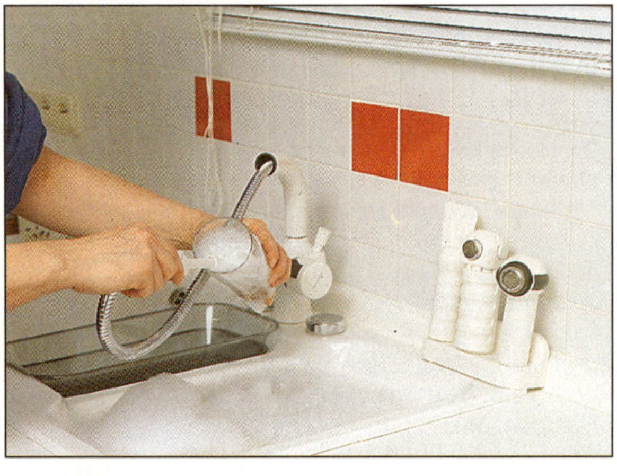

Weiß muß nicht trist sein. Hier bilden die klaren Flächen mit den sparsam gesetzten Farbakzenten ein elegantes Ensemble

Das praktische Detail – herausziehbarer Brauseschlauch an der Armatur

Küchen sind teuer. Für eine genau auf Maß angepaßte Möbelzeile sind bald zehn- bis zwanzigtausend Mark oder noch mehr hingeblättert. Grund genug für den engagierten Do-it-yourselfer, sich an den Selbstbau heranzuwagen. Im Gegensatz zu individuellen Möbelstücken sind Küchen bis ins kleinste Detail genormt. Schließlich sollen problemlos Elektrogeräte, Spülen und Zubehörteile der verschiedensten Hersteller eingebaut werden können. Was der Heimwerker braucht, ist also nichts anderes als ein detaillierter Küchenkatalog, in dem die Standardmaße aller Schranktypen aufgeführt sind. Die weiß beschichteten Spanplatten läßt man sich also genau nach Bedarf zuschneiden, um dann selbst die offenen Kanten zu beschichten, Korpusteile miteinander zu verbinden und die Türen anzuschlagen. Alles gar nicht so schwer – nur präzise muß man arbeiten. Die nächsten Seiten zeigen Ihnen, wie die Arbeitsschritte aussehen.

TIP

Kunststoff ist ein echter Alleskönner

Keine andere Oberflächenbeschichtung ist so robust und vielseitig wie Kunststoff. Zur Beschichtung von Sägekanten der auf Maß zugeschnittenen Spanplatten gibt's passenden Umleimer von der Rolle, der einfach aufgebügelt wird. Akzente auf der weißen Kunststoff-Fläche lassen sich durch farbige Beschläge setzen. **TIP**

Praktisches Zubehör erleichtert die tägliche Küchenarbeit

Zuviel Platz gibt's in der Küche nie. Deshalb werden zum Beispiel an Türinnenseiten oder unter den Oberschränken nützliche Zubehörteile montiert, die Ihnen helfen, Ordnung zu halten und den vorhandenen Raum optimal zu nutzen.

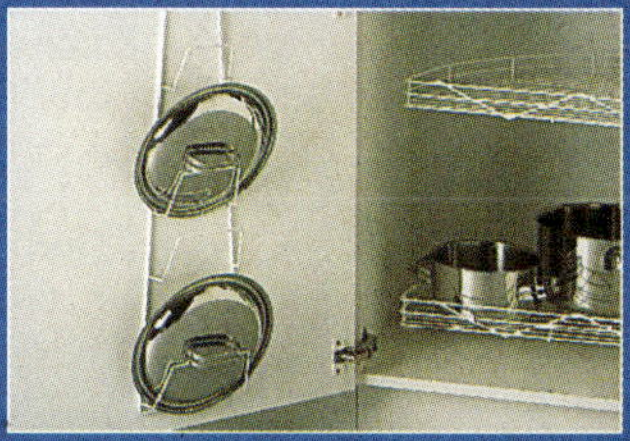

Der Deckelhalter für die Tür erlaubt es, die Töpfe platzsparend aufzustellen

Unter manchem Oberschrank ist noch Platz für einen kleinen Schubkasten

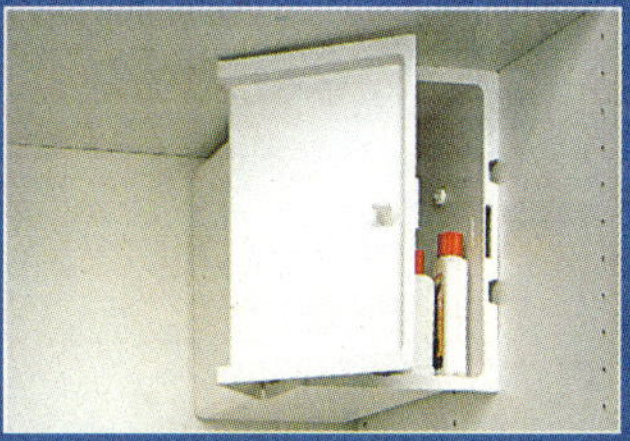

Der abschließbare Arzneischrank wird unerreichbar für Kinder eingebaut

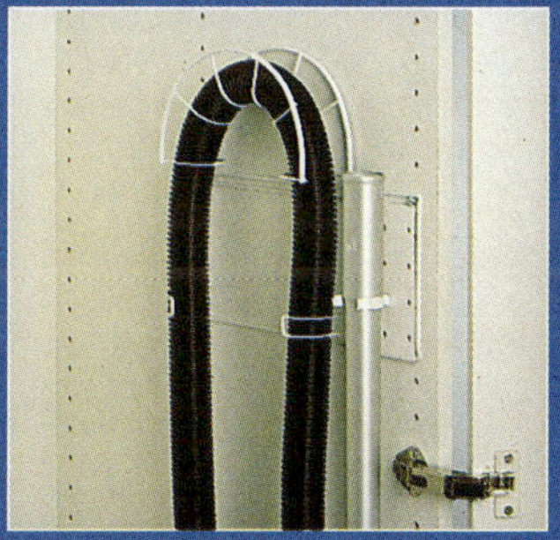

So ist das Staubsaugerzubehör griffbereit an der Schrankseite angebracht

So planen Sie Ihre Küche nach Bedarf

Bei der Planung Ihrer Küche helfen die Prospekte der Markenhersteller

Die maßgeschneiderte Küche vom Markenhersteller paßt sich zwar optisch jedem Grundriß problemlos an, doch bei Schrägen, schmalen Endnischen und sonstigen individuellen Problemfällen wird allzu oft die simpelste Lösung gewählt: mit Blenden und überstehenden Arbeitsplatten kaschiert der professionelle Küchenbauer einfach den verbleibenden Raum.

Nur der Heimwerker kann hier wirkliche Maßarbeit leisten. Da wird der letzte Schrankkorpus einer Zeile dann genau so breit eingepaßt, daß auch nicht ein Zentimeter Raum verloren geht.

Hersteller von Markenküchen werben zu Recht mit ihrer langjährigen Nachkaufgarantie. Bei Ihrer selbstgebauten weißen Kunststoffküche sind Sie ebenfalls für die Zukunft gerüstet. Das neutrale Material steht immer für beliebige Erweiterungen und Veränderungen zur Verfügung.

TIP

Küchenplanung mit den besten Tips vom Profi

Vor dem Bau einer Kücheneinrichtung müssen bestimmte Voraussetzungen wie Raumbedarf und Funktionsbereiche, Arbeitshöhen und Steckdosenplazierung exakt bestimmt werden. Dabei helfen die Informationen der Arbeitsgemeinschaft der Markenküchenhersteller und ihre Broschüre „Ratgeber Küche". Gegen Schutzgebühr anfordern bei AMK, Dannstadter Straße 6, 68199 Mannheim.

TIP

Die auf Standardmaß zugeschnittenen Schrankseiten werden am Sockel 8 cm tief und 15 cm hoch ausgeklinkt

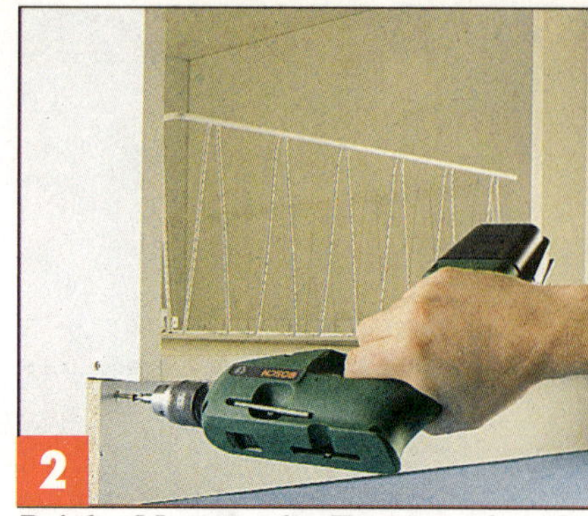

Bei der Montage des Korpus schraubt man dann eine Sockelblende in Schrankbreite als unteren Abschluß an

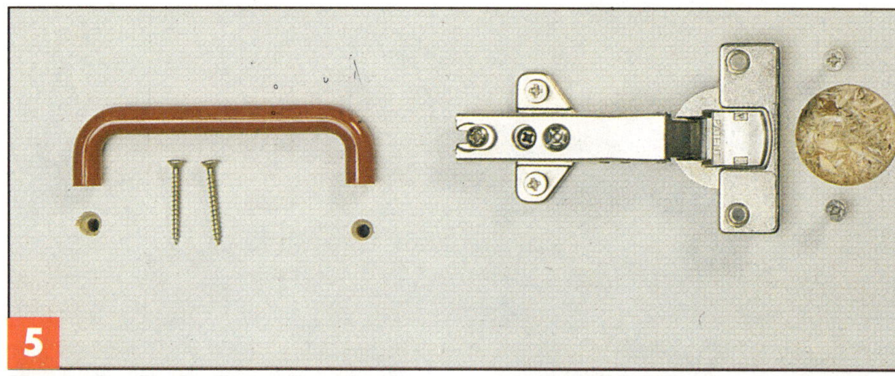

Verwenden Sie für Ihre selbstgebaute Küche nur Markenbeschläge, die eine exakte Funktion garantieren und für eventuelle Veränderungen und Erweiterungen der Küche später noch problemlos nachgekauft werden können

Konstruktive Verbindungen der Korpus-Elemente

Verbindungsbeschläge lassen sich bei Bedarf leicht wieder lösen

Eingefräste Flachdübel geben mit ihre großen Leimfläche festen Halt

Zum Einbohren von Holzdübeln sollten Sie eine Lehre verwenden

Um den Korpus eines Küchenschranks zu bauen, werden die zugeschnittenen Korpusteile stumpf zusammengefügt. Legt man Wert darauf, die Verbindung später ohne Beschädigung der Platten lösen zu können, empfehlen sich Verbindungsbeschläge, deren Teile eingebohrt bzw. eingefräst werden. Um eine konstruktive Holzverbindung herzustellen, muß man verdeckt dübeln. Wer ein Elektrowerkzeug besitzt, mit dem man Schlitze für Flachdübel fräsen kann, ist in der Lage, ohne aufwendige Einstellarbeiten paßgenaue Teile herzustellen. Die Schlitze werden in Längsrichtung mit ein wenig Überstand gefräst, um beim Einleimen der Dübel etwas Spiel zu haben. Zum Einbohren üblicher 8-mm-Holzdübel benötigt man eine Lehre, die bei Serienarbeiten für absolute Präzision sorgt. Daneben lohnt sich für den Bau einer Küche die Anschaffung einer Lehre zum Bohren von Standard-Befestigungslöchern in den Schrank-Innenseiten.

3 *Muß die Arbeitsplatte verlängert werden, geben von unten eingefräste Verbindungsbeschläge festen Halt*

4 *Beim Einbohren der Topfscharniere sorgt ein Bohr- und Fräsständer mit Anschlag für absolute Präzision*

6 *Küchenschubladen werden besonders häufig bewegt. Hier sorgen Teleskopauszüge für Leichtgängigkeit bei langer Lebensdauer. Zur Montage müssen die Höhenabstände der Schubladen genau berechnet und angerissen werden*

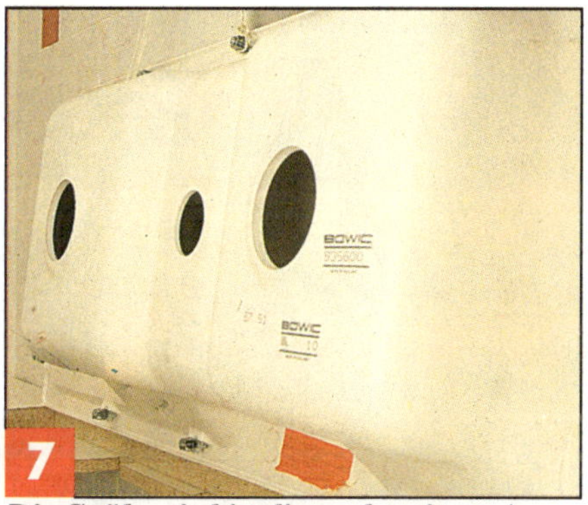

7 *Die Spüle wird in die vorbereitete Aussparung der Arbeitsplatte gesenkt. Dann rundum mit Silikon abdichten*

8 *Zur Befestigung der Abschlußleiste wird zunächst eine Halteschiene montiert, auf die man das Profil klemmt*

Halogenstrahler sind ideal für die Selbstmontage

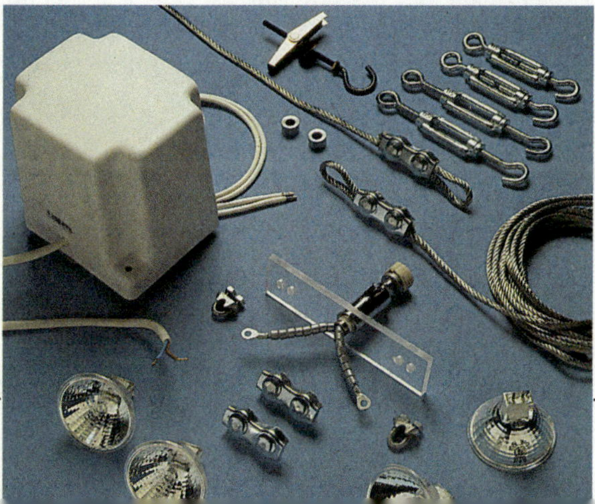

Für die Montage einer individuellen Küchenbeleuchtung mit Halogenstrahlern brauchen Sie keinen Elektriker. Hinter dem an der Decke befestigten Transformator (großes Teil), gibt's nur noch ungefährliche Niedervolt-Spannung. Die parallelen Spanndrähte dienen gleichzeitig als Halterung und Stromversorgung für die Strahler

Dekor-Vielfalt bei Kunststoff-Arbeitsplatten

Qualitativ hochwertige Arbeitsplatten halten ein Leben lang. Ihre Beschichtung ist extrem unempfindlich gegen mechanische und chemische Beanspruchungen. Dekors gibt's für jeden Geschmack. Sehen Sie selbst:

Nouvelle cuisine in jeder Beziehung: Im neu gestalteten Küchenbereich macht das Erfinden exquisiter Kreationen nochmal so viel Spaß

Gourmet-Treff nach Maß

Vier leere Wände markierten den Raum, der laut Grundriß ,Küche' hieß. Zwischen dem verfügbaren Budget aber und den Preisvorstellungen der Küchenstudios klaffte ein Abgrund. Der Ausweg: Selbstbau

Die Küche ist für den Einbau vorbereitet: Fliesen, Elektro- und Wasseranschlüsse sind verlegt

Sämtliche Bauteile läßt man sich nach den im Einkaufszettel angebenen Maßen im Baumarkt oder beim Holzhändler zuschneiden. Dann werden zunächst die Korpusse von allen Unter- und Oberschränken gebaut. Dabei verbindet man die einzelnen Teile sowohl mit Holzdübeln als auch mit Spanplattenschrauben. Nur die Sichtseiten neben Herd und Abzugshaube werden nicht verschraubt. Wer vollkommen sichergehen will, bringt hier von innen zusätzlich Trapezverbinder an.
An den Vorderseiten der Unterschränke sollte man einen Sockel

Die Korpusse

1 *Zunächst baut man die Korpusse. Hier wird die Aussparung für den Sockel eines Unterschrankes mit der Stichsäge ausgeschnitten*

2 *Anschließend werden die Dübellöcher für die Bodenplatten gebohrt. Hilfreich hierbei sind Markierspitzen und ein Tiefenstopp*

3 *In die hinteren Kanten der Seitenteile Falze für die Rückwände fräsen. Die Unterschränke erhalten Aussparungen für die Fußleiste*

Schraubverbinder mit Kunststoffkappen aus dem Baumarkt halten die Korpusse zusammen

vorsehen. Dafür werden die Seitenteile etwa 50 mm tief und 140 mm hoch ausgeklinkt. Gleich anschließend kann man auf der Rückseite die Aussparungen für die Fußbodenleisten aussägen. Sind alle Einzelteile vorbereitet, werden die Korpusse montiert. Die später zu lackierenden Sichtseiten aus MDF baut man jedoch noch nicht an.
Im nächsten Arbeitsgang werden die Schubladenfronten

Die Oberschränke

1 Sind sämtliche Korpusse fertig, zeichnet man unter Einsatz von Aluschiene und Wasserwaage eine Hilfslinie auf die Wand. So ...

2 ... lassen sich alle Löcher zum Aufhängen der Oberschränke in gleicher Höhe bohren. Vor dem Aufhängen Beleuchtungskabel ...

Die Arbeitsplatte

1 Die Arbeitsplatte besteht aus je zwei übereinandergeleimten 19-mm-Spanplatten. Oberseite und Kanten werden mit Resopal ...

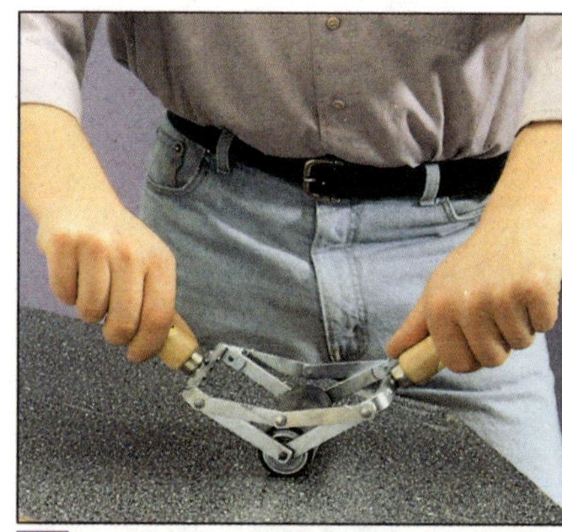

2 ... beschichtet. Dafür transparenten Kraftkleber mit dem Spachtel auftragen. Resopal mit einer speziellen Andruckrolle festpressen

Oberschrank

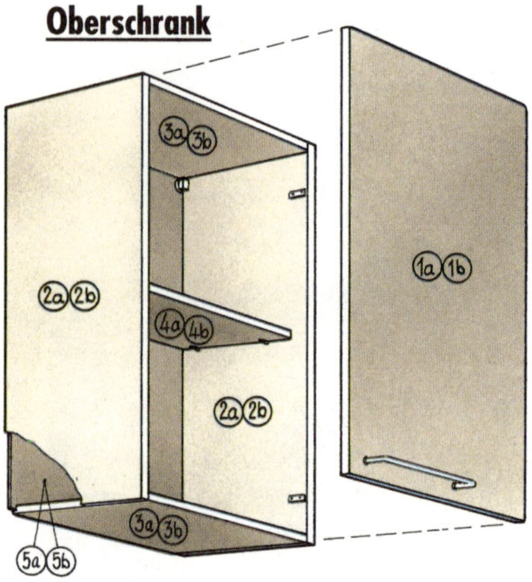

Der prinzipielle Aufbau aller Oberschränke ist gleich. Ändern können sich die Maße der Teile

Pos.	Anz.	Bezeichnung	Maße in mm	Material
1a	1	Tür	596 x 796	MDF 16 mm dick
1b	2	Türen	496 x 796	
2a	2	Seitenwände	800 x 360*	
2b	4	Seitenwände	800 x 360*	
3a	2	Böden	568 x 360	beschichtete Spanplatte 16 mm dick
3b	4	Böden	468 x 360	
4a	1	Einlegeboden	566 x 345	
4b	2	Einlegeböden	466 x 345	
5a	1	Rückwand	588 x 788	Hartfaser 3,2 mm dick
5b	2	Rückwände	488 x 788	

Je Oberschrank.
1 Paar Topfscharniere für aufliegende Türen; 1 Möbelgriff; 4 Bodenträger; Spanplatten-Schrauben; Umleimer grau; 2 Schrank-Aufhänger; Holzleim.

*** später evtl. außenliegende Wände sind aus MDF herzustellen (wegen der einfacheren Oberflächenbehandlung)**

So sieht der Grundriß aus

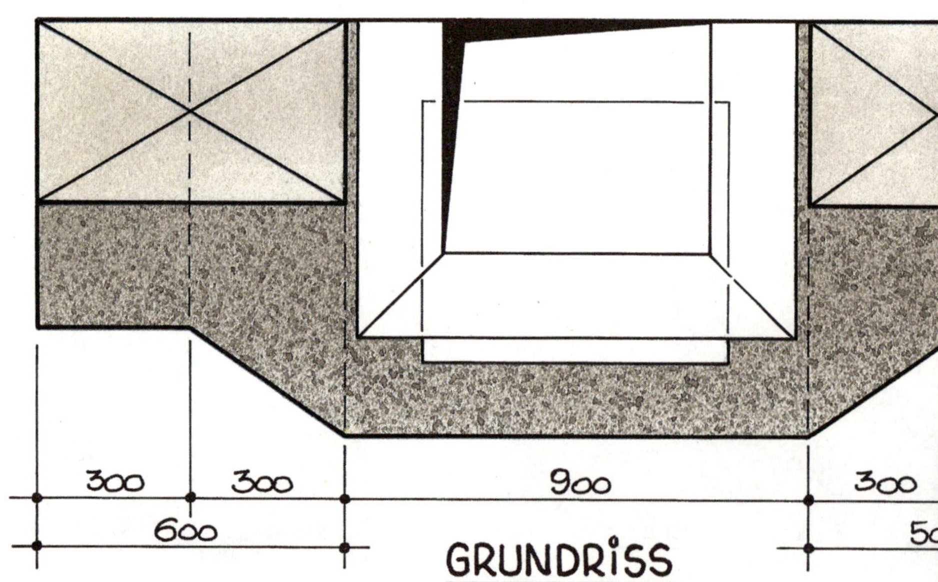

Wichtig für einen funktionellen Arbeitsablauf ist eine ausreichend große Ablagefläche zwischen Herd und Spüle.

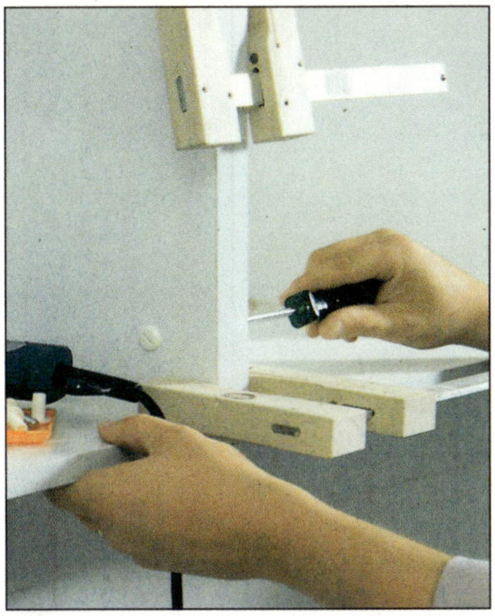

3 ... provisorisch unter der Decke fixieren. Schraubverbinder mit Kunststoffkappen (Baumarkt) halten die Korpusse zusammen

4 Wenn Oberschränke und Abzugshaube (siehe Kasten rechts) hängen, werden die Unterschränke aufgestellt und ausgerichtet

3 Versäubern der Kanten mit der Oberfräse. Nimmt man einen Bündigfräser mit Anlaufring, wird die Beschichtung nicht beschädigt

4 Die Arbeitsplatte kann nun in einem Stück aufgelegt und von unten mit Hilfe von Trapezverbindern angeschraubt werden

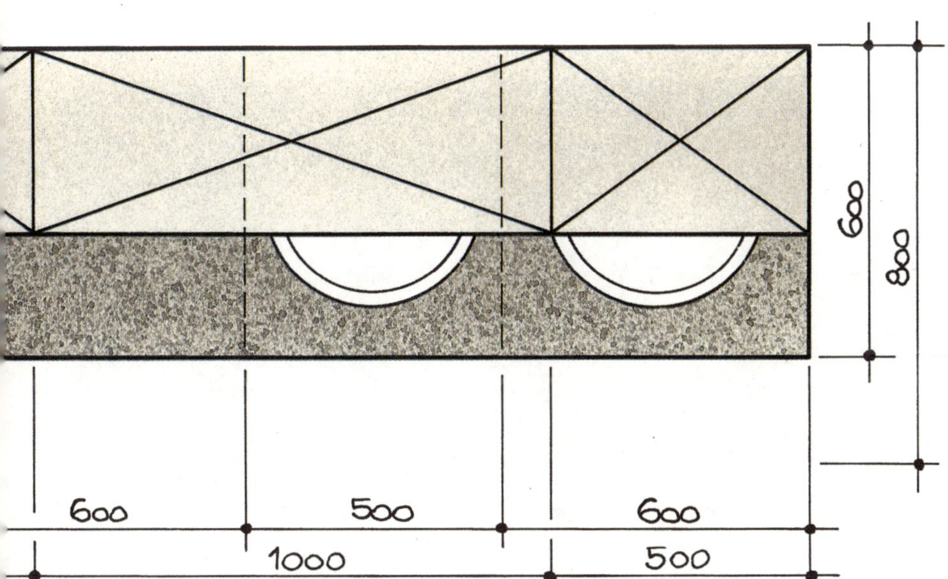

...ptisch gewinnt diese Küchenzeile durch den vorspringenden Herdbereich an Reiz

Dunstabzugshaube montieren

Zur leichten Montage der Dunstabzugshaube wurde diese Bohrschablone verwendet. Auf dem Foto sieht man außerdem deutlich, daß die Sichtseiten der Oberschränke nur gedübelt, aber nicht von außen verschraubt wurden. Erst wenn Abzugshaube und Oberschränke hängen, beginnt man mit dem Aufstellen und Ausrichten der Unterschränke

Unterschrank

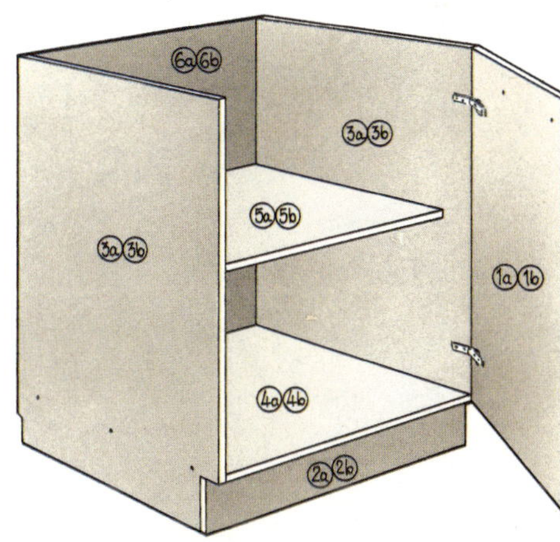

Auch bei sämtlichen Unterschränken ist das Bauprinzip identisch

Pos.	Anz.	Bezeichnung	Maße in mm	Material
1a	1	Tür	594 x 716	
1b	1	Tür	294 x 716	
2a	1	Sockelblende	600 x 140	MDF 16 mm dick
2b	1	Sockelblende	300 x 140	
	1	Tür (Spülm.)	596 x 716	
3a	2	Seitenwände	860 x 570	
3b	2	Seitenwände	860 x 570	
4a	1	Boden	570 x 568	beschichtete Spanplatte 16 mm dick
4b	1	Boden	570 x 268	
5a	1	Einlegeboden	520 x 566	
5b	1	Einlegeboden	520 x 266	
6a	1	Rückwand	588 x 714	Hartfaser 3,2 mm dick
6b	1	Rückwand	288 x 714	

Je Unterschrank (Tür):
1 Paar Topfscharniere für aufliegende Türen; 1 Möbelgriff; 4 Bodenträger; 2 Trapez-Verbinder; Spanplatten-Schrauben; Umleimer grau; Holzleim.
Dazu Sockelblende (unter Spülmaschinentür) 600 x 140 mm

Damit man die Stichsäge problemlos ansetzen kann, wird zunächst ein 10-mm-Loch vorgebohrt

und Türen vorbereitet – es werden die Topfbohrungen eingebracht, die Kanten gerundet und die Falze zur Aufnahme des Glases in die Türen der Oberschränke gefräst. Sind auch die Lichtblenden vorbereitet, kann es bereits ans Lackieren gehen.
Nun können auch die Sichtseiten der Korpusse montiert werden. Dann hängt man die Oberschränke auf, richtet sie aus und verschraubt sie. Danach werden die Unterschränke aufgestellt und ausgerichtet. Für die vorspringende Arbeitsplatte links und rechts vom Herd werden je zwei

Die Ausschnitte

1 Für die Aussparungen der beiden Spülbecken bohrt man je ein 10-mm-Loch vor, damit die Stichsäge leicht angesetzt werden kann

2 Die offenen Kanten mit Silikon abdichten. Dazu einen schmalen Streifen aufspritzen und mit dem Japanspachtel verteilen

3 Anschließend kann man die beiden runden Spülbecken einsetzen und von unten mit den Fixierklammern verankern

4 Vor dem Einbau des Ceran-Feldes verfährt man genauso wie beim Spülbecken: vorbohren, aussägen, mit Silikon abspritzen

Oberschrank

Zwei der Oberschränke werden durch eine Tür mit Glasfüllung geschlossen

Pos.	Anz.	Bezeichnung	Maße in mm	Material
①	4	Rahmenleisten	796 x 65	MDF 16 mm dick
②	4	Rahmenleisten	366 x 65	
③	4	Seitenwände	800 x 360*	beschichtete Spanplatte 16 mm dick
④	4	Böden	468 x 360*	
⑤	2	Türscheiben	676 x 376	Glas 3 mm dick
⑥	2	Einlegeböden	466 x 345	Glas 5 mm dick
⑦	2	Rückwände	488 x 788	Hartfaser 3,2 mm

Je Oberschrank:
Ca. 4,5 lfdm Glasleisten, 7 x 7 mm; 1 Paar Topfscharniere für aufliegende Türen; 1 Möbelgriff; 4 Bodenträger; Spanplatten-Schrauben; Umleimer grau; 2 Schrank-Aufhänger; Holzleim.

* später evtl. außenliegende Wände sind aus MDF herzustellen (wegen der einfacheren Oberflächenbehandlung)

So schneidet man dicke Platten aus

Kreisschneide-Einrichtung für Stichsägen

Das Zusägen dicker Arbeitsplatten oder – wie hier im Herdbereich – sogar doppelt verleimter Platten ist keine einfache Angelegenheit. Wir haben das Problem folgendermaßen gelöst: Zum einen haben wir kein Kurvensägeblatt verwendet, sondern ein kräftiges normales. Zum anderen wurde nicht mit Pendelhub gearbeitet und die Platte mit leichtem Druck geführt (nicht schieben!). Anders als sonst üblich, hat unser Schreiner von oben, nicht von unten gearbeitet! Außerdem nahm er eine spezielle Kreisschneide-Einrichtung für Stichsägen zu Hilfe. Wenn Sie all diese Punkte beachten, dürfte auch solch ein ‚Dickmann' kein gewichtiges Problem mehr für Sie sein.

Die Schubladen

Da die Schubkästen und Türen mit Profilen versehen werden, sollten sie aus MDF bestehen

19-mm-Spanplatten flächig miteinander verleimt. Dann verbindet man die beiden so entstandenen Teile zu einer durchgehenden Platte. Im Anschluß bekommt diese eine Auflage aus Resopal. Bevor Spüle und Kochfeld eingebaut werden, muß die gerade Arbeitsplatte aufgelegt und von unten mit Trapezverbindern an den Korpussen sorgfältig befestigt werden.
Die Schubkästen fertigt man aus MDF. So lassen sich die Nuten zur Aufnahme der Auszugsschienen leicht einfräsen. Sind sämtliche Schubladen und die beiden Schubschränke montiert, erhalten sie zum

1 *Mit der Oberfräse bringt man nun an den Schubladenseiten aus MDF Nuten zur Aufnahme der Auszugsschienen an*

2 *Mit einer Kreissäge und einem einfachen Anschlag lassen sich die 30°-Gehrungen der großen Schubschränke am Herd ausführen*

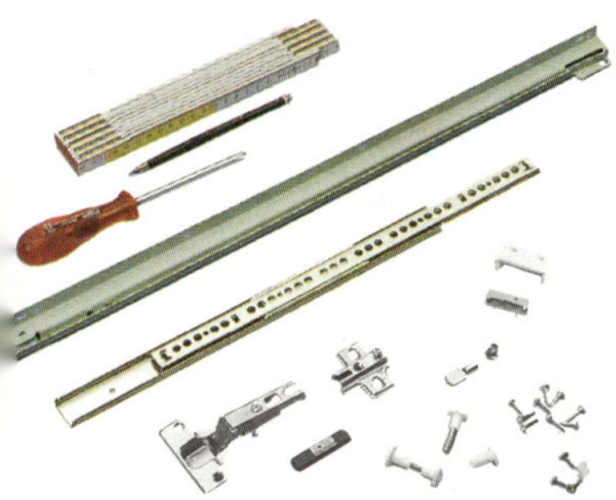

Das sind die Beschläge, die Sie für den Nachbau brauchen: Auszüge, Topfscharniere, Trapezverbinder, Kunststoff- und Spanplattenschrauben

Schubladen-Unterschrank

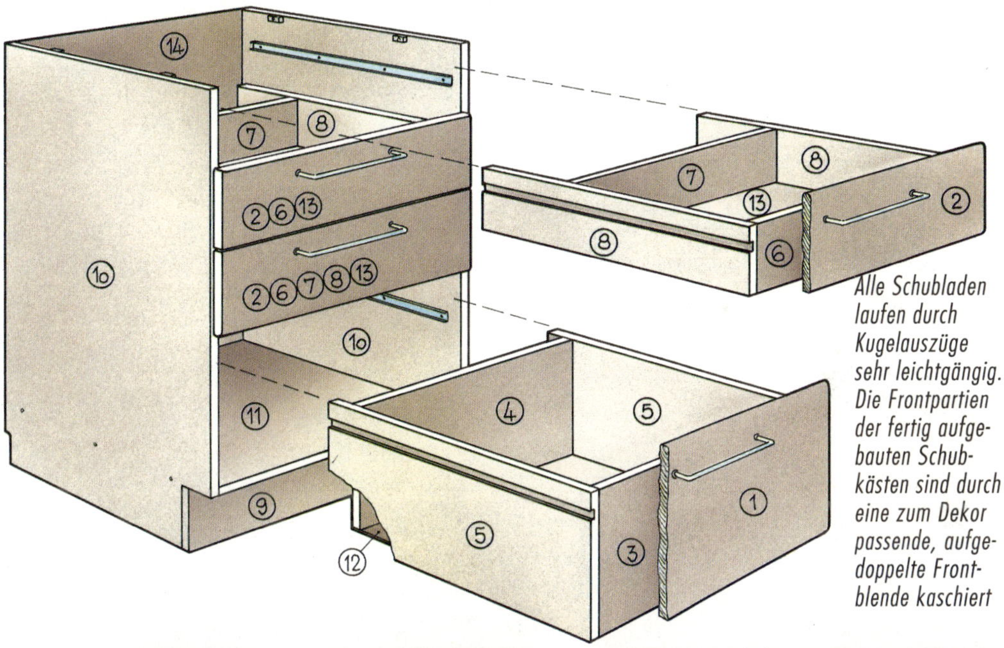

Alle Schubladen laufen durch Kugelauszüge sehr leichtgängig. Die Frontpartien der fertig aufgebauten Schubkästen sind durch eine zum Dekor passende, aufgedoppelte Frontblende kaschiert

Pos.	Anz.	Bezeichnung	Maße in mm	Material
1	1	Frontblende	496 x 283	
2	3	Frontblenden	496 x 140	
3	1	Frontplatte	430 x 200	
4	1	Rückwand	430 x 182	
5	2	Seitenwände	550 x 200	MDF 16 mm dick
6	3	Frontplatten	430 x 100	
7	3	Rückwände	430 x 82	
8	2	Seitenwände	550 x 100	
9	1	Sockelblende	500 x 140	
10	2	Seitenwände	860 x 570	beschichtete Span-
11	1	Boden	570 x 468	platte 16 mm dick
12	1	Boden	542 x 448	Hartfaser
13	3	Böden	442 x 448	3,2 mm dick
14	1	Rückwand	488 x 714	

4 Paar Auszüge; 4 Möbelgriffe; 4 Trapez-Verbinder; Spanplatten-Schrauben; Umleimer grau; Holzleim.

3 *Damit man die Lebensmittel im unteren Teil des Schubschranks später gut erreichen kann, erhalten die Seitenteile große Öffnungen*

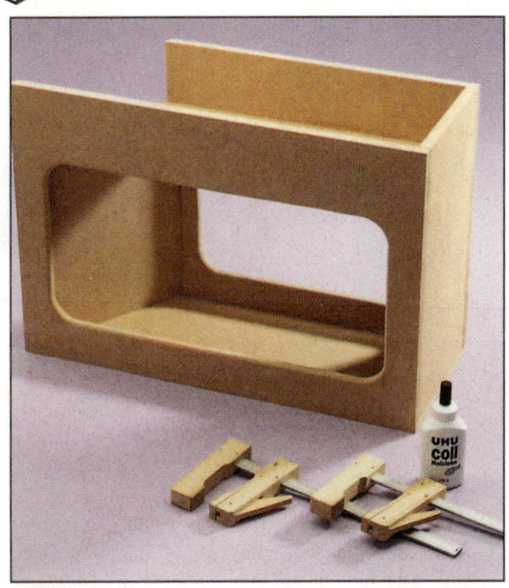

4 *Die Kanten mit der Oberfräse abrunden. Unter Zuhilfenahme von großen Klemmzwingen kann man die Schubschränke verleimen*

Sämtliche Bohrungen für die Topfscharniere fertigt man am besten in Serie

Schutz eine Lackierung (Kasten Seite 95). Nach dem Trocknen werden die lackierten Fronten aufgeschraubt. Der Einbau von Schubladen und Türen mit Auszugsschienen und Topfbändern dürfte keine Schwierigkeit bereiten. Zu guter Letzt setzt man noch die Halogenlampen in die Lichtleisten und fixiert diese an den Oberschränken. □

1 Sämtliche Bohrungen für die Topfscharniere an den Türen fertigt man am besten in Serie. Ein kleines Stück Holz dient als Anschlag

2 Auch die Kantenprofile an Schubladenfronten und Schranktüren werden zweckmäßigerweise alle in einem Arbeitsgang gefräst

Was Sie sonst noch brauchen:

Aus Spanplatte, 19 mm dick:
2 Arbeitsplatten 3500 x 600 mm
2 Arbeitsplatten 1500 x 200 mm

Aus MDF, 16 mm dick:
Obere Lichtblenden:
250 mm breit, je 1 x 2110, 710 und 470 mm lang
30 mm breit, je 1 x 2110, 710 und 470 mm lang
Untere Lichtblenden
100 mm breit, je 1 x 1980, 580 und 340 mm lang
40 mm breit, je 1 x 1980, 580 und 340 mm lang

Möbelverbinder zur Befestigung der Schränke untereinander; Halogenlampen, kpl. mit Zubehör; Wandhaken; Dübel; Grundierung; Lackfarbe.

Schon kann unsere Küchenfee mit dem Einräumen von Töpfen, Geschirr und Besteck beginnen

3 *Bei den Glastüren der Oberschränke kommt wieder die Oberfräse zum Einsatz: Der Falz muß so tief sein, daß Glas und Deckleiste …*

4 *… genau hineinpassen. Durch das Arbeiten in Serie wird das Anschlagen der Türen vereinfacht. Alle Scharniere haben denselben Abstand*

Die obere und untere Lichtleiste

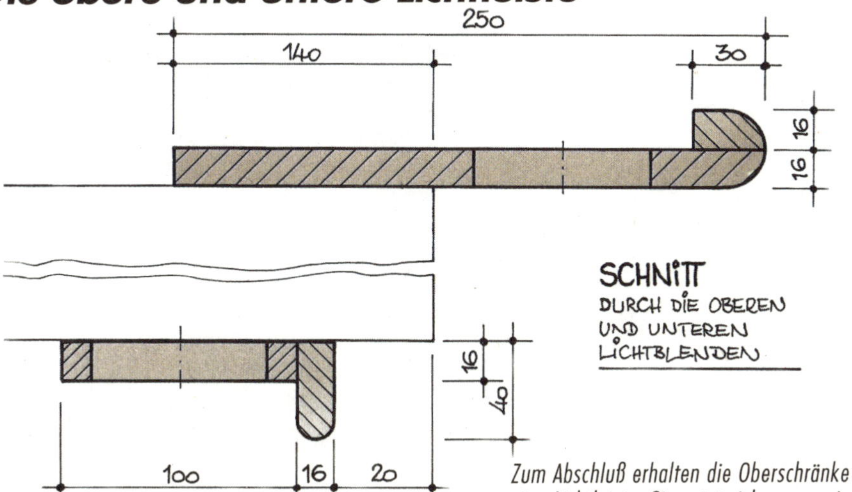

Zum Abschluß erhalten die Oberschränke eine Lichtleiste. Sie setzt sich aus zwei MDF-Streifen zusammen, bei denen nach dem Verleimen die vordere Kante wiederum abgerundet wurde. Noch vor dem Lackieren bohrt man die Löcher zur Aufnahme der Halogenstrahler

Herd-Unterschrank

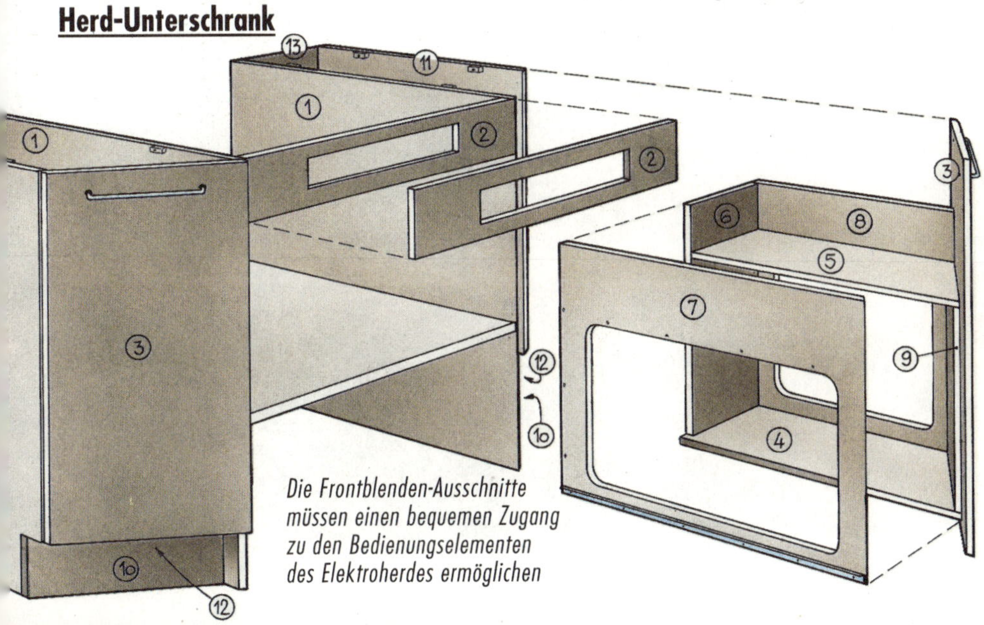

Die Frontblenden-Ausschnitte müssen einen bequemen Zugang zu den Bedienungselementen des Elektroherdes ermöglichen

So wird MDF richtig lackiert

Diese ‚Komponenten' brauchen Sie für die perfekte Oberflächenbehandlung von MDF: ***1*** *Kunststoffgrund;* ***2*** *Vorstrichfarbe;* ***3*** *Acryllack. Jeweils nach Zwischenschliff auftragen*

Zunächst säubert man die MDF-Platten mit einem feuchten Tuch vom Fräs- und Bohrstaub. Anschließend bringt man mit einem Pinsel Kunststoffgrund auf. Er versiegelt besonders gut die feinen Schlitze zwischen den einzelnen Faserlagen der MDF-Platten. Nachdem der Kunststoffgrund durchgehärtet ist, muß die Oberfläche mit feinem Schleifpapier bearbeitet werden. Ein Schwing- oder Exzenterschleifer erleichtert diese Arbeit erheblich. Hat man die Flächen wiederum mit einem feuchten Tuch gesäubert, kann die Vorstrichfarbe aufgetragen werden. Nach erneutem Zwischenschliff läßt sich schließlich der Acryllack im gewünschten Farbton auftragen. Zum Schluß sollten Sie noch einmal langsam mit der Rolle über die frische Farbe gehen, um eventuelle Luftbläschen zu entfernen.
Wichtig beim Lackieren von MDF ist das Absperren der Kanten. Sie müssen mit einem PUR- bzw. DD-Lack isoliert werden, damit die Farbschicht anschließend nicht aufgesaugt wird.

Pos.	Anz.	Bezeichnung	Maße in mm	Material
①	2	Zwisch.wände	860 x 770	MDF 16 mm dick
②	2	Herdblenden	900 x 142	
③	2	Frontblenden	716 x 355	
④	2	Böden	640 x 245	
⑤	2	Zwischenböden	612 x 213	
⑥	2	Rückwände	213 x 435	
⑦	2	Seitenwände	640 x 435	
⑧	2	Seitenwände	490 x 435	
⑨	2	Blendeneins.	320 x 265	
⑩	2	Sockelblenden	360 x 140	
⑪	2	Seitenwände	860 x 582	beschichtete Spanplatte 16 mm dick
⑫	2	Böden	758 x 268	
⑬	2	Rückwände	714 x 288	Hartfaser 3,2 mm

2 Paar Auszüge; 2 Möbelgriffe; 8 Trapez-Verbinder; Spanplatten-Schrauben; Umleimer grau; Holzleim

Gourmet-Treff selbstgebaut

Jeden Zentimeter nutzen: Das erprobte Rezept für eine Küche nach Maß

Für eine individuell eingepaßte Küchenzeile müssen Sie leicht zehn- bis zwanzigtausend Mark hinblättern. Dabei ist es gar nicht so schwer, die Einzelteile auf den Zentimeter passend in der eigenen Werkstatt herzustellen. Die üblichen Standardmaße entnehmen Sie ganz einfach einem Küchenkatalog. Fronten, Griffe und Schrankzubehör kann man im Fachhandel kaufen.

Ein Konzept, das überzeugt: viel Schrankfläche und viel Platz zum Arbeiten

1 In die nach Stückliste zugeschnittenen, weiß beschichteten Korpusplatten fräst man Falze zur Aufnahme der Rückwände

2 Alternativ können Sie die rückseitigen Hartfaserplatten auch vor dem Zusammenbau in gefräste Längsnuten einschieben

3 Die oberen und unteren Plattenkanten werden mit aufgebügelten Umleimern versehen. Die Frontkanten erhalten Echtholz-Anleimer aus Buche

4 Überstände der Umleimer lassen sich mit einem scharfen Stechbeitel kantenbündig abschneiden

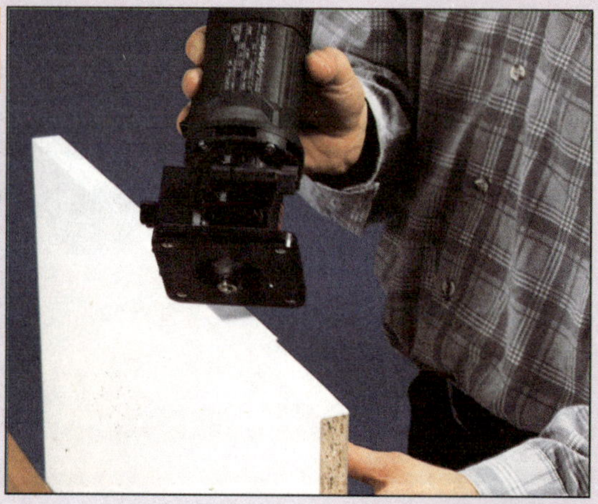

5 Bei dickeren Umleimern entfernt man die Überstände mit der Oberfräse und einem sogenannten Bündigfräser

6 Alle Löcher für die Aufnahme von Topfscharnieren werden mit Hilfe des Bohrständers hergestellt

7 Durch eingefräste Flachdübel stabilisieren Sie die Leimverbindungen der Korpusteile

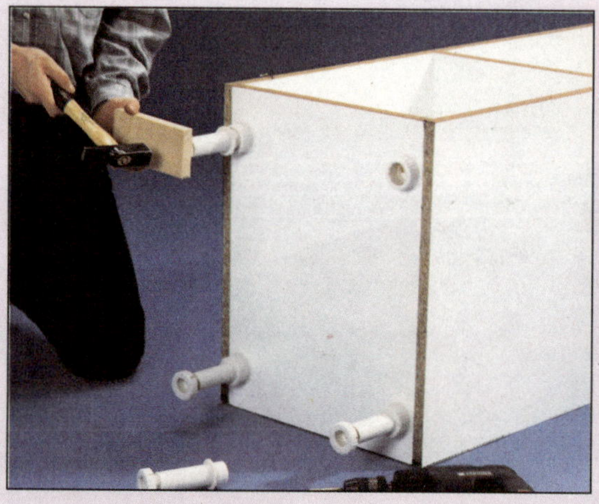

8 Sind die Korpusplatten zusammengefügt, montiert man die höhenverstellbaren Kunststoff-Füße

Ein Schubladen-Unterschrank ist fertiggestellt. Front, Rückseite und Boden eines Schubkastens werden mit den zum Teleskopauszug gehörenden Seiten verschraubt

9

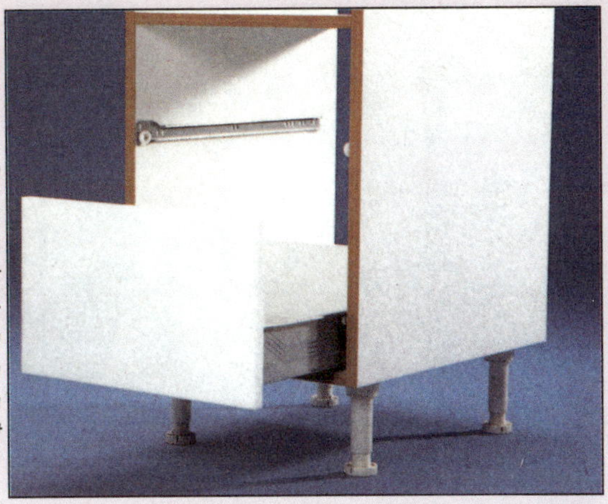

Ein sauberer Abschluß: Die Sockelblenden lassen sich mit Klammern an den Kunststoff-Füßen befestigen

10

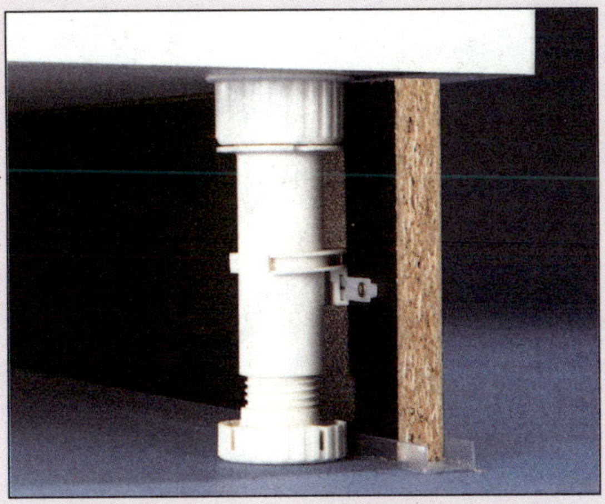

Keinen Platz verschenken

Die maßgeschneiderte Küche vom Markenhersteller paßt sich zwar optisch jedem Grundriß an. Doch bei Schrägen, schmalen Endnischen und ähnlichen Problemfällen wird oft nur mit Blenden kaschiert, was der Selbstbauer zentimetergenau ausnutzen kann. Beim Grundriß unserer Beispielküche etwa wird durch extratiefe Eckschränke viel Platz geschaffen.

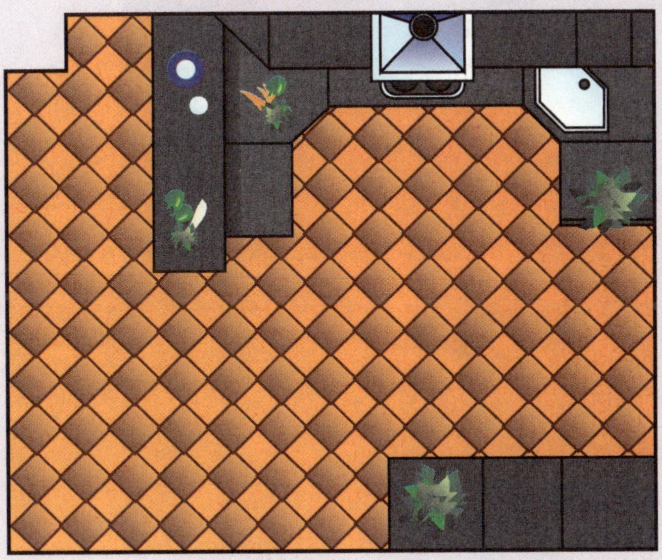

Spezialbeschläge für Küchenbauer

Die Schubkastenteile werden einfach mit den Metallseiten verschraubt, die zu den hier verwendeten Teleskopauszügen gehören

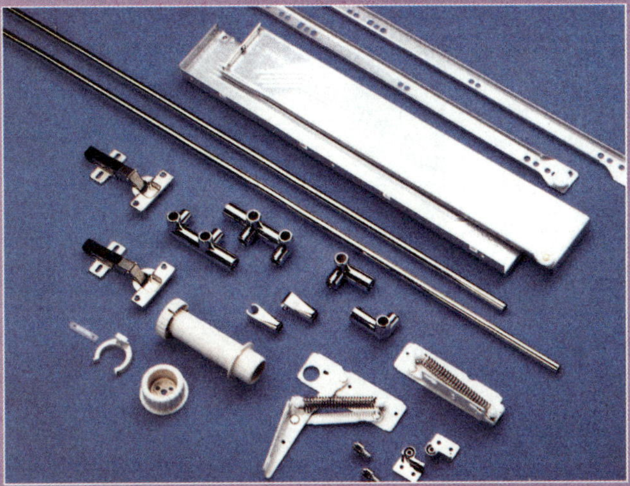

Auszüge, Griffstangen, Topfscharniere, verstellbare Füße, Klappenscharniere: Mit den richtigen Beschlägen bauen Sie Küchen wie ein Profi

Eigenleistung beim Küchenbau macht individuelle Lösungen möglich und spart eine Menge Geld. Sie sollten aber nicht den Ehrgeiz besitzen, jedes konstruktive Problem durch eigene Ideen zu lösen: Hier haben Profis genug Vorarbeit geleistet. Das Ergebnis sind eine Vielzahl praktischer Bauteile und Beschläge, die Ihnen die Arbeit wesentlich erleichtern. Am besten besorgen Sie sich einen Beschlagkatalog. Ein Tip: Bei Mitnahmemöbelhäusern gibt's viele Beschläge und Einbauteile besonders preiswert.

Gehören in die moderne Küche: Gefäße zum Sortieren des Abfalls

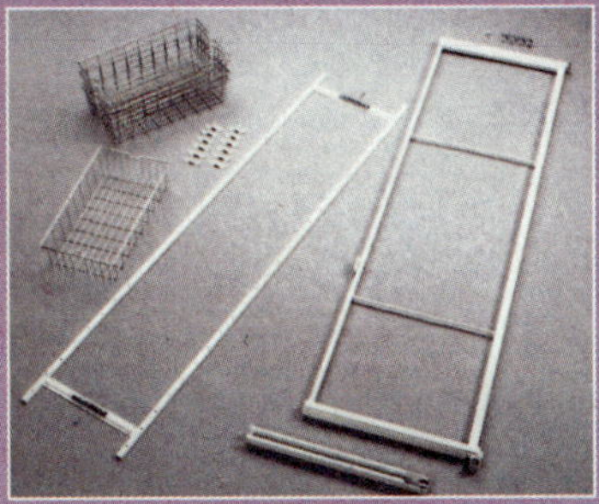

Beste Raumausnutzung und Übersicht bieten Korbsysteme für Ihre Küchenschränke

1 Die Montage der Küchenzeile beginnt mit dem Andübeln der Hängeschiene für die Oberschränke

2 Ist die Schiene mit mindestens zwei Schrauben pro Schrank befestigt, hängt man die Elemente einfach ein

3 Durch Nachjustieren werden die Oberschränke nun exakt in die Waage gesetzt und dann miteinander verschraubt

4 Zwischen die Oberschränke kommt die Abzugshaube aus Edelstahl. Sie wird an der Wand und den Schränken befestigt

5 Nun können auch die Unterschränke – hier der rechte Eckschrank – in die vorgesehenen Positionen gebracht werden

6 Unebenheiten des Bodens stellen kein Problem dar. Die Füße lassen sich in der Höhe verstellen

7 Stehen die Unterschränke höhengleich, preßt man ihre Seitenteile mit Zwingen zusammen und verschraubt sie untereinander

8 Auch die Hochschränke der Gegenseite werden ausgerichtet und dann mit Schrauben fest untereinander verbunden

Der erste 9 *Montageabschnitt ist abgeschlossen. Nun werden noch die Elektrogeräte eingesetzt, die Türen eingehängt und die Sockelblenden angeklemmt*

10 *Die Arbeitsplatte und die Wand zwischen Ober- und Unterschränken bestehen aus echtem Granit. Das edle Material wird vom Steinmetz auf Maß vorbeitet*

Traumküche für Jedermann

Wenn unser Beispiel Ihnen Appetit gemacht hat – haben Sie ruhig den Mut, Ihre Traumküche selbst zu bauen. Natürlich steckt ein gehöriges Stück Arbeit dahinter, bis die letzte Sockelleiste montiert ist. Das Konstruktionsprinzip ist andererseit aber so simpel, daß die Eigenbau-Küche auch nicht viel mehr Arbeit bereitet als die im Mitnahme-Möbelhaus gekaufte Bausatzküche, bei deren Montage man mehr Zeit fürs Studieren der Anleitungen braucht als für das eigentliche Zusammensetzen der Einzelteile.
Lassen Sie sich die erforderlichen Korpusteile am besten im Bau- und Heimwerkermarkt oder von einem Schreiner fertig zuschneiden. Für die Elektrogeräte müssen Standardschränke gebaut werden. Ansonsten können Sie frei planen. Das Fräsen der Kanten, Anbügeln der Umleimer, Bohren der Scharnierlöcher usw. geht dann zügig vonstatten, weil sich Arbeitsgänge und Maße ständig wiederholen. Das durch Eigenleistung gesparte Geld können Sie dann vielleicht – wie hier gezeigt – in eine besonders hochwertige Naturstein-Arbeitsplatte investieren.

Küche zum Mitnehmen

Unser Spar-Tip: die neue Küche selbst planen, abholen und aufbauen

Für alle, die von einer neuen Küche träumen, aber zu wenig Geld auf dem Konto haben, gibt es jetzt eine attraktive Spar-Variante: Immer mehr Baumärkte bieten neuerdings ein komplettes Küchenprogramm für Do-it-yourselfer an. Was in Großbritannien längst gang und gäbe ist, entwickelt sich auch bei uns zum Verkaufsschlager. Immerhin machen englische Baumärkte satte 10% ihres Umsatzes mit Küchen zum Selbstaufbauen. Und das hat den deutschen Anbietern für Heimwerker-Bedarf natürlich zu denken gegeben.
Die hier vorgestellte Mitnahme-Küche aus dem Baumarkt wird unter dem System-Nahmen „wellpac“ angeboten. Je nach Küchentyp- und Einrichtung beträgt die Kostenersparnis gegenüber

1 *Alle Anschlüsse für die Küchengeräte sind vorbereitet. Statt Fliesenspiegel wird in unserem Fall später eine Laminatplatte montiert*

2 *Zusammenbau der Schrankkorpusse nach Anleitung: Zuerst werden die Seitenteile mit Scharnieren und Verbindungsdübeln versehen*

3 *Hier das Anschrauben der Schubladenauszüge. Die Metallführungen der Seitenteile ruhen auf je zwei runden Distanzhaltern*

4 *Die Holzdübel, mit denen man die Schrankseiten an die Arbeitsplatte ankoppelt, werden in die vorbereiteten Bohrungen geschlagen*

5 *Nun bereitet man die Seitenteile vor: In diese Kunststoffbuchsen werden später die Verbindungsschrauben der Bodenplatten gedreht*

6 *Exzenterbeschläge verbinden die Zwischenböden der Schränke mit den Seitenwänden. Zusätzliche Holzdübel fixieren die Position*

7 *Hier die Verbindungselemente der Böden und Seiten im Detail: Die Exzenterbeschläge werden mit dem Schraubendreher angezogen*

8 *Die zwei Seiten sind mit dem Zwischenboden verbunden. Nun setzt man die Dübel der Stirnseiten in die Bohrungen der Bodenplatte*

9 *Das linke Schrankelement unserer Küchenzeile ruht auf insgesamt fünf verstellbaren Sockelfüßen, die man in ihre Bohrungen dreht*

10 *Durch Aufsetzen von Verlängerungsteilen lassen sich die Unterschränke des Systems zu Hochschränken aufstocken*

vergleichbaren Fertigküchen 20 bis 25%. Drei Grundtypen bietet der Hersteller an: die Pickup-, die Anstell- und die Einbauküche. Beim ersten Typ handelt es sich um eine 270 cm breite Standard-Zeile. Sie wird in Einzelteilen auf einer Palette angeliefert; inklusive Einbauherd, Kühlschrank, Abzugshaube, Kochmulde und Spüle. Die Pick-up-Küche, deren Aufbau wir auf unseren Fotos zeigen, gibt es in 21 Varianten mit vier Fronten und zwei Korpusausführungen.
Bei der Anstellküche, dem zweiten Typ, müssen Sie die Elemente individuell zusammenstellen. Jedes Teil besitzt eine eigene Abdeckplatte. Bei der Montage stoßen die Platten stumpf gegeneinander. Die dritte Variante schließlich, die sogenannte Einbauküche, entspricht den bekannten Systemküchen. Hier sind die

Planen, bestellen, abholen und montieren: Durch Eigenleistung sparen Sie bis zu 25%

Schrankkorpusse oben offen und werden mit einer durchgehenden Arbeitsplatte abgedeckt. Sie stehen auf höhenverstellbaren Sockelfüßen, die nach der Montage hinter einer Blende verschwinden.
Am Anfang steht die sorgfältige Planung Ihrer Traumküche. Legen Sie zunächst eine Handskizze des Raumes an. Wichtig sind die Positionen der Wasser-, Elektro- und Gasanschlüsse. In diese Skizze werden nun die Einzelelemente eingezeichnet. Steht die Zusammenstellung von Schränken und Elektrogeräten fest, wird die Skizze auf den Planungsbogen, der zum Katalog des Herstellers gehört, übertragen. Zum Planungsbogen im Maßstab 1:20 gehören Grundrisse aller möglichen Schranktypen, die man ausschneiden und auf das Raster legen kann.
Beachten Sie, daß die Spülmaschine immer rechts oder links neben den Anschlüssen stehen muß. Gleiches gilt auch für den Gasherd. Nur so können die Leitungen und Schläuche der Geräte problemlos angeschlossen werden.
Sind die Teile der Wunschküche dann bestellt und schließlich auch nach Hause transportiert, geht es an die Montage. Zuerst werden die Korpusse zusammengefügt. Dann stellt man sie auf, verbindet sie durch die gemeinsame Arbeitsplatte und richtet sie durch Verstellen der Füße genau aus. Sind auch die nach oben offenen Oberschränke aufgehängt, werden die zugehörigen Abdeckplatten aufgelegt.
Nun folgt der Einbau der Elektrogeräte – den Anschluß des Herds sollten Sie einem Fachmann überlassen! Zuletzt werden die Türen eingehängt und die Sockelblenden (bei der Standardküche eine Sonderausstattung) montiert.

11 Die Arbeitsplatte, die das linke Schrankelement mit dem Spülenunterschrank verbindet, erhält eine Aussparung für die Kochmulde

12 Die Korpusse stehen. In der Mitte hat sich durch Einfügen eines Zwischenbodens eine Nische gebildet, die den Herd aufnimmt

13 Rechts und links werden an die Seitenteile der Nische Anschlagleisten geschraubt, an denen man den Herd später fixieren kann

14 Durch Nachjustieren der Sockelfüße setzt man die Bodenplatten der Schränke sowie den Auflageboden des Herds exakt in die Waage

15 Nun geht es ans Montieren der Oberschränke. Zunächst werden die Bohrungen für die Dübel mit Hilfe der Wasserwaage angerissen

16 Sobald der erste Oberschrank hängt, kann die Deckplatte aufgelegt werden, die zur linken Seite bis über den Hochschrank reicht

17 Die Abdeckplatte zwischen den beiden Oberschränken erhält eine Aussparung, durch die das Rohr der Dunstabzugshaube geführt wird

18 Nachdem die Kochmulde in die Arbeitsplatte eingelassen wurde, schiebt man den Herd ein. Die Verdrahtung übernimmt ein Elektriker

19 Das Einhängen der Türen: Die Scharniere werden mit den bereits an den Seitenteilen befestigten Grundplatten verschraubt

20 Zuletzt montieren Sie die Sockelblenden. Der Raum unter dem Herd wird für eine zusätzliche Sockelschublade genutzt

Statt des Fliesenspiegels wird eine farblich passende Laminatplatte als Wandverkleidung angebracht. Damit ist die ‚Pick-up-Küche' einsatzbereit. Der Komplett-Preis für die gezeigte Ausführung (Breite 270 cm) liegt bei 2300 Mark

Mobil und variabel

Container-KÜCHE

Jung sein heißt mobil sein! Und auch das Geld für Möbel und Einbaugeräte sitzt noch nicht so locker. Hier ist unsere Lösung für eine junge Küche

Erfahrungen sammeln, sich den Wind um die Nase wehen lassen und beruflich vorankommen – das ist für viele junge Leute heute ebenso wichtig wie selbstverständlich. Niemand kommt schließlich als Eigenheimbesitzer auf die Welt. Trotzdem spielt natürlich auch bei modernen Großstadtnomaden der ‚Nestbau' seine Rolle.
Beim Thema Einbauküche wird das Sich-Einrichten jedoch schnell teuer, geht es dabei doch um ein Prinzip, daß für Umzüge im Zwei-Jahres-Rhythmus beispielsweise kaum geeignet ist. Hinzu kommt, daß für den Einbau geeignete Küchengeräte immer teurer sind als Standard-Standgeräte. Also haben wir eine

Spülmodul. Anstatt des Rollelements ist auch eine Ecklösung möglich. Praktisch: Einhandmischer mit Hebel oben

Wie aus einem Baukasten läßt sich eine Küche mit unsere Elementen einrichten. Bis auf Kühlschrank- und Spül-Element sind alle auf Rollen mobil. So wird das Umräumen zum Kinderspiel

Das Prinzip: Rahmengestell + Container + Arbeitsfläche = Küchen-Element

Küche entwickelt, die auf diese Situation zugeschnitten und trotzdem ebenso komfortabel wie praktisch ist. Die Vorteile unserer Lösung:
1. Die Elemente unseres Programms sind modular an den grundlegenden Küchenaufgaben orientiert: Vorbereiten, Kochen, Spülen und Nachbereiten sowie Bevorraten und Lagern. Auch auf einen kleinen Platz zum Essen wollten wir nicht verzichten. 2. Durch den modularen Aufbau ist die Küche auch schrittweise erweiterbar. Warum nicht erst einmal nur mit dem Spülmodul beginnen? 3. Wir haben uns auf ein System stets gleicher, möglichst einfacher Konstruktionen konzentriert. 4. Neue Grundrißsituationen sind kein Problem. für unsere relativ schmalen Elemente, die einfach aneinandergereiht oder um die Ecke gebaut werden können, 4. Mit den Rückwandpaneelen aus Lochblech lassen sich vorhandene Wände, zum Beispiel mit Tapete oder häßlichen Kacheln, leicht abdecken. 5. Obschon sich über Geschmack trefflich streiten läßt: Wir haben den handwerklichen Charakter unserer Elemente aus Massivholz und Mitteldichter Faserplatte (MDF) in eine moderne, klare Formensprache gefaßt.

Die Containerbreite orientiert sich an der 50-cm-Breite von Standard-Küchengeräten. Hinzu kommt die Stärke der Rahmengestell-Leisten, so daß ein Element knapp 58 Zentimeter breit wird. Bei der Gesamthöhe inklusive Arbeitsfläche haben wir uns für 95 Zentimeter entschieden, um auch größeren Köchen Rückenschmerzen beim Gemüseputzen zu ersparen. Bis auf Kühlschrank- und Spül-Element sind alle mit Rollen

1 *Wir haben uns für Gehrungsverbindungen (hier beim Rollgestell) entschieden. Das erfordert Geschick mit Gehrungslade ...*

2 *... und Handsäge (hier beim Standgestell). Nicht ganz so elegant, aber leichter geht's mit Dübelverbindungen (siehe Kasten unten)*

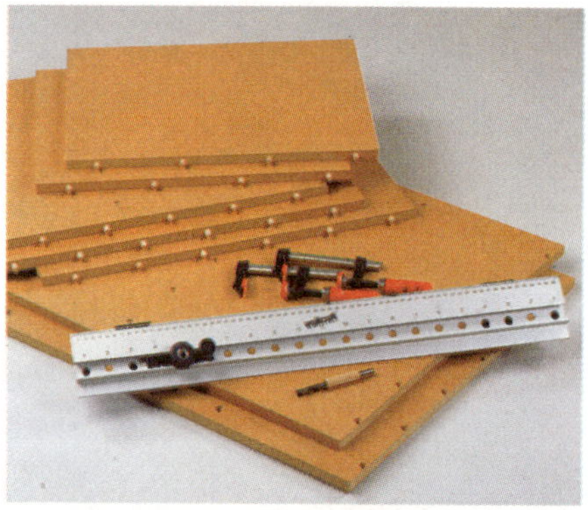

5 *Beim Dübeln kommt es auf Präzision an. Jedes Loch muß sitzen. Die Gebrauchsanleitung der Dübellehre gibt dafür anschauliche Tips*

6 *Bestreichen Sie die Klebeflächen mit Leim, stecken und spannen Sie die Teile zusammen, und lassen Sie den Leim über Nacht abbinden*

Praktisch: Die Dübellehre hilft Ihnen nicht nur, die Löcher exakt senkrecht einzubohren, sondern auch, die Lochabstände millimetergenau einzuhalten

Alternative: Dübelverbindungen

Wir haben uns für die etwas schwierigeren Gehrungsverbindungen entschieden, weil die Kieferleisten mit gebrochenen Kanten geliefert werden und daher die Schnittkanten stumpfer Verbindungen ebenfalls noch gerundet werden müßten.
Das sollten Sie bei Dübelverbindungen beachten: Die Löcher müssen so geplant und gebohrt werden, daß sie einander nicht kreuzen. Arbeiten Sie deshalb mit einem Tiefenanschlag. Wichtig: Alle Bohrungen müssen genau senkrecht sein. Dabei hilft eine Dübellehre.

3 Die Rahmengestelle mit Gehrungsklammern, Zwingen und selbstgebauten Winkelstücken über Nacht sorgfältig zusammenspannen

4 Um die Rollen anbringen zu können, werden Trägerdreiecke eingeleimt. Falls gewünscht, vor dem Anbringen das Gestell lasieren

7 Fräsen Sie Nuten in Vorder- und Seitenwände. Die Rückwand ist flacher, damit der Boden von hinten eingeschoben werden kann

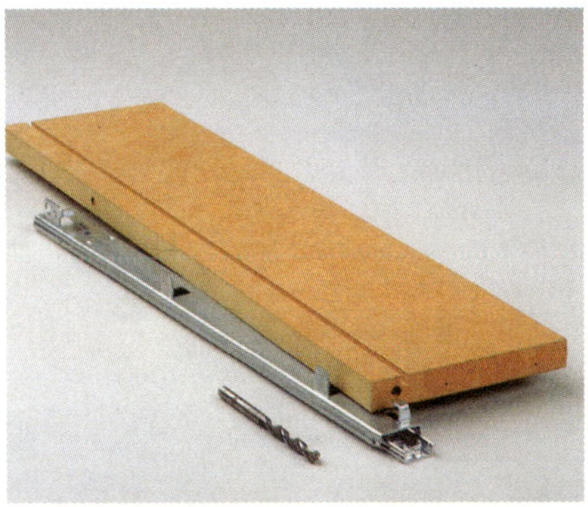

8 Vor dem Zusammenbau mit Leim und Nägeln die Bohrungen für die Auszüge einbringen. Mit der Dübellehre werden sie senkrecht

mobil. Das ist nicht zuletzt auch beim Putzen praktisch. Für Ecklösungen gibt's einen Stützrahmen (entspricht einer Seite des Rahmengestells), der den entsprechenden 60-cm-Überstand der Arbeitsfläche auffängt. Es bleibt dem Heimwerker überlassen, ob er oder sie die Arbeitsfläche pro Element bemißt und von unten mit Schrauben durch den Holzrahmen befestigt oder ob die Elemente unter eine durchgehende Arbeitsfläche geschoben werden. Wir haben nur die Arbeitsfläche des Spül-Elementes verbreitert, um einen Überstand für den Spüler und für ein weiteres Element oder eine Ecklösung zu haben. Der Herd behält zum bequemeren Topfgucken seine ursprünglich Höhe (Foto unten). Die angrenzenden Elemente erhalten zur Kochmulde hin schmale Schutzbleche, die einfach an

Das Kühlschrank-Element mit Mikrowellenfach; Lüftungslöcher in der Rückseite nicht vergessen! Passen Sie die Maße der Halbcontainer Ihren Geräte an

Beschläge und ihre Namen

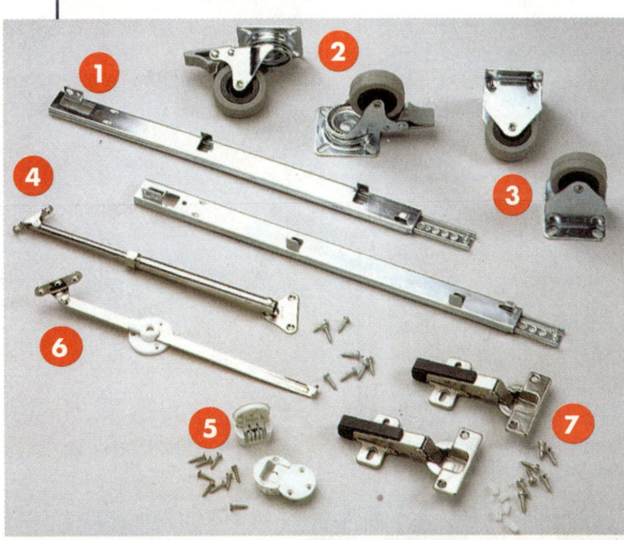

1. **Kugelpräzisions-Teilauszüge** sind billiger als Vollauszüge. Daher sind unsere Schubladen etwas kürzer.
2. **Apparate-Lenkrollen** erleichtern das Manövrieren;
3. die **Apparate-Bockrollen** hinten helfen sparen.
4. Die **Klappenstütze** hält die Halbcontainertür oben.
5. Dazu: die **Klappenscharniere**.
6. Der **Bremsklappenhalter** hält die Tür des unteren Halbcontainers.
7. **Möbelscharniere 110°** für vorliegende Türen.

Offene Borde statt Kästen und Lochblechpaneele statt Kacheln

die Rahmenhölzer geschraubt werden. Den Geschirrspüler haben wir so auf Holzleisten gehoben, daß die Oberkante seiner Arbeitsplatte mit der Containeroberkante abschließt. Als Abdeckung haben wir vorn eine Leiste in Rahmengestellstärke eingeschoben (Foto Seite 106).

Auch beim Vorbereitungstisch kragt die Arbeitsfläche über. So entsteht – zusammen mit einem erhöhten Stuhl – ein Platz fürs schnelle Frühstück im Sitzen. Der Überstand hat einen weiteren Vorteil: Die Arbeitsfläche läßt sich an die eines anderen Elementes ‚andocken' (kleines Foto rechts oben). Das Innere dieses Containers ist so aufgeteilt, daß die eine Seite Platz für zwei Wasserkästen bietet, während auf der anderen Seite das übrige Leergut hinter einer Reling aus Leichtmetallröhren der Entsorgung harrt.

Die Vorderkanten aller Türen und Schubladenfrontplatten weisen eine 45°-Fase auf. Das sieht besser aus und macht die Kanten unempfindlicher gegen Beschädigung. Aus dem riesigen Angebot von Arbeitsflächen im Baumarkt haben wir uns für eine entschieden, deren Dekor dafür sorgt,

Kontakte
Lacke, Lasuren: Alfred Clouth Lackfabrik, Postfach 10 03 63, 63003 Offenbach am Main, 069/890 07-0
Lochblech: Wilms Metallmarkt, Widdersdorfer Straße 215, 50825 Köln, 0221/546 68-0
Möbelgriffe: U. P. F. Union Pro Form, Lilienthalstraße 2 - 4, 33689 Bielefeld, 05205/12-0
Küchengeräte: Privileg, Quelle, Postfach 40 00, 90717 Fürth, 0180/331 00
Armatur, Spüle: Sanitop, Katzheide 6, 48231 Warendorf, 02581/788-0
Leuchten, Kleingeräte, Küchenuntensilien: form 2000, Mittelstraße 20 - 24, 50672 Köln, 0221/257 00 28

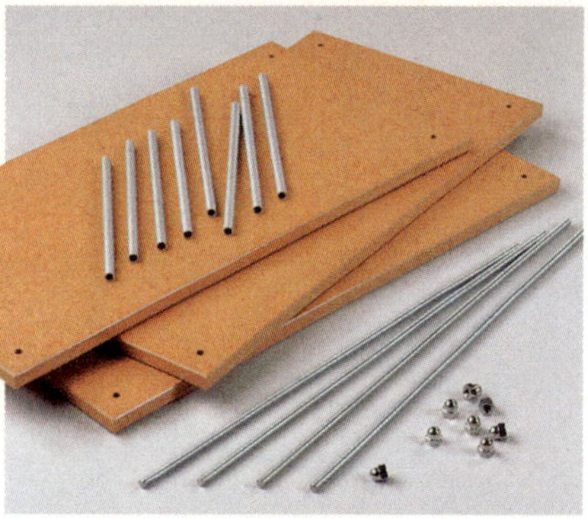

9 *Schieben Sie die Gewindestangen in das untere Bord ein, und sichern Sie es von unten mit Hutmuttern. Dann vier Aluröhren ...*

10 *... aufschieben, das nächste Brett „auffädeln" und so weiter. Dann das Ganze oben mit Hutmuttern zusammenschrauben, fertig!*

Sie haben die Wahl: durchgehende Arbeitsfläche wie beim Spülelement (hier wird gerade das Loch fürs Becken eingesägt) oder getrennte wie bei den Elementen links und rechts vom Herd. Vorteil: größere Flexibilität

Zaponlack schützt Metall

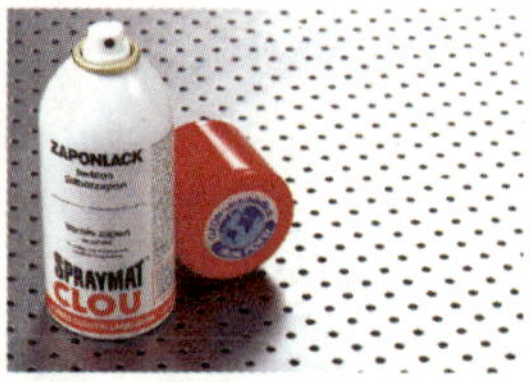

Lochblechpaneele gibt's auch in Edelstahl. Billiger ist 1,5-mm-Stahlblech, das leicht geölt verkauft wird. Die Rückseite ist dort, wo Sie die Stanzgrate der Löcher spüren. Tragen Sie Arbeitshandschuhe, da die Platten bei Hautkontakt schnell rosten. Entfetten Sie das Lochblech gründlich mit Lappen und Lösungsmittel, und lackieren Sie es möglichst sofort anschließend zweimal mit Zaponlack.

Wir haben ‚Werkzeugplatten' mit Normbohrungen gewählt. Dafür gibt's Halterungen in diversen Formen und Größen

Ist stets zur Stelle und hat hinten Platz für Getränkekästen: der Vorbereitungstisch. Die große Platte macht ihn auch zum mobilen Frühstücksplatz

Container-
Elemente mit System

Zum Schutz: Lack, Lasuren

Wir fanden, daß Rahmengestelle in Grau (aus Schwarz und Weiß gemischt) besonders gut zu MDF passen. Erhältlich sind jedoch noch viele andere Töne, so daß bei der farblichen Gestaltung der Rahmengestelle kaum Grenzen gesetzt sind. Die MDF-Container sind zweimal mit Klarlack gerollt. Nach dem ersten Lackieren das Zwischenschleifen mit 240er Schleifpapier (anschließend entstauben) nicht vergessen!

daß man auf ihr nicht jeden Krümel sieht. Die Edelstahlgriffe sind 37 cm lang.
Die Lochblech-Rückwände sitzen auf den Arbeitsflächen auf. Sie sind auf eine einfache Dachlattenkonstruktion geschraubt, die zuvor an die Wand gedübelt wird. Streichen Sie die Latten dunkel, damit sie hinter den Löchern unsichtbar bleiben. Das alles ist Ihnen viel zuviel Arbeit? – Sie können sich auch auf den Nachbau der massiven Holzrahmengestelle beschränken und die Container fertig kaufen, zum Beispiel ‚Faktum' von Ikea, die 70 cm hoch sind und 30, 40, 50 oder 60 cm breit. □

Unser Programm umfaßt niedrige Elemente auf Rollen oder (für die Spüle) feststehend, und Hochelemente, ebenfalls auf Rollen oder (für den Kühlschrank, siehe Vorseite) fest. Darin gibt es Container mit Fächern und/oder Türen, mit zwei oder fünf Schüben und Halbcontainer mit Klappen

Alle Bauteile auf einen Blick: So sind die Küchen-Elemente aufgebaut

Standardcontainer in vier Varianten

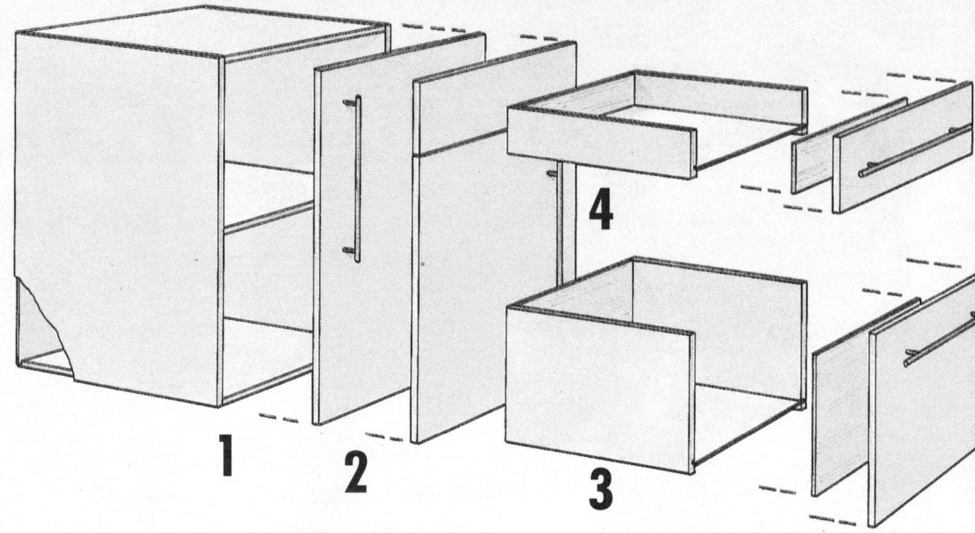

__1__ mit Tür, __2__ mit Tür und Spülenblende, __3__ mit zwei hohen Schubladen und __4__ mit fünf flachen Schubladen. Nur Innenleben und Fronten unterscheiden sich. Wichtig bei den Schubladen-Elementen: unter der Arbeitsfläche ein Gewicht für die Balance, zum Beispiel eine Gehwegplatte, einlegen

Hohe Rahmengestelle

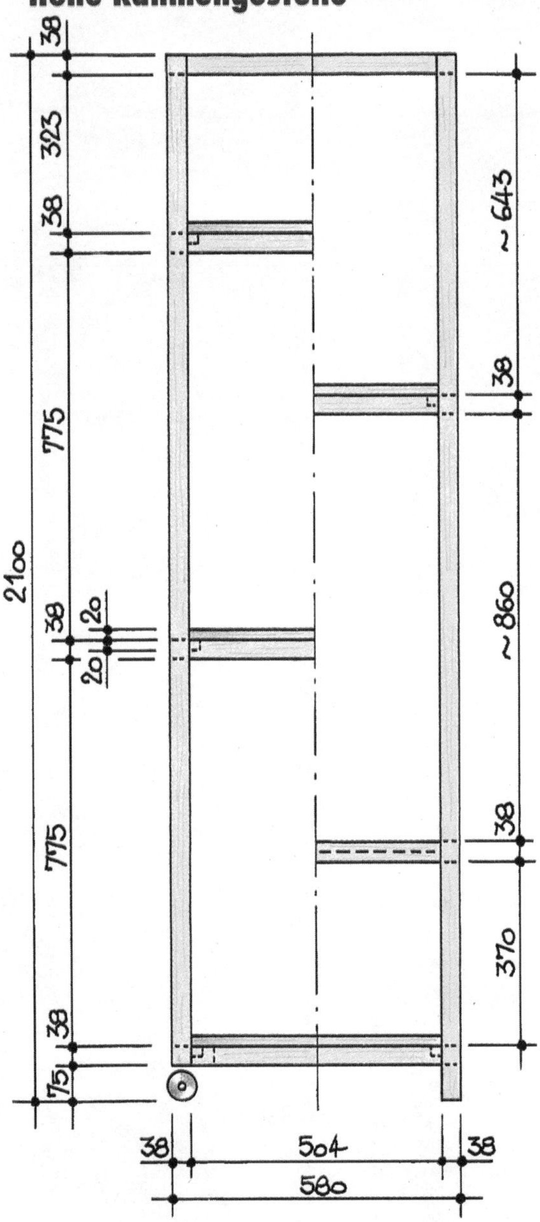

Links das Rahmengestell für das Kühlschrank-Hochelement, rechts das für die beiden Standard- und einen Halbcontainer

Container für den Vorbereitungstisch

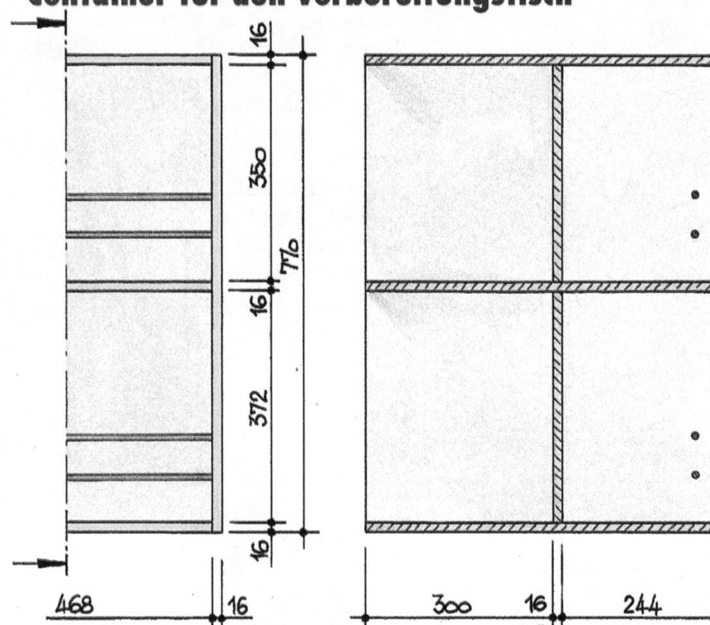

Dieser Container dient auch als Leergutstation. Links die halbe Vorderansicht, rechts der Schnitt. Er hat keine Rückwand, sondern Trennwände aus MDF

Hängeregale

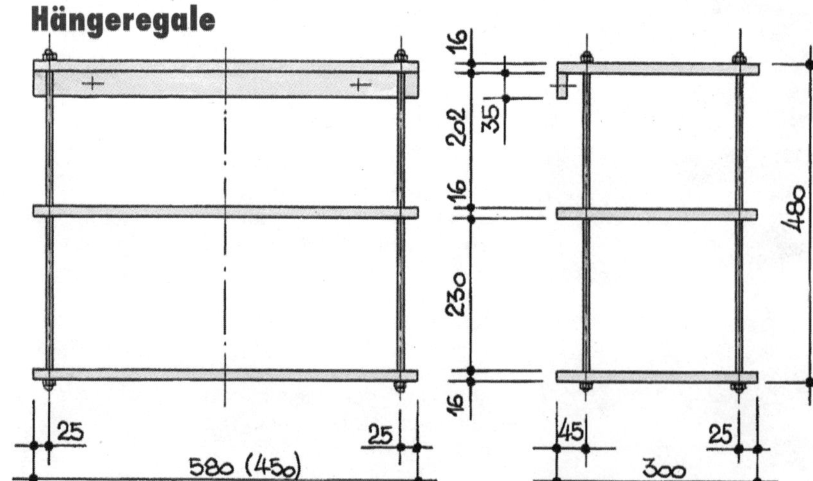

Wir haben die Breite der Regale an der Breite der darunter stehenden Elemente orientiert. Ihr Platzangebot sollte in etwa ausreichen, um eine komplette Spülmaschinenfüllung Geschirr aufnehmen zu können

Standard-rahmengestell

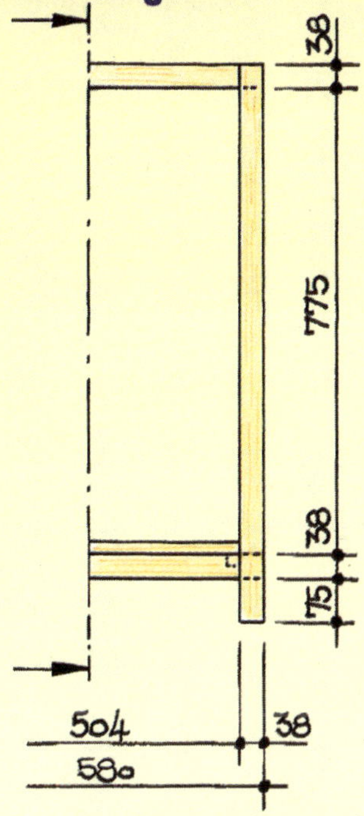

Oben: halbe Vorderansicht, unten: Schnitt; feststehend und mit Rolle. Die Maße können Sie variieren, wenn Sie Fertigcontainer, zum Beispiel ‚Faktum' von Ikea, verwenden

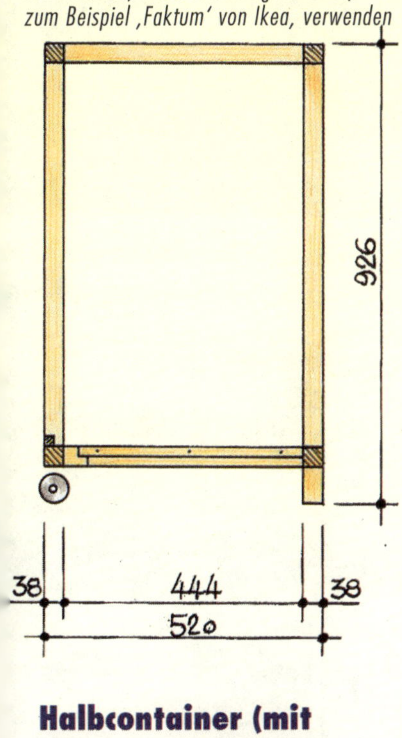

Halbcontainer (mit Mikrowellenfach)

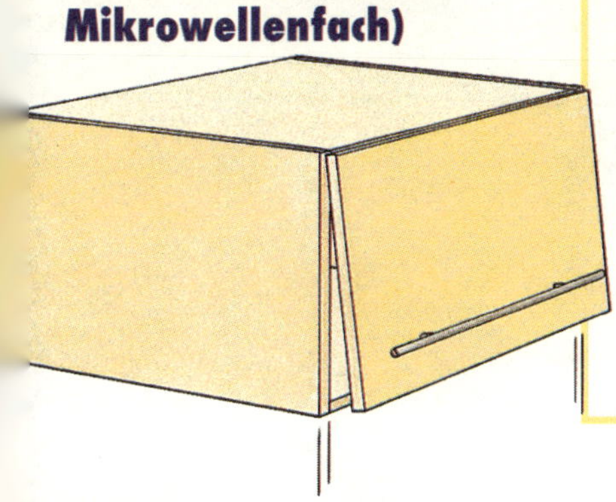

Materiallisten:

Standardcontainer mit Tür

MDF 16 mm dick:
2 Seitenwände 770 x 540 mm,
2 Böden 540 x 468 mm,
1 Zwischenboden 536 x 468 mm,
1 Tür 765 x 495 mm;
Hartfaser 3,2 mm dick:
1 Rückwand 758 x 488 mm;
dazu: 2 Federscharniere 110° für vorliegende Türen; 1 Griff, 370 mm; Spanplatten-Schrauben; Holzdübel; Holzleim.
Materialkosten rund 130 Mark.

Standardcontainer mit Tür und Spülenblende

MDF 16 mm dick:
2 Seitenwände 770 x 540 mm,
2 Böden 540 x 468 mm,
1 Frontblende 495 x 150 mm,
1 Tür 611 x 495 mm;
Hartfaser 3,2 mm dick:
1 Rückwand 758 x 488 mm;
dazu: 2 Federscharniere 110° für vorliegende Türen; 1 Griff, 370 mm; Spanplatten-Schrauben; Holzdübel; Holzleim.
Materialkosten rund 120 Mark.

Standardcontainer mit 2 Schubladen

MDF 16 mm dick:
2 Seitenwände 770 x 540 mm,
2 Böden 540 x 468 mm,
2 Schubladenblenden 495 x 381 mm,
4 Schubladenseiten 480 x 320 mm;
Sperrholz 10 mm dick:
2 Frontplatten 448 x 320 mm,
2 Rückwände 416 x 300 mm;
Hartfaser 3,2 mm dick:
1 Rückwand 758 x 488 mm,
2 Schubladenböden 485 x 426 mm;
dazu: 2 Paar Kugel-Präzisionsauszüge mit Auflagewinkel (370 x 550 mm);
2 Griffe, 370 mm; Spanplatten-Schrauben; Holzdübel; Holzleim.
Materialkosten rund 230 Mark.

Standardcontainer mit 5 Schubladen

MDF 16 mm dick:
2 Seitenwände 770 x 540 mm,
2 Böden 540 x 468 mm,
5 Schubladenblenden 495 x 150 mm,
10 Schubladenseiten 480 x 100 mm;
Sperrholz 10 mm dick:
5 Frontplatten 448 x 100 mm,
5 Rückwände 416 x 80 mm;
Hartfaser 3,2 mm dick:
1 Rückwand 758 x 488 mm,
5 Schubladenböden 485 x 426 mm;
dazu: 5 Paar Kugel-Präzisionsauszüge mit Auflagewinkel (370 x 550 mm);
5 Griffe, 370 mm; Spanplatten-Schrauben; Holzdübel; Holzleim.
Materialkosten rund 400 Mark.

Wir haben die Maße der Halbcontainer im Kühlschrank-Element an den Maßen der Mikrowelle orientiert. Eine einfachere Lösung: Bauen Sie alle Halbcontainer gleich hoch (318 mm), und lassen Sie das Mikrowellenfach größer

Halbcontainer mit Mikrowellenfach

MDF 16 mm dick:
2 Seitenwände 638 x 540 mm
(Höhe evtl. anpassen),
2 Böden 540 x 468 mm,
1 Zwischenboden 536 x 468 mm,
1 Klappe 463 x 360 mm;
Hartfaser 3,2 mm dick:
1 Rückwand 626 x 488 mm;
dazu: 2 Klappenscharniere; 1 Griff, 370 mm lang; 2 Klappenstützen; Spanplatten-Schrauben; Holzdübel, Holzleim.
Materialkosten rund 180 Mark.

Halbcontainer

MDF 16 mm dick:
2 Seitenwände 540 x 365(318*) mm,
3 Böden 540 x 468 mm,
1 Klappe 463 x 360(313*) mm;
Hartfaser 3,2 mm dick:
1 Rückwand 488 x 353(306*) mm;
dazu: 2 Klappenscharniere; 1 Griff, 370 mm lang; 2 Bremsklappenhalter (bei Anschlag unten) oder 2 Klappenstützen (bei Anschlag oben); Spanplatten-Schrauben; Holzdübel, Holzleim.
* Maße für Container-Hochelement
Materialkosten rund 110 Mark (Kühlschrank-Element), 150 Mark (Container-Hochelement).

Container für Vorbereitungstisch

MDF 16 mm dick:
2 Seitenwände 770 x 560 mm,
3 Böden 560 x 468 mm,
1 Zwischenwand 468 x 372 mm,
1 Zwischenwand 468 x 350 mm;
dazu: 4 Alurohre ∅10 x 1 x 480 mm (pro Seite 6 mm eingelassen); 2 Griffe, 370 mm lang; 4 Lenkrollen mit Platte, feststellbar, Bauhöhe 75 mm;
1 Arbeitsplatte 980 mm lang; Spanplatten-Schrauben; Holzdübel, Holzleim.
Materialkosten rund 270 Mark.

Standardrahmengestell

Kiefer 38 x 38 mm:
4 Eckstützen 926 mm lang
(mit Rollen 75 mm kürzer),
4 Querverbinder 504 mm lang,
4 Querverbinder 444 mm lang;
Kiefer 20 x 20 mm:
1 Anschlagleiste 504 mm lang,
2 Führungsleisten 444 mm lang
(bei Einsatz von Rollen an die Gehrungen der Dreiecks-Klötzchen anpassen);
dazu: Spanplatten-Schrauben; Holzdübel, Holzleim.
Materialkosten rund 40 Mark.
Option:
2 Lenkrollen mit Platte, feststellbar;
2 Bockrollen (Bauhöhe 75 mm);
4 Dreiecks-Klötzchen 38 x 38 x 54 mm.

Hohes Rahmengestell für den Kühlschrank

Kiefer 38 x 38 mm:
4 Eckstützen 2100 mm lang
(mit Rollen 75 mm kürzer),
8 Querverbinder 504 mm lang,
8 Querverbinder 444 mm lang;
Kiefer 20 x 20 mm:
2 Anschlagleisten 504 mm lang,
4 Führungsleisten 444 mm lang
(bei Einsatz von Rollen an die Gehrungen der Dreiecks-Klötzchen anpassen);
als Boden für den Kühlschrank
Spanplatte 19 mm dick:
1 Boden 504 x 444 mm;
dazu: Spanplatten-Schrauben; Holzdübel, Holzleim.
Materialkosten rund 75 Mark.

Hohes Rahmengestell für Container

Kiefer 38 x 38 mm:
4 Eckstützen 2100 mm lang
(mit Rollen 75 mm kürzer),
8 Querverbinder 504 mm lang,
8 Querverbinder 444 mm lang;
Kiefer 20 x 20 mm:
3 Anschlagleisten 504 mm lang,
6 Führungsleisten 444 mm lang
(bei Einsatz von Rollen an die Gehrungen der Dreiecks-Klötzchen anpassen);
dazu: Spanplatten-Schrauben; Holzdübel, Holzleim.
Materialkosten rund 70 Mark.
Option:
2 Lenkrollen mit Platte, feststellbar;
2 Bockrollen (Bauhöhe 75 mm);
4 Dreiecksklötzchen 38 x 38 x 54 mm.

Hängeregal

MDF 16 mm dick:
3 Böden 580 (450) x 300 mm,
1 Trägerleiste 580 (450) x 35 mm;
dazu: 4 Gewindestäbe M8 x 500 mm;
8 Hutmuttern M8; 4 Alu-Rohrstücke ∅ 10 x 1 x 230 mm lang; 4 Alu-Rohrstücke ∅ 10 x 1 x 202 mm lang;
Spanplatten-Schrauben; Holzleim.
Materialkosten rund 65 (60) Mark.

Sonstige Kosten:
Arbeitsplatte ab 60 Mark/m.
Rollen 55 Mark/Container.

Ideal für Apartments und kleine Wohnungen

Hokuspokus...

... weg ist sie: Hinter einer eleganten Falttür verschwindet eine komplette Einbauküche mit Kühlschrank und Herd. Das hat nichts mit Zauberei zu tun, sondern mit Planung und handwerklichem Geschick

Der Clou ist die Falttür, die oben aufgehängt ist und am Boden in einem Profil geführt wird. Dahinter verbirgt sich ein Kochparadies aus selbstgezimmerten Kastenmöbeln

Raum ist in der kleinsten Hütte. In unserem Falle in einer Einzimmerwohnung. Und zwar sowohl für einige hungrige, kulinarisch verwöhnte Gäste als auch für eine entsprechend ausgestatteten Küche. Nach dem Essen verdrängen empfindsame oder erschöpfte Gastgeber höchst elegant das lästige Klar-Schiff-machen und schieben einfach die Falttüre vor. Und auch wenn alles tiptop ist: Mit Blick auf den Herd zu schlafen, ist einfach nicht jedermanns Sache!
Wir haben unsere Hokuspokus-Küche in den Winkel zwischen Zimmertür und Fensterwand eingepaßt. Aber Sie

können unsere Küchenidee natürlich Ihren Voraussetzungen anpassen. Grundlage ist ein 60-cm-Raster. Die Falttürsegmente einschließlich ihrer verchromten Schnittkantenblenden sind jeweils 30 cm breit. Ein Türmodul besteht aus zwei solcher Segmente, ist also 60 Zentimeter breit – daher das Raster.
Zwei weitere Details sollten Sie bei der Planung berücksichtigen: 1. Zum sinnvollen Arbeiten brauchen Sie Platz. Wünschenswert ist zum Beispiel, zwischen Herd und Spüle einen Topf abstellen zu können. Bei uns mußte das Spülbecken direkt neben dem Kochfeld landen. Wir haben daher eine Spüle ausgesucht, deren Becken Sie mit dem mitgelieferten Schneidebrett abdecken können.
2. Vorteilhaft ist eine Aufteilung des Unterschrankbereiches, bei der die Falttür auch im ganz geöffneten Zustand möglichst wenig im Wege ist. Die Türmodule sind nicht miteinander verbunden, die beiden äußeren nicht an den Seitenwänden angeschlagen. Sie lassen sich also frei verschieben, benötigen aber im

Die Falttür-Segmente bestimmen das Raster der Breite

Wenig Platz kann auch praktisch sein: Die Küche befindet sich gleich am Eßplatz, und der Inhalt von Unterschränken und Regalen ist ohne zusätzliche Türen immer griffbereit. Stärkere Geruchsbelästigungen verhindert ein Wrasenabzug

Umleimer

Umleimer verschließen die Spanplattenschnittkanten. (Das gilt auch, wenn Sie die Küche aus Tischlerplatte bauen – dann brauchen Sie die Schnittkanten vor dem Lackieren nicht zu spachteln und zu schleifen.) Sie werden einfach aufgebügelt und mit Stecheisen oder Tapetenmesser besäumt. Abschließend Kanten leicht anschleifen!

KÜCHE AUFBAUEN

1 Richten Sie den Sockel waagerecht aus. Verbinden Sie ihn mit der rechten Seitenwand, und dübeln Sie diese an die Zimmerwand

2 Die Breite des Kastens ist an der des Korbauszuges orientiert. Die Blende zur Seitenwand hin wird mit Möbelwinkeln befestigt

4 Kästen mit Korpusverbindern verschrauben: Hülse in die vorgebohrten Löcher schlagen, Verbindungsschraube gegenschrauben

5 So schneiden Sie die Öffnung für das Kochfeld aus: 1. Markieren Sie den Ausschnitt mit Klebeband, 2. Bohren Sie Löcher ...

1 Schneiden Sie zunächst alle benötigten Platten zu, falls das der Holzhändler nicht erledigt hat. **Die Maße finden Sie auf S. 121**

2 Die Rückwände der Kästen liegen in Falzen. Diese werden mit der Oberfräse jeweils in Boden und Seitenwände eingeschnitten

3 Einfache Verbindungen: Die Platten werden stumpf miteinander verleimt und verschraubt. Bohren Sie die Bohrlöcher vor, ...

4 ... und schrauben Sie die Kästen zusammen. Dabei ist ein Akkuschrauber hilfreich – wenngleich's auch mit dem Schraubendreher geht

5 Leimen Sie die Rückwände in die zuvor eingefrästen Falze. Die Platten steifen die Kästen aus und geben ihnen Stabilität

6 Letzter Akt: Sockel zusammenbauen. Setzen Sie die Querverstrebungen dort, wo die Schrankseitenwände auf den Sockel treffen

Achten Sie auf ausreichenden Platz für die geöffnete Falttür!

3 Plazieren Sie die Unterschränke lose auf dem Sockel. Sie werden miteinander und danach mit der Arbeitsfläche verbunden

6 ... in alle vier Ecken, und schneiden Sie 3. die Innenfläche mit der Stichsäge (voller Pendelhub!) aus der Arbeitsplatte aus

7 Ebenso verfahren Sie mit der Öffnung für die Spüle. Danach montieren Sie das Kochfeld und die Spüle auf der Arbeitsfläche und legen diese auf die Zeile. Sie wird nun von unten mit Verbindungswinkeln auf den Kästen befestigt

geöffneten Zustand Platz. Eine Lösung sind Seitenblenden, die die Unterzeile links und rechts zu den Seitenwänden hin abschließen. Sie lassen sich in der Breite variieren. Auch schmale Unterschränke sind eine gute Puffermöglichkeit. Sie können zum Beispiel spezielle Auszüge für Reinigungsmittel aufnehmen, die nicht immer zur Hand sein müssen.
Wir haben (ohne Hochschrank) eine 240-cm-Zeile gebaut. Die Tür besteht demnach aus vier Faltmodulen, die aus je zwei Segmenten gebildet werden. Die ungleiche Verteilung der Griffe hat optische Gründe: In geschlossenem Zustand ergibt sich so ein regelmäßiges Bild. Weiterer Vorteil: Wichtige Dinge, zum Beispiel der Kühlschrank, sind leichter zugänglich. In puncto Falttür ist auch eine Lösung ohne Bodenschiene möglich. Die entsprechenden Beschläge halten allerdings nur Module von bis zu 15 Kilogramm. Sie müßten also leichtere Türsegmente, zum Beispiel Lamellentüren, wählen (gängige Breite ist 40 Zentimeter bei 203 Zentimetern

Für die Vorräte: ein Apothekerauszug

Damit der Hochschrank einfacher zugänglich ist, steht er mit eigener Tür außerhalb links neben der linken Seitenwand

8 *Die Rückwand steht in einer Leiste, die einfach auf die hintere Arbeitsplattenkante geklebt wird. Oben wird die Fläche angedübelt*

9 *Auch die linke Seitenblende an der Seitenwand schafft mehr Platz auf der Arbeitsfläche und Parkfläche für die geöffnete Falttür*

10 *Stehen die Seitenwände, geht's an die Regale. Wir haben sie mit Korpusaufhänger-Beschlägen an der Wand befestigt*

11 *Die Lücke für die Dunstabzugshaube freilassen und die übrigen Regale montieren. Danach bringen Sie den Dunstabzug an und …*

12 *… schließen den Bereich darüber mit dem flacheren Regal für Gewürze, indem Sie es mit seinen Nachbarn verschrauben*

13 *Mit dem Topfbohrer schneiden Sie die Leuchtenöffnungen in die Deckenplatte und montieren diese auf Regale und Seitenwände*

Höhe; daraus ergibt sich ein 80er Längenraster für die Küchenzeile). Der Vorteil dieser Lösung: Sie stehen bei der Arbeit nicht auf der Schiene. Der Nachteil: Sie müssen die Module aneinanderfügen und links und rechts anschlagen, also links und rechts entsprechende Platzpuffer für geöffnete Türe einplanen.
Der Hochschrank hat einen sogenannten Apothekerauszug und steht außerhalb der Falttüre. Sein Inhalt ist dadurch rasch und äußerst übersichtlich zugänglich.
Die Konstruktion der Kästen ist denkbar einfach – siehe unsere Zeichnungen auf der letzten Seite des Themas. Die folgenden Maschinen brauchen Sie für den Bau: Handkreissäge (falls Ihr Holzhändler die Platten nicht paßgenau zugeschnitten hat), Bohrmaschine mit Forstner- und mit Topfbohrer, Oberfräse, Stichsäge und Akkuschrauber.
Bereiten Sie zunächst alle Platten für den Zusammenbau vor. Das bedeutet: den Rückwandfalz fräsen, die Schraublöcher vorbohren und die Auszüge nach Anleitung montieren. Nach dem Zusammenbau richten Sie die Unterschränke auf dem Sockel und an der rechten Seitenwand aus und verbinden sie.
Zum Verbinden der Kästen untereinander sollten Sie sich Korpusverbinder besorgen, die aus einer mit Längsrippen versehenen Hülse und dazu passender Schraube bestehen. Die Hülse wird in das vorgebohrte Loch geschlagen, die Schraube von der anderen Seiten gegengeschraubt.
Danach werden die Öffnungen für Kochfeld und Spüle in die Arbeitsplatte geschnitten. Sind diese eingebaut, können Sie die Platte mit Verbindungswinkeln auf die Unterschränke montieren.
Für die Rückwand unserer Arbeitsfläche haben wir beschichtete 8-mm-Platte gewählt. Sie wird in die Leiste gesteckt, die man einfach auf die Hinterkante der Arbeitsplatte klebt. An der oberen Seite brauchen Sie die Platte dann nur noch mit kleinen Schrauben anzudübeln.
Schrauben Sie die Seitenblende mit Winkelverbindern an die linke Seitenwand und beides komplett an das Kopfholz der Arbeitsplatte. Zur Stabilisierung der Seitenblende können Sie einen Anschlag an der Plattenunterseite anbringen.

Konstruktion und Aufbau sind denkbar einfach

Bevor's an die Türen geht, wird ihr Laufprofil an die Deckenplatte montiert

Die Falttürsegmente sind nicht an den Seitenwänden befestigt und lassen sich frei verschieben. Sie sind inklusive Chromkappen je 30 cm breit. Daraus ergibt sich ein Rastermaß von 60 cm für eine Gesamtbreite ohne Hochschrank

DIE FALTTÜREN BAUEN UND ANBRINGEN

1 Wir beginnen mit der Montage des Führungsprofils. Richten Sie es vor der Zeile aus, und übertragen Sie die Lage der Bohrlöcher auf den Boden

2 Danach bereiten Sie die Türsegmente für die Montage der Falttürbeschläge vor: Diese beiden mit dem Forstnerbohrer gebohrten Löcher ...

3 ... nehmen den unteren Beschlag auf, an dem die Tür im Bodenprofil geführt wird. Er wird mit Hilfe des Akkuschraubers befestigt

4 Die Tür verdeckt das obere Laufprofil; die Beschläge sitzen daher unterhalb der Kante. Die Abdeckkappen werden einfach aufgeleimt

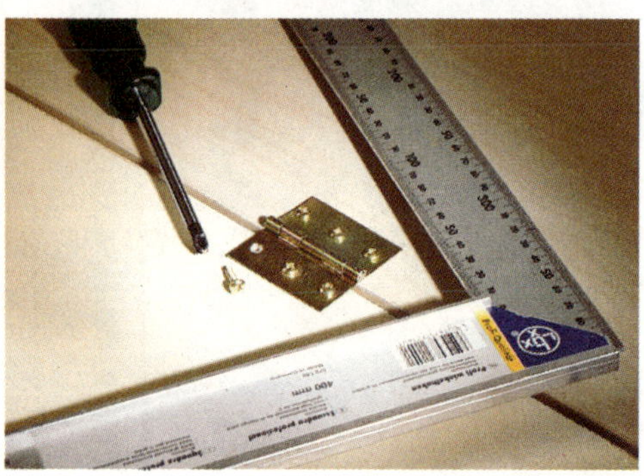

5 Den Falttürmontagesatz erhalten Sie komplett mit den passenden Scharnieren, mit denen die Türsegmente verschraubt werden

6 So hält der Laufwagen die Tür im Profil. Eine Montageanleitung mit allen Maßen liegt jedem Montagesatz (für jeweils zwei Segmente) bei

Nach der Montage der Hängeschränke bereiten Sie die Deckenplatte für die Halogenleuchten vor und bringen an der Vorderkante das Laufprofil für die Falttürbeschläge an. Bevor Sie die Deckenplatte auf Seitenwände und Regale legen und dort befestigen, müssen Sie die Laufwagen der Beschläge einschieben, an die später die Türmodule angeklippt werden.

Zu guter Letzt zu den Türen. Befestigen Sie das Führungsprofil am Boden. Dann bohren Sie mit dem 35-mm-Forstnerbohrer die Löcher für die Topfscharniere. Wo nötig, bohren Sie dann die Löcher für die Türgriffe vor. Sind die Segmente mit Chromkappen, Beschlägen und Griffen versehen, verbinden Sie sie paarweise mit den mitgelieferten drei Scharnieren zu den Falttürmodulen. Diese werden dann in das Bodenprofil gestellt, leicht angehoben und nacheinander oben an die beiden Laufwagen geklippt. □

Kontakte

Sämtliche Platten, Türen: Westag & Getalit, Postfach 26 29, 33375 Rheda-Wiedenbrück, ✆ 05242/17-0. Beschläge, Auszüge, Griffe, Relingsystem: Robbi, Lange Straße 51, 49326 Melle, ✆ 05428/95 52 53. Armatur: Hansa Metallwerke, Sigmaringer Straße 107, 70567 Stuttgart ✆ 0711/16 14-0. Spüle mit Schneidebrett: Blanco, Postfach 11 60, 75032 Oberderdingen ✆ 07045/444 63. Fußbodenfliesen: Jasba Mosaik, Im Petersborn 2, 56244 Ötzingen, ✆ 02602/682-0. Elektroeinbaugeräte: Juno, über Electrolux-Zanussi, Rennbahnstraße 72 - 74, 69528 Frankfurt am Main, ✆ 069/67 80 70

So ein Apothekerauszug sorgt sehr übersichtlich für Ordnung

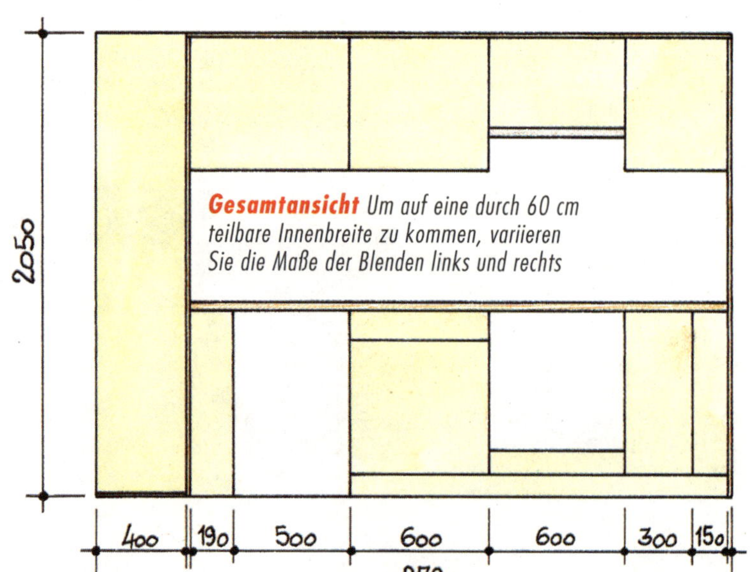

Gesamtansicht Um auf eine durch 60 cm teilbare Innenbreite zu kommen, variieren Sie die Maße der Blenden links und rechts

1

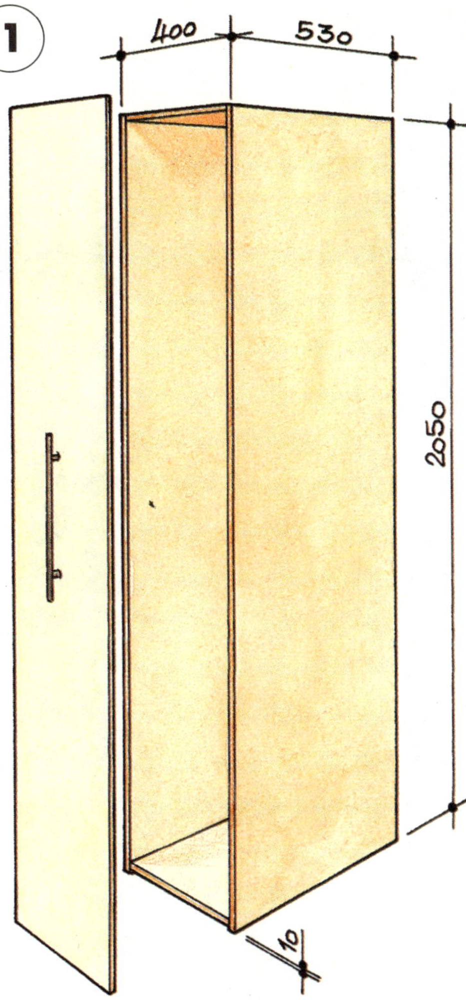

2

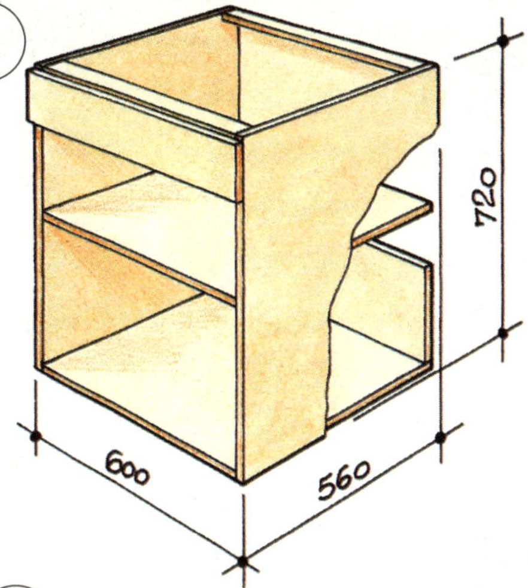

3

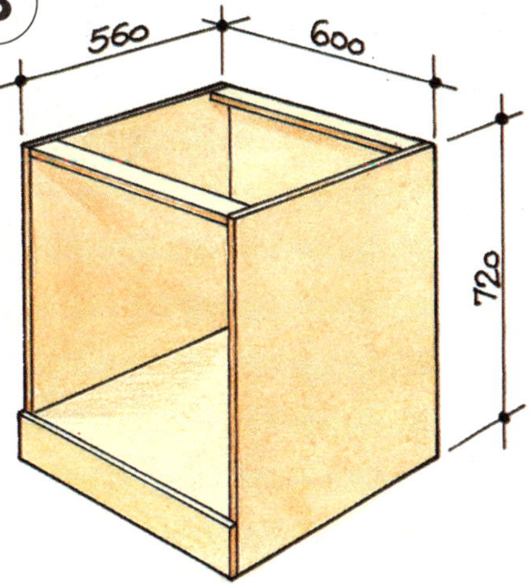

4

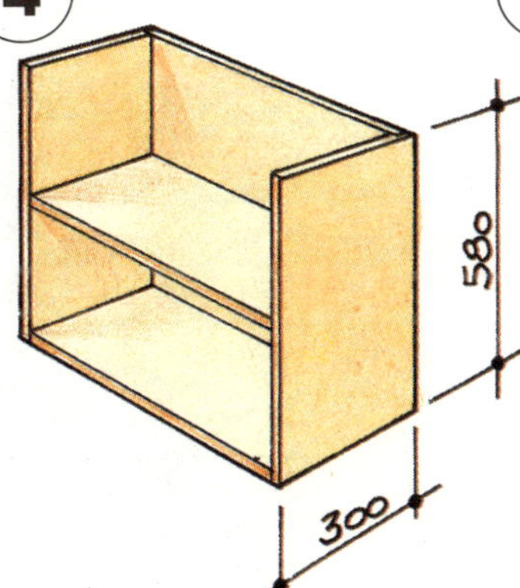

5

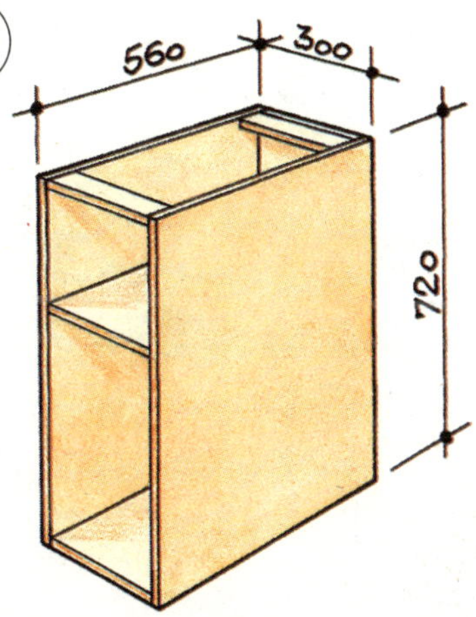

Die hier angegebenen Maße der Regale können Sie Ihren Gegebenheiten anpassen. Wenn Sie das Konstruktionsprinzip beachten, lassen sich die neuen Maße rasch berechnen. Die Unterschränke sind nicht so variabel, da sie Herd und Spüle aufnehmen. Dort schaffen Sie sich Spielraum durch seitliche Blenden links und rechts

6

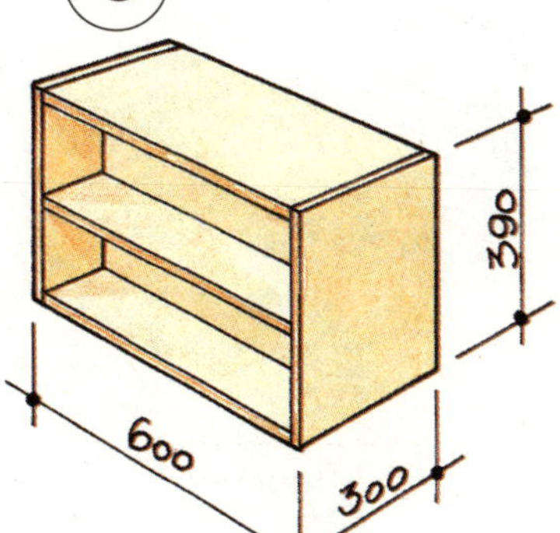

Material: beschichtete Spanplatte 19 mm

1 Hochschrank

2 Seitenwände	2050 x 530 mm
2 Boden-/Kopfplatten	530 x 362 mm
1 Rückwand	2025 x 385 mm
1 Tür (heller)	2025 x 395 mm

2 Spülenunterschrank

2 Seitenwände	720 x 560 mm
2 Böden*	562 x 560 mm
1 Frontblende	590 x 115 mm
1 Rückwand	562 x 240 mm
2 Querstreben	562 x 70 mm

* ein Boden ausgeklinkt für Siphon und Wasserzuleitungen/Eckventile

3 Herdunterschrank

2 Seitenwände	720 x 560 mm
1 Boden	562 x 560 mm
1 Frontblende	590 x 105 mm
2 Querstreben	562 x 70 mm

4 Wandregale in drei Breiten

links

2 Seitenwände	580 x 300 mm
1 Boden	662 x 300 mm
1 Zwischenboden	662 x 281 mm
1 Rückwand	685 x 575 mm

Mitte

2 Seitenwände	580 x 300 mm
1 Boden	562 x 300 mm
1 Zwischenboden	562 x 281 mm
1 Rückwand	585 x 575 mm

rechts

2 Seitenwände	580 x 300 mm
1 Boden	412 x 300 mm
1 Zwischenboden	412 x 281 mm
1 Rückwand	575 x 435 mm

5 Unterschrank rechts

2 Seitenwände	720 x 560 mm
1 Boden	562 x 560 mm
1 Frontblende	590 x 105 mm
2 Querstreben	562 x 70 mm

6 Regal Dunstabzugshaube

2 Seitenwände	390 x 300 mm
2 Böden	562 x 85 mm
1 Kopfplatte	562 x 300 mm
1 Rückwand	562 x 371 mm

Restmaterial und Beschläge

beschichtete Spanplatte 19 mm:

2 Seitenwände	2031 x 640 mm
1 Deckenplatte	2388 x 640 mm
1 Blende links	820 x 190 mm
1 Blende rechts	720 x 150 mm
2 Längsbretter (Sockel)	1650 x 100 mm
4 Querbretter (Sockel)	460 x 100 mm
8 Türen (heller)	2025 x 295 mm

dazu:

1 Arbeitsplatte 2350 x 600 mm; 1 Wandabschlußleiste 2350 mm lang; 1 Dekorrückwand 2350 x 600 mm; 1 Hochschrank-Vollauszug kpl. mit Einhängekörben; 1 abschließbarer Putzmittelauszug kpl. mit Führung; Faltschiebetür-Beschläge kpl. mit Montagesätzen, Lauf- und Führungsprofilen; verchromte Relingstangen kpl. mit Befestigungsmaterial; 3 verchromte Möbelgriffe 352 mm lang; 16 Chromblenden 295 mm lang (Falttüren oben und unten); 2 Chromblenden 395 mm lang (Hochschranktür oben und unten); Halogen-Deckenbeleuchtung kpl. mit Transformator; passende Umleimer für Korpus und Türen; Winkelverbinder; Möbelverbinder; Spanplatten-Schrauben; Holzleim.

Materialkosten rund 2900 Mark

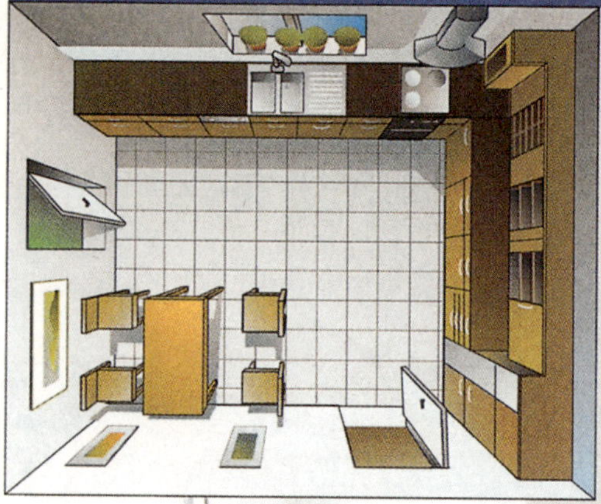

Der Blick von oben in unsere Küche mit den Maßen 3,3 x 4,0 Meter. Gleich neben der Kühl-Gefrier-Kombination befindet sich der ausziehbare Apotheker-Schrank. Über dem Elektroherd ist eine moderne Abzugshaube aus Edelstahl befestigt

Die Küche aus dem Pappkarton

Wer sagt, unter 30 000 Mark bekäme man heute keine gescheite Einbauküche, der irrt. Wir haben eine Selbstbauküche aus dem Möbelmarkt ausprobiert

Schätzen Sie doch einmal den Preis der hier abgebildeten Küche: Sind es 20 000, 25 000 oder 30 000 Mark? Die Küchenzeile macht etwas her, doch die wenigsten werden den Preis auf Anhieb erraten, denn die Gesamtkosten für die in L-Form angeordnete Küche betrugen gerade mal 14 000 Mark. Und wer glaubt, der Preis beziehe sich ausschließlich auf die Küchenmöbel, hat sich ein zweites Mal vertan. Sämtliche Einbaugeräte, wie der Herd mit Cerankochfeld, ein Geschirrspüler, die Dunstabzugshaube aus Edelstahl und eine Kühl-Gefrier-Kombination, sind hier im Preis enthalten. Das günstigste Angebot für eine beim Fachhandel bestellte Küche lag dagegen bei 33 700 Mark. Aber auch die Lieferzeiten – einige Küchen-Anbieter wollten erst nach 16 Wochen liefern – schreckten uns ab. Also suchten wir nach einer preiswerten und schnellen Alternative.

Sicherlich ist der Selbstbau ein Weg aus der Misere. Doch wenn das Haus wie in unserem Beispiel neu errichtet wurde, steht dem Bauherrn nicht der Sinn nach Werkeln an der Do-it-Yourself-Küche. Also was tun? Fündig wurden wir schließlich in einem Möbelmarkt: Eine bundesweit agierende Möbelkette will

DER UNTERBAU

Der Küchen-Ausstatter verlangte für sieben Meter Arbeitszeile samt Geräten über 30 000 Mark. Wir fanden eine preiswerte Lösung für 14 000 Mark

1 Aller Anfang ist gleich: Anleitung lesen, Schrauben sortieren, und dann werden die Korpusschrauben eingedreht

den Markenlieferanten im Bereich der System-Küchen ein Schnippchen schlagen und bietet Komplett-Küchen zu Dumpingpreisen an. So sollten z. B. die Korpusse für unsere Küche nur 5500 Mark kosten. Im Preis enthalten waren Schubladenschränke, unterbaufähige Küchenmöbel, ein ausziehbarer Apotheker-Schrank, die Einbauschränke für alle Elektrogeräte, Eck- und Hochschränke sowie sämtliche Abschluß- und Sockelleisten. Der Haken an der Geschichte: Bevor Gläser, Teller und Besteck eingeräumt werden können, müssen die Küchenmöbel erst einmal in Heimarbeit zusammengesetzt werden.

Zuvor wählt der Interessent die Küchenelemente aus dem Prospekt aus, gibt seine Bestellung an der Kasse ab, bezahlt und chartert einen Kleinbus für den Transport, denn die Küchenmöbel sind schwer und unhandlich – ein Karton wiegt um die 20 Kilogramm. Ein weiteres Problem: Wer hilft bei der Planung, wenn man nicht mehr weiter weiß? Personal, das bei der Küchen-Zusammenstellung berät oder weiterhelfen kann, sucht man vergeblich. Also muß die Bausatz-Küche zu Hause in Ruhe durchdacht werden. Hilfreich sind die Grundriß- und Planungs-

2 Die Sockel-Abschlußleiste wird von Kunststoff-Spannern gehalten und zu Beginn des Möbelaufbaus befestigt

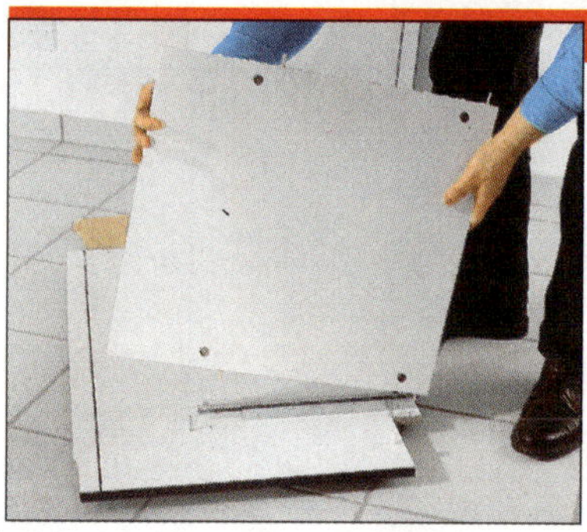

3 Die Möbelverbinder bestehen aus Metallstiften, die in sämtliche Konstruktionsböden geschraubt werden

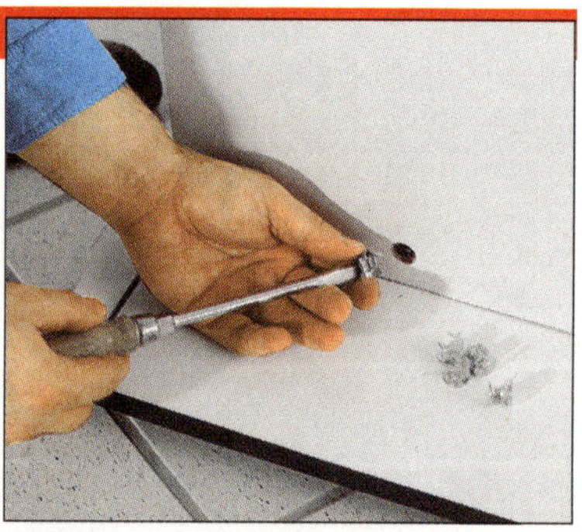

4 Auf die in die Seitenwand eingelassenen Bolzen setzen Sie den Unter- und Ober-Boden. Holzdübel geben weiteren Halt

5 Einige Fronten und Rückwände hatten Oberflächenschäden und mußten im Möbelmarkt reklamiert werden

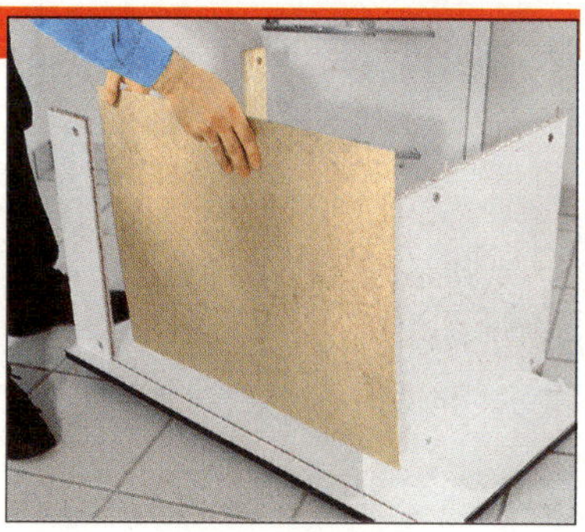

6 Die Rückwand wird in die dafür vorgesehene Führung gesteckt. Ein Tropfen Leim an den Verbindungen schadet nicht

7 Das Seitenteil wird zum Abschluß auf den Roh-Korpus gesteckt. Möbelschrauben sorgen auch hier für die Verbindung

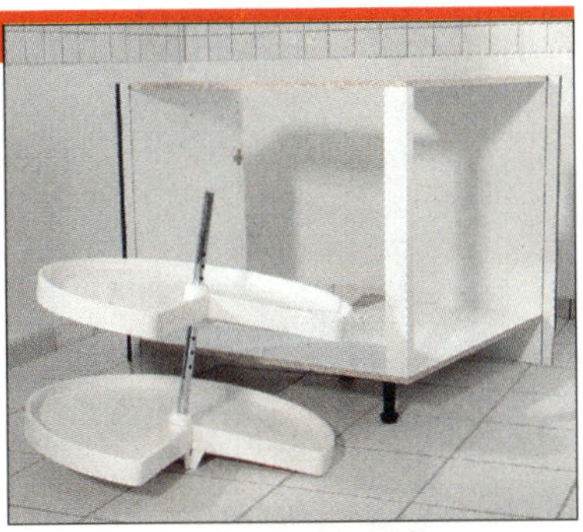

Der Eckschrank kann durch ein „Karussell" ergänzt werden. Töpfe und Pfannen sind so viel leichter zugänglich

An der Rückseite hat der Eckschrank einen Verstellfuß zum Ausgleichen eventueller Boden-Unebenheiten

Beim Kauf sollten Sie angeben, ob Sie das Drehgestelll benötigen. Es gibt dafür spezielles Befestigungs-Zubehör

Der Schrank sollte bündig an der Wand stehen. Eventuell müssen Sie die Sockel-Leisten am Boden entfernen

unterlagen, die Interessenten im Möbelmarkt erhalten können. Eine solche Planung lassen sich Küchenstudios teuer bezahlen. Auch das ist ein Grund, warum eine Markenküche mehr als das Doppelte kostet. In jedem Fall sollten Sie sorgfältig bei der Materialbestellung vorgehen. Schnell ist ein Zahlendreher unterlaufen. Und da alle Mitnahme-Kartons gleich aussehen, merkt man den Fehler oft erst beim Auspacken.

Nun werden Marken-Küchenlieferanten die Qualität und Beschaffenheit ihrer Küchenteile in den Vordergrund stellen. Aber so schlecht scheint die Qualität unserer Montage-Küche nicht zu sein. Immerhin ist sie nun schon seit 18 Monate im Gebrauch und hat einige Schubladen-Klimmzüge der Kinder

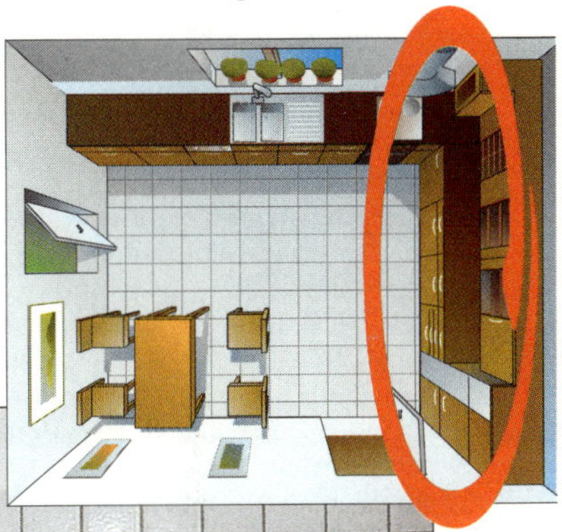

Oft sind es Kleinigkeiten, die die Arbeit in der Küche erleichtern. Durchdachte Detaillösungen gibt es jedoch nicht nur bei den Markenfabrikanten

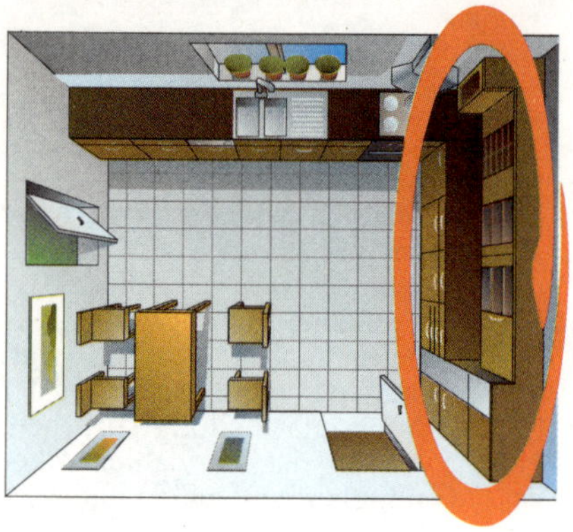

Kaum Schwächen: Die Möbelmarkt-Schränke zum Zusammenbauen erweisen sich im Alltag als robust

überstanden. Auch die Beschlag-Qualität läßt bislang keine Wünsche offen. Lediglich ein Türgriff für vier Mark mußte erneuert werden, weil sich die Schraubverbindungen im Kunststoff gelöst hatten. Ein weiterer Vorteil der Mitnahme-Küche: Sollten die Fronten im Laufe der Zeit nicht mehr gefallen – z. B. weil sich Stil und Geschmack geändert haben – lassen sie sich günstig austauschen.
Die Korpusse der Küchenteile aus dem Möbelmarkt bestehen aus Pressholz. Die Fronten sind aus beschichtetem MDF gefertigt – gegen Aufpreis von rund 40% gibt es auch Echtholz-Fronten. Auch die Glasscheiben der Hängeschränke sind nicht sonderlich gut eingepaßt. Aber wer mit Kompromissen leben kann, für den ist die Möbelmarkt-Küche aus dem Pappkarton eine preiswerte Alternative.
Bei den Elektrogeräten wollten wir auf Nummer Sicher gehen. Doch es ist schwierig einen Geräte-Hersteller zu finden, der auch Küchengeräte für den Heimwerker anbietet. Sicherlich erhalten Sie in jedem Elektromarkt einen Herd mit Cerankochfeld. Doch oft stimmt bei diesen Modellen das Design nicht überein (Herd in Edelstahl, Spülmaschinen-Front weiß lackiert), oder der Kühl-

1 *Zu jedem Küchenschrank wird eine verständliche Montageanleitung mitgeliefert. Die meisten Schränke sind ...*

2 *... nach 40 Minuten fertig zusammengebaut. Die Kunststoff-Laden werden ohne Verbindungsmaterial einfach gesteckt*

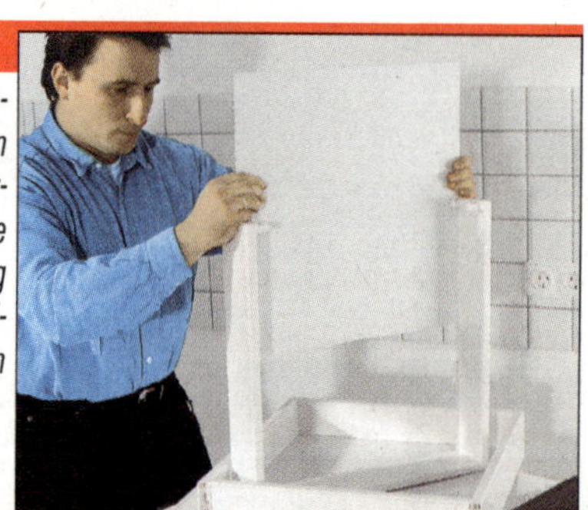

3 *Der Holzboden wird in die dafür vorgesehene Führung der Seitenteile geschoben*

4 *Die Schubladen-Auszüge sind mit Schrauben befestigt und werden nur in die Kugelauszüge des Schrankes eingehängt*

5 *Die Rückwand des Schrankes wird in die Führung geschoben und mit den beiliegenden Schrauben befestigt*

6 *Die Sockel-Leiste dient als Blende. Schöner sind durchgehende Sockel-Leisten (bis drei Meter), die es als Zubehör gibt*

HÄNGESCHRÄNKE

1

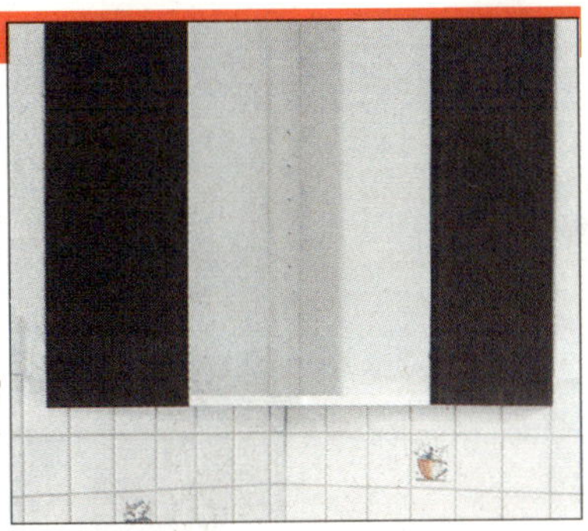

Auch bei den Oberschränken beginnen Sie mit der Montage in der Ecke. Achten Sie darauf, daß der Schrank gerade ...

2

... hängt. Mit Hilfe einer Wasserwaage ziehen Sie von der Oberkante die Flucht für die nächsten Schränke

3

Zum Bohren in Gasbeton benötigen Sie keinen Bohrhammer. Mit seiner Leistung würden Sie das Bohrloch nur unnötig ...

4

... ausweiten. Für Gasbeton-Wände gibt es Spiraldübel. Sie werden mit einem Fäustel ins Mauerwerk geschlagen

5

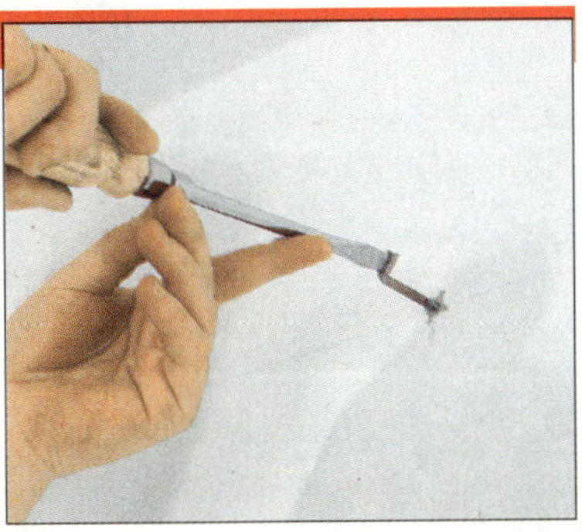

Die Haken für die Wandbefestigung gehören zum Lieferumfang. Schrauben Sie die Haken mit einem Schraubendreher ein

Gefüllte Oberschränke sind schwer. Bei Gasbeton-, Hohlblock- und Gipskartonwänden kommen Spezialdübel zum Einsatz

MONTIEREN DER ABLUFTHAUBE

1

2

3

4

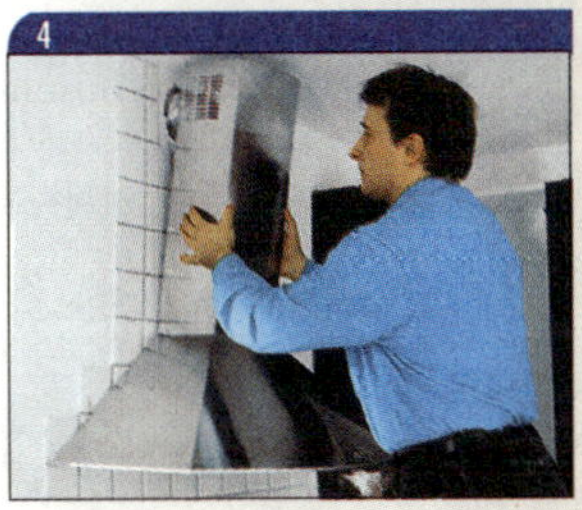

Zuerst müssen Sie den Luftaustritt anzeichnen. Danach erfolgt der Mauerdurchbruch. In unserem Fall war dieser Arbeitsschritt sehr einfach (Porenbeton). Der Durchbruch wurde mit mehreren Bohrungen geschaffen. Das letzte Stück stemmten wir dann heraus. Später kam ein flexibler Abluftschlauch zum Einsatz (Baumarkt, 30 Mark), der über die Lüfter-Öffnung gesteckt wird. Eine verstellbare Blende verdeckt die unschöne Konstruktion

ARBEITSPLATTE

1

Zeichnen Sie die Fläche an, die später das Ceranfeld einnimmt. Bohren Sie ein Loch in die Arbeitsplatte ...

2

... damit Sie die Stichsäge durchführen können. Sägen Sie langsam – so lassen sich Furnier-Absplitterungen vermeiden

3

Die Arbeitsplatte ließen wir von einer Holzfachhandlung auf Gehrung zuschneiden. Zusätzlich wurden auf der Unterseite Ausbuchtungen gefräst. Hier werden später die Arbeitsplatten-Verbinder eingelassen. Sämtliche Unterschränke sind mit der der Arbeitsplatte verschraubt. Die Materialkosten belieefen sich – samt Abschlußleisten, Verbindern und Umleimer – auf rund 900 Mark

4

Auch das Loch für das Spülbecken wird zuerst vorgebohrt, bevor es später mit einer Stichsäge ausgeschnitten wird

5

Nun verbindet man Spüle und Wasserhahn mit der Arbeitsplatte. Die einzelnen Montage-Sets werden mitgeliefert

MONTAGE DES ELEKTROHERDES

1

2

3

Der Backofen wird in den Unterschrank geschoben und mit seitlichen Verschraubungen gesichert. Das Ceranfeld besitzt in der Regel ein Dichtungsprofil. Das Abdichten mit einer Silikon-Fuge gehört so der Vergangenheit an. Den 380-Volt-Starkstromanschluß zum Herd muß in jedem Fall ein Elektriker ausführen. Er übernimmt die Gewährleistung, kann mit seinem Phasenprüfer die stromführenden Leitungen erkennen und schließt den Herd fachgerecht an. Kosten: ungefähr 60 Mark.

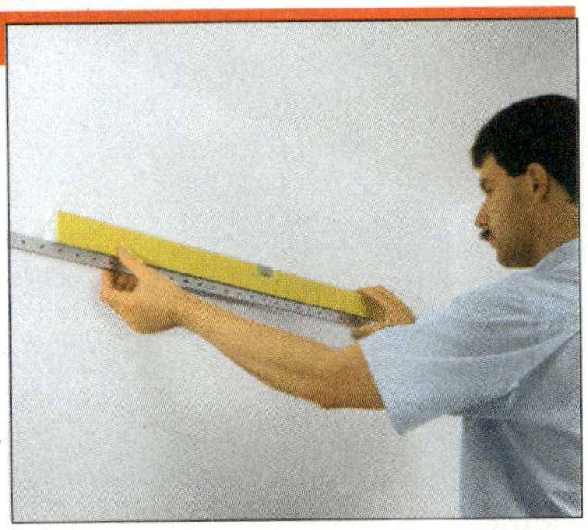

Die stromführenden Schienen haben an den Verbindungsstücken ein Feingewinde. und lassen sich so miteinander ...

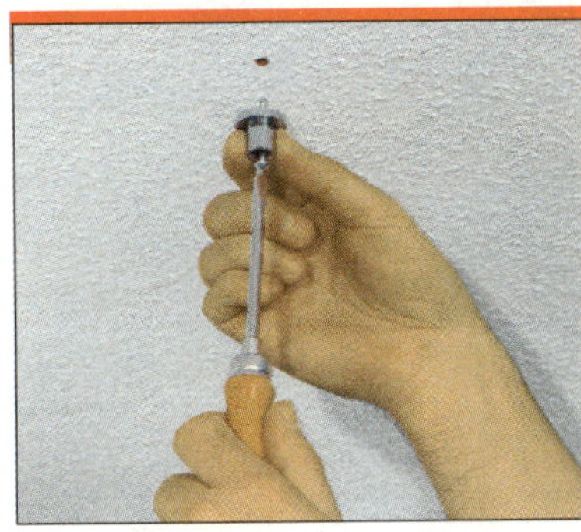

... verbinden. Die Montage muß lot- und waagerecht erfolgen. Die Deckenhalter befestigen Sie mit Dübeln und Schrauben

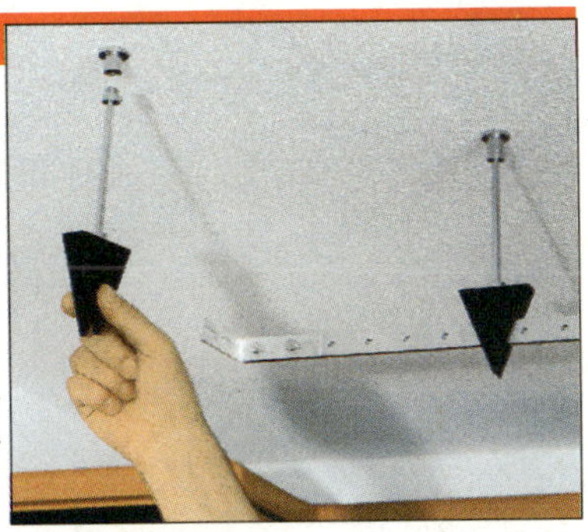

An den Deckenflansch montieren Sie den Schienenträger. Bevor Sie die die Stromschienen anbringen, ...

... sollten zuerst alle Schienenträger an der Decke befestigt sein. Die „Tric-Trac-Schienen sind je 1,5 m lang

Mit Zubehör können Sie die Schiene von der Wand zur Decke weiterführen oder eine zweite Ebene aufbauen

Dann werden die Strahler montiert. Sämtliche Lampen lassen sich auch mit anderen Oligo-Systemen kombinieren

Die Stromschiene ist auch als Bilderhalter einsetzbar. Im Lampen-Programm gibt es spezielle Bilderrahmen-Halter. Neben Direkt-Strahlern (siehe Bild) zum Anleuchten hat Oligo auch dreh- und schwenkbare sowie höhenverstellbare Lampen-Modelle im Sortiment

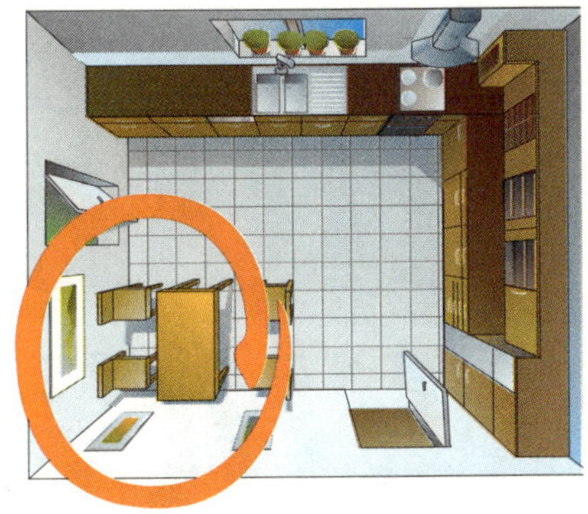

Der Hersteller bietet 12-Volt-Trafos in unterschiedlichen Leistungsstufen an

schrank ist nicht integrierbar. Der deutsche Markenanbieter Blomberg hat diese Marktlücke erkannt. Die Geräte sind vom Design aufeinander abgestimmt und werden über den Fachhandel, aber auch über große Elektroketten angeboten. Ähnlich verhält es sich mit anderen Küchenausstattungen. Wer ein ausgefallenes Spülbecken, einen Küchenblock, oder eine moderne Esse sucht, kommt am Küchenstudio nicht vorbei. Zwar suggerieren die Verkäufer oft, daß ein Spülbecken nur in Verbindung mit der Küche verkäuflich ist, doch das ist falsch. Fast jedes Teil, das der Küchenfachhandel anbietet, ist auch einzeln erhältlich.

Bei den 12-Volt-Niedervolt-Lampen suchten wir den Weg zum Fachhandel. Das Deckenleuchten-System besteht aus gebürstetem Aluminium, und spezielle Kontaktknöpfe ermöglichen die ein- oder zweiseitige Kontaktierung. Der Vorteil: Die Stromschiene kann direkt an der Wand oder an der Decke befestigt werden. Auch Strahler, um z. B. Bilder anzuleuchten, lassen sich beim „Oligo“-System kombinieren. Je nach Leuchtmittelwahl (die Niedervolt-Birnen gibt es von 10 bis 50 Watt) werden verschiedene Trafo-Formen mit entsprechender Leistung angeboten. Das abgebildete Lichtsystem hat in Kombination mit sechs ausgefallenen Lampen rund 1300 Mark gekostet. □

Aus Buche, Granit und Edelstahl

LUXUS-KÜCHE

Ein neuer Stern am Küchenhimmel? Und ob! Doch gilt er hier nicht kulinarischen Genüssen, sondern solider Holzbearbeitung. Ein schlüssiges Konzept, perfekt verarbeitete, edle Materialien und ein ausgeklügeltes Innenleben machen diese Küche zum Erlebnis – Form und Funktion im Einklang

VORHER *Die alte Küche ist in die Jahre gekommen, optisch und funktionell völlig veraltet. Höchste Zeit für eine Neuanschaffung*

NACHHER *Ein neues Outfit vom Feinsten, gepaart mit einem gut durchdachten Innenleben – so präsentiert sich die Küche heute*

WILBURS
COCOA

Hier die Küche auf einen Blick: Rechts und links offene Eckregale, im Anschluß links die Kühl-Gefrier-Kombination. Beiderseits von Herd und Spüle ist ausreichend Ablagefläche sowie reichlich Stauraum in den Ober- und Unterschränken. Aus der Seitenansicht unten links lassen sich die erforderlichen Normmaße entnehmen

Wichtig: Reichlich Stauraum und viele Ablageflächen

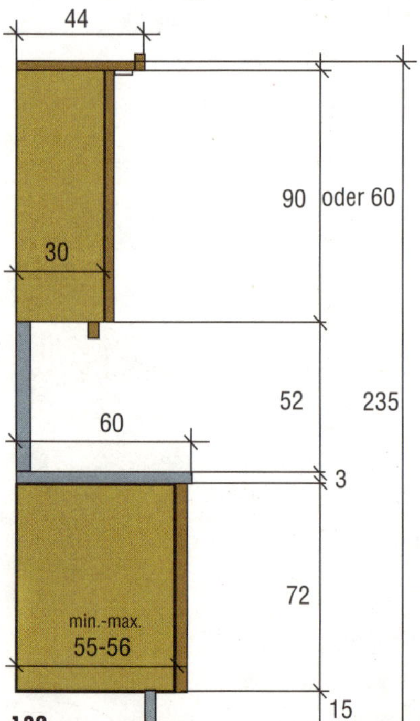

Anleimer herstellen

1 Zunächst geht es ans Herstellen der Anleimer. Dazu aus rohen Buchenbohlen ca. 24 mm dicke Bretter hobeln: Zuerst abrichten, ...

2 ... d. h. eine Seite plan hobeln. Dann das Brett durch die Dickenhobelmaschine schieben, bis es die gewünschte Stärke hat

3 Von diesem Brett schneidet man nach und nach10 mm breite Streifen ab, die dann wieder durch die Dickenhobelmaschine ...

4 ... geschoben werden. So erzielt man schöne glatte Flächen zum Anleimen. Für Küchenmöbel stets wasserfesten Leim verwenden!

Anleimer fixieren

1 Bei rechteckigen Platten werden die Kanten einfach mit Hilfe von Zulagen und Zwingen aufgeleimt. Dabei darauf achten, daß der ...

2 ... Anleimer etwas übersteht. Bei Eckböden wird die Kante mit hinter die Schraubzwinge gesteckten Keilen auf die Platte gepreßt

3 Anstelle der Keile können Sie auch Kantenzwingen verwenden, die, auf die Schraubzwinge gesteckt, den nötigen Druck ausüben

4 Mit der Oberfräse und einem Bündigfräser mit Kugellager lassen sich die Kanten ohne Probleme bündig zur Plattenoberfläche ...

5 ... abfräsen. Besonders handlich ist der als Zubehör erhältliche Kantenfräsvorsatz, den es für die verschiedensten Modelle gibt

Die Plattenkanten vor dem Anleimen unbedingt gerade hobeln

Der neue Küchen-Trend: Glänzender Edelstahl, kühler Granit und warmes Holz – dekorativ, funktionell und mit moderner Technik ausgestattet. Ein Traum. Doch für die meisten Normalverdiener kaum erschwinglich – es sei denn, man baut die Küche selbst und investiert die gesparten Kosten in edle Materialien. In unserem Fall heißt das konkret: Für Holz und Beschläge haben wir rund 6000 Mark bezahlt, für Arbeitsplatte, Spiegel und Sockel aus Granit inklusive Montage nochmal denselben Betrag. Würde man eine solche Küche im renommierten Küchen-Studio erwerben, müßte man ein Vielfaches dafür hinblättern. Die erste Reaktion auf unsere Traum-Küche war dementsprechend: „Die würde fertig doch mindestens 30- oder 40 000 Mark kosten“. Daß sich der Eigenbau vom finanziellen Aspekt her lohnt, steht also außer Frage. Nicht weniger wichtig

Die Plattenkanten sollten vor dem Anleimen unbedingt gerade gehobelt werden. Nur so ist gewährleistet, daß der Anleimer fest mit der Platte verbunden wird

Zuschnitt der Tischlerplatten

1 *Sämtliche Korpusse dieser hochwertigen Küche bestehen aus Tischlerplatten. Diese werden zunächst auf das erforderliche Breitenmaß ...*

2 *... zugeschnitten. Danach bringt man sie auf das exakte Längenmaß. Dafür eignet sich am besten eine stationäre Kreissäge. Aber auch ...*

3 *... mit einer Handkreissäge, geführt auf einer Anschlagschiene, läßt es sich genau schneiden. Besonders zu empfehlen bei Schrägschnitten*

Korpusbau

1 *Alle Korpusteile werden mit Flachdübeln verbunden. Am einfachsten geht das mit einem Flachdübelvorsatz auf dem Winkelschleifer*

2 *Nach dem Verleimen der Schränke montiert man mit Hilfe eines Winkels die Quadro-Vollauszüge auf den Seitenwänden*

3 *An die Unterschränke werden Sockelverstellfüße geschraubt. So lassen sich die Schränke anhand der Wasserwaage exakt ausrichten*

4 *Die Rückwände der Hängeschränke für die Schrankaufhänger ausklinken. Diese lassen sich stufenlos in Höhe und Neigung verstellen*

Buch-Tip

Eine wertvolle Hilfe bei der Planung: Den informativen, firmenneutralen ,Ratgeber Küche' der *Arbeitsgemeinschaft Die Moderne Küche* können Sie gegen Einsendung eines Verrechnungsschecks über 5 Mark und eines ausreichend frankierten DIN-A4-Rückumschlages anfordern bei der: **AMK Service GmbH, Dannstedter Str. 6-8, 68199 Mannheim**

ist aber die Tatsache, daß sich nur mit einer solch maßgeschneiderten Küche alle Wünsche bis ins kleinste Detail erfüllen lassen. So galt unsere Aufmerksamkeit nicht nur dem superschicken Outfit, auch das Innenleben kann sich sehen lassen. Vorbei sind die Zeiten, in denen man bis in die letzten Ecken der Unterschränke kriechen mußte, um fündig zu werden – dank moderner Beschlagtechnik hat man heute mit einem Griff den vollen Überblick. Wir haben, wo immer möglich, Quadro-Vollauszüge verwendet. Sie lassen sich bis zum Anschlag herausziehen und präsentieren griffbereit das komplette ,Waren-Sortiment'. Diese anspruchsvolle Technik empfiehlt sich vor allem bei Besteckschubladen, Vorratsschränken und Auszügen für häufig benötigte Gebrauchsgegenstände wie Töpfe und Pfannen. Arbeitswissenschaftler empfehlen diese rückenschonende Auszugtechnik mit Nachdruck. Eine Übersicht über diese und andere aktuelle Innenausstattungs-Varianten bietet der ,Ratgeber Küche' (siehe oben). Er ist darüber hinaus eine wertvolle Hilfe bei der gesamten Planung und Gestaltung.
Das nötige Know-how zu vermitteln, was Küchenbau und -montage betrifft, ist dann wieder unsere Sache. Schritt für Schritt dokumentieren unsere Fotos alle Arbeitsgänge vom Zuschnitt bis zur Schlußmontage. Eines möchten wir

Brauchbare Plattenwerkstoffe für den Küchenbau:
A Drei-Schicht-Platte, je nach Holzart ca. 200 Mark. Wird meist nur für hochwertige Türfronten eingesetzt;
B Tischlerplatte, je nach Holzart ca. 50 Mark;
C und D Kunststoffbeschichtete Spanplatten, ca. 20 Mark.
Die Preise verstehen sich jeweils pro Quadratmeter

Rückwand-Anschläge

1 Die Nuten für die Rückwände können mit der Kreissäge geschnitten werden. Dabei zwei Schnitte nebeneinander ausführen

2 Es geht aber auch mit Oberfräse und Nutfräser. Alle Oberschränke erhalten eine Nut, die Unterschränke werden mit einem Falz versehen

jedoch betonen: Das Ver- und Bearbeiten von Granit- und anderen Steinplatten ist dem Heimwerker nicht möglich. Hier muß der Fachmann ran. Nur er verfügt über die erforderlichen Maschinen. Wenn der Küchenaufbau steht – und erst dann –, kommt er, mißt auf, schneidet die Teile im Betrieb zu und montiert sie schließlich millimetergenau vor Ort.
Apropos Maschinen: Ohne Stationärgeräte wie den Abricht- und Dickenhobel und die Kreissäge läßt sich ein solch anspruchsvolles Projekt wie unsere Luxus-Küche kaum verwirklichen – es sei denn, Sie lassen die Teile zuschneiden.
Alle Korpusteile werden mit Flachdübeln verbunden. Sie lassen sich besonders leicht und exakt einfräsen, wenn man

Alle Korpusse werden mit Flachdübeln verbunden und verschraubt

In diesen 90er-Eckunterschrank wird später die Spüle eingebaut. Hier das Auflegen der Deckplatte

Eck-Unterschrank

1 Für den Eckunterschrank zunächst die Seitenwände auf 45° anschrägen. Deckel und Boden entsprechend im 45°-Winkel zuschneiden

2 Damit später die Montageplatten der Topfbänder befestigt werden können, an den Seitenwänden 30-x-70-mm-Kanthölzer fixieren

Raster-32-Lochschablone

Zum Bohren der Lochreihen haben wir eine Schablone eingesetzt, die genau nach dem ‚Raster 32' eingestellt ist. Das bedeutet, daß alle Löcher einen Abstand von 32 mm zueinander aufweisen und von der Korpuskante

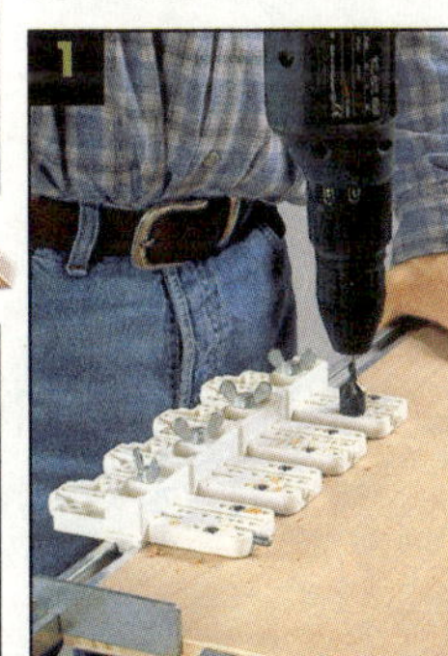

genau 37 mm entfernt sind. Ein Anschlag aus Metall sorgt dafür, daß alle Löcher im gleichen Abstand zur Platte beginnen. Er wird herausgeschoben, wenn alle Anfangsbohrungen gemacht sind. Ein 5-mm-Ankörnstift (gibt es als Zubehör) wird nun in das zuletzt gebohrte Loch gesteckt, und man kann dann wieder neue Löcher im Raster 32 bohren. Dies läßt sich beliebig fortsetzen.

Die Schubkastenböden lassen sich problemlos auswechseln

dazu einen Winkelschleifer mit Flachdübelvorsatz verwendet. Am besten spannt man noch eine Holzkiste als Anschlag auf die Werkbank. So lassen sich die Flachdübelnuten – die Maschine flach auf der Werkbank – in Seitenwände und Böden problemlos einfräsen (rechts, Foto 3).
Die Oberflächenbehandlung kann auch bei einer Küche mit ökologisch unbedenklichen Materialien erfolgen. In dem Fall ist ein mindestens dreimaliger Ölauftrag erforderlich. Nur so läßt sich ein dichter Oberflächenfilm erzielen, der dann eine gewisse Resistenz gegen Wasser und Schmutz aufweist. Es sollte nur von vornherein klar sein, daß eine auf diese Weise behandelte Küche etwas mehr Pflege benötigt. Ansonsten kann man das Holz natürlich auch farblos lackieren. Dann sollte aber unbedingt ein Zwei-Komponenten-Lacksystem gewählt werden, auch PUR-Lack genannt. Er wird aus Härter und Stammlack angemischt und ist

1 Zuerst werden in die Schubkastenseiten 5-mm-Nuten für den Sperrholzboden gefräst. Am besten mit der Oberfräse im Bohrständer

2 Danach alle Kanten mit einem 45°-Fräser brechen. Bei Multiplex-Platten werden die Kanten durch dieses Anfasen optisch betont

3 Auch bei den Schubkästen kommen Flachdübel zum Einsatz. Da die Platten nur 15 statt 19 mm dick sind, wird mit 2-mm-Sperrholz ...

4 ... ausgeglichen, damit der Flachdübel wieder mittig im Holz sitzt. Schubkasten mit Hilfe von Schraubzwingen und Zulagen verleimen

Die Schubladen-Rückwand reicht nur bis zur Nut, damit man den Boden später von hinten einschieben und bei Bedarf auch auswechseln kann. Den Boden nach dem Einschieben von unten an der Rückwand verschrauben

5 Mit Hilfe einer Bohrlehre lassen sich ohne Anzeichnen beide Bohrungen ausführen, die zum Arretieren des Quadro-Auszugs nötig sind

6 Der hintere Haken des Auszugs greift in das Loch im Schubrücken. Den vorderen Stift in die Bohrung der Schubkastenseiten stecken

Türen

1 Die Türen bestehen aus Drei-Schicht-Platten, die lediglich seitlich je einen Anleimer erhalten. Die Türkanten leicht anfasen (45°)

2 Für die 10 mm dicken Granit-Quadrate müssen in die Türflächen exakte Aussparungen gefräst werden. Dafür eine Schablone anfertigen

3 Die 35-mm-Löcher für die Topfbänder werden auf einem Bohrständer eingebracht (Tiefeneinstellung und Anschlag für gleichen Abstand)

4 Bei der Oberflächenbehandlung mit ökologisch unbedenklichen Materialien muß in Küchen ein mindestens dreimaliger Ölauftrag erfolgen

5 Die Granitquadrate vom Steinmetz zuschneiden lassen und mit Marmor- bzw. Naturstein-Silikon (!) in die Vertiefung einsetzen

selbst höchsten Beanspruchungen bestens gewachsen.
Für die 10 mm dicken Granitquadrate müssen in die Türfläche exakte Aussparungen gefräst werden. Dazu sollte man sich eine Schablone aus Sperrholz oder Hartfaser anfertigen, diese mit Zwingen auf der Türe fixieren und mit der Oberfräse nebst Kopierhülse und Nutfräser ‚abfahren‘. □

Kontakte:
Beschläge: Robbi, Postfach 1180, 49313 Melle;
Griffe: Häfele, Postfach 1237, 72192 Nagold;
Licht-System: Hailo, Postfach 1262, 35702 Haiger

In dieser Küche wird die Arbeit garantiert zum Vergnügen. Dafür sorgt nicht nur das edle Ambiente, sondern auch die pflegeleichten Materialien und die perfekt geplante Inneneinrichtung

VORHER *So sah die Küche früher aus – kein Vergleich zur neuen Luxus-Ausgabe*

Luxus-Küche

Ruck-zuck aufgebaut

Auf den vorhergehenden Seiten haben wir Schritt für Schritt gezeigt, wie die Korpusse, Schubladen und Türen gefertigt werden. Im folgenden geht es um die fachgerechte Montage

Haben Sie Appetit bekommen? Diesmal nicht auf Pizza oder Pasta, sondern darauf, Ihre Traumküche selbst zu bauen? Dann legen Sie am besten gleich los. Natürlich haben Sie ein gehöriges Stück Arbeit zu bewältigen, bis der letzte Griff montiert wird, doch ist das Konstruktionsprinzip so einfach, daß kein Heimwerker davor zurückzuschrecken braucht. Sind alle Korpusse, Türen, Schubladen etc. erst einmal vorgefertigt – wie das geht, haben wir Ihnen im letzten Heft Schritt für Schritt gezeigt –, ist die Montage nur noch ein Kinderspiel. Und sie dauert mit Sicherheit nicht halb so lang wie der Aufbau einer Bausatz-Küche aus dem Mitnahme-Markt. Denn dabei braucht man in der Regel mehr Zeit zum Studieren der Anleitung als für die eigentliche Küchenmontage.

Wir haben mit dem Aufstellen der Unterschränke, genauer mit dem Spülen-Eckschrank, begonnen. Er wird, wie später alle übrigen Einzelteile auch, mit Hilfe der Wasserwaage exakt ausgerichtet. Sämtliche Unterschränke haben Sockelverstellfüße, die sich stufenlos in der Höhe regulieren lassen. Auch die Sockelblende wird später daran befestigt. Alle weiteren Unterschränke

Hier das Aufstellen des Eckunterschrankes. Er nimmt später die Spüle auf

Bei der Küchenmontage beginnt man mit den Unterschränken

werden ‚nahtlos' angefügt und untereinander mit Schrauben verbunden, so daß sie eine feste Einheit bilden. Dann kann man – von den Unterschränken aus gemessen – die Bohrpunkte für die Haken der Oberschrank-Aufhänger markieren und mit Bohrhammer oder Schlagbohrmaschine alle notwendigen Löcher bohren. Nun müssen nur noch Haken und Dübel in der Wand fixiert und die Oberschränke nacheinander eingehängt und miteinander verschraubt werden. Mit den beiden Schrauben des Hängebeschlages läßt sich jeder Schrank millimetergenau ausrichten – eine praktische Sache.

Sind alle Korpusse montiert, hat der Heimwerker Pause. Jetzt ist der Fachmann, der Steinmetz, gefragt. Erst in dieser ‚Bauphase' kann er Granit-Arbeitsplatte und -Spiegel ausmessen, im Fachbetrieb auf Maß fertigen und schließlich vor Ort montieren. Die Edelstahlspüle hingegen kann man wieder selbst einsetzen. Wichtig ist, daß beim Einbau in die Granit-Arbeitsplatte spezielles Marmor- und Naturstein-Silikon verwendet wird. Der nächste Schritt ist dann das Befestigen von Schubkastenblenden und Reling. Mit Hilfe der Quadro-Auszüge lassen sich die Schubladen jederzeit problemlos aus- und einhängen, was besonders praktisch beim Saubermachen ist.

Damit die Nobelküche Marke Eigenbau und später natürlich auch die kulinarischen Genüsse ins rechte Licht gerückt werden, erhalten die Oberschränke selbstgefertigte ‚Lichtleisten'. Dafür wird

Unterschränke

1 *Mit Hilfe einer Wasserwaage wird hier der Eckunterschrank exakt ausgerichtet. Die Sockelverstellfüße lassen sich in der Höhe stufenlos regulieren*

2 *Dann fügt man Stück für Stück alle weiteren Unterschränke an und richtet diese ebenfalls mit der Wasserwaage präzise aus*

3 *Damit sie eine stabile Einheit bilden, müssen sowohl die Unter- als auch die Oberschränke fest miteinander verschraubt werden*

4 *Erst wenn – wie hier – alle Unterschränke ausgerichtet sind, kann man mit der Montage der Oberschränke beginnen*

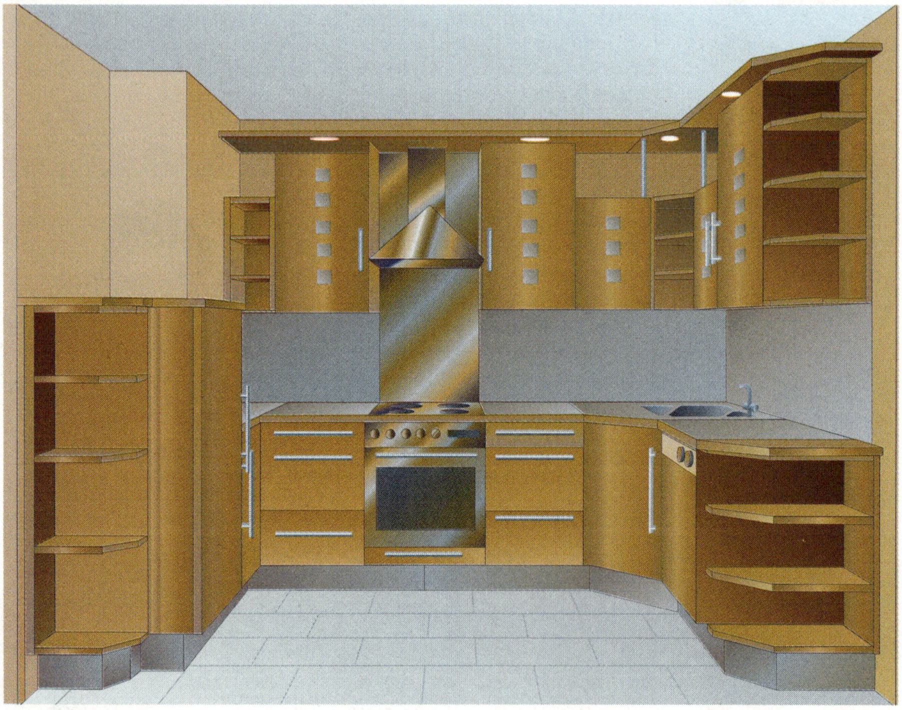

Die Küche in der Übersicht. Der luxuriöse Edelstahlherd ist der zentrale Punkt des Raumes

Oberschränke

1 *Von den Unterschränken aus gemessen, werden mit Wasserwaage und Zollstock die Bohrpunkte für die Schrankaufhänger festgelegt*

2 *Dann bohrt man alle erforderlichen Löcher: Je nachdem, wie hart das Mauerwerk bzw. der Putz ist, mit oder ohne Schlagwerk*

3 Nacheinander werden die Oberschränke mit den Aufhängern in die Haken gehängt. Prüfen Sie, ob der Beschlag auf dem Haken liegt

4 Mit den beiden Schrauben des Hängebeschlags läßt sich jeder Schrank millimetergenau justieren. Schränke miteinander verschrauben

Haken und Dübel sind für hohe Belastungen ausgelegt

Die Hängeschränke werden mittels Haken und Dübeln in der Wand sowie mit Schrankaufhängern auf der Schrankrückseite fixiert. Diese Art der Befestigung hält selbst hohen Belastungen stand

Arbeitsplatte und Spüle

1 Sind alle Schränke exakt ausgerichtet, kann der Steinmetz Granitspiegel und -arbeitsplatte ausmessen und maßgerecht anfertigen

2 Auch den Aufbau der Platten sollte man dem Fachmann überlassen. Das Ver- und Bearbeiten von Granit ist keine Heimwerker-Arbeit

3 Das Einsetzen der Edelstahlspüle hingegen kann man getrost wieder selbst übernehmen. Marmor- und Naturstein-Silikon verwenden!

Schubkästen

1 Die Schubkastenblenden am Schrankkorpus ausrichten. Danach von innen die Position der Blende zum Schubkasten markieren

2 Schubkasten auf die Blende legen und von innen verschrauben. Damit die Blende nicht beschädigt wird, eine Unterlage verwenden

3 Den Befestigungsbolzen für die Chromreling in die Blende einlassen. Als Tiefenmarkierung können Sie Klebeband um den Bohrer wickeln

4 Die Reling einsetzen und den hinteren Befestigungsbeschlag an den Schubkastenrücken schrauben. Das Ein- und Aushängen der ...

5 ... Schubkästen ist beim Quadro-Auszug kein Problem: einfach in den Haken einschieben und auf den vorderen Bolzen absenken

eine 19 mm dicke Tischlerplatte mit einem 30 mm hohen Anleimer versehen und mit Halogen-Downlights bestückt. Wichtig: Unbedingt die angegebenen Mindestabstände von den Lampen zu brennbaren Materialien einhalten und in Küche und Bad grundsätzlich nur Downlights mit Glasscheibenabdeckung verwenden. Zusätzlich sorgt ein variables Lichtschienen-System unter den Oberschränken für ideales Arbeitslicht – und zwar immer genau dort, wo es gebraucht wird. Zu guter Letzt werden noch Türen und Griffe montiert, die Geräte eingesetzt und die Sockelblenden fixiert – fertig. □

Bei der Installation sollten Sie nicht nur die Elektroarbeiten vom Fachmann ausführen lassen. Auch beim Wasser-Anschluß kann man folgenreiche Fehler machen, die im Schadensfall teuer werden.

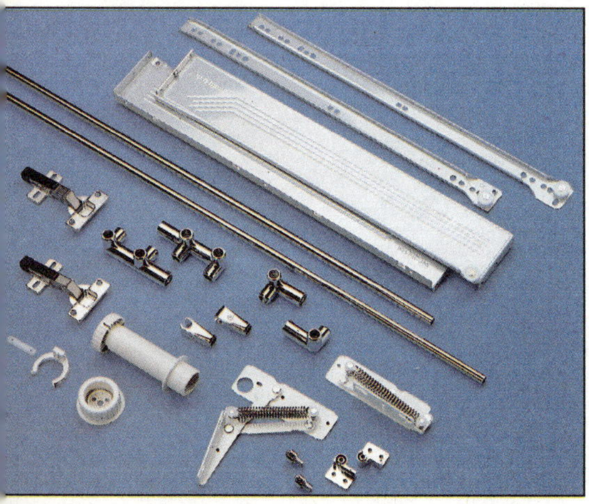

Auszüge, Griffstangen, Topfscharniere, verstellbare Füße, Klappenscharniere – mit den richtigen Beschlägen bauen Heimwerker Küchen wie die Profis

Kontakte:
Beschläge: Robbi, Postfach 1180, 49313 Melle;
Griffe: Häfele, Postfach 1237, 72192 Nagold;
Licht-System: Hailo, Postfach 1262, 35702 Haiger

Das richtige Arbeitslicht

Durch die Bauhöhe von nur 21 mm läßt sich dieses Lichtschienen-System fast überall einsetzen

Für den Küchen- und Badbereich nur Downlights mit Glasscheibenabdeckung verwenden!

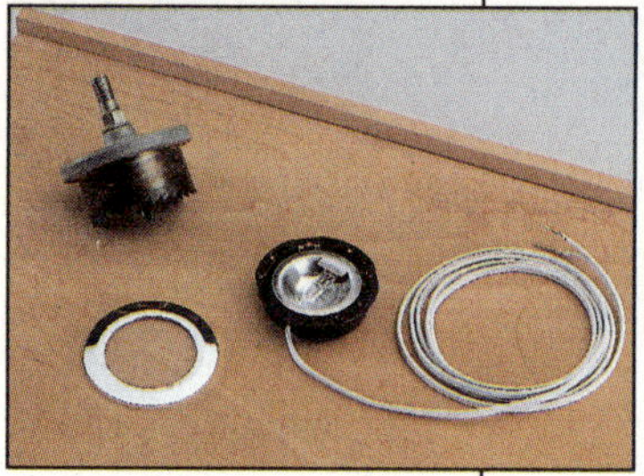

Eine praktische Sache – Arbeitslicht genau dort plazieren, wo es gerade gebraucht wird. Das Lichtschienen-System (Abbildung ganz oben) ist eine ideale Ergänzung zum Downlight (Abbildung oben). Die Schienen werden einfach hinter eine Lichtblende unterhalb der Hängeschränke geschraubt. Sehr praktisch ist die niedrige Bauhöhe von nur 21 mm. Auch oberhalb der Hängeschränke sind Lichtquellen zu empfehlen.
In unserem Fall wurde dafür eine 19-mm-Tischlerplatte mit einem 30-mm-Anleimer versehen. Mit der Lochsäge haben wir entsprechend große Ausschnitte eingebracht, die Downlights eingesetzt und die ganze Konstruktion auf die Hängeschränke geschraubt (großes Foto Seite130/131).

Das Anschließen des Elektroherdes bleibt aus Sicherheitsgründen dem Fachmann überlassen

Kapitel 3

Küchen modernisieren

Häufig muß ein kompletter Selbstbau gar nicht sein. Wenn die Korpusse der Kückenschränke noch intakt sind, reichen schon Beschichtungen, Farbe oder ein Umbau, um ein völlig neues Wohn- und Koch-Ambiente herzustellen

INHALT

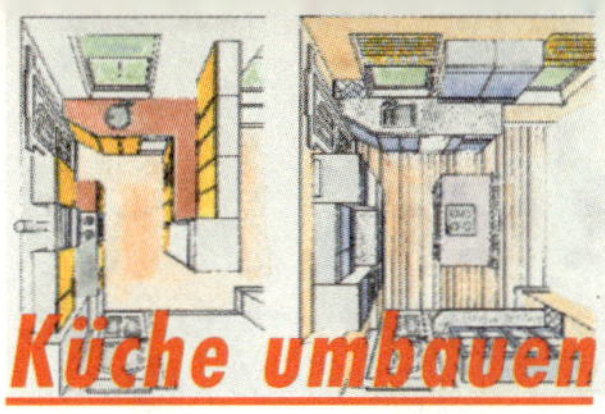

Preiswerte Lösung

Aus alt mach neu

Wiederverwerten statt wegwerfen. Nach dieser Devise verhalfen die Wohnungsbesitzer ihren Küchenschränken zu neuem Leben – und sparten so Geld für einige Extras

Vor einigen Jahren hätte man eine unmoderne, aber funktionstüchtige Kücheneinrichtung vielleicht noch bedenkenlos den Weg alles Irdischen gehen lassen. Vorausgesetzt natürlich, der Geldbeutel hätte es erlaubt. Angesichts stetig anwachsender Müllberge macht man so etwas heute nur mit einem schlechten Umwelt-Gewissen. Denn aus ökologischer Sicht ist eine lange Lebenserwartung von Gütern die beste Lösung für das Müllproblem. Heimwerker kennen die Alternative zum Wegwerfen schon lange: Mit ein wenig Übung, Geschick und Phantasie lassen sich alte Sachen oftmals attraktiv umgestalten. Und so ganz nebenbei kann man dadurch ein hübsches Sümmchen sparen. Wie unser Küchen-Umbau zeigt, eignen sich sogar furnierte Spanplatten-Elemente hervorragend zum ‚Aufmöbeln'.

Seit die Einbauküche in den 60er Jahren ihren Siegeszug antrat, hat sich nichts Grundsätzliches an den Systemteilen geändert. Lediglich in der Gestaltung von Türfronten, Fliesen und Arbeitsplatten

Die alte Küche hat sich in ein modernes, großzügiges Koch-Paradies verwandelt, in dem alle Elemente farblich miteinander harmonieren

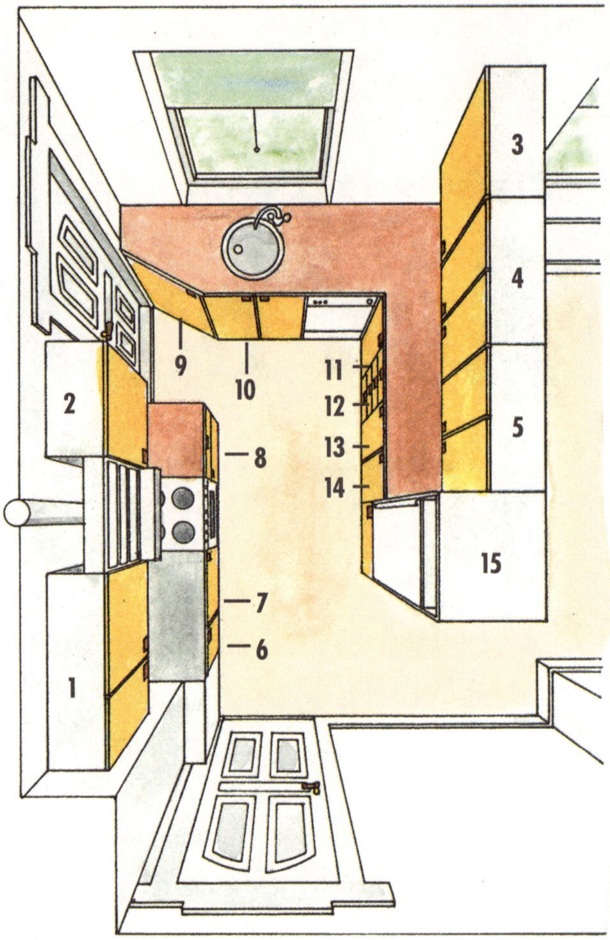

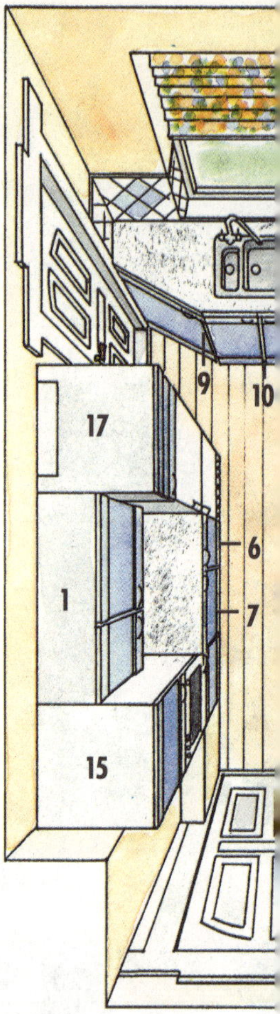

Durch gute Planung ging der Umbau zügig vonstatten

spiegelt sich wieder, was gerade *en vogue* ist. So machte die Küche unseres Ehepaares in den 70er Jahren eine ausgesprochen gute Figur. Die ockerfarbenen Schranktüren mit ihren rechteckigen, braunen Plastikgriffen und die dunkelbraunen Arbeitsplatten entsprachen dem Stil der Zeit. Aber nun, 20 Jahre später, stand den Bewohnern der Sinn nach Veränderung. Als kurz hintereinander sowohl der Herd als auch der Kühlschrank das Zeitliche segneten, entschieden sie sich zu handeln. Die neuen, modernen Geräte hatten ein adäquates Umfeld verdient. So träumte man etwa schon lange von einer Koch-Insel in der Mitte des Raumes, der bisher durch eine lange Schrankreihe in Küchen- und Eßbereich unterteilt war. Nach dem Motto „Wenn schon, denn schon“ sollte bei dieser Gelegenheit auch gleich der schäbig gewordene Korkbelag

Renovierungs-Ablauf

1 *Als Schrankkorpusse und Geräte aus der Küche geräumt wurden, waren die Türfronten bereits überarbeitet und lackiert*

2 *Der unansehnlich gewordene Korkbelag mußte das Feld räumen, die vorhandenen Dielen erhielten einen neuen Schliff*

3 *Weil die Schränke auf die bequeme Arbeitshöhe von 90 cm gesetzt werden sollten, mußte man neue Sockel bauen. Die furnierten, ...*

5 *Entsprechend dem neuen Einrichtungsplan wurden zunächst die Hängeschränke – ohne die überarbeiteten Türen – in der Wand verdübelt*

6 *Die Unterschränke finden ihren neuen Platz auf den erhöhten Sockeln. Man fixiert die Seitenwände mit Zwingen und verschraubt ...*

7 *... die Schränke miteinander. Verschraubte Metallwinkel sorgen für eine feste Verbindung zwischen Arbeitsplatten und Unterschränken*

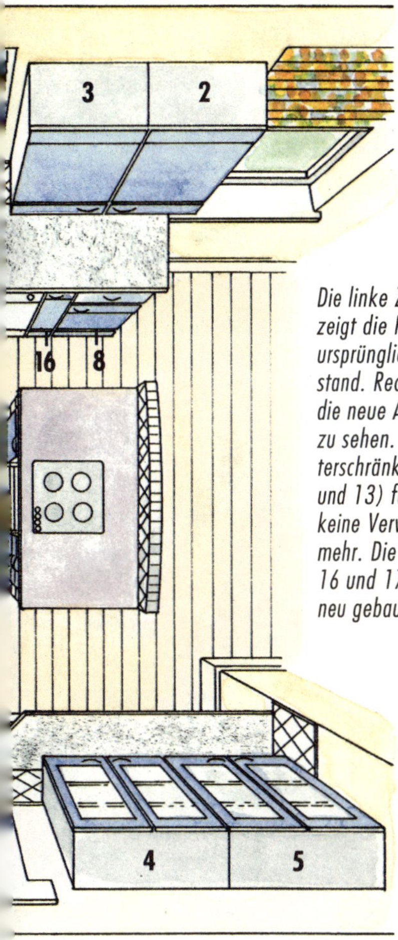

Die linke Zeichnung zeigt die Küche im ursprünglichen Zustand. Rechts ist die neue Anordnung zu sehen. Zwei Unterschränke (11 und 13) fanden keine Verwendung mehr. Die Elemente 16 und 17 mußten neu gebaut werden

Indem man die bearbeiteten Teile erst zum Schluß einsetzt, schützt man den Lack vor Beschädigungen

Exakte Planung spart Umbauzeit

Man muß schon ein ausgesprochener Fast-Food-Liebhaber sein, um leichten Herzens längere Zeit auf eine funktionsfähige Küche zu verzichten. Durch gute Ablaufplanung kann man jedoch die reine Umbauzeit erheblich verkürzen. Unsere Tips für die Renovierung:

- Es ist ratsam, die Schranktüren vorab komplett zu restaurieren und neue Schrank-Elemente bereits vor der Renovierung zusammenzubauen.
- Auch die Seitenwände des Küchenblocks kann man montagefertig vorbereiten.
- Den Küchenblock erst montieren, wenn die neuen Schränke aufgestellt und eingeräumt sind.
- Beim Kauf von Geräten und Arbeitsplatten muß man eventuell mit Lieferzeiten rechnen. Material also rechtzeitig bestellen.
- Das gleiche gilt für Terminabsprachen mit Handwerkern.

4 *... 16 mm dicken Spanplatten werden hier in die Waage gesetzt und im Dielenboden mit Metall-Winkelverbindern verschraubt*

8 *Die Wandfliesen wurden in dieser Küche erst nach der Schrankmontage verlegt. Wer's vorher macht, vermeidet unnötige Verschmutzung*

Gutes Licht zum Arbeiten

Deckenlampen allein reichen in der Küche meist nicht aus. Zusätzliche Lichtquellen sollten die Arbeitsflächen blendfrei direkt von oben beleuchten. Ansonsten wäre das Hantieren mit scharfen Messern, elektrischen Küchengeräten und heißen Töpfen ein ausgesprochen unfallträchtiges Unterfangen. Für die Lichtinstallation bieten sich die Unterseiten der Hängeschränke geradezu an. Die Halogenleuchten, die hier exakt zum Kücheninterieur passen, sind einfach und schnell gebaut. Eine dreieckig zugeschnittene lackierte Holzplatte dient als Fassung. Die Aussparung für die flachen Halogenspots schneidet man mit der Lochsäge aus, die Nut für die Kabelführung wurde mit dem Beitel ausgestemmt. Die Kabel laufen durch die Rückwand zu den Transformatoren, die man im Schrankinneren festschraubt.

Verjüngungskur für die alten Schranktüren

den darunterliegenden alten Holzdielen weichen. Die Wunschliste war also lang. Der Haken: Was unterm Strich bei der Kostenkalkulation herauskam, sprengte den Budgetrahmen ganz erheblich. Nach kurzer Überlegung stellte sich das versierte Heimwerker-Ehepaar dann die entscheidende Frage, die geradewegs zur Lösung des Problems führte: Warum 15 intakte Küchenschränke auf den Müll werfen, wenn lediglich ihre Fronten stören? Es folgte eine Planungsphase, die der Lösung eines Puzzles glich: Welches Element kommt wohin? Man löste die Aufgabe so gut, daß nur zwei Schränke nicht in den Plan paßten und neu gebaut werden mußten. Erster Umbauschritt war die Überarbeitung der Türen. Sie sind wie die Korpusse aus beschichten Spanplatten gefertigt. Unsere Heimwerker entfernten

Wie ausgewechselt. Mit Hilfe von Sperrholz, Glas und Lack entstanden aus den baugleichen alten Elementen zwei neue Türvarianten

Türen erneuern

1 *Billige Plastik-Griffe ‚zierten' die bisherigen Türfronten. Sie ließen sich mit einem Schraubendreher leicht heraushebeln*

2 *Die nicht wiederverwendeten Türen lieferten das Füllmaterial für die Griffaussparung. Die Ecken der Klötzchen wurden rundgeschliffen*

3 *Eine auf die Türfront aufgeleimte Sperrholzleiste verdeckt die Flickstelle. Leim auf beide Teile auftragen und etwas antrocknen lassen*

4 *Dann wird das zugeschnittene Füllstück in der Griffaussparung von der Türinnenseite her verleimt und mit Zwingen fixiert. Wenn der ...*

5 *...Leim angezogen hat, schleift man unebene Übergänge glatt. Eventuell etwas nachspachteln. Die späteren Glastüren sägt man ...*

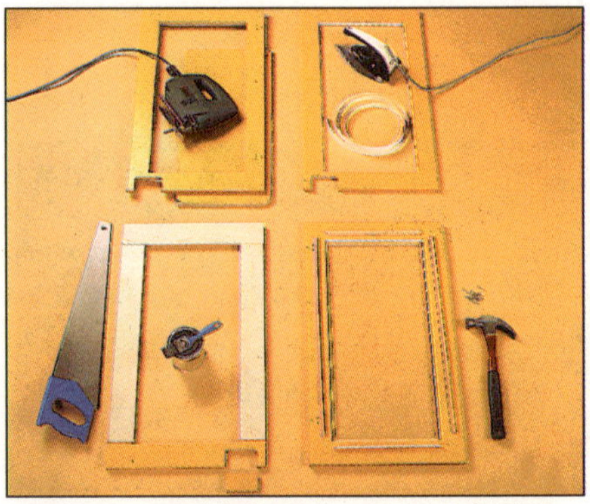

6 *... so aus, daß die vorderen Sperrholz-Blenden rundum 10 mm überstehen. Das Glas fixiert man an der Rückseite mit Viertelstäben*

Zwei Schränke mußten neu gebaut werden

die vorhandenen Plastikgriffe und füllten die entstandenen Lücken mit Spanplatten-Stücken. An den Außenseiten überdecken Sperrholzleisten die Flickstellen. Die Schubfächer erhielten komplett neue Fronten aus Sperrholz. Dann wurden die beiden neuen Schränke nach einfachster Bauart zusammengeschraubt und Holzdreiecke für die Arbeitsplatten-Beleuchtung zugeschnitten. Weil sich das Ehepaar nicht sicher war, ob sich mit der Schaumstoffrolle eine absolut gleichmäßige Farboberfläche erzielen läßt, hat es die Lackierarbeiten einem Profi überlassen. Auch einige der neuen weißen Fliesen gab man zum Lackierer, nachdem die Suche nach Dekor-Fliesen im

Renovierungskosten

Fliesen und Kleber	320 DM
Arbeitsplatten	550 DM
Granitplatte f. d. Herd	1330 DM
Holz	540 DM
Halogenstrahler	230 DM
Wandfarbe	190 DM
div. Kleinteile	250 DM
	3410 DM
Lackierer	980 DM
Elektriker	1180 DM
Installateur	210 DM
	2370 DM
Schleifmasch. (Leihgeb.)	**240 DM**
Neuanschaffungen (elektrische Geräte)	**3880 DM**

Neuer Schrank

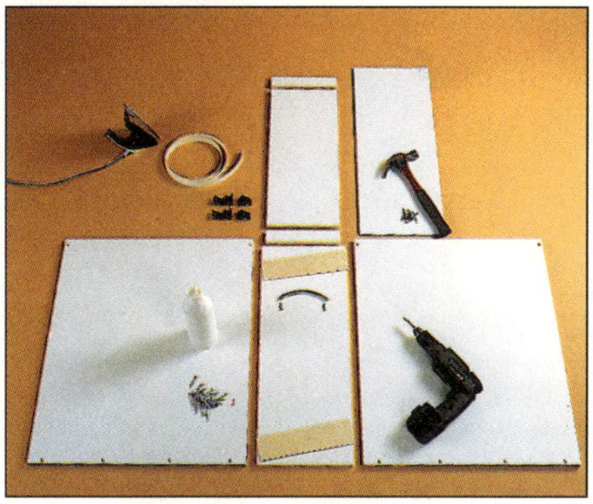

1 *Die Einzelteile eines neuen Küchenschranks kann man sich auf Maß zuschneiden lassen. Zunächst wurden die Schraublöcher in den ...*

2 *... Seitenteilen vorgebohrt. Man verleimt und verschraubt ein Seitenteil mit der fixierten Bodenplatte. An der oberen Kante des ...*

3 *... Seitenteils werden die Verbindungsstützen befestigt. Danach die gegenüberliegende Seite mit Bodenplatte und Stützleisten verschrauben*

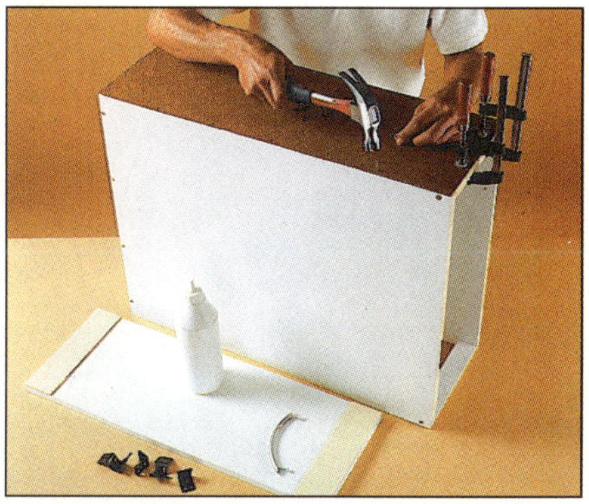

4 *Als Rückwand dient eine aufgenagelte 4 mm starke Hartfaserplatte. Auf die neugebauten Türen wurden die gleichen ...*

5 *... Sperrholzblenden geleimt, die bei den überarbeiteten Exemplarendie Flickstellen verdecken. Zum Schluß werden die Türen mit ...*

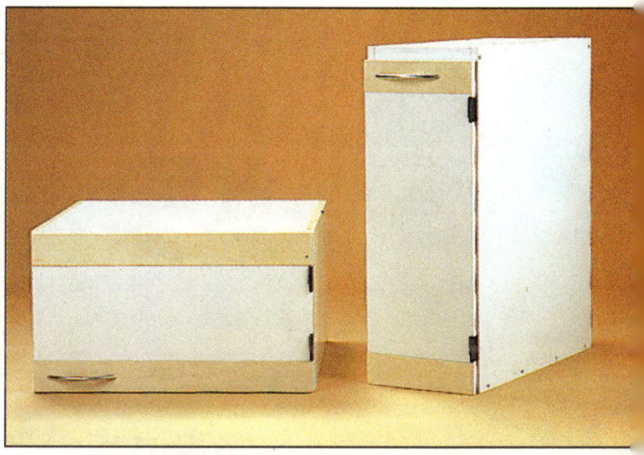

6 *... handelsüblichen Topfscharnieren befestigt und mit Griffen ausgestattet. Fertig sind die beiden fehlenden Elemente im Umbau-Puzzle*

Spanplatten ausbessern

Herausgebrochene Scharniere können mit Zwei-Komponenten-Füllkleber leicht repariert werden

Herausgebrochene Verbindungsbeschläge oder Türscharniere bedeuten nicht zwangsläufig das Aus für Küchenmöbel aus Spanplatten. Die defekten Teile kann man mit Füllkleber leicht wieder funktionstüchtig machen. Die beiden Komponenten Harz und Härter gut mischen und die Masse auf die schadhafte Stelle auftragen. Nach ca. 5 Stunden läßt sich die getrocknete Spachtelmasse wie Holz mit Beitel oder Hobel bearbeiten, glattschleifen und bohren. Der Füllkleber eignet sich auch für spaltfüllende Verbindungen zwischen Metall, Holz und Kunststoffen. Anschließend kann man die Reparaturstelle mit handelsüblichen Lacken überstreichen. Das Material gibt's in Baumärkten.

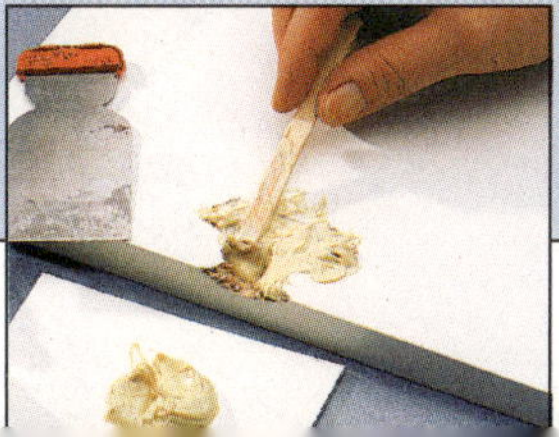

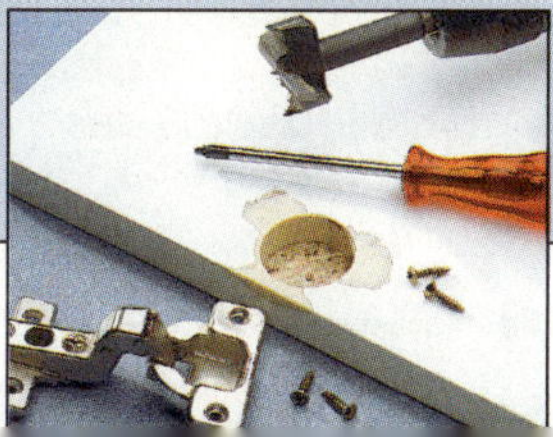

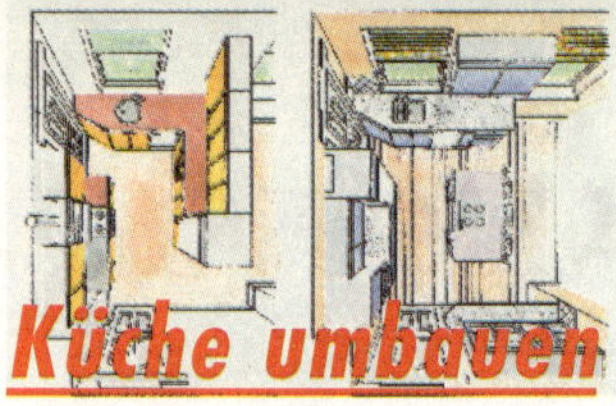

Rundum schön und praktisch: Die dem Eßbereich zugewandte Rückseite des Herdblocks bietet viel Platz für Kochbücher, Weinflaschen und anderes

Herdblock

1 Man beginnt mit der doppelten Rückwand. Wenn die obere Kantenrundung sowie der Ausschnitt für die Regalfächer markiert sind, ...

2 ... werden zwei identische Rückwände zugeschnitten. Die beiden Multiplexplatten mit den aufgeleimten Futterleisten verschrauben

5 Wenn die Seitenteile angebracht sind, verankert man den Herdblock mit Winkelverbindern im Boden. Die Kabel wurden von unten ...

6 ... durch Bohrungen in den Trägerleisten hochgeführt. Anschließend setzt man die Sockel für die beiden Schrankelemente. Alle ...

Dort, wo vorher eine Schrankwand als Raumteiler diente, verbindet nun der selbstgebaute Herdblock den Koch- mit dem Eßbereich. Er ist attraktiver Mittelpunkt der neugeschaffenen ‚Recycling'-Wohnküche

3 *Den montierten Regaleinsatz in den Rückwand-Ausschnitt einpassen und mit den seitlichen Futterleisten verschrauben. Als ...*

4 *... Abdeckung der abgerundeten Rückwand-Kante diente ein Hartfaser-Streifen, der aufgeleimt und mit dünnen Nägeln fixiert wurde*

7 *... sichtbaren Oberflächen des Küchenblocks erhielten eine Fliesenverkleidung. Dabei stellen die seitlich angebrachten farbigen ...*

8 *... Elemente die stilistische Verbindung zum übrigen Küchen-Interieur her. Die Zwischenräume wurden abschließend weiß verfugt*

Der Herdblock wird zum Mittelpunkt des Koch- und Eßbereichs

Blauton der Türen ergebnislos abgebrochen wurde. Als diese Vorarbeiten erledigt waren, begann der eigentliche Umbau. Der Korkboden mußte entfernt, die Holzdielen abgeschliffen, gelaugt und geölt werden. Da die alten Unterschränke inklusive Arbeitsplatte nur 85 cm hoch waren, setzte man sie mit neuen Sockeln auf die heute übliche, bequeme Arbeitshöhe von 90 cm. Die Wandflächen zwischen Unter- und Oberschränken erhielten einen Fliesenbelag.

Erst zum Schluß wurde der vormontierte Herdblock in der Raummitte verankert. Die Tragkonstruktion, die komplett aus Holz und zwei überarbeiteten Schrankelementen besteht, ist von außen nicht sichtbar. Mit der modernen Glaskeramik-Kochfläche, der schweren Granit-Arbeitsplatte und den gefliesten Oberflächen wirkt der Herdblock massiv und edel. Er ist ein echter Hingucker und gleichzeitig Mittelpunkt der neuen ‚Recycling'-Wohnküche, um den sich nun das Familienleben dreht. □

Füllkleber: Henkel, 40589 Düsseldorf, Tel: 0211/797-0

Die Konstruktion ist komplett aus Holz gefertigt. Ganz wichtig bei schweren Arbeitsplatten: eine ausreichend stabile Aufdoppelung (12), die durch die Schrankwände verschraubt wird

EINKAUFSZETTEL

Pos.	Anz.	Bezeichnung	Maße in mm	Material
①	2	Rückwände	1570 x 1120	Multiplex
②	4	Seitenwände	850 x 870	15 mm dick
③	1	Zwischenwand	1422 x 870	
④	3	Böden	912 x 255	
⑤	2	Seitenbretter	466 x 255	
⑥	2	Sockelbretter	524 x 145	Spanplatte,
⑦	2	Sockelbretter	390 x 145	weiß beschichtet,
⑧	2	Sockelbretter	374 x 145	16 mm dick
⑨	1	Frontblende	606 x 95	
⑩	1	Abdeckung	1650 x 76	Hartfaser 3,2 mm
⑪	2	Futterhölzer	968 lang	Kiefer 68 x 44 mm
⑫	1	Aufdoppelung	606 lang	Kiefer 95 x 20 mm
⑬	1	Trägerleiste	1420 lang	Kiefer 44 x 21 mm
⑭	2	Futterleisten	1570 lang	
⑮	2	Futterleisten	968 lang	
⑯	4	Futterleisten	850 lang	
⑰	6	Futterleisten	828 lang	
⑱	2	Eckleisten	870 lang	

1 Arbeitsplatte, Granit 30 mm dick, 1600 x 870 mm; 2 Unterschränke, 400 mm breit (je 1x mit Tür und Schubläden); Fliesen nach Bedarf und Wunsch; 2 Gitterroste, 600 x 550 mm mit Bodenträgern; verzinkte Winkelverbinder (Sockelmontage); Spanplatten-Schrauben; Holzleim.

Materialkosten (ohne Arbeitsplatte, Unterschränke, Gitterroste und Fliesen) rund 650 Mark.

Frontenwechsel

Ihre alte Küche finden Sie häßlich, aber eine neue wäre zu teuer? Unser Tip: Machen Sie Front!

Eigentlich fehlte ihr gar nichts. Nach wie vor hielt sie auch größeren Belastungen klaglos stand. Trotzdem bot sie dem Betrachter ein recht trauriges Bild – abgearbeitet, blaß und unansehnlich. Kurzum: Es mußte etwas geschehen. Und da man das altgediente Stück nicht einfach so austauschen wollte, beschloß der Familienrat schließlich, eine Schönheitsoperation zu finanzieren: Die alte Küche sollte neue Fronten und Arbeitsplatten erhalten. Damit sich die rundum geliftete Einrichtung

WAND & BODEN

Oft treffen bei älteren Küchen auch Farbe und Muster des Wand- oder Bodenbelags nicht mehr unbedingt den Zeitgeschmack. Und was nützt die schönste neue Küchenfront, wenn das Umfeld nicht dazu paßt. In unserer Küche wurden Boden und Wandspiegel neu verfliest. Gleichmäßige horizontale Fugen auch bei schweren Fliesen erzielen Sie durch Einlegen kleiner Holzabschnitte (Foto oben). Am Boden haben wir uns für eine diagonale Verlegung entschieden, um die starre Geometrie des Raums etwas aufzulockern (Foto unten).

Nicht kaputt, aber unansehnlich: eine 20 Jahre alte Küche. Neben dem neuen Outfit war auch eine ergonomisch sinnvollere Schrank-Anordnung geplant

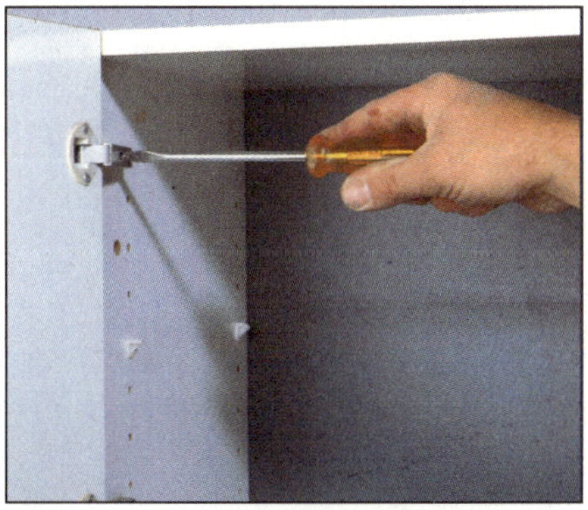

1 Die alten Arbeitsplatten und Fronten werden entfernt. Intakte Topfscharniere können Sie natürlich weiter verwenden

2 Vor dem Zuschnitt der neuen Fronten haben wir mit einem Cutter die Schnittstelle vorgeritzt. Damit verhindern Sie unschöne …

3 … „Mausezähnchen" in der Oberfläche. Zuschnitt mit der Kreissäge: Als Führungsschiene dient ein festgespanntes Brett

Die Küchenfronten gibt es in zwölf verschiedenen Dekoren und in den fünf gängigsten Breiten. Auch bei den Abdeckkanten haben Sie die Wahl

Das hier gezeigte Küchen-System bekommen Sie in Ihrem Baumarkt

dann auch im rechten Licht präsentieren konnte, sollten darüber hinaus vor allem die Arbeitsbereiche mit speziellen Halogenstrahlern beleuchtet werden.
Zur Erleichterung des Familienoberhaupts, das mit der Durchführung der Operation beauftragt worden war, fand sich im Baumarkt ein Komplettprogramm zur Küchenrenovierung, das – angefangen bei Arbeitsplatten und Fronten bis hin zu Schrankeinrichtung und Beleuchtung – alles erforderliche Material enthielt (siehe auch Kasten unten).
Die Fronten gibt es als 204 mm lange Platten in verschiedenen Standardbreiten (294/394/444/494/594 mm). Sie kosten je nach Breite zwischen 30 und 45 Mark pro laufenden Meter. Die dazu passenden Abdeckleisten kosten je nach Modell (Kunststoff uni, chrom- oder goldfarben) zwischen 8 und 29 Mark pro Paar. Einige Baumärkte übernehmen auf Wunsch sogar den Zuschnitt und das Bohren der erforderlichen Topflöcher. Aber auch wenn Ihr Markt keinen solchen Zuschnitt-Service anbietet, sollte das Vorbereiten der Fronten Sie nicht vor allzu große Probleme stellen (vgl. Fotos 2-7). Sie brauchen dazu lediglich eine Handkreissäge und eine Bohrmaschine mit Bohrständer.
Wie unser Beispiel zeigt, lassen sich die Frontplatten auch sehr gut zur Anfertigung eines Kranzes um die Oberschränke und zur Herstellung von offenen Regalböden verwenden. Für eine solche optische Abrundung sind natürlich auch die Arbeitsplatten einsetzbar. Den über den Oberschränken verlaufenden Lichtrahmen haben wir übrigens aus MDF hergestellt und im Farbton der Arbeitsplatten lackiert.

Modernisierungs-System: Westag & Getalit, Pf. 2629, 33375 Rheda-Wiedenbrück (Fronten, Arbeitsplatten), Robbi, Pf. 160, 32121 Enger (Beschläge, Licht, Schrankeinrichtung); **Fliesenkleber:** Sakret, Otto-von-Guericke-Ring 3, 65205 Wiesbaden; **Fliesen:** Esto Klinker, Pf. 1126, 96233 Ebersdorf; **Elektrowerkzeuge:** Atlas Copco, Pf. 320, 71361 Winnenden; **Spüle:** Blanco, Pf. 1160, 75032 Oberderdingen; **Spültisch-Armatur:** Hansa, Pf. 81 02 40, 70519 Stuttgart; **Elektrogeräte:** Siemens, Hochstr. 17, 81669 München

4 *Selbstgefertigte Schablone zum Bohren der Topflöcher: Auf dem Anschlagbrett haben wir vom Bohrmittelpunkt aus die Abstände zur ...*

6 *... Topfloch bohren. Die Abdeck-Kanten werden mit Silikon aufgeklebt. Sie umfassen die Kante etwa 2 mm weit, so daß unsaubere ...*

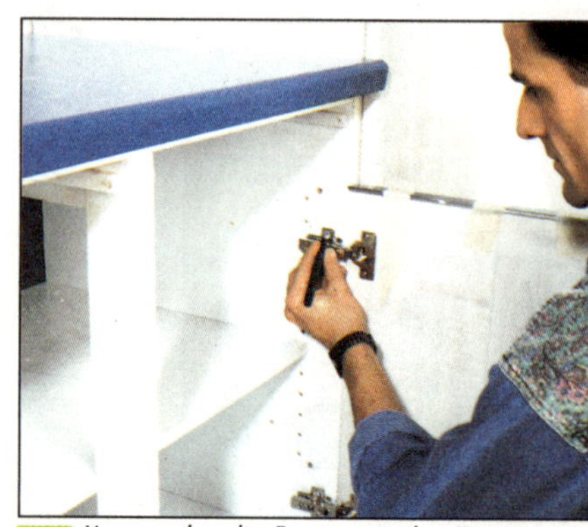

8 *Nun werden die Fronten an den Korpus gehalten und exakt ausgerichtet: Mit Hilfe der eingehängten Kreuzplatte können Sie ...*

10 *... eine Schablone gefertigt. Sie kann dank beidseitig überstehender Rahmung rechts und links verwendet werden. Für die ...*

JEDE MENGE ZUBEHÖR

RELING-SYSTEM

EINBAUSTRAHLER

LICHTSCHIENEN

Das hier vorgestellte Programm aus dem Baumarkt umfaßt nicht nur Fronten und Arbeitsplatten. Abgesehen von Korpussen und Geräten finden Sie alles, was Sie zur Modernisierung Ihrer Küche brauchen. Und da alle Komponenten gut aufeinander abgestimmt sind, wird die Planung wesentlich vereinfacht. Für eine individuelle Gestaltung gibt es zum Beispiel zwanzig verschiedene Griffe. Ein praktisches Reling-System ermöglicht das Aufhängen von Geschirrtüchern. Aber auch zur technischen Optimierung der Schrankeinrichtung finden Sie hier alles, was das Herz begehrt: Von einfachen Beschlägen über Schubkästen, Schwenk- und Drehkörbe bis hin zu verschiedenen Auszugsystemen. Besonders erfreulich ist darüber hinaus, daß sich die Anbieter auch das oft stiefmütterlich behandelte Problem der Arbeitsplatzbeleuchtung vorgenommen haben: Neben einem preiswerten Schienensystem mit Spots, das einfach unter den Hängeschränken montiert werden kann, umfaßt das Programm auch Halogen-Einbaustrahler. Letztere haben wir zum Beispiel in einer selbstgefertigten, umlaufenden Lichtleiste oberhalb der Hängeschränke als zusätzliche Bereichsausleuchtung eingesetzt.

SCHRANKEINRICHTUNG

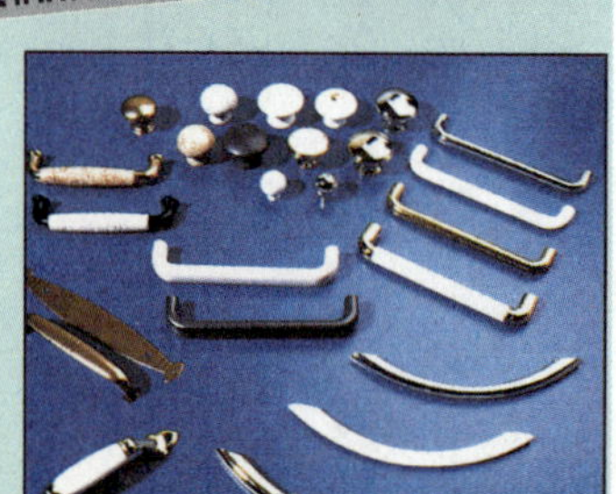

GRIFFE

5 *… Ober- und Unterkante der Tür markiert. Das vereinfacht die „Serienfertigung“: Tür an der Markierung anlegen, festspannen, …*

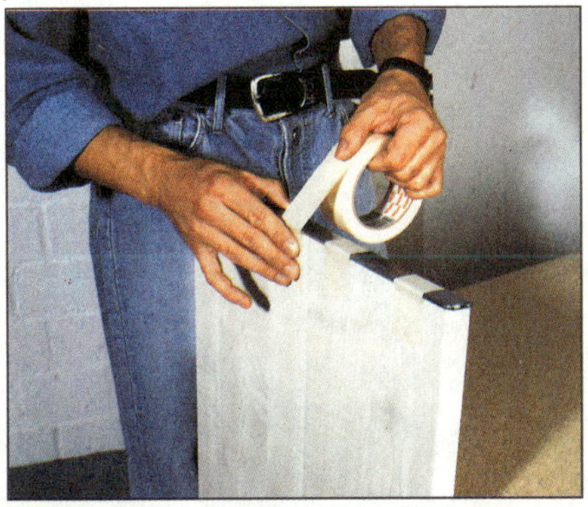

7 *… Schnittstellen unsichtbar bleiben. Nach dem Aufsetzen haben wir die Abdeck-Kanten dann mit Klebeband fixiert*

9 *… die Schraubstellen markieren. Nach dem Befestigen erfolgt die Feinjustierung. Auch zum Setzen der Griffbohrungen haben wir …*

11 *… Regalböden und als durchgehende Blende ober- und unterhalb der Hängeschränke haben wir ebenfalls die Frontplatten eingesetzt*

So wechseln Sie Ihre Arbeitsplatten aus

Natürlich gehören auch Arbeitsplatten zum hier vorgestellten Küchenmodernisierungs-Programm. Sie haben die Wahl unter insgesamt 75 verschiedenen Dekoren. Das Zubehör umfaßt neben Wandanschlußleisten mit Dekorstreifen und Formteilen auch die erforderlichen Verbindungsbeschläge (vgl. Fotos unten).
Hier ein paar Tips zur Verarbeitung: Wichtiger noch als bei den Fronten ist das Vorritzen der Kunststoff-Oberfläche (vgl. S. 153, Foto 2).
Bei der Herstellung von Ausschnitten mit der Stichsäge sollten Sie ein stabiles und scharfes Sägeblatt verwenden. Arbeiten Sie ohne großen Druck und mit geringem Pendelhub, um ein Verlaufen des Blattes zu vermeiden.

Die Arbeitsplatten gibt es in 75 verschiedenen Dekoren mit allem erforderlichen Zubehör

Ausschnitt für die Spüle: Mit Klebeband läßt sich die Schnittkante sehr gut markieren

Wichtig: Alle offenen Schnittkanten müssen Sie unbedingt mit Silikon absperren

Spüle setzen: Unser Modell hat einen selbstdichtenden Kleberwulst am unteren Rand

Mit Forstnerbohrer und Handkreissäge Ausklinkungen für Plattenverbinder herstellen

Die Platten für über Eck laufende Arbeitsflächen kann man natürlich auf Gehrung schneiden. Wesentlich einfacher ist allerdings das stumpfe Aneinandersetzen: Kein Problem dank dieses pfiffigen Verbindungsprofils

MARTINENGA
Spaghetti

Neue Fronten aus Edelstahl

Unansehnlich gewordene Küchen aufarbeiten

Nach mehr als zehn Jahren treuer Dienste war die hier vorgestellte Küche noch recht gut in Schuß. Die Scharniere der Türen mußten ein wenig nachjustiert werden, aber sonst war – rein funktionell betrachtet – eigentlich alles in Ordnung. Die weißen Kunststoff-Fronten mit den aus der Mode gekommenen Griffleisten wirkten allerdings ziemlich trist und unansehnlich. Sollte man das gute Stück vielleicht doch zum Sperrmüll geben und eine neue Küchenzeile anschaffen? Ein Thema für den Familienrat. Daß etwas geschehen mußte, war einhellige Meinung. Doch gegen den Neukauf sprachen zwei gewichtige Argumente: erstens, daß man nicht ohne Not zur Vergrößerung des Müllberges beitragen wollte; zweitens der aktuelle Kontostand der Haushaltskasse.
Beim Ortstermin in der Küche kam man dann gemeinsam auf die Lösung: Face-Lifting statt Neukauf! Die Fronten der Türen sollten dem Material der Dunstabzugshaube und des Herds angepaßt werden – durch aufgeklebtes Blech aus Edelstahl.

Funktionsfähig, aber unansehnlich: Neue Fronten müssen her

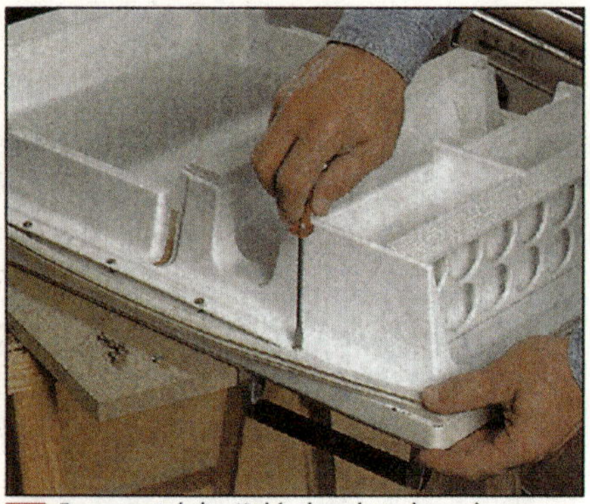

1 *Zuerst wird die Kühlschranktür komplett zerlegt: Griff, Dämmung und Kunststoffeinsatz entfernen. Dann die Front gründlich reinigen*

2 *Zum Verkleben muß eine lösemittelhaltiger Kontaktkleber verwendet werden. Sorgen Sie daher für gute Belüftung des Arbeitsbereiches*

3 *Der Kontaktkleber muß gleichmäßig dünn auf beide Klebeflächen gespachtelt werden. Nach dem Antrocknen der Oberfläche ...*

4 *... (Handrückenprobe) können Sie das Blech auflegen. Am besten arbeiten Sie dabei mit einem Anschlag: Nachträgliche Korrekturen ...*

5 *... sind nicht möglich! Der zur Klebeverbindung erforderliche Anpreßdruck läßt sich am besten mit einer solchen Hartgummiwalze ...*

6 *... erzielen. Dabei ist die Höhe des Anpreßdrucks, nicht die Anpreßdauer entscheidend. Zum Schluß wird ein neuer Griff montiert*

Der erste Schritt hieß Materialbeschaffung. Ein Blick in die „Gelben Seiten", ein paar Telefonate, und schon hatte man einen örtlichen Schlosserei-Betrieb ausfindig gemacht, der die Stahlbleche auf Maß zuschneiden und liefern wollte.

Auf Anraten des Metall-Fachmanns entschied man sich für 0,8 mm starke, fertig geschliffene Bleche. Der Schlosser wies die Küchen-Renovierer auch gleich auf einen ganz wichtigen Punkt hin: Da das Schleifen eine hauchfeine Rillenstruktur auf der Metalloberfläche hinterläßt, muß man für den Zuschnitt die Einbau-Orientierung (senkrechtes bzw. waagerechtes Maß) angeben. Sonst besteht die Gefahr, daß die Türen später in unterschiedlicher Richtung strukturiert sind.

Am besten läßt man sich vom Fachmann, der den Zuschnitt des Blechs übernimmt, auch schon die Kanten der Edelstahlplatten anfasen. Er kann mit seinen Spezialmaschinen wesentlich sauberer arbeiten als der Heimwerker dies mit Schwing- oder Winkelschleifer vermag.

Eine ausgesprochen positive Überraschung stellte die Rechnung für die verarbeitungsfertig gelieferten Edelstahlbleche dar: Mit nur knapp 300 Mark schlugen sie zu Buche. Hinzu kamen lediglich noch die Kosten für Kontaktkleber und passende Griffe (rund 80 Mark).

Da man die Alu-Griffleisten der alten Türen durch normale Griffe ersetzen wollte, mußten die Frontplatten komplett ausgetauscht werden. Die neuen Tür- und Schubladenfronten aus weiß beschichteter Spanplatte ließ man im Baumarkt zuschneiden. Die Kanten der Platten wurden mit Kunststoffumleimern versehen. Eine etwas aufwendigere Alternative hierzu stellt die Rahmung der Frontbleche mit aufgeleimten Holzleisten dar.

Der Frontenwechsel begann dann mit der Beschichtung der Kühlschranktür. Ihre emaillierte Oberfläche mußte gründlich gereinigt werden. Durch den Küchendunst lagert sich Fett ab, das die Haftung des Kontaktklebers beeinträchtigt. Der Kleber muß dünn und gleichmäßig auf beide zu verbindenden Flächen aufgetragen werden. Erst wenn er angetrocknet ist, kann man die Teile zusammenfügen. Beim Auflegen des Blechs sollte man einen Anschlag verwenden, da nachträgliche Korrekturen nicht möglich sind.

Ein Material für höchste Beanspruchungen

Blech aus Edelstahl (Chrom-Nickel-Stahl) ist sehr robust und dabei ausgesprochen pflegeleicht. Da das Material nicht oberflächenbehandelt werden muß, gibt es auch keine Schutzschicht, die beim täglichen Einsatz in der Küche beschädigt werden könnte. Edelstahlbleche werden mit fertig geschliffener Oberfläche angeboten. Für den Einsatz in der Küche empfiehlt sich der Schliff mit 240er Körnung. Bei grober strukturierten Oberflächen setzt sich sehr schnell Schmutz in den tieferen Rillen fest.

Für den exakten Zuschnitt benötigt man Profi-Maschinen. Das Anfasen der Platten kann man zur Not selbst übernehmen. Am besten eignet sich dazu einWinkelschleifer, der mit einer Fächerschleifscheibe (Bild) bestückt wird. Die Oberfläche des Blechs ist mit einer dünnen Schutzfolie versehen, die man erst nach dem Bearbeiten abzieht.

Bei der Spülmaschine war die Neugestaltung der Front eine Sache von Minuten. Sie besaß eine Rahmen für auswechselbare Dekorplatten. Die neuen Türen und Schubladenfronten mußten wieder mit Kontaktkleber beschichtet werden, um die Stahlbleche zu fixieren.
Passend zum Edelstahl-Look erhielt die geflieste Arbeitsplatte eine Verkleidung der Kante mit Winkelblech. Hier sorgte ein Zweikomponenten-Kleber für festen Halt. Das Ergebnis des Face-Liftings kann sich sehen lassen – obgleich es mit einem relativ geringen Aufwand an Zeit und Geld erzielt wurde.
Natürlich kann man auf alte Küchenfronten auch andere Materialien aufkleben – zum Beispiel spezielle Laminatplatten, die in den unterschiedlichsten Dekoren angeboten werden. Darüber hinaus gibt's in vielen Baumärkten auch Komplettprogramme zur Küchenrenovierung. Dazu gehören Dekorplatten zum Austausch der Fronten, neue Arbeitsplatten, aber auch Zubehör für die Schrankeinrichtung und die Beleuchtung. Die alten Schrankkorpusse bleiben erhalten. Auch intakte Scharniere können weiter benutzt werden. So kostet die renovierte Küche nur einen Bruchteil der Neuanschaffung.

TIP

Gefällt Ihnen nur die Farbe Ihrer Küchenfronten nicht mehr, können Sie auch mit Lack und Schaumstoffrolle für eine neue Optik sorgen. Die ausgehängten Türen werden gereinigt, mit 320er Körnung geschliffen und mit Alkydlack beschichtet, der im Gegensatz zu Acryllack fettbeständig ist.

7 Bei Elektrogeräten mit einem Rahmen für auswechselbare Dekorplatten (hier die Spülmaschine) wird eine Hälfte des Profils gelöst

8 Die andere Hälfte des Rahmens muß man nur etwas lockern, um die Edelstahlplatte einschieben und dann fixieren zu können

9 Die Bleche sind mit einer Schutzfolie versehen. Um Beschädigungen zu vermeiden, sollten Sie diese erst ganz zum Schluß entfernen

10 Auch in den Blendrahmen unterhalb der Klapptür kann das auf Maß zugeschnittene Edelstahlblech ohne Kleben eingelegt werden

11 Da die alten Türen mit Alu-Griffleisten versehen sind, werden sie komplett ausgetauscht. Die Scharniere lassen sich weiter verwenden

12 Auf die Türen und Schubladenfronten klebt man die Edelstahlbleche ebenfalls mit Kontaktkleber. Dann die Griffe montieren

13 Das Winkelblech für den Randabschluß der Arbeitsplatte wird zuletzt mit einem speziellen Zwei-Komponenten-Kleber befestigt

14 Um das Blech bis zum Aushärten des Klebers zu fixieren, setzt man Schraubzwingen an und treibt Keile zwischen Kante und Schaft

Die vollkommene Verwandlung

Durch einen ungünstigen Grundriß war die hier gezeigte Küche zu einem Hinterzimmer-Dasein verurteilt. Ein Mauerdurchbruch integrierte sie in den Wohnbereich

Als die Bewohner des in den 50ern gebauten Siedlungshauses vor einigen Jahren einzogen, war für größere Umbauten zunächst keine Zeit und auch kein Geld vorhanden. Gerade die Nutzung der Küche stellte sich aber schon bald als täglich wiederkehrendes Ärgernis dar. Der Kochbereich, der bei einer Familie mit Kindern häufig den Mittelpunkt des Lebens darstellt, war als regelrechtes Hinterzimmer angelegt, völlig abgetrennt von den übrigen Wohnräumen. Zudem orientierte sich die alte Kücheneinrichtung eher an der Zweckmäßigkeit der Installationsführung als an ergonomischen Gesichtspunkten.

Nach dem Gespräch mit einem Architekten kamen die Hausbesitzer zu der Überzeugung, daß nur die radikale Umgestaltung der Küche zu einem befriedigenden Ergebnis führen würde. Die alte Zugangstür vom Flur sollte geschlossen und dafür ein breiter Mauerdurchbruch zum Wohnbereich hin geschaffen werden. Das Ergebnis kann sich sehen lassen, wie unsere Fotos beweisen.

Die Trennwand zur Linken wurde durchbrochen, die alte Terrassentür auf Brüstungshöhe zugemauert

1 Die alten Installationsleitungen in der aufgebrochenen Trennwand zum Wohnzimmer müssen vom Fachmann umgelegt werden

2 Die Innenwangen des Durchbruchs lassen sich am besten durch Gipskartonstreifen begradigen, die man mit Ansetzbinder aufklebt

3 Auch der Mauersturz wird mit Gipskarton verkleidet. Während der Abbindezeit des Klebers hält eine Stützkonstruktion den Streifen

4 Zum Schluß werden die Übergänge sauber beigeputzt. Um die Nahtstellen zu stabilisieren, legt man am besten Vlies-Streifen ein

5 Nachdem die neue Öffnung geschaffen ist, kann die alte Tür geschlossen werden. Dazu baut man eine Fachwerkkonstruktion ein

6 Wenn die erste Seite der Unterkonstruktion mit Gipskartonplatten beplankt ist, sollten Sie schalldämmende Mineralfaserplatten einlegen

7 Als Abschluß der sandwichartigen Konstruktion wird eine zweite passend zugeschnittene Platte mit Schnellbauschrauben angebracht

8 Anschließend Schraublöcher und Übergangsfuge zuspachteln. Auch hier verhindert ein eingelegtes Vlies, daß später Risse entstehen

Die alten Bauzeichnungen zeigten, daß die Decke über der Trennwand zum Wohnbereich bereits durch einen armierten Betonstreifen abgefangen war. Es mußte also kein separater Sturz mehr eingebaut werden (siehe Info-Kasten unten). Also konnte man mit dem Abbruchhammer getrost ans Werk gehen, um den ca. 2 x 2 m großen Durchbruch herzustellen. Um die Kanten des Mauerwerks sauber beiputzen zu können, wurden zunächst Gipskartonstreifen in Wandstärke mit Ansetzbinder aufgeklebt. Die klassische Methode des Verputzens mit Eckschienen und Putzgitter ist für den ungeübten Heimwerker deutlich schwieriger.
Auch das Schließen der alten Türöffnung erfolgte mit Gipskarton. Nach der Demontage des Türrahmens mußte zunächst eine Unterkonstruktion für die Verkleidungsplatten hergestellt werden. Der Fachhandel bietet hierfür spezielle Metallprofile an, die eine schnelle Montage erlauben. Ebensogut können Sie aber auch eine Fachwerkkonstruktion aus Dachlatten anfertigen.
Als dann die erste Seite des Holzgerüstes bündig mit der anschließenden Wand beplankt war, füllte man den enstehenden Hohlraum zur Schalldämmung mit Mineralfaserplatten. Schließlich erfolgte auch die Gipskartonverkleidung der anderen Seite. Die Anschlußfuge zum verputzten Mauerwerk wurde zugespachtelt und mit einem eingelegten Vlies verstärkt, damit sich keine Risse bilden.

Mauersturz einbauen

Wenn es sich bei der zu durchbrechenden Mauer um eine tragende Wand handelt (Architekten oder Statiker fragen), muß ein Sturz aus Stahlbeton gegossen werden. Alternativ können Sie, wie die Fotos zeigen, auch einen vom Statiker berechneten Doppel-T-Träger aus Stahl als Stützelement einmauern.

FENSTER

1 *Damit unter dem neuen Fenster ein Unterschrank mit eingebauter Spüle Platz finden kann, wird es auf 95 cm Höhe montiert*

2 *Die Verankerung des Fensters erfolgt mit langen Rahmendübeln. Zuvor muß das Element mit Keilen exakt ausgerichtet werden*

3 *Die Fugen zwischen Rahmen und Mauerwerk füllt man mit Montageschaum. Den trockenen Schaum am nächsten Tag wegschneiden*

4 *Die unter dem Fenster verbliebene Öffnung der ehemaligen Terrassentür wird mit Bimsstein ausgemauert und beidseitig verputzt*

Nachdem die Küche mit dem angrenzenden Wohnzimmer verbunden war, konnte man auf die alte Terrassentür verzichten. Statt dessen wurde ein modernes Kunststoff-Isolierglasfenster eingebaut. Die Brüstung wurde ausgemauert und so unter dem Fenster zusätzliche Stellfläche für Unterschränke geschaffen.

Auch der alte, mehrfach mit PVC belegte Holzboden war renovierungsbedürftig. Er sollte durch einen pflegeleichten Fliesenbelag ersetzt werden. Die einfachste Lösung wäre gewesen, Spanverlegeplatten auf die Dielen zu schrauben, um darauf mit elastischem Kleber die Fliesen zu verlegen. Zum angrenzenden Wohnzimmer hätte sich dann allerdings eine ‚Stolperstufe' ergeben. Deshalb ging man auch hier den radikalen Weg und riß den Boden samt Balkenkonstruktion heraus. Mit dem etwa 10 cm tiefen Loch ergab sich die ideale Voraussetzung für eine Trockenschüttung. Dabei handelt es sich um ein Granulat aus speziell präpariertem vulkanischem Gestein, das sehr gute Dämm- und Schallschutzwerte aufweist. Eine solche Schüttung ist wiederum der ideale Untergrund für einen Trockenestrich aus Gipsfaser- oder Spanplatten. Im Gegensatz zu einem Naßestrich, der immerhin vier Wochen trocknen muß, kann auf dem Trockenestrich sofort weitergearbeitet werden. Um Schwingungen des Bodens aufzufangen, sollten Sie flexiblen Fliesenkleber verwenden.

FUSSBODEN

1 *Nachdem die alten Dielen herausgerissen sind, wird der neue Boden mit Schüttung, Dämmplatten und Trockenestrich aufgebaut*

2 *Für den Übergang zum Dielenboden des Wohnzimmers wird eine Holzschwelle auf eine ausgerichtete Unterkonstruktion geschraubt*

3 *Damit die Schüttung nicht unter die Schwelle rieseln kann, wird ihre Längsseite verkleidet und durch Montageschaum abgedichtet*

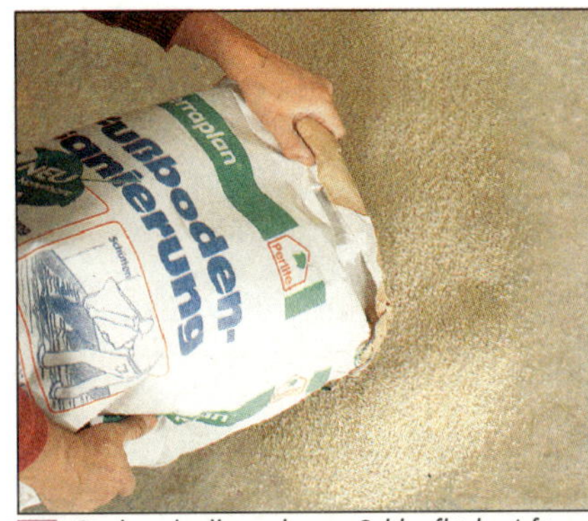

4 *Sind auch alle anderen ‚Schlupflöcher' für die Schüttung gestopft, geht's ans Verteilen. Zunächst schüttet man zwei Dämme auf*

5 *Auf diesen Dämmen werden Auflegeschienen ausgerichtet, um dann den Zwischenraum zu füllen und über den Schienen abzuziehen*

6 *Die Schüttung muß mittels eines Handstampfers verdichtet werden. Um den Druck zu verteilen, legt man eine Schal-Tafel dazwischen*

7 *Nach dem Abziehen und Verdichten der Schüttung wird eine Lage Trittschall-Dämmplatten aufgebraucht. Dabei Kreuzfugen vermeiden*

8 *Die Trockenestrich-Elemente bestehen aus je zwei Gipsfaserplatten mit überlappenden Falzen, die man verklebt und verschraubt*

9 *Der Trockenstrich kann sofort mit Fliesen belegt werden. Um eine optisch gerade Flucht zu erreichen, markiert man zuvor den Verlauf*

10 *Verwenden Sie mit Kunststoffanteilen vergüteten „flexiblen" Fliesenkleber. Auch der Fugenmörtel muß entsprechend vergütet sein*

Auf die vorbereitete Schüttung kam eine Lage Dämmplatten aus Mineralfaser. Dann konnten die mit überlappenden Falzen versehenen Trockenestrich-Elemente aus Gipsfaserplatten verlegt werden. Damit ergab sich ein planebener Untergrund, ideal zum Verlegen von Fliesen. Als der Fliesenbelag fertiggestellt war, kamen auch schon die Kartons mit den Einzelteilen der bestellten Küche zum Selbstaufbauen. Wichtigster Grundsatz bei der Einrichtung einer Küche ist, daß die einzelnen Bereiche in der Reihe der typischen Arbeitsabläufe angeordnet werden. Demnach sollte der Spülbereich immer links von der Kochstelle liegen (bei Linkshändern genau umgekehrt).

TIP

Die Fugen zwischen Wand und Boden sowie am Übergang zum Dielenbelag des Wohnzimmers müssen dauerelastisch mit Silikon gefüllt werden, damit kein Putzwasser in die Ritzen eindringt.

Zwischen diesen beiden Bereichen braucht man jeweils Arbeitsflächen von wenigstens 60 cm. Eine weitere Abstellfläche rechts neben dem Herd sollte mindestens 30 cm breit sein.

Neben der Anordnung der Bereiche ist die Höhe der Arbeitsflächen entscheidend für die Ergonomie. Personen über 170 cm Körpergröße benötigen eine Arbeitshöhe von mindestens 90 cm, um sich nicht zu stark bücken zu müssen. Während das Spülen bei einer höheren Arbeitsfläche wesentlich rückenschonender vonstatten geht, ist bei der Kochstelle eher eine Vertiefung angebracht. In unserem Fall ergab sich bei den Unterschränken mit aufgelegter Arbeitsplatte eine Höhe von genau 91 cm – ein guter Kompromiß.

Mit den Elementen der gewählten Bausatz-Küche können fast alle Einrichtungsprobleme gelöst werden. Dennoch waren noch einige Anpassungsarbeiten erforderlich. So mußte für den schrägen Eckschrank rechts neben dem Herd auch die Arbeitsplatte im entsprechenden Winkel abgeschrägt werden. Für die Sägearbeiten an unhandlichen Arbeitsplatten bietet sich die an einer Alu-Schiene geführte Handkreissäge an.

Der Schaltkasten für den Herd wurde in unserem Fall – sicher vor Kinderhänden – rechts neben der Abzugshaube im Oberschrank untergebracht.

1 *Hinter den Oberschränken ist kein Fliesenbelag erforderlich. Man reißt einen Fliesenspiegel an, der knapp unter die Schränke reicht*

2 *Der Fliesenkleber wird aufgezogen und dann mit der Zahnkelle gut durchgekämmt. Je kleiner die Fliesen, desto enger die Zahnung*

3 *Beim Verlegen von Mosaikflisen müssen Sie darauf achten, daß Einzelfliesen und Matten stets den gleichen Abstand aufweisen*

4 *Zum Schluß wird der Fugenmörtel diagonal eingearbeitet. Nach dem Anziehen sofort mit Schwamm und feuchtem Tuch abwischen*

1 Um ein Ausreißen der Schnittkante zu vermeiden, wird die Arbeitsplatte von der Unterseite her gesägt. Eine Führungsschiene benutzen

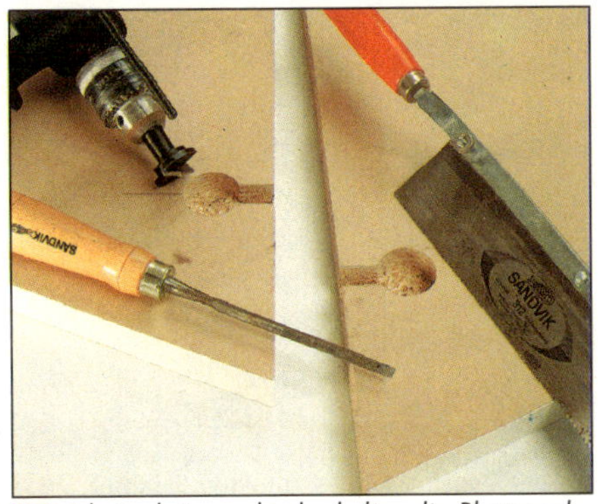

2 Arbeitsplattenverbinder halten die Plattengehrungen zusammen. Zum Einlassen brauchen Sie Forstnerbohrer, Feinsäge und einen Beitel

3 Die Plattenkanten werden mit Silikon abgedichtet, ehe man die Segmente zusammenfügt und die Verbindungsbeschläge anzieht

4 Die Abzugshaube verschwindet in einem Oberschrank. Je nach Modell muß der Schrank dazu unten mit Ausschnitten versehen werden

5 Nicht alle gegebenen Raummaße lassen sich mit Normteilen füllen. Hier wurde eine Lücke durch eine selbstgebaute Tür geschlossen

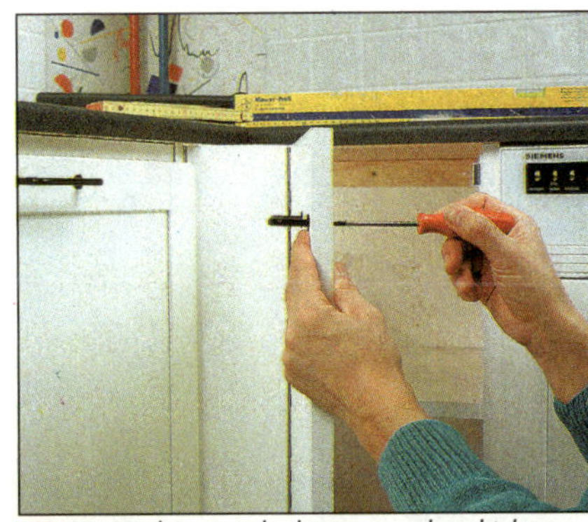

6 Hinter der zweigliedrigen, aus beschichteter Spanplatte bestehenden Tür „Marke Eigenbau" verbirgt sich ein beachtlicher Stauraum

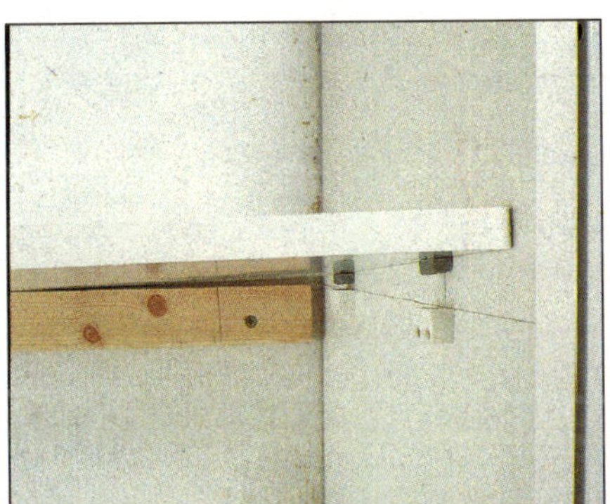

7 Das Regal- und das Bodenbrett hinter der Gliedertür werden durch Trapezverbinder an den Seiten der angrenzenden Schränke befestigt

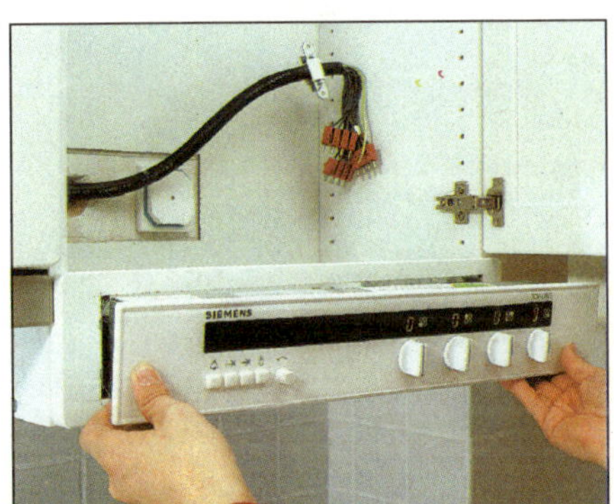

8 Der Schaltkasten für den Herd befindet sich im Oberschrank. Hier ist er kindersicher untergebracht und trotzdem leicht erreichbar

9 Die Verbindungsleitung zum Herd (kann man mit vorbereiteten Steckern im Fachhandel kaufen) wurde zuvor unter Putz gelegt

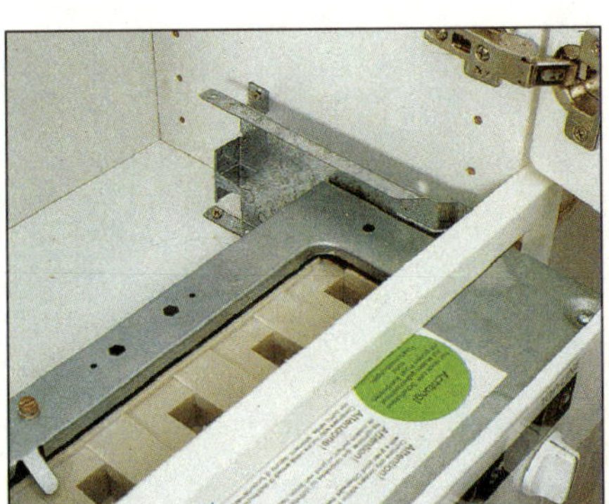

10 Um die Schalterblende unterzubringenn, bekommt der Oberschrank eine kürzere Tür, wie sie auch bei der Abzugshaube verwendet wird

13.59
privileg

Fliesen und Fronten

In neuem Glanz

Praktisch, preiswert und umweltfreundlich: Eine Küche aus den 70er Jahren wird nicht einfach entsorgt, sondern aufgepeppt – mit neuen Fliesen, Holzfronten und modernem Innenleben

Früher nur einfacher, zweckmäßiger Arbeitsraum, sollte die kleine Küche jetzt – passend zum Landhaus – einen warmen, wohnlichen Charakter bekommen und funktionell, ergonomisch und technisch bestens ausgestattet werden. Da die Korpusse der Küchenmöbel in Ordnung waren, konnten sie erhalten bleiben; nur die Topfbänder mußten ersetzt werden – eine preiswerte und zeitsparende Lösung. Für die neuen Fronten wurde auf relativ kostengünstige Tischlerplatte zurückgegriffen (70 Mark/m^2), für die Schubkästen auf Multiplex (85 Mark/m^2); lediglich die massive Arbeitsplatte aus Eiche-Leimholz fiel mit 240 Mark/lfd. m ins Gewicht.

Bodenfliesen legen

1 *Nachdem die Grundierung auf dem Estrich abgetrocknet ist, wird die Ausgleichsmasse ausgegossen. Sie nivelliert sich selbst. Die Glättkelle hilft lediglich beim Verteilen. Die Trocknungszeit der ...*

2 *... Masse hängt von der Raumtemperatur ab. Im Idealfall (20°C) ist die Fläche nach zwei Stunden begehbar. Dennoch ist eine Trockenphase über Nacht zu empfehlen. Mit Hilfe einer Schlagschnur ...*

Dem ländlichen Stil des Umfeldes sollte auch die Gestaltung von Wänden und Boden entsprechen.
Wir wählten dafür eine italienische Keramik, bei der jede Fliese eine farblich andere Oberfläche hat. Dadurch und durch das ungewöhnliche Verlegemuster mit verschiedenen Formaten bekam die an sich kleine Küche eine verblüffende Weite, ohne etwas von ihrer Behaglichkeit einzubüßen. Eher das Gegenteil ist der Fall: Durch die warmen Farben der Fliesen in Kombination mit Eichefronten und -arbeitsplatte wurde der Raum noch harmonischer.
Um das lebendige Farbbild und den für diese Fliesen charakteristischen Streuungseffekt auf den Flächen zu erhalten, empfiehlt der Hersteller übrigens, bei der Verarbeitung immer Fliesen aus mehreren Paketen zu mischen.

Keile kontra Kreuze

Fliesenkreuze aus Kunststoff sind praktisch – wenn die Fliesen mitspielen. Unsere wiesen aber deutliche Toleranzen in den Abmessungen auf. So griffen wir zur Profi-Lösung: kleine Keile aus Hartholz. Damit korrigiert man Maßabweichnungen sofort zu Gunsten des Gesamtfugenbildes, so daß sich kleine Ungenauigkeiten nicht zu großen addieren.

Fliese auf Fliese kleben

Das zeitsparende Dünnbett-Klebeverfahren erlaubt es, auf einem alten Keramikbelag neue Fliesen zu verlegen, ohne diesen entfernen zu müssen. Voraussetzung dafür ist aber ein absolut vollflächig tragender Untergrund. Jede lockere Fliese muß herausgeschlagen und die entstandene Vertiefung so beigeputzt werden, daß sich eine glatte Oberfläche ergibt

Um einen planen Untergrund für die neuen Fliesen zu schaffen, wird der alte Belag mit Schnellkleber und Glättkelle abgespachtelt

3 ... wird die Mitte der Küche (Herdmitte) als Ausgangspunkt für das Verlegemuster markiert. Ist der Kleber aufgetragen und mit dem Zahnspachtel durchgekämmt, legt man die Keramikfliesen ein

4 Über Nacht ruhen lassen. Dann mit einer Gummirakel den grauen Breitfugenmörtel einschlämmen. Dabei nicht die gesamte Fläche auf einmal, sondern in Teilabschnitten bearbeiten: Den Mörtel ...

5 ... einschlämmen, mit dem Schwamm diagonal zur Fuge glattwaschen, dann eine weitere Fläche einschlämmen, glattwaschen und so fort. Nach kurzem Antrocknen den Belag mit Schwamm und frischem Wasser nachwischen

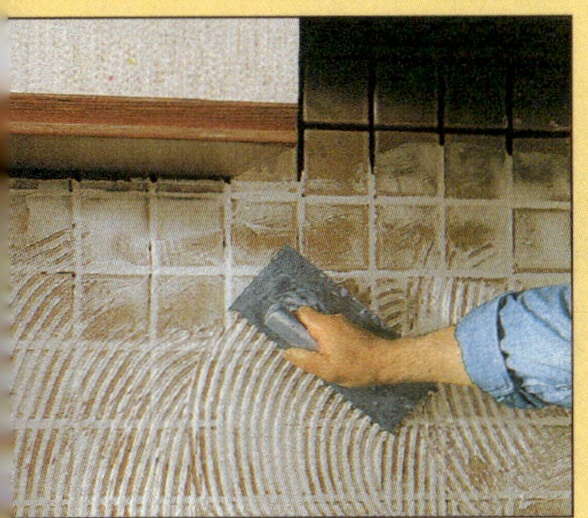

untere Fliesenreihe richtet man an der Deckte über der Arbeitsplatte aus und stützt sie (Leiste). Mit dem Zahnspachtel erfolgt ...

... der Kleberauftrag für die Fliesen auf die zuvor abgetrocknete erste Kleberschicht. Fliesen einlegen und durch Keile stützen

1 Für die Anleimer (Kantenschutz) werden aus rohen Eichenbohlen 24 mm dicke Bretter gehobelt. Zuerst eine Seite abrichten, ...

3 Nach und nach schneidet man von diesem Brett 10 mm breite Streifen ab und schiebt diese dann wieder durch den Dickenhobel

Anleimer hobeln

2 ... d. h. plan hobeln, dann das Brett durch die Dickenhobelmaschine schieben, bis es die gewünschte Dicke von 24 mm hat

4 Auf diese Weise bekommt man saubere, glatte Flächen zum Anleimen. In unserem Fall sind die Streifen etwa 7 mm dick

Türen anfertigen

1 Für die Türen haben wir Tischlerplatten verwendet. Sie werden zunächst auf das nötige Breitenmaß zugeschnitten. Dabei richtet ...

4 Erst dann werden die Platten auf Länge geschnitten, die Stirnkanten aufgeleimt, bündig gefräst und feingeschliffen

Ein neues Gesicht sollte die etwas in die Jahre gekommene kleine Küche bekommen. Aber nicht nur das, auch das Innenleben mußte modernisiert werden. So haben wir, wo immer möglich, die einfachen Fachböden durch komfortable Vollauszüge ersetzt – eine feine Sache. Denn zum einen sieht man beim Herausziehen auf einen Blick, was sich im Schrankinneren verbirgt, zum anderen entfällt das lästige Bücken. Für die Fronten haben wir eichefurnierte Tischlerplatten verwendet, die nicht nur relativ preiswert, sondern auch absolut formbeständig sind. Sämtliche Türen bekamen Anleimer – aus massiven Eichebohlen gehobelt und mit wasserfestem Leim fixiert. Alle sichtbaren Türkanten haben wir abgerundet. So kommt die optische Wirkung der von Massivholztüren gleich. Diese hochwertige Anmutung wird durch die formschönen Edelstahlgriffe noch unterstrichen. Für die massiven Arbeitsplatten haben wir Eiche-Leimholz gewählt, das – wie auch die Fronten – zum Schutz mit farblosem PUR-Lack behandelt wurde. Dieses Zwei-Komponenten-System wird aus Härter und Stammlack angemischt und ist selbst höchsten Beanspruchungen gewachsen.

Für die richtige Ausleuchtung der Küche sorgen Halogen-Downlights über den Hängeschränken, für blendfreies Arbeitslicht ein variables Lichtschienen-System, das sich

Schubkästen bauen

A Zur Aufnahme des Sperrholzbodens 5-mm-Nuten in die Schubkastenseiten fräsen. Besonders sicher und exakt geht das mit der Oberfräse im Bohrständer

2 ... man sich nach den Maßen der alten Türen minus Anleimerdicke. Die gehobelten Anleimer mittels Zulagen und Zwingen seitlich aufleimen

3 Die überstehenden Kanten mit der Oberfräse und einem Bündigfräser mit Kugellager bündig zur Plattenoberfläche entfernen

5 Alle sichtbaren Türkanten rundet man mit einem Radius von 6 mm ab – für einen Abrundfräser mit Kugellager ein Kinderspiel

6 Die 35-mm-Löcher für die Topfbänder werden auf einem Bohrständer eingebracht. Tiefeneinstellung und Anschlag sorgen für Präzision

7 Wer keine Massivanleimer für die Türkanten verwenden möchte, kann auch auf fertige Furnierkanten zum Aufbügeln ausweichen

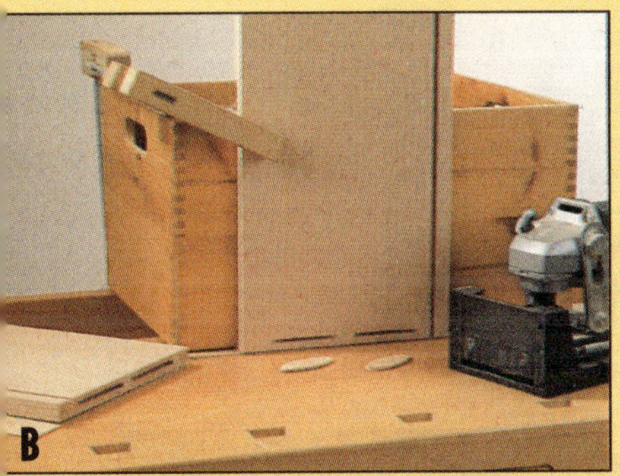

B Da die Platten diesmal nur 15 mm und nicht wie sonst 19 mm dick sind, wurde mit 2 mm Sperrholz ausgeglichen. So sitzen die Flachdübel mittig

C Zur einfacheren Montage der Quadro-Auszüge gibt es eine Bohrlehre. Damit lassen sich beide Bohrungen, die zum Arretieren des Auszugs dienen, ohne Anzeichnen...

D ... ausführen. Hier das Brechen der Kanten mit der Oberfräse

Anleimer, Türen und Schubkästen sind fertig, jetzt kommt die Feinarbeit

Sockel herstellen

1 Der Sockel ist ca. 21 cm hoch und erhält unten einen 7 cm hohen Fliesenkranz. Damit beide flächenbündig sind, wird aus dem ...

2 ... Sockel ein 70 x 10 mm großer Falz herausgeschnitten: zuerst 70 mm hochkant, dann 10 mm parallel zum Sockel

hinter einer Lichtblende unter den Oberschränken verbirgt.
Im Zuge der Rundum-Erneuerung wurden auch die Elektro-Geräte ausgetauscht. Statt der altmodischen Elektroplatten gibt es jetzt ein pflegeleichtes Ceranfeld, der Edelstahl-Backofen ist mit modernster Technik ausgestattet. Für die neue Dunstabzugshaube mußte allerdings ein passender Schrank angefertigt werden – gemessen am Zeitaufwand für die übrigen Arbeiten jedoch eine Kleinigkeit. Denn eines muß klar gesagt werden: Diese Küchen-Renovierung hält sich von den Materialkosten her absolut in Grenzen, den Zeitaufwand sollte man jedoch keinesfalls unterschätzen.

Kontakte:
Holz: O. A. Lüghausen KG – 1001, Wilhelmstr. 146, 53721 Siegburg;

Beschläge: Robbi, Postfach 1180, 49313 Melle

Licht-System: Hailo, Postfach 1262, 35702 Haiger

Elektro-Geräte: Quelle, 90750 Fürth

Ambiente für Genießer: erst die Arbeit, dann das Vergnügen

Neuer Schrank für die Flach-Dunstabzugshaube

Dunstabzugsschrank

Für die neue Dunstabzugshaube benötigt man einen passenden Schrank. Er wird aus 19 mm dicker beschichteter Spanplatte gefertigt, mit Flachdübeln verbunden und, da die Seitenwände nicht sichtbar sind, verschraubt

Arbeitsplatten

Die Arbeitsplatten werden dort, wo sie aneinanderstoßen, mit Arbeitsplattenverbindern und eingefrästen Flachdübeln fixiert.

Die Montage

Jetzt kommt der Endspurt

Die Hauptarbeit ist getan: Arbeitsplatten, Türen, Schubkästen und Sockel sind fertig – wie's gemacht wird, haben wir auf den letzten Seiten gezeigt – jetzt kommt der Endspurt: die Montage unserer rundum erneuerten Landhaus-Küche

Sie erinnern sich? Von der Küche aus den 70er Jahren wollten sich die Besitzer nicht ganz trennen, sie sollte nur eine zeitgemäße Anmutung und ein modernes Innenleben bekommen. Sämtliche Korpusse konnten stehenbleiben, was ja nicht nur Geld, sondern auch einiges an Zeit spart und aus ökologischer Sicht nicht ganz unwesentlich ist.

Die Topfbänder der Korpusse mußten für die neuen, schwereren Türen allerdings ersetzt werden. Dabei ist die rechts abgebildete Raster-32-Lochschablone äußerst hilfreich. Man stellt sie anhand der Topfbohrungen der Türen ein und hält sie auf die Korpuswand. Dann wird mit einem 5-mm-Bohrer durch die gehärteten Stahlbuchsen der Schablone gebohrt und die Montageplatte befestigt. Danach kann man die Tür einfach auf die Montageplatte klipsen. Auch beim Bohren von Lochreihen tut die Raster-32-Lochschablone gute Dienste. Wie der Name sagt, halten die Löcher untereinander 32 mm Abstand, von der Korpuskante sind sie 37 mm entfernt. Ein Metallanschlag sorgt dafür, daß die Lochreihe nicht verläuft.

1 *Die Küche vor der Montage. Alle zu ersetzenden Teile – Türen, Arbeitsplatte und Dunstabzugsschrank – sind hier bereits demontiert*

2 *Mit Hilfe dieser Raster-32-Lochschablone lassen sich die Montageplatten der Topfbänder exakt anbringen. Sie wird anhand der ...*

3 *... Topfbohrungen der Türen eingestellt. Mit einem 5-mm-Bohrer durch die Stahlbuchsen bohren, Montageplatte fixieren, Tür aufklipsen*

Er wird, wenn alle Anfangsbohrungen gemacht sind, herausgeschoben. Ein 5-mm-Ankörnstift (dieser gehört zum Zubehör), wird dann in das zuletzt gebohrte Loch gesteckt, und man kann weitere Löcher im Raster 32 bohren. Dies läßt sich beliebig fortsetzen.
Die Nischen links und rechts vom Herd waren bislang ungenutzter ‚toter' Raum. Auch das sollte im Zuge der Küchen-Modernisierung anders werden. Also haben wir aus Tischlerplatte zwei Weinregale gebaut, mit Sockelverstellfüßen versehen und mit dem Herdschrank und den beiden Eckschränken verschraubt. So wurde nicht nur wertvoller Stauraum gewonnen, die Regale lockern auch die ansonsten geschlossenen Fronten der Küche auf.
Die Arbeitsplatten wurden dort, wo sie aneinanderstoßen, mit Arbeitsplatten-Verbindern und eingesetzten Flachdübeln fixiert. Dazu bohrt man mit einem 35-mm-Forstnerbohrer gegenüberliegend je ein Sackloch. Mit Hilfe der Oberfräse und einem 8-mm-Nutfräser werden die Löcher dann verbunden, so daß der Beschlag später genau eingelegt und mit einem Maulschlüssel festgezogen werden kann.

4 Der Dunstabzugsschrank. Damit später das Abluftrohr durchgeführt werden kann, mit der Stichsäge einen Ausschnitt herausarbeiten

5 Um die Nischen links und rechts vom Herd zu nutzen, wurden zwei Weinregale eingebaut und mit den anderen Schränken verschraubt

6 Für die Arbeitsplatten haben wir massive keilgezinkte Eiche, 42 mm dick, verwendet. Sie ist in unterschiedlichen Stärken im Baumarkt zu beziehen. Aus

Praktisch und komfortabel: Quadroauszüge für die Schubladen

11 Die Schubkastenblenden am Schrankkorpus ausrichten, Position markieren. Schubkasten herausziehen, mit Klemmzwingen sichern …

12 … und von innen verschrauben. Dank der Quadro-Vollauszüge lassen sich alle Schubkästen problemlos ein- und aushängen

optischen Gründen rundet man die Vorderkanten mit einem Abrundfräser (Radius 10 mm). Die Arbeitsplatten wurden wie die Fronten mit farblosem PUR-Lack versiegelt

7 Sind alle Platten aufgelegt und die Arbeitsplatten-Verbinder festgezogen, verschraubt man die Platten auf den Unterschränken

8 Die Ausschnitte für Kochfeld und Spüle markieren und mit der Stichsäge ausschneiden. Die Eckpunkte vorbohren (10-14 mm)

9 Bei der Montage der Auszugschienen für die Schubkästen Schablonen an die Korpuswand legen, Auszug auflegen und festschrauben

10 Auch die Edelstahlgriffe kann man mit Hilfe der Raster-32-Bohrschablone fixieren. Bohrkörper einstellen, mit dem 5-mm-Bohrer durchbohren

13 Für die Lichtblende eine 19-mm-Tischlerplatte mit einem 30-mm-Anleimer versehen. Mit der Lochsäge Öffnungen für Downlights einbringen

14 Wer keine Nagel- oder Schraubenlöcher in der Abschlußleiste haben möchte, kann diese auch mit transparentem Silikon fixieren

Dort, wo es eben möglich war, haben wir anstelle von Türen und Fachböden Schubkästen eingebaut, die auf Vollauszügen laufen. Das ist nicht nur aus ergonomischen Gründen zu empfehlen, sondern auch aus praktischen. Auf einen Blick hat man die volle Übersicht über das ‚Warenangebot‘ und braucht nicht lange zu suchen bzw. das Hinterste nach vorn zu räumen. Zur einfacheren Montage der Quadroauszüge gibt es im Handel eine Bohrlehre. Damit sind beide Bohrungen, die zum Arretieren des Auszuges erforderlich sind, ohne lästiges Anzeichnen zu realisieren. Beim Montieren der Auszugschienen einfach Holzplatten-Reste an die Korpuswand legen, den Auszug auflegen und festschrauben. Dabei muß man mit dem obersten Schubkasten beginnen, für den mittleren wieder eine neue Holzplatte anlegen und den untersten Auszug einfach auf

Praktisch: Spüle mit Müll-Trenn-System

Ein alltägliches Problem: Bis die Gemüseabfälle im Kompost-Eimer landen, ist der Boden meist schon ‚versaut'. Beim abgebildeten System kann das nicht passieren. Denn hier wandert der Biomüll durch einen integrierten Schacht von der Spüle direkt in den Kompost-Eimer. Ein Edelstahl-Deckel mit Gummi-Lippe verschließt das Ganze absolut geruchsdicht. Neben dem Kompost-Eimer gibt es noch zwei weitere Behälter – einen kleinen für Restmüll (vorne) und einen großen für Grüne-Punkt-Abfälle (rechts). Wie die Eimer läßt sich auch der Müllschacht zum Säubern problemlos herausnehmen. Verschlossen werden alle drei Behälter von Deckeln im Schrankinneren.

A

B

Eine feine Sache ist auch die voll integrierbare Spülmaschine. Ihre Bedienerblende sitzt auf der Türoberseite und ist bei geschlossener Tür nicht sichtbar. Wird der Spülvorgang beendet, meldet sich das gute Stück akustisch.

Ein harmonisches Bild: Eichenholz und Fliesen in warmen Erdtönen, kombiniert mit kühlem Edelstahl

15 *Die Lichtblenden unter den Hängeschränken (Lichtschienen-System rechts) werden mit Schrauben unter den Schrankböden befestigt*

16 *Die Schienen für das variable Licht-System (Bauhöhe nur 21 mm!) schraubt man hinter die Lichtblenden unter die Hängeschränke*

den Boden auflegen. Dadurch ist jeder Auszug exakt in der richtigen Höhe montiert. Das Ein- und Aushängen der Schubkästen ist bei Quadroauszügen kein Problem: in den Haken einschieben und in den vorderen Bolzen absenken – fertig. Das ist vor allem dann ideal, wenn im Schubkasten etwas umkippt oder ausläuft. Die oberen Kanten der Schubkästen haben wir mit der Oberfräse und einem Abrundfräser entschärft. Doch was nützt die ganze Schönheit, wenn sich die Küche nicht ins rechte Licht rücken läßt? Ideal ist eine Kombination von guter Raumausleuchtung, in diesem Fall Halogen-Downlights über den Hängeschränken, und gezielter Punktbeleuchtung über der Arbeitsfläche. Das extrem flache Lichtschienen-System dafür ist variabel, so daß immer dort Licht ist, wo es gerade gebraucht wird. Wichtig: In der Küche Downlights mit Glasscheiben-Abdeckung verwenden und die angegebenen Mindestabstände von den Lampen zu brennbaren Materialien unbedingt einhalten! □

Von der Rolle

Was gestern modern war, verursacht heute mitunter Kopfschmerzen

Die Küchenchefin sah rot. Jeden Tag. Dabei lag die Lösung ganz nahe: eine Dose Lack und ein Farbroller

Nicht einmal der Vermieter, ein in Modernisierungsfragen ansonsten wirklich hartgesottener Nostalgiker, konnte ein gutes Wort für seine grelle 70er-Jahre-Küche einlegen, ohne selbst rot zu werden. Und so gab er schließlich seine Zustimmung für eine Renovierung des Fliesenspiegels und der Fronten.

Die neuen Fliesen haben wir mit einem Dispersions-Kleber einfach auf die alten gebracht. Danach kamen die Fronten an die Reihe: Für den Vorschliff sollte man Papier mit feiner Körnung (z. B. 320) oder noch besser ein spezielles Schleifvlies verwenden. Zum Streichen der Fronten eignet sich Alkydlack. Acryllack ist nur bedingt fettbeständig und daher im Küchenbereich problematisch. □

Gut gewickelt und getupft

Falls Ihnen ein einfacher Neuanstrich nicht genügt, können Sie Ihre Fronten auch mit Hilfe traditioneller Malertechniken weiter gestalten: Wickel- oder Tupftechnik bieten sich hier besonders an. Nach dem Trocknen der Grundfarbe erfolgt dabei ein zweiter Farbauftrag mit speziellen Auftragsmitteln: Bei der Wickeltechnik mit einem Kunstleder- oder Baumwolltuch, das Sie zu einer Rolle zusammenfalten. Dabei sollte die Rolle keine glatten Flächen aufweisen. Mit diesem Tuch nehmen Sie nun Farbe auf und rollen es locker zwischen Ihren Fingern über die Frontfläche (überschüssige Farbe vorher abrollen!). Bei der Tupftechnik wird die zweite Farbschicht mit einem Naturschwamm tupfend aufgebracht. Auch hier vorher die überschüssige Farbe abtupfen.

ARBEITSPLATTE AUSTAUSCHEN

1 *Als erstes erneuert man die Arbeitsplatten. Hier werden die neuen, über Eck laufenden Platten auf Gehrung geschnitten*

2 *Nach dem Herstellen der erforderlichen Ausschnitte und dem Absperren der Schnittkanten mit Silikon wurden die Platten montiert*

FRONTEN STREICHEN

1 *Damit die Farbe haftet, schleift man die Beschichtung mit feiner Körnung an und wäscht sie mit Testbenzin oder Anlauger ab*

2 *Zum Auftragen des Alkydlacks genügt schon eine solche Rolle. Eine wirklich perfekte Oberfläche erzielt allerdings erst die Spritzpistole*

Küche nach Maß

Die Küche einer typischen Plattenbauwohnung hatte eine grundlegende Renovierung nötig. Für eine optimale Raumausnutzung haben wir sogar die Möbel selbst gebaut

Was ihre Größe betrifft, unterscheidet sich die Küche in unserer Plattenbauwohnung kaum vom üblichen Standard. Hinsichtlich ihrer Ausstattung war sie allerdings mehr als reif für eine gründliche Modernisierung. Zunächst einmal empfahl sich der Austausch des gasbetriebenen Durchlauferhitzers, dessen bescheidene Heizleistung mit einem exzessiven Energieverbrauch einherging. Ähnlich dringend

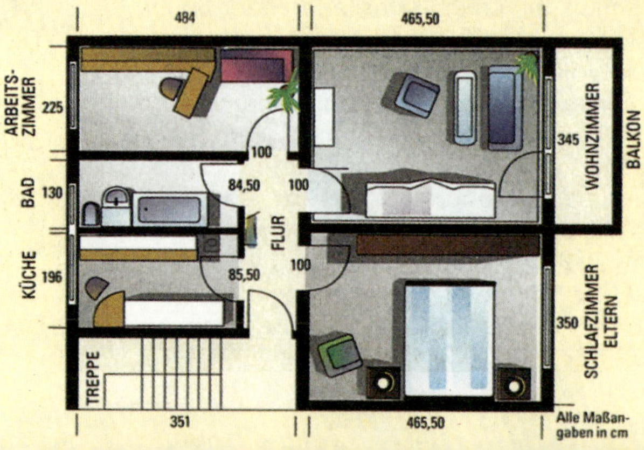

Unsere Musterwohnung im Grundriß

Wohnungen wie die links im Grundriß gezeigte existieren in den östlichen Bundesländern zu tausenden. Neben Decke, Wand und Boden haben wir die Kücheneinrichtung komplett erneuert: Mit selbstgebauten Möbeln und modernen Geräten entstand so eine funktionelle Kleinküche.

Wände fliesen

1 Um einen einheitlich haftfähigen Untergrund zu gewährleisten, wurden die Wände nach dem Entfernen der alten Fliesen zunächst …

2 … mit Tiefgrund behandelt. Danach haben wir den unteren Fliesenansatz angerissen. Er richtet sich nach der Höhe der Küchenzeile

3 Nun können Sie mit dem Verlegen Ihrer Fliesen beginnen. Wir haben einen verarbeitungsfertigen Dispersionskleber eingesetzt

4 Mit solchen netzgeklebten Fliesentafeln geht das Verlegen schnell und einfach von der Hand. Auch Anfänger erreichen damit ein …

5 … einheitliches Fugenbild. Bei den hier gewählten Fliesen lassen sich ganz nach Wunsch passende Dekorfliesen einstreuen

6 Ist der Kleber ausgehärtet, kann verfugt werden. Ziehen Sie den Mörtel mit einem Fugen-Gummi diagonal über den Belag

7 Anschlußbereiche dauerelastisch ausspritzen: abkleben, Silikon einbringen und mit dem spülmittelbenetzten Finger die Fuge formen

wäre übrigens eine Verstärkung der unterdimensionierten Stromleitungen gewesen: Die aber ist Sache des Eigentümers.
Nach dem Einbau des neuen Warmwassergeräts (vgl. Kasten unten) haben wir auch dieses Mal zunächst die Decke mit Gipskarton verkleidet: Gerade in der Küche, wo beim Kochen und Spülen reichlich Wasserdampf freigesetzt wird, sind neben einer guten Lüftung Flächen nötig, die Wasserdampf absorbieren können: Sie verhindern das Entstehen von Schwitzwasser und Schimmel. Die Gipskartonplatten wurden auf eine Unterkonstruktion aus Metallprofilen geschraubt und verspachtelt. Die umlaufende Anschlußfuge haben wir mit Silikon dauerelastisch ausgespritzt. In die Decke und in die Verkleidung des Ofenrohrs (vgl. Kasten rechts) können Sie Halogen-Einbaustrahler integrieren, um an den verschiedenen Arbeitsplätzen eine ausreichende Beleuchtung zu gewährleisten. Die Wände wurden in den Arbeitsbereichen gefliest (vgl. Fotos auf S. 179) und ansonsten mit einem leicht zu verarbeitenden Dekorputz versehen. Man zieht ihn einfach auf Kornstärke (hier 2,5 mm) ab und strukturiert ihn anschließend mit einem Kunststoff-Reibebrett. Je nach Führung des Bretts können Sie hierbei horizontal oder vertikal betonte Strukturen wie auch kreisförmige Reibemuster erzeugen. Wichtig: Verwenden Sie zum Verarbeiten des Putzes grundsätzlich nur rostfreies Werkzeug!
Als pflegeleichten und robusten Bodenbelag wählten wir auf die Wandfliesen abgestimmte hellgraue Bodenfliesen. Allerdings mußte zunächst der unebene Küchenboden begradigt werden. Dank einer speziellen Ausgleichsmasse, die – mit der Glättkelle verzogen – von selbst zu einer ebenen und tragfähigen Schicht verläuft, war das kein Problem. Beim Fliesenlegen sollten Sie die erste Längs- und Querreihe an

Aus für Energiefresser

Der Wirkungsgrad des alten Warmwasserbereiters stand im umgekehrten Verhältnis zu seiner beachtlichen Größe (vgl. Foto 1). So entschlossen wir uns, vor Beginn der Renovierungsarbeiten einen Fachmann mit dem Austausch dieses Gerätes zu beauftragen. Da das Stromnetz in Plattenbausiedlungen bekanntermaßen sehr dürftig ausgelegt ist, kam nur ein gasbetriebener Durchlauferhitzer in Frage. Auf Wunsch der Mieter wurde dieser an der alten Stelle installiert, obwohl auch eine Montage in der Regalnische rechts neben der Eingangstür möglich gewesen wäre. In diesem Fall hätte das lange Ofenrohr entfallen können. Nach dem Anpassen der Anschlüsse (Foto 2) ist die Montage schnell erledigt (Foto 3). Mit einem nur unwesentlich größeren Gerät wäre übrigens auch die Versorgung der Heizung möglich gewesen. Leider wurde diese Variante, bei der der Mieter nur noch die tatsächlich anfallenden Heizkosten zahlen muß, von der Wohnungsbaugesellschaft nicht genehmigt. Da allerdings in vielen Plattenbausiedlungen ohnehin eine grundlegende Erneuerung der Heizungsanlagen ansteht, werden vermutlich viele Mieter oder Eigentümer andernorts auf weniger Widerstand stoßen.

1

2

3

Boden fliesen

1 Aufgrund der Niveau-Toleranzen des Küchenbodens mußten wir vor dem Fliesenlegen eine selbstverlaufende Ausgleichsmasse …

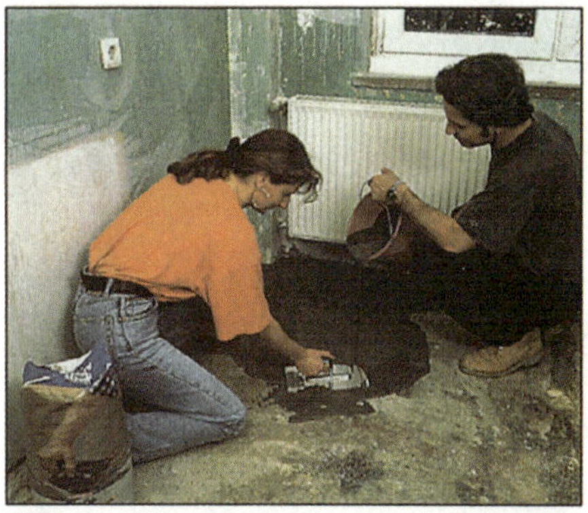
2 … aufbringen. Die Masse wird portionsweise mit Wasser angerührt, ausgeschüttet und mit einer Glättkelle verzogen

3 Nach dem Abbinden der so geschaffenen ebenen Fläche wurden die Fliesen in einen kunststoffvergüteten Dünnbettmörtel gelegt

4 Am besten erst alle ganzen Fliesen auslegen, wobei Fugenkreuze für gleichmäßige Fugenbreiten sorgen. Die nötigen Zuschnitte …

5 … haben wir zum Schluß hergestellt und eingepaßt. Eck-Ausschnitte kann man mit der Trennscheibe oder einem speziellen …

6 … Naßschneider anfertigen. Zum Schluß verfugen. Den überschüssigen Mörtel vorsichtig mit einem feuchten Schwamm entfernen

VERSTECK FÜR'S OFENROHR

Auch die Küchendecke wurde mit Gipskarton bekleidet: Wie das geht, haben wir in den letzten Folgen gezeigt. Den waagerechten Teil des Ofenrohrs versteckten wir hinter einem Kasten aus Gipskarton und einer Holz-Unterkonstruktion. Dieser Kasten bot sich zugleich für den Einbau von Halogen-Strahlern als Arbeitsplattenbeleuchtung an.

einer Schnur ausrichten, die Sie mit Einschlagstiften im Boden befestigen können. Den Wandanschluß haben wir mit speziellen Sockelfliesen ausgeführt. Beim Verfugen sollten Sie den überschüssigen Mörtel mit einem feuchten Schwamm abwischen, sobald das Fugenmaterial etwas angezogen hat: Auf diese Weise ersparen Sie sich das mühsame Entfernen des sonst entstehenden Zementschleiers. Die Dehnungsfuge am Wandanschluß wurde mit einem speziellen Fugenband hinterfüllt und dann mit Silikon dauerelastisch ausgespritzt. Auch die Küchenmöbel haben wir selbst gefertigt, um den vorhandenen Raum bestmöglich ausnutzen zu können. Dank preiswerter Materialien (weiß beschichtete Spanplatte und Lamellentüren aus dem Baumarkt) ließ sich so auch noch bares Geld sparen. Wie wir die Korpusse für die Unterschränke gebaut haben, sehen Sie auf S. 182. Die Hängeschränke werden nach dem gleichen Prinizp gefertigt, nur daß man hier natürlich eine

Wände verputzen

1 *Die nicht gefliesten Bereiche wurden mit einem Dekor-Reibeputz versehen. Das verarbeitungsfertige Material nach dem Grundieren …*

2 *… einfach mit einer Glättkelle aufbringen, auf Kornstärke abziehen und anschließend mit einem Kunststoff-Reibebrett strukturieren*

Klapptisch

Trotz der beengten Raumverhältnisse in der nicht einmal 2 m breiten Küche wünschten sich die Mieter einen kleinen Frühstücksplatz. Ein Anliegen, das auf den ersten Blick unerfüllbar schien. Unser Schreiner hatte den rettenden Einfall: Eine viertelkreisförmige Tischplatte (Radius: 90 cm), die bei Bedarf einfach ausgeklappt wird. Wie wir diese Idee umgesetzt haben, sehen Sie rechts. Platte, Wandleiste und Fuß wurden dabei aus dem gleichen, 38 mm dicken Leimholz hergestellt wie die Arbeitsplatten.

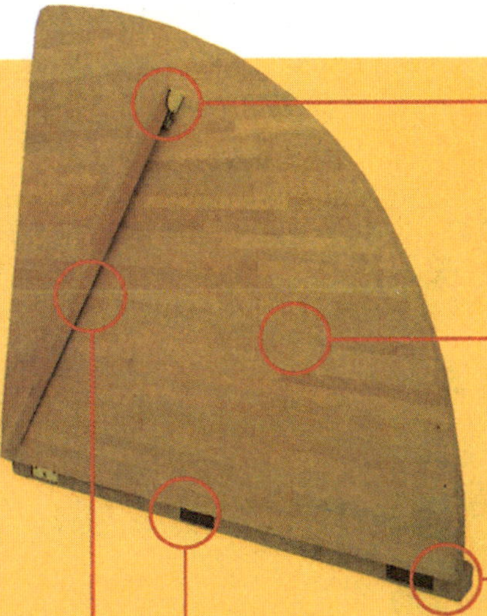

Ein Klappbeschlag, der in zwei Stellungen einrastet, sorgt für Halt im ein- und ausgeklappten Zustand

Wandleiste und Tischplatte bestehen aus Buche-Leimholz. Die Oberflächen können Sie mit Öl behandeln

Die Wandleiste wurde verdübelt. Vorher die Scharnier-Aussparungen einbringen

Auch den Fuß haben wir aus der Leimholzplatte herausgeschnitten

Die drei Scharniere wurden in Platte und Wandleiste eingelassen

Küche aufbauen

1 *Nun können Sie die maßgefertigten Küchenmöbel (vgl. S. 182) aufstellen und ausrichten. Danach haben wir die Arbeitsplatte …*

2 *… aufgelegt. Sie muß noch maßgenau zugerichtet und mit einer Aussparung für die Keramik-Spüle versehen werden*

3 *Wenn Sie die Aussparung von oben einschneiden wollen, sollten Sie den Stichsägen-Fuß mit einem Spanreißschutz bestücken*

Unser Prototyp für den Küchen-Selbstbau: einfach, funktionell und schnell gefertigt

Die fertig zugeschnittenen Korpusteile haben wir zur Aufnahme der Rückwände mit der Oberfräse ausgefälzt. Alternativ können Sie auch nuten

Auf alle sichtbaren Plattenkanten wurden Kunststoffumleimer gebügelt. Mit einem Andrückholz nacharbeiten und die Überstände abstechen

Die Korpusplatten wurden mit Leim und Flachdübeln verbunden. Die dazu erforderliche Fräseinrichtung gibt es als Vorsatz für den Winkelschleifer

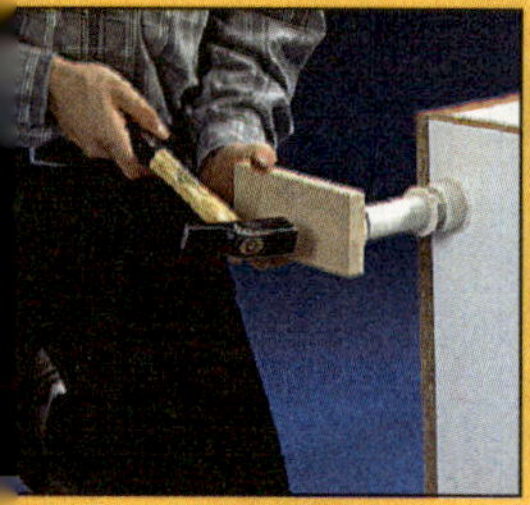

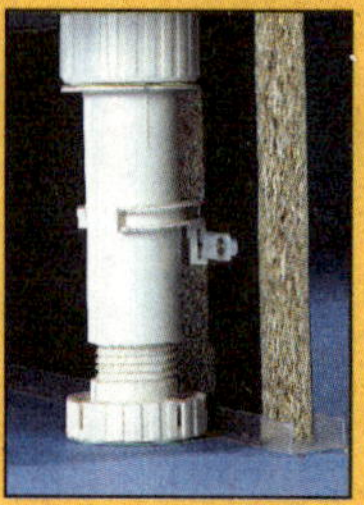

Anstelle eines handgefertigten Sockels haben wir höhenverstellbare Kunststoff-Füße montiert, die Sie im Baumarkt kaufen können

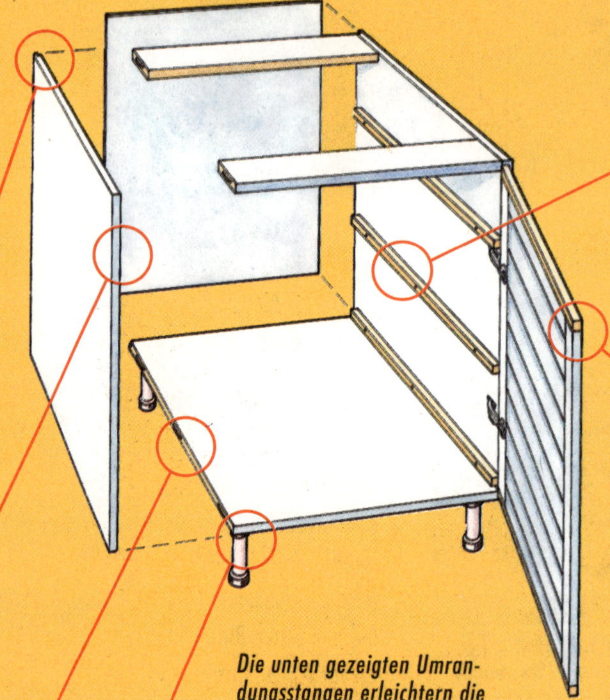

Damit wir unsere Schränke trotz vorliegender Türen mit Schüben ausstatten konnten, mußten wir eine Vierkantleiste als Aufdoppelung montieren

Die Lamellentüren haben wir passend gekürzt und mit einer Abschlußleiste versehen. Zum Schluß wurden die Topflöcher gebohrt

Die unten gezeigten Umrandungsstangen erleichtern die Herstellung individueller Korbgrößen. Sie werden passend abgelängt und mit Eckverbindern zusammengesetzt. Zur Befestigung auf der Bodenplatte gibt es Spezialbeschläge und eine Bohrlochschablone (s. unten rechts)

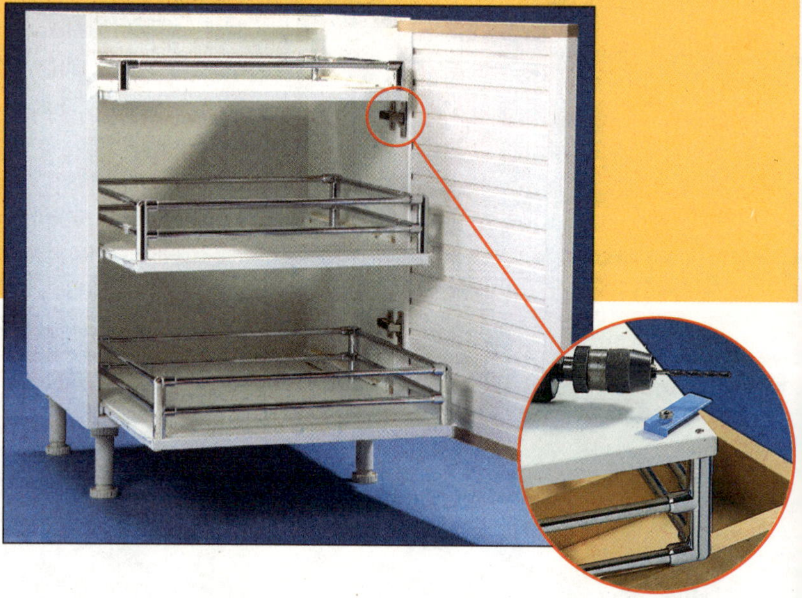

durchgehende Deckplatte montiert. Spanplatten und Türen können Sie sich in Baumärkten mit Zuschnitt-Abteilung millimetergenau ablängen lassen. Für die Türen gibt es dort übrigens auch spezielle Abschlußleisten. Alternativ können Sie aber – wie wir – eine Vierkantleiste aus Massivholz aufleimen, um die Frontansicht etwas interessanter zu gestalten. Sind alle Korpusse aufgestellt und ausgerichtet, müssen Sie nur noch die Arbeitsplatte anpassen und von unten verschrauben. □

Fliesen, Keramik-Spüle: Villeroy & Boch, Postfach 1120, 66688 Mettlach; **Fliesenkleber, Fugen- und Ausgleichsmasse:** Lugato, Helbingstr. 60-62, 22047 Hamburg; **Putz:** Caparol, Postfach 1264, 64369 Ober-Ramstadt; **Tapete:** Erfurt, Beyenburger Str. 38, 42391 Wuppertal; **Durchlauferhitzer:** Hydrotherm, Dr.-Stiebel-Str., 37603 Holzminden; **Werkzeuge:** Lux, Postfach 1610, 42929 Wermelskirchen; Metabo, Pf. 1229, 72622 Nürtingen (Elektrowerkzeug); Wolfcraft, Löhstr. 18, 56745 Weibern (Flachdübelfräse); **Leim:** Henkel, Henkelstr. 67, 40589 Düsseldorf; **Möbelbeschläge:** Robbi, Südstr. 7, 32130 Enger-Oldinghausen; **Küchengeräte:** Quelle, 90750 Fürth; **Lamellentüren, Arbeitsplatte:** 1001 Lüghausen, Wilhelmstr. 146, 53721 Siegburg; **Fenster:** Hörmann, Upheider Weg 94-98, 33803 Steinhagen

Kapitel 4

Schöne Eßplätze

Mit der Küche allein ist es nicht getan – auch beim Essen hebt das richtige Ambiente die Stimmung. Wir zeigen Ihnen auf den folgenden Seiten Eßplätze in jeder Größenordnung und in allen Schwierigkeitsgraden

INHALT

MODERNER

Gekonnt wirkt auch diese flotte Kombination: Die Schubladen in allen vier erhältlichen ArtMade-Farbtönen

Gemütliche Stunden mit schönem Essen und einem guten Schluck sind immer ein harmonischer Ausgleich nach Zeiten hektischer Betriebsamkeit. Noch viel besser gelingen sie, wenn das Eßzimmer mit seinem Ambiente die richtige Atmosphäre ausstrahlt. Das ArtMade-Programm von Parador bietet für solche Zwecke viele Möglichkeiten und interessante Gestaltungs-Varianten, vor allem auch für den Heimwerker, der diese Möbel mit eigenen oder auch nach unseren Entwürfen umgestalten kann. In diesem Fall haben wir die Möbel in der Ausführung Lack transparent mit nur einer Glasplatte zum kompletten Eßplatz umfunktioniert. ArtMade ist außerdem in Lack weiß, Lack grau-metallic und in Lack schwarz erhältlich. Die System-Möbel sind aus hochwertigen MDF-Platten gefertigt und besitzen eine perfekte Lackoberfläche mit leicht gerundeten Kanten. Und auch hier gilt wie immer bei ArtMade: Egal, wie man die Teile auch dreht und wendet – sie passen einfach und können universell eingesetzt werden. Eine gute Hilfe beim Zusammenbau sind das Höhenraster-Bandmaß und eine genaue Aufbau-Anleitung, die jeder Lieferung beiliegen. Die eine Seite des Bandmaßes zeigt die Positionen für die Schubkastenführungen, die andere die Lage der Beschläge bei Holz- und Glastüren. Alle Beschläge, die Sie für den

ESSPLATZ

Möbel mit System

Viel Platz für Ihr Geschirr und andere Kleinigkeiten bieten die Elemente, an denen die Glasplatte angeschraubt ist

Zusammenbau benötigen, sind anwendungsbezogen verpackt und leicht anzubringen. Außerdem enthält die Lieferung einen Computerausdruck mit Angaben der verschiedenen Höhenraster und der Möbeltiefe. Drei Höhenmaße sind bei ArtMade erhältlich: Die 6-Raster-Sideboardhöhe (99 cm), die 12-Raster-Wohnbereichshöhe (195 cm) und die 14-Raster-Kleiderschrank-/Bücherregalhöhe (227 cm). Im Parador-Ideenstudio können Sie sich außerdem viele Anregungen holen und auch alle Knöpfe in Augenschein nehmen, mit denen Sie Ihre neuen Möbel versehen möchten.
Unsere Bildfolge verdeutlicht den Zusammenbau. Die Klemmbefestigungen, die Sie benötigen, um aus den Elementen und der Glasplatte einen Eßtisch zu fertigen, sind im Glasfachhandel er-

Praktisch für Liebhaber eines guten Tropfens: Jeder Rastereinsatz kann sechs Köstlichkeiten aufnehmen

Geschirr, Karaffen, Gläser, Besteck: Villeroy & Boch

1 *In die Bohrungen der Böden werden Kunststoffbuchsen eingedrückt, die beim Zusammenbau später in die an den Seiten montierten Gegenstücke greifen*

5 *Nachdem so Seitenteile und Rückwand verbunden sind, die Böden einsetzen und anschließend befestigen*

6 *Das 10 mm dicke Einscheiben-Sicherheitsglas der Tischplatte wird mit diesen Klemmbefestigungen an den Elementen angeschraubt*

7 *Im Detail: So sitzt die Glasplatte in der Klemmbefestigung und diese an der Möbelwand*

hältlich. Es gibt sie in verschiedenen Größen und für unterschiedliche Glasstärken . Die von uns verwendeten sind für 10 mm dickes Glas und haben ein 8-mm-Gewinde zur Verbindung mit den Möbelteilen. Dazu müssen Sie die Schrankseiten viermal in 72 cm Höhe durchbohren. Die Maschinenschraube von innen durchstecken und die Klemmbefestigungen daran anschrauben. □

Aus den Zeichnungen können Sie den Aufbau der ArtMade-Kombination genau erkennen. Die Positionsnummern finden Sie im Einkaufszettel wieder

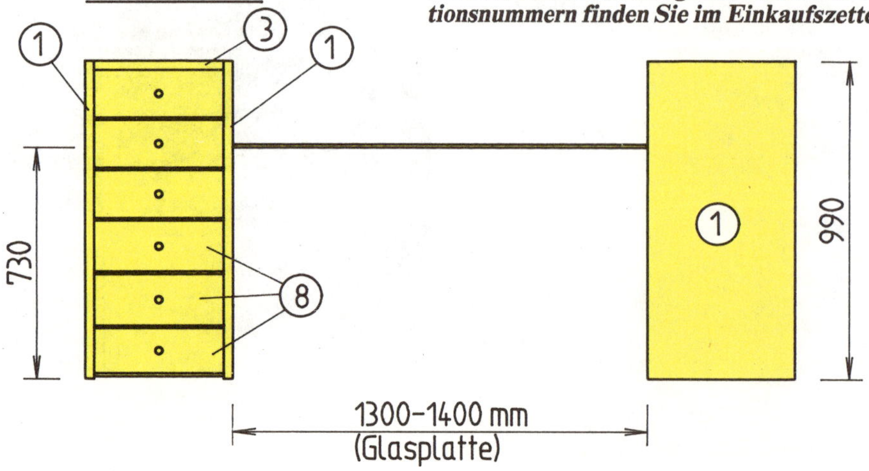

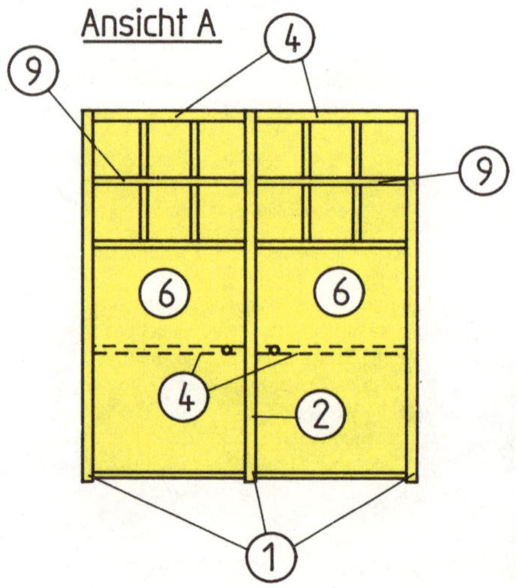

2 *Hier die Gegenstücke: Sie werden in die vorhandenen Bohrloch-Reihen jeweils in Höhe der einzusetzenden Böden geschraubt*

3 *Das Anschrauben der Schubladen-Laufschienen geschieht mit Hilfe des Höhenraster-Bandmaßes (Seite „Schubkästen") und geht sehr leicht*

4 *Eingeschraubte Zapfen, die in die Drehbuchsen greifen, verbinden die Teile*

8 *Bei den Schranktüren brauchen Sie die Topfscharniere nur in die vorhandenen Bohrungen zu stecken und festzuschrauben*

Ein attraktiver Eßplatz für schöne Stunden: Hier läßt sich's gut sitzen

Einkaufszettel

Pos.	Anz.	Bezeichnung	Maße in mm
1	6	Außenseiten	R 6 990 x 450
2	1	Mittelseite	R 6 990 x 450
3	2	obere Abschlußböden	400 x 450
4	12	Böden	400 x 450
5	4	Rückwände	R 6 990 x 400
6	2	Türen	R 4 670 x 400
7	1	Tür	R 6 990 x 400
8	6	Schubkästen	400 x 450
9	2	Rastereinsätze	400 x 450

6 Knöpfe Nr. 2, Leder schwarz; 3 Knöpfe Nr. 3, Leder braun; 1 Glasplatte aus Sekurit-Einscheiben-Sicherheitsglas in Parsol bronze, Größe 130 bis 140 x 88 cm, 10 mm dick, alle Kanten poliert; 4 Klemmbefestigungen für Trennwände, Balkon- und Treppengeländer und für 10 mm Glasdicke, Form und Oberfäche nach Wahl (im Glasfachhandel erhältlich);
2 Maschinenschrauben mit Unterlegscheiben M8, 30 mm lang; 2 Maschinenschrauben mit Unterlegschrauben M8, 40 mm lang.

Hier eine zeichnerische Aufsicht des Eßplatzes. Bei Ihrer Planung sollten Sie die Größe Ihres Zimmers und den späteren Standort des Möbels berücksichtigen, da der Platz von drei Seiten begehbar sein muß

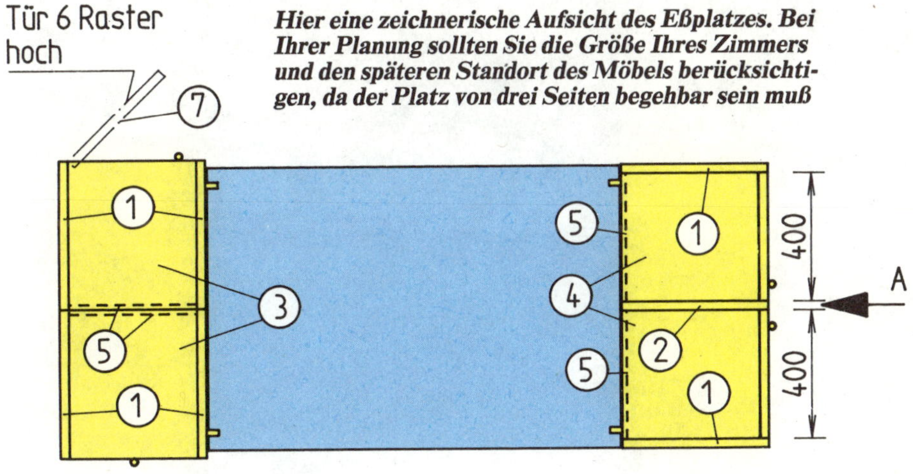

6 PLUS 2

ESSPLATZ FÜR DIE GROSSE GESELLSCHAFT

Die Tischbeine unten auf 20 cm paarweise zusammenleimen und nach dem Trocknen V-förmig einsägen

Um die Tischbeine zu befestigen, erhalten die Führungsleisten Aussparungen. Nun nacheinander alle ...

... Leisten auf der Unterseite der Tischplatte befestigen. Unser Foto verdeutlicht noch einmal den Zusammenbau

Beginnen Sie mit den diagonalen Birkenholzstreifen in der Mitte. Sägen Sie sie in einem Winkel von 45° aus

Damit die Birkenholz-Streifen gut kleben, Platten auflegen und mit Zwingen befestigen. Dann trocknen lassen

Der fertige Tisch unbehandelt: Möchten Sie ihn farbig, nach dem Beizen fein schleifen und dreimal Lack auftragen

Acht Personen finden an diesem eleganten Tisch Platz zum gemütlichen und stilvollen Tafeln bei Kerzenlicht. Er besticht durch seine außergewöhnliche Platte und nicht zuletzt durch die edlen Tischbeine. Ohne die Erweiterung können sechs Personen bequem daran sitzen. Die Zusatzplatte kann, wenn sie nicht benötigt wird, unter den Tisch geschoben werden. Dort sitzt sie zwischen zwei Führungsleisten (siehe Zeichnung), die unter den beiden Tischhälften angebracht sind. Zwei Überwurfriegel sichern dann das Ganze, damit die Zusatzplatte nicht herunterfällt. Für die Anfertigung des Tisches benötigen Sie keine komplizierten Werkzeuge. Wichtig ist es, gutes Sperrholz ohne viele Knoten und Risse zu verwenden. Ein Tischbein zeichnen Sie auf das Sperrholz auf und sägen es aus. Dieses benutzen Sie als Schablone für die anderen sieben. Dann paarweise von unten 20 cm mit reichlich Leim zusammenfügen. Den oberen Teil mit einem rund 7 cm breiten Holzkeil trennen. Mit Zwingen über Nacht trocknen lassen und erst dann die V-förmigen Ausschnitte (kleine Zeichnung rechts) herstellen. Die Kanten der Tischplatte in einem 45°-Winkel absägen. Dann nacheinander alle Leisten auf der Unterseite der Tischplatte laut Zeichnung befestigen. Die Verlängerung für den Mittelteil der Tischplatte besteht aus jeweils zwei Führungsleisten, die durch Distanzklötzchen stumpf verbunden sind. Die Verlängerungen gleiten durch zwei „Kanäle", an denen auch die Tischbeine befestigt werden. Die Birken-Sperrholzstreifen bilden ein dekoratives Muster und teilen die Tischplatte in acht Sitzplätze ein. Zur stärkeren Ausprägung des Musters schleifen Sie die Oberkanten vor dem Aufleimen an. Die Außenstreifen haben eine Breite von 7,5 cm, die inneren 7 cm. Das Muster der Verlängerung haben wir seitenverkehrt angeordnet. Unser Farbvorschlag: Die Platte in Hellmahagoni, Tischbeine und -rahmen in Schwarz beizen – eine edle Kombination. □

EINKAUFSZETTEL

Pos.	Anz.	Bezeichnung	Maße in mm	Material
1	2	Tischplatten	996 x 795	Sperrholz 15 mm dick
2	1	Zusatzplatte	996 x 495	
3	8	Tischbeine	700 x 120	Sperrholz, Birke 12 mm dick
4	8	Führungsteile	106 x 70	
5	8	Führungsleisten	705 lang	Fichte/Tanne 44 x 21 mm
6	2	Fixierleisten	495 lang	
7	4	Führungsleisten	1340 lang	
8	4	Distanzklötzchen	55 lang	
9	2	Kantenleisten	840 lang	Fichte/Tanne 44 x 15 mm
10	2	Trägerleisten	490 lang	
11	2	Distanzleisten	490 lang	Fichte 21 x 21 mm

ca. 25 lfdm. Birkensperrholz, 75 x 4 mm; ca. 16 lfdm.Birkensperrholz, 70 x 4 mm; 2 Überwurfriegel (Fixierung Zusatzplatte); 6 Holzdübel, ∅ 6 x 40 mm; Spanplatten-Schrauben; Holzleim.
Materialkosten rund 190 Mark

6 PLUS 2

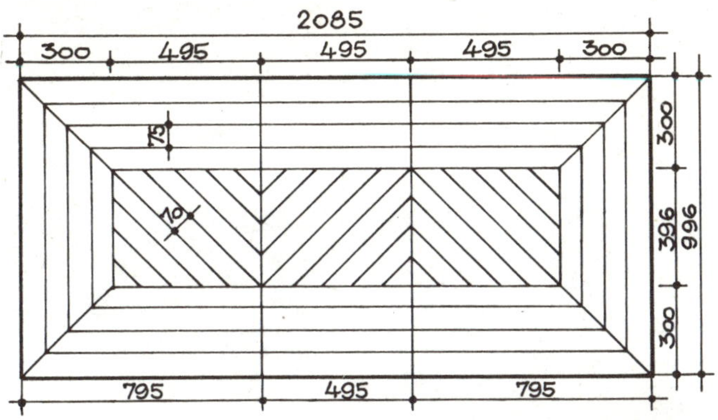

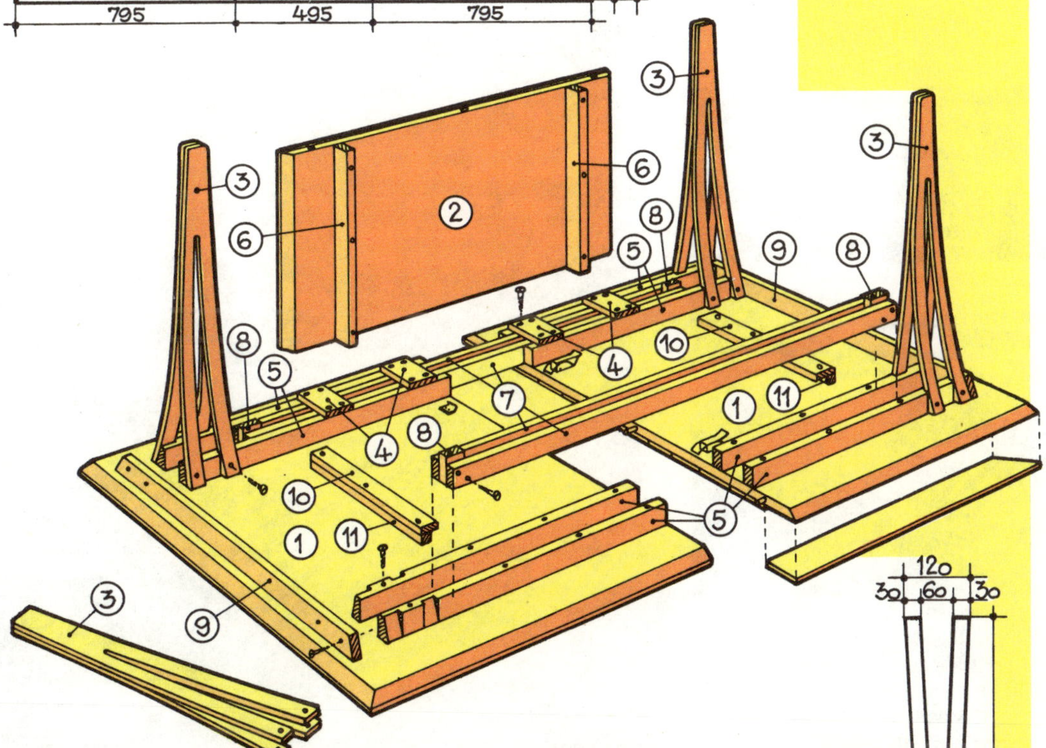

Auf der oberen Zeichnung können Sie das Muster der Streifen genau erkennen. Die mittlere zeigt den Aufbau. Rechts: Zeichnung und Detailfoto eines fertigen Tischbeines

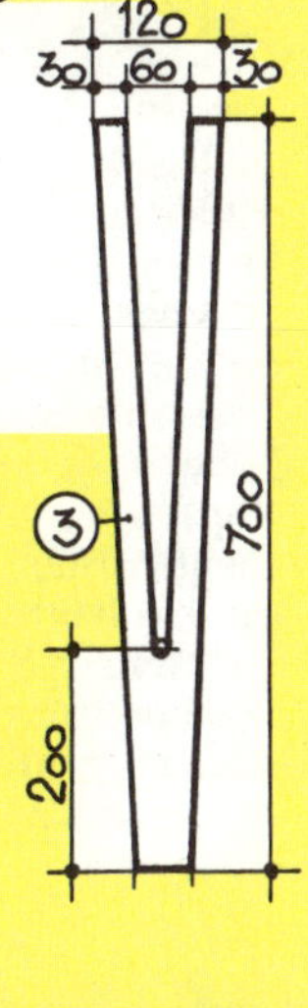

Tischlerkunst aus Meisterhand

Stilvoll serviert

Ein festliches Mahl bereitet besonders viel Vergnügen, wenn es auf einem schönen Tisch in gehobenem Ambiente angerichtet ist. Die größte Freude hat man als Heimwerker jedoch daran, wenn der Eßtisch in der eigenen Werkstatt entstanden ist

Die Qualität hochwertiger Möbel kann man an drei wesentlichen Merkmalen festmachen: ansprechendes Design, schönes Holz und handwerklich saubere Ausführung. Unsere beiden Eßtische erfüllen alle diese Kriterien – und das zu einem Preis, der einfach unschlagbar ist. Nur 390 Mark Materialkosten müssen Sie für den Tisch auf dem großen Foto rechts veranschlagen, das rustikale Modell oben gar ist bereits für 190 Mark im Eigenbau herzustellen. Wer jetzt noch zögert, ist selbst schuld – also: nichts wie ran an die Arbeit!

Fast alle Holzverbindungen haben wir mit Schlitz und Zapfen ausgeführt. Dies hat nicht nur den Vorteil, daß eine sehr haltbare Konstruktion entsteht; die Möbel wirken auch optisch sehr solide – besonders deutlich wird das an den verkeilten Längsstreben

Holz: 1001 Lüghausen, Siegburg; Parkett: Pfleiderer; Lampen: Yellow Möbel, Köln; Accessoires: ASA Selection

Das Holz für unseren ersten Tisch gibt es fertig im Baumarkt: Kiefer-Systemhölzer und Buchen-Leimholzplatten

bei Tisch 1. Auf dieser Seite sehen Sie, wie man Schlitze und Zapfen mit Hilfe einer Tischkreissäge fertigt. Natürlich können Sie hier auch Handwerkzeuge einsetzen. Auch dann sollten Sie zuerst die Schlitze herstellen. Dazu bohrt man zunächst den Schlitz mehrfach dicht nebeneinander vor und stemmt dann das restliche Holz mit einem Stechbeitel aus. Passend zum Schlitz wird dann der Zapfen mit vier Schnitten ausgesägt. In jedem Fall muß der Zapfen sauber in den Schlitz passen: Er darf darin nicht wackeln, darf aber andererseits auch nicht so stramm sitzen, daß er das Gegenstück spaltet.

Tisch 1

1 Die Schlitze für die verschiedenen Holzverbindungen haben wir mit Hilfe einer Langloch-Bohrvorrichtung auf der Kreissäge hergestellt

2 Für die Zapfen gibt es zwei Möglichkeiten. Die eine: Zuerst wird die Zapfenlänge mit der Kreissäge eingeschnitten. Dazu den Anschlag vergrößern

3 Dann sägt man quer zu den ersten beiden Schnitten, so daß der Zapfen stehenbleibt. Ein Nacharbeiten ist bei sauberer Arbeit meist nicht nötig

4 Bei den langen Zapfen der Längsstreben wird die Sägeblatthöhe nicht ausreichen. Hier werden also zunächst viele Schnitte dicht an dicht gesetzt

5 Dann sticht man mit dem Beitel den Zapfen frei. Hier muß in jedem Fall versäubert werden. Danach den Schlitz für den Keil (9) einbringen

6 Die Ausbrüche an den Enden der beiden Fußbretter (3) entstehen in vier Schritten. Von links: Anzeichnen, Vorbohren, Ausschneiden und Glätten

7 Schließlich rundet man alle später sichtbaren Kanten der Fußbretter ab. Wir haben dazu eine Oberfräse mit Viertelstabfräser verwendet

8 Nun die Unterseiten der Fußbretter gegeneinanderspannen. Mit einem 30-mm-Forstnerbohrer mittig zwei Markierungen setzen, den Rest aussägen

9 Querträger, Fußbretter und Stützen verbinden Sie durch Schlitz und Zapfen: eine sehr haltbare Holzverbindung nach alter Schreiner-Tradition

10 Nun werden die Zapfen an den Längsstreben (4) durch die Schlitze in den Stützen geschoben und mit außen eingeschobenen Buchenkeilen fixiert

Die Zinkverbindung an den Schubladen sollte man hingegen in jedem Fall mit der Oberfräse und einer Zinkenfräslehre herstellen. Das Zinken von Hand ist sehr schwierig, und selbst Profis kommen mit der Maschine meist zu einem saubereren Ergebnis.
Bei beiden Tischen ist wichtig, daß die Platte an den Querträgern des Untergestells nur verschraubt und nicht verleimt wird. Dadurch, daß die Hölzer in Längs- und Querrichtung unterschiedlich stark arbeiten, würden bei einer Leimverbindung hier unweigerlich Risse entstehen. Im Fall des ersten Tisches kommt noch hinzu, daß dann zwei verschiedene Holzarten (Kiefer und Buche) miteinander verleimt würden, was in den seltensten Fällen gutgeht.
Sie können übrigens beim ersten Tisch noch einmal Geld sparen, wenn Sie Kiefer-Leimholz statt Buche verwenden. Sie müssen letztendlich entscheiden, wieviel Ihnen die edle Buchenfläche wert ist und welches Holz am besten in Ihre Wohnung paßt. Der Einsatz der harten Buche hat allerdings den zusätzlichen Vorteil, daß die Platte sehr unempfindlich gegen Schläge und Schrammen wird.
Daß man bei einem Gebrauchsmöbel, an dem sich die ganze Familie trifft, die Kanten zur Sicherheit abrundet, versteht sich unter geübten Heimwerkern von selbst.

Der Schlitz für den Keil darf beim fertigen Tisch außen nicht ganz aus der Stütze hervorschauen, da sonst keine Klemmwirkung entsteht

Das Grundgestell ist fertig. Übrigens sind auch hier alle sichtbaren Kanten mit einem Viertelstabfräser abzurunden – natürlich vor dem Zusammenbau

Die Schubladenseiten haben wir mit Fingerzinken verbunden. Mit Hilfe einer Oberfräse und einer Zinkenfräslehre ist das gar nicht schwer

Front- und Seitenteile werden unten auf den Innenseiten genutet. In diese Nut schiebt man den Boden unter der Rückwand hindurch ein

Oben werden an den Schubladenseiten Führungsleisten befestigt, die dann in den T-förmigen Laufleisten unter der Tischplatte gleiten

Zur Montage dreht man das Gestell am besten um und schraubt es – ohne Leimangabe – auf die Unterseite der Buchen-Tischplatte

Die Tischfläche aus Buche ist robust. Richtig behandelt, nimmt sie auch verschüttete Flüssigkeiten nicht übel

Den fertigen Tisch können Sie nun mit einem Farbüberzug Ihrer Wahl veredeln.

Die Säulen für den zweiten Tisch: Erst je zwei Hölzer verleimen, nach dem Abbinden je eine Seite glatthobeln und die Hobelseiten wieder verleimen

Das Augenfälligste an unserem zweiten Tisch sind die beiden gedrechselten Säulen, die aus je vier Kanthölzern (etwa 80 x 80 mm) entstehen. Man verleimt erst zwei Hölzer und hobelt nach dem Abbinden je eine Seite glatt. Die beiden gehobelten Seiten verleimt man dann wieder und bearbeitet diesen Vierkant weiter. Die Drechsler unter Ihnen sollten sich für die Säulen eine 1:1-Vorlage aufreißen. Wer nicht drechseln kann oder möchte, wird sich vielleicht Säulen mit einem achteckigen Querschnitt hobeln. Dann können die beiden Rundzapfen natürlich nicht an das Holz gedreht werden. Man fertigt die Säulen also nur 590 mm lang (680 mm minus zweimal 45 mm Zapfenlänge) und versieht sie mit zwei Rundstäben (∅ 60 x ca. 90 mm), die in entsprechende Bohrungen in den Enden der Säulen eingeleimt werden. Ansonsten verfährt man, wie auf unseren Fotos gezeigt.
Zum Schluß die Tische mit deckendem bzw. farblosem Dekorwachs behandeln. □

Tisch 2

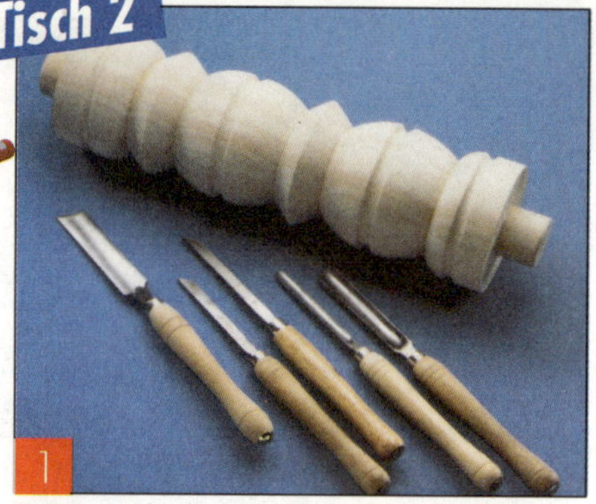

Wer gerne drechselt, wird hier nach Herzenslust gestalten. Wessen Sache das Drechseln nicht ist, der kann auch eine saubere Achtecksäule hobeln

In die Fußbretter bringt man eine exakt senkrechte 60-mm-Bohrung für den Zapfen der Säule ein. Dabei kommt der Bohrständer zum Einsatz

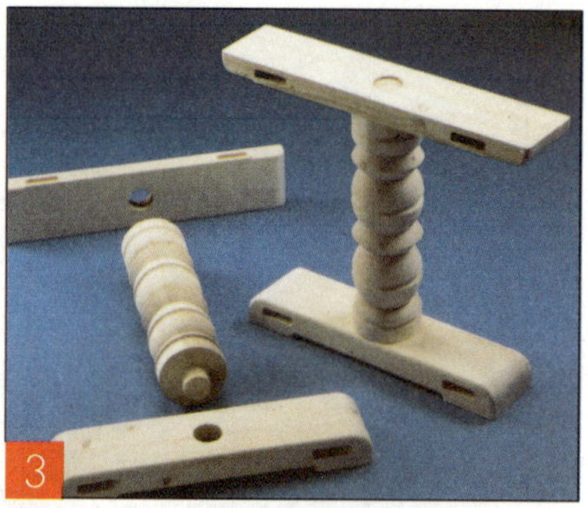

Die Säulen mit Fußbrettern und Querträgern verleimen. Schlitze, Zapfen und die Ausbrüche in den Fußbrettern entstehen wie bei Tisch 1

Hier gewährleisten vier Längsstreben die Stabilität des Tisches. Sie werden mit Schlitz und Zapfen in Querträgern und Fußbrettern befestigt

Vor dem Verleimen der Tischplatte fast man die Kanten der einzelnen Hölzern leicht an. So fallen unregelmäßig geratene Leimfugen weniger auf

Zum Verleimen benutzt man zwei selbtsgebaute Leimknechte. Die Spannung entsteht dabei durch Keile, die die Hölzer zusammenpressen

Legen Sie jetzt wieder die Platte mit der Unterseite nach oben auf den Boden und verschrauben Sie das Gestell ohne Leimzugabe daran

Auch dieser Eßtisch besticht durch eine einfache und sehr solide Konstruktion. Sein Vorteil: Aufgrund der mittig angebrachten Säulen muß niemand an einem Tischbein sitzen

Einkaufszettel

Pos.	Anz.	Bezeichnung	Maße in mm	Material
1	1	Tischplatte	1500 x 790	Buchen-Leimholz 27 mm dick
2	2	Querträger	720 lang	Kiefer 95 x 65 mm
3	2	Fußbretter	600 lang	
4	2	Längsstreben	1200 lang	
5	4	Stützen	695 lang	
6	2	Laufleisten	620 lang	Buche 35 x 34 mm
7	1	Laufleiste	620 lang	Buche 38 x 35 mm
8	4	Anschlagleisten	100 lang	Buche 20 x 10 mm
9	4	Keile	170 x 41	Kiefer 25 mm dick
10	4	Frontblenden	400 x 80	Buchen-Leimholz 19 mm dick
11	4	Rückwände	400 x 66	
12	8	Seitenteile	350 x 80	
13	8	Führungsleisten	350 lang	Buche 14 x 11 mm
14	4	Böden	380 x 340	Sperrholz 4 mm dick

Spanplatten-Schrauben; Holzleim.
Materialkosten rund 390 Mark

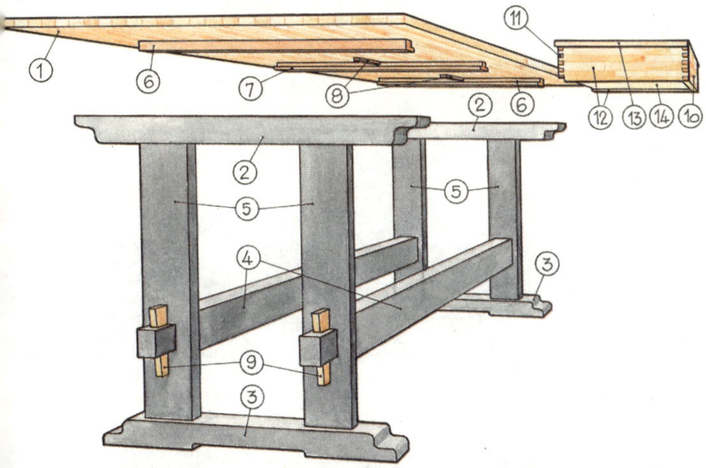

TIP

So kommt Farbe an den neuen Tisch

Es gibt viele Möglichkeiten, die Tische farbig zu gestalten. Wir haben dazu deckendes Dekorwachs in Schwarz bzw. Blau benutzt. Auf den Buchenteilen des ersten Tisches (Platte, Keile, Schubladen) sowie der Platte des zweiten kam farbloses Wachs zum Einsatz. Man wässert vor dem Auftrag das Holz, damit sich die Fasern an der Oberfläche aufrichten. Nach dem Trocknen schleift man sie ab und erhält so einen glatten Untergrund. Darauf wird das Dekorwachs zweimal aufgetragen. Zwischen den Aufträgen sollten Sie mit feinem Papier noch einmal von Hand schleifen. Wer möchte, kann natürlich auch Wasser- oder Nitrolack verwenden.

TIP

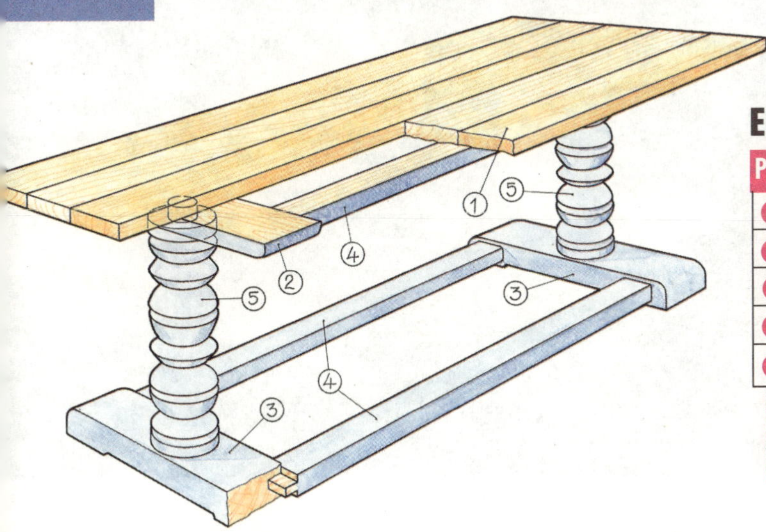

Einkaufszettel

Pos.	Anz.	Bezeichnung	Maße in mm	Material
1	1	Tischplatte	1920 x 870[1]	Fi/Ta 40 mm dick
2	2	Querträger	800 x 170	Fi/Ta 50 mm dick
3	2	Fußbretter	700 x 170	Fi/Ta 85 mm dick
4	4	Längsstreben	1160 lang	Fi/Ta 85 x 50 mm
5	2	Mittelsäulen	680 lang	Fi/Ta ∅ 160 mm[2]

Spanplatten-Schrauben; Holzleim. Materialkosten rund 190 Mark
[1] evtl. aus mehreren Brettern verleimt [2] aus vier Kanthölzern verleimt

Sechseck-Tisch mit Drehplatte

Tafelrunde

Sie müssen weder Artus heißen, noch Ritter sein, um bei dieser Tafelrunde ‚mitzumischen'. Eines sollten Sie allerdings haben: ein Faible für raffiniertes Möbeldesign und erlesene Genüsse

Die erlesenen Genüsse waren es auch, die Tobias Kleitsch, unseren ‚Haus- und Hof-Fotografen' auf die Idee mit dem Sechseck-Tisch brachten. ‚Reich mir bitte dies, gib mir mal eben das, ach würdest du bitte mal' – ständig ging das beim großen Silvesteressen so hin und her. Schließlich wollte jeder die zahlreichen, vom Chef persönlich kreierten Leckereien kosten. Der Tisch müßte drehbar sein, er sollte so groß sein, daß jeder Gast die Mitte erreichen könnte, er dürfte auf keinen Fall bombastisch wirken, aber viel Platz bieten – guter Rat war teuer.

Mal vor, mal hinter der Kamera: die Arbeit, die unser Fotograf Tobias Kleitsch in der Werkstatt geleistet hat, kann sich sehen lassen

Die Tischplattenteile läßt man sich am besten zuschneiden: Die Winkel müssen genau eingehalten werden

Tischplatte

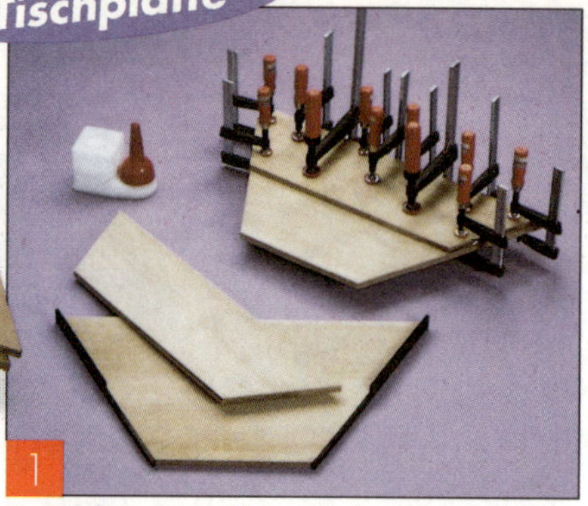

Das Verleimen von Ober- und Unterplatte. Gleichzeitig fixiert man eine Kontrastleiste (Pos. 14), die zuvor mit schwarzer Beize behandelt wurde

Zur Verbindungstechnik: Die sechs Platten-Segmente werden mit Hilfe von Flachdübeln miteinander verbunden. So sind, falls erforderlich, ...

Im wahrsten Sinn des Wortes. Beim Zug durch die Kölner Möbelhäuser stellte sich rasch heraus, daß ein Tisch, der all diese Anforderungen erfüllte, so gut wie nicht zu finden war. Und Designer-Stücke, die den Vorstellungen annähernd entsprachen, waren schlichtweg zu teuer. So blieb unserem Fotografen nichts anderes übrig, als selbst zum Skizzenblock zu greifen und sich als Möbel-Designer zu betätigen. Eine durchaus reizvolle, aber nicht einfache Arbeit. Denn nicht alles, was mit ein paar Strichen

... kleine Korrekturen möglich. Hier das Verleimen der Segmente: Dabei Zulagen und einen Spanngurt verwenden. Wichtig ist ein ebener Untergrund

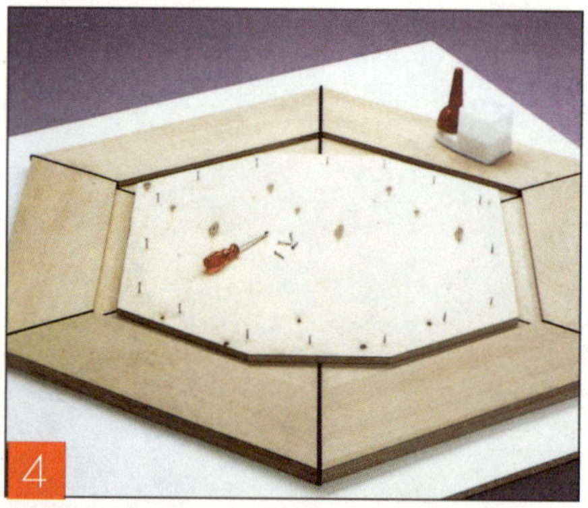

Die Unterplatte wird aufgeschraubt und verleimt. Sie soll später die drei Präzisions-Stahlrohre aufnehmen und den Drehteller aus Riffelblech tragen

So hält sich der Verschnitt in Grenzen

Sämtliche Einzelteile für Tischplatte und Fuß lassen sich aus einer einzigen Multiplex-Platte zuschneiden – vorausgesetzt, die Aufteilung sieht so aus wie auf unserer Zeichnung. Da Multiplex ein relativ teures Material ist – der Quadratmeter kostet rund 60 Mark –, macht sich eine sinnvolle Flächenaufteilung mit Sicherheit bezahlt. Besonders beim Zuschneiden der Platten-Segmente ist äußerste Präzision erforderlich (60°-Winkel).

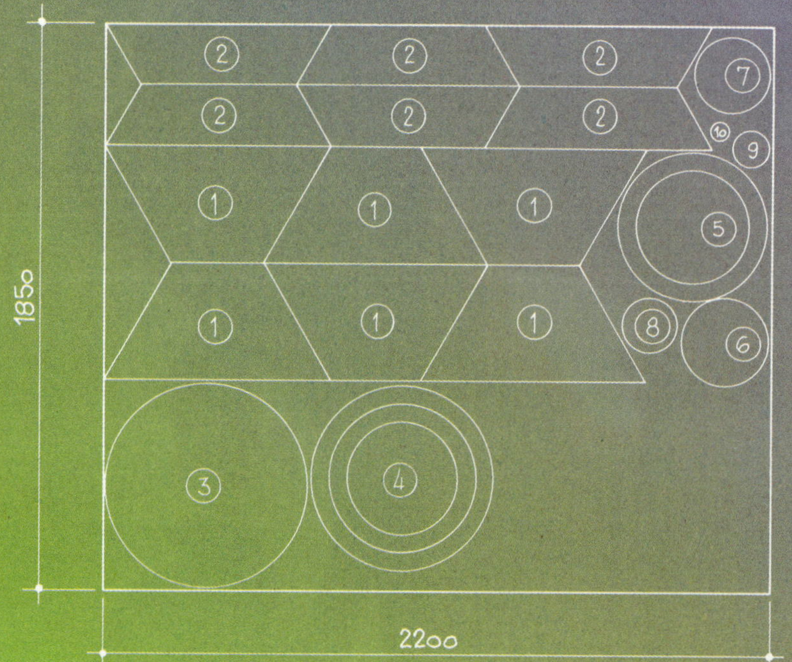

Nun dreht man die Platte um – die Sichtseite liegt oben – und markiert die Mitte (Diagonalkreuz). Mit der Oberfräse und einer Kreisführung ausfräsen

Die Kanten mit der Kreissäge entlang der Führungsschiene auf 45° abschrägen, mit dem Schleifklotz nacharbeiten und leicht anfasen

Damit die Lagerung für den Drehteller genau paßt, muß im Mittelpunkt zuerst durch- und dann aufgebohrt werden (mit dem 26-mm-Forstnerbohrer)

Tischfuß

Aus der Buche-Multiplex-Platte schneidet man laut Zuschnittplan und den in unserem Einkaufszettel angebenen Maßen die Ringe für den Tischfuß aus

In der Grundplatte die Mitte markieren. Die Scheiben ebenfalls zentrieren und durchbohren, damit sie exakt konzentrisch verleimt werden können

Das ist äußerst wichtig, damit beim Drechseln der Rohling ohne Unwucht läuft. Dabei die Geschwindigkeit stets dem Durchmesser anpassen

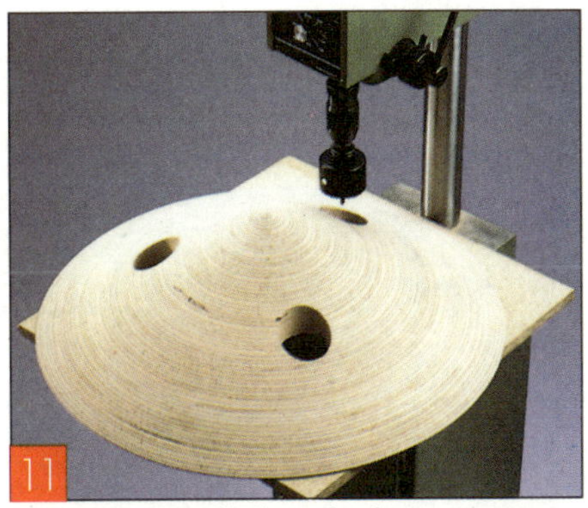

Das Bohren der Aufnahmen für die Präzisions-Stahlrohre mit Hilfe von Bohrständer und Bohrkrone. Dabei die Grundplatte 5 mm tief anbohren

Verbindung

Verbindung zur Tischplatte: Die sechs Bohrungen in den Flanschen werden eingebracht, bevor man diese mit den Präzisions-Stahlrohren verschweißt

Verbindung zum Fuß: Einen Hartholz-Kern drechseln, in das Rohr einschlagen und von unten verschrauben. Seitlich mit Schnellbauschrauben fixieren

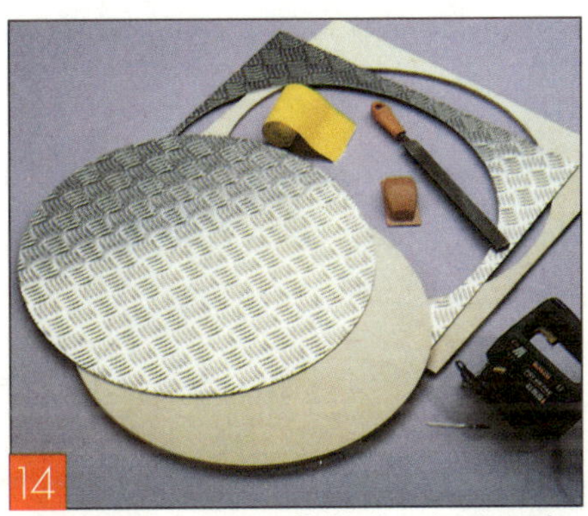

Die Drehtellerteile aus Riffelblech und Birke-Multiplex deckungsgleich ausschneiden; beim Blech wegen der Verletzungsgefahr die Kanten brechen

Sechs starre Laufrollen gleichmäßig am Umfang verteilt einsenken und verschrauben. Dabei muß die Rollenachse parallel zum Radius stehen

rasch skizziert ist, läßt sich später auch technisch realisieren. Diese leidvolle Erfahrung mußte unser Hobby-Tischler erst einmal machen, bevor er ans Ziel gelangen konnte. Wichtig war ihm auch der Einsatz interessanter Materialien und deren ‚typgerechte' Verarbeitung. So wurde der Tischfuß aus mehreren Schichten Multiplex verleimt und zum Kegel gedrechselt, wodurch dieser moderne Werkstoff hervorragend zur Geltung kommt. Genauso wie der Clou der ganzen Sache, die Drehplatte aus Alu-Riffelblech. Dieser bewegliche Einsatz ruht auf einem Rillenkugellager und sechs starren Laufrollen. Gestützt wird die Konstruktion von drei Präzisions-Stahlrohren, die wie auch der drehbare Teller, schwarz lackiert sind. Die Holzplatte bleibt naturbelassen – alles in allem eine interessante Komposition von Materialien, Formen und Farben. Pfiffige Detail-Lösungen wie die durch schwarze Kontrast-Leisten akzentuierte Sechseck-Form und die abgeschrägten Kanten lassen den Ästethen erkennen. Kompliment, Tobias! ▷

Die Verbindung der Tischbeine mit dem Mittelfuß: Drei Fußplatten sind bereits angeschraubt. Die Oberflächen vor dem Zusammenbau behandeln

SCHNITT A÷A
SEITENANSICHT
HALBE DRAUFSICHT
DETAIL „X"

Der Clou: Die Oberflächenbehandlung mit Holzöl. Dieses wird – jeweils mit Zwischenschliff – dreimal aufgetragen

Nach dem letzten Ölauftrag darf die Platte 10 Tage nicht beansprucht werden, danach ist die Oberfläche voll belastbar

Einkaufszettel

Pos.	Anz.	Bezeichnung	Maße in mm	Material
1	6	Platten-Segmente	742 x 385	Buche-Multiplex
2	6	Platten-Segmente	742 x 200	18 mm dick
3	1	Bodenplatte	∅ 650	
4	3	Fußringe/-platte	∅ 590/470/350	
5	2	Fußring/-platte	∅ 530/410	
6	1	Fußplatte	∅ 290	
7	1	Fußplatte	∅ 230	
8	1	Fußplatte	∅ 170	
9	1	Fußplatte	∅ 110	
10	1	Fußplatte	∅ 50	
11	1	Unterplatte	750 x 750	Birke-Multiplex 18 mm dick
12	1	Drehplatte	∅ 600	Birke-Multiplex
13	3	Fußplatten	∅ 100	9 mm dick
14	6	Kontrastleisten	470 lang *)	Buche 40 x 8 mm
15	3	Futter-Rundhölzer	100 lang	Buche ∅ 66 mm

3 Präzisions-Stahlohre, ∅ 68 x 1, 700 mm lang; 3 Stahlblech-Flansche, 2 mm dick, ∅ 160 mm; 1 Drehplatte, Alu-Riffelblech, 2,5/4 mm, ∅ 600 mm; 1 Rillenkugellager, ∅ 26/10 x 8 mm; 6 starre Laufrollen, Bauhöhe ca. 11 mm; 1 Zentrierdorn, Messing ∅ 26/9,9 x 19 mm lang, M6-Innengewinde; 3 Skt.-Holzschrauben 6,0 x 80 mm mit Scheiben; 1 Senkkopfschraube M6 x 30 mm; Spanplatten-Schrauben; Flachdübel; Zweikomponenten-Kleber; Beize schwarz; Holzöl; Sprühlack schwarz matt; Holzleim.

Materialkosten rund 450,-- Mark

*) Rohmaß, bei Montage anpassen

Dekoratives Körbchen aus Kiefer

Für unser Foto haben wir den hübschen Holzkorb mit Pflanzen geschmückt

Unser attraktives Holzkörbchen können Sie für viele Zwecke nutzen. Es läßt sich gut zur Dekoration im Wohnbereich sowie als Obst- oder Zwiebelkorb in der Küche verwenden. Aber auch auf Terrasse oder Balkon macht es sich nützlich.

Für die Rundungen der Griffstege und der beiden Längsseiten sollten Sie eine Schablone anfertigen, damit Sie die Formen besser auf das Holz übertragen können. Dann alle Teile nach den angegebenen Rohmaßen mit der Stichsäge ausschneiden. Die Griffstege erhalten im oberen Bereich mittels Forstnerbohrer zwei Löcher, die später dann die Griffstange aufnehmen. Da sich das Holzkörbchen nach unten hin ein wenig verjüngt, erhalten die Wände umlaufend eine Neigung von 10°. Deshalb müssen Sie beim Zusammenbau die Rohmaße anpassen.

Die Teile unter Leimangabe mit Spanplatten-Schrauben verbinden und die Griffstange einsetzen. Dann fein schleifen und mit dem Farbauftrag Ihrer Wahl versehen. Zum Schluß ein dazu passendes Dekor aufmalen.

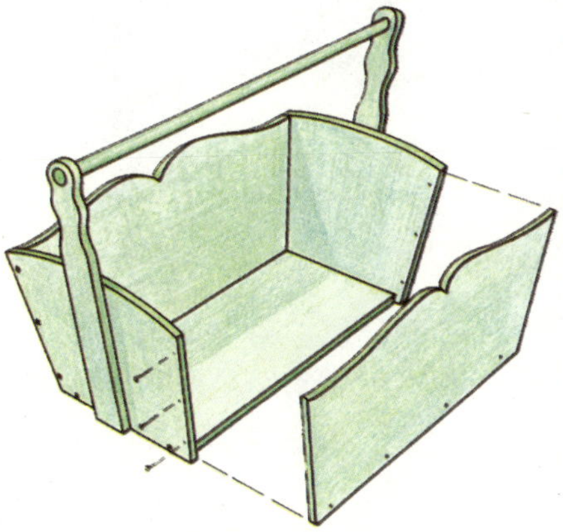

Material:
Kiefer, 12 mm dick: 1 Bodenplatte, 620*) x 290*) mm; 2 Längsseiten, 700*) x 300 mm; 2 Stirnseiten, 400*) x 300 mm.
Kiefer, 20 x 70 mm: 2 Griffstege, 550 mm lang. 1 Griffstange, ∅ 22 mm, 850*) mm lang. Spanplatten-Schrauben; wasserfester Holzleim.
*) = Rohmaße, bei Montage anpassen. Neigung der Wände umlaufend 10°.

Werkzeug:
Stichsäge; Forstnerbohrer; Schraubendreher; Schleifpapier

Materialkosten:
rund 35 Mark

Das Mittelteil der A
fläche läßt sich hochkl
Darunter kann man K
Briefpapier und Stifte ver

Alles für die Schönheit: Bei dieser Version verbirgt sich unter der Klappe ein Spiegel

Im Eßzimmer wird der Tisch zur Anrichte: Innen ist Platz für Servietten und Besteck

Servieren, Arbeiten, Schönheitspflege:

Ein Tisch für alle Fälle

Drei Fliegen mit einer Klappe schlägt dieses Vielzweck-Möbel. Denn ob als Anrichte, Schreib- oder Schminktisch: Seine wahren Qualitäten offenbart das Modell erst, wenn es die Klappe aufmacht

Passend für viele Gelegenheiten: Hinter der hochstellbaren Klappe verbirgt sich eine auf den jeweiligen Verwendungszweck abgestimmte Facheinteilung

Lange, schlanke Beine, ausgewogene Proportionen, ein nobles Outfit – das hört sich vielversprechend an. Nicht wahr, meine Herren? Doch diesmal gelten diese Vorzüge keinem weiblichen Wesen, sondern einem erlesenen Möbelstück: unserem Tisch für alle Fälle. Er braucht wenig Platz und paßt somit fast überall hin. Je nach Bedarf läßt er sich als Schreib- oder Beistelltisch nutzen, aber auch als Frisier-,Kommode'. Stellt man das Mittelteil hoch, kommt eine praktische Ablage zum Vorschein, die sich ganz nach Bedarf aufteilen läßt: Beim Schreibtisch ist sie auf gängige Papierformate und Kuverts abgestimmt, beim Beistelltisch geben die Besteckteile das Maß vor. In der ,Kosmetik-Abteilung' beherrschen viele kleine Fächer das Bild. In diesem Fall wird unter der Klappe zusätzlich ein ovaler Spiegel angebracht. Die Optik bestimmen Vogelaugen-Ahorn – aus Kostengründen haben wir Furnier verwendet – und schwarzer Lack: eine edle, kontrastreiche Kombination.

Beim Furnieren ist starker, vor allem aber gleichmäßiger Anpreßdruck wichtig. Wir haben deshalb eine Korkauflage verwendet, um den Druck gleichmäßig über die Fläche zu verteilen (Foto 4). Zum Verleimen darf keinesfalls wasserlöslicher Kleber verwendet werden: Wasser läßt das Furnier quellen. Beim Trocknen kann es dann schrumpfen, so daß die Platte nicht mehr vollständig bedeckt ist. Nach dem Verleimen wird das überstehende Furnier mit der Hammer-Glattseite abgekantet und mit dem Beitel abgestochen. Alle Tischplattenteile kann man vor der Montage furnieren. □

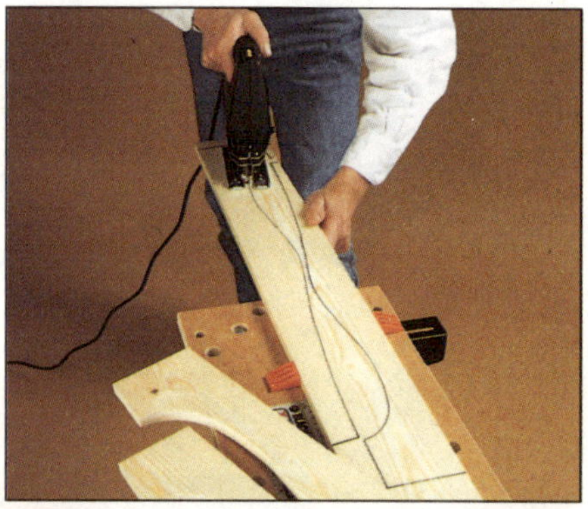

1 *Zunächst werden die Konturen der Tischbeine auf das Holz übertragen und mit der Stichsäge ausgeschnitten. Die Beinteile (1) ...*

2 *... sägt man aus einer Platte aus. Die Kanten sorgfältig mit feinkörnigem Schleifpapier nacharbeiten. Dazu die Teile einspannen*

3 *Dann fixiert man die Tischbeine mit Holzleim und Nägeln und schleift die Oberfläche. Das Furnier mit 1 cm Überstand zuschneiden*

4 *Furnier und Platte mit Kontaktkleber verbinden. Beim Aufeinanderpressen ein Korkstück zur Hilfe nehmen. Die Kanten abschneiden*

5 *Längs- und Querzargen (3) und (4) verbinden und mit den Längszargen (5) am Rahmen verschrauben. Acht Stuhlwinkel fixieren*

6 *Die Bodenplatte unter den inneren Rahmen nageln und verleimen. Die Tischbeine unter Leimzugabe verschrauben (Schraubzwinge)*

Die schwarzen Flächen kontrastieren mit dem hellen Furnier. Die Tischbeine sind genau an der Stelle angebracht, an der die Farbe der Tischfläche wechselt

E I N K A U F S Z E T T E L

Pos.	Anz.	Bezeichnung	Maße in mm	Material
1	4	Beinteile	750 x 120 *	Kiefer 15 mm dick
2	4	Beinteile	700 x 90 *	
3	2	Längszargen	900 x 68	
4	4	Querzargen	510 x 68	
5	2	Längszargen	700 x 68	
6	1	Bodenplatte	730 x 400	Sperrholz 4 mm dick
7	2	Ablageseiten	600 x 200	Multiplex 15 mm dick
8	2	Ablageseiten	700 x 115	
9	1	Klappe	696 x 366	
10	3	Fachbrettchen	370 lang	Kiefer 60 x 10 mm
11	2	Fachbrettchen	700 lang	
12	1	Kantenleiste	400 lang	Kiefer 10 x 6 mm

1 Spiegel (oval) 600 x 300 mm; ca. 1,2 m² Furnier (Vogelaugenahorn); 1 Klappenbeschlag; 8 Stuhlwinkel; Spanplatten-Schrauben; Nägel; Holzleim.

Materialkosten (ohne Spiegel und Furnier) rund 140 Mark.

* Rohmaße

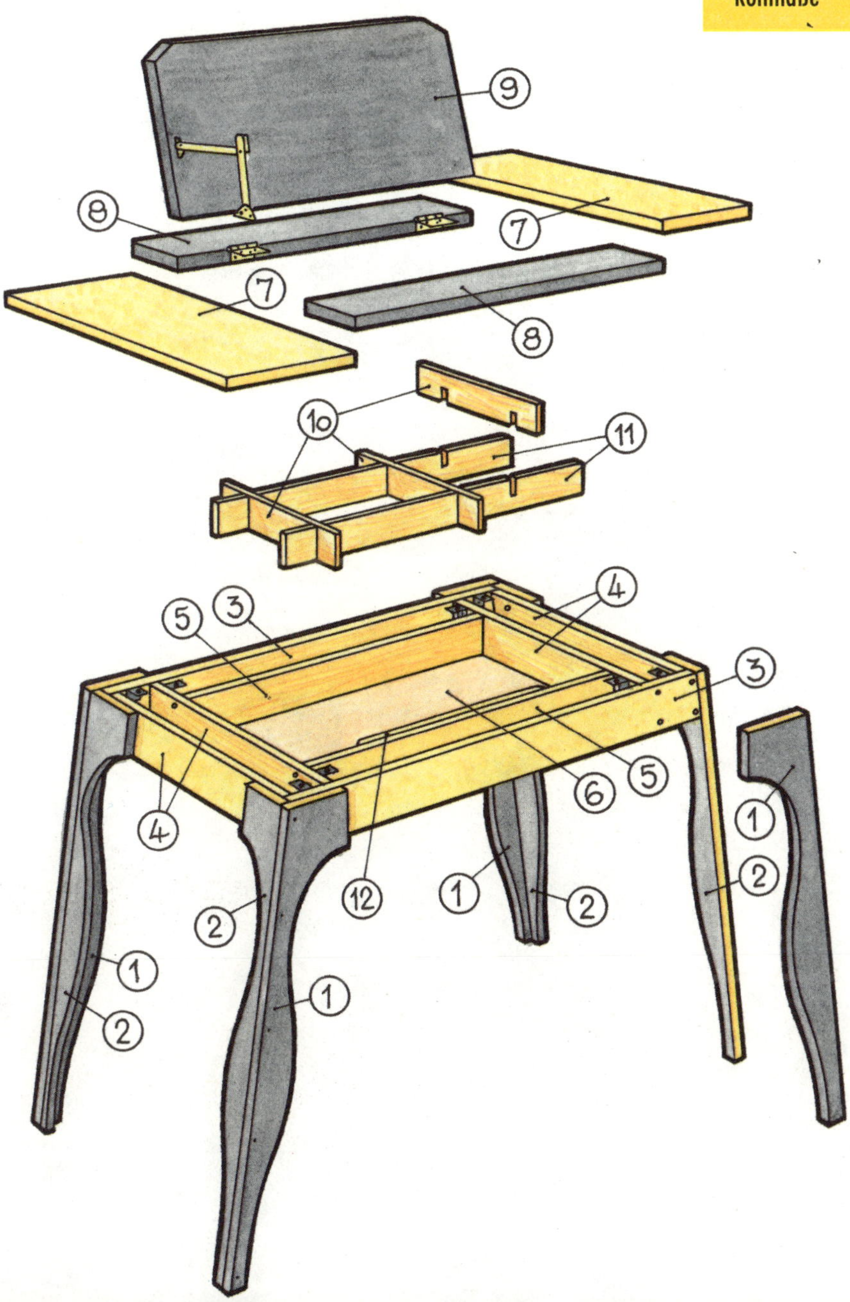

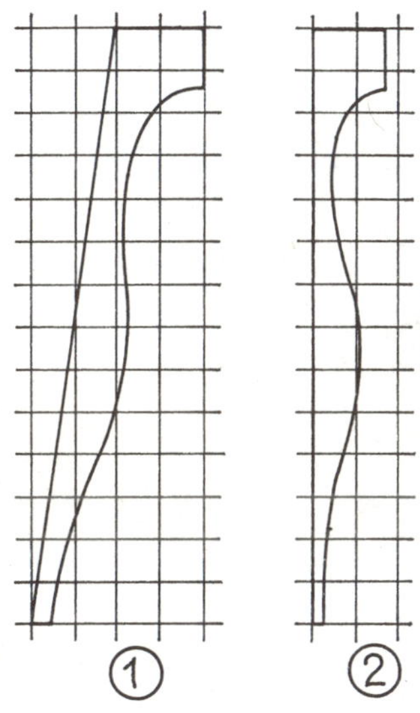

Zeichnung ganz links: Alle fünf Tischplattenteile werden vor dem Zusammenbau furniert und lackiert. Die Längs- und Querzargen kann man ebenfalls vor der Montage furnieren und streichen, da die Tischbeine die Schraublöcher verdecken. Links: In den Rasterzeichnungen entspricht ein Kästchen 5 x 5 cm in Wirklichkeit

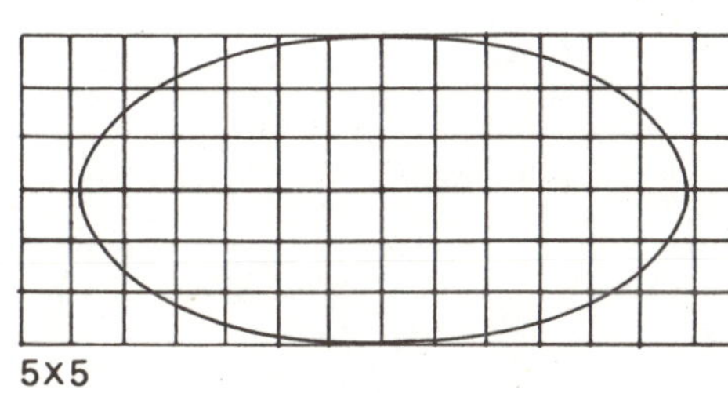

5X5

Tisch und Stühle für 200 Mark

Leicht-gewichte

Kaum zu glauben: Diese formschöne Eßgruppe gibt's für 200 Mark! Und sie sieht nicht nur traumhaft aus, auch der Sitzkomfort stimmt!

Geometrie ist Trumpf: Quadrat, Halbkreis, Kreis und Dreieck standen Pate für die extravaganten Stühle

Große Ereignisse werfen ihre Schatten voraus: Ein Vierertreffen ganz besonderer Art ist angesagt. Hier versammeln sich einmal nicht gewichtige Größen um den runden Tisch, sondern sehr charmante, äußerst grazile Leichtgewichte. Sie tragen Pink und Türkis, Lila und Mint – doch leider sind sie etwas hölzern in ihrer Art. Was wiederum ihrer Standfestigkeit zugute kommt. Die Rede ist hier nicht etwa von einem attraktiven Damenkränzchen, sondern schlicht und ergreifend von unseren zauberhaften Designer-Stühlen. Und die sind trotz ihres noblen Outfits äußerst preiswert: Wo bekommen Sie schon eine komplette Eßgruppe für nur 200 Mark? Ein bißchen anstrengen müssen Sie sich allerdings schon, bevor Sie sie ‚besitzen' können. Für den beispielhaften Komfort sorgen vor allem die Lehnen: Zum einen sind sie in der richtigen Höhe angebracht, zum anderen weisen sie die ergonomisch korrekte Neigung auf, so daß sie den Rücken optimal stützen.
Während die Lehnen der vier Stühle unterschiedliche geometrische Formen aufweisen, haben die Sitzflächen die Form

Tisch

1 *In der Mitte der vier Kreuzstreben (3) Nuten bis zur halben Holztiefe einbringen. Streben kreuzweise zusammenfügen und verleimen*

2 *Dübellöcher in die Streben-Enden bohren und die Position der Dübellöcher an den Tischbeinen markieren. Kreuze und Tischbeine ...*

3 *... provisorisch mit Schraubzwingen fixieren. Den Rahmen mit der Tischplatte verleimen und verschrauben. Die Trägerleisten (4) ...*

4 *... an den Enden im 45°-Winkel abschrägen und mit Leimzugabe unter die Tischplatte schrauben. Dann grundieren und lackieren*

Für die Sitzfläche und die hinteren Stuhlbeine muß man zunächst eine Schablone anfertigen

eines gleichschenkligen Dreiecks mit seitlichen Rundungen. Wie die Zeichnung auf Seite 211 oben rechts zeigt, zeichnet man dafür ein gleichschenkliges Dreieck mit Seitenlängen von 37 cm auf Karton, zieht die Winkelhalbierenden und schlägt um deren Kreuzungspunkt einen Kreis mit 18 cm ∅. Um die sich daraus ergebenden Punkte auf den Winkelhalbierenden verbindet man mit drei Kreisbögen (Radius 27 cm) die gegenüberliegenden Dreieckspunkte. Mit Hilfe dieser Schablone läßt sich die Sitzfläche auf das Sperrholz übertragen. Eine Schablone fertigt man auch für die hinteren Stuhlbeine und die Trägerleiste mit den Streben (Zeichnung Seite 211 oben Mitte). Dann schneidet man alle Teile nach den Maßen im Einkaufszettel zu, bringt die Dübellöcher in die Kopfhölzer ein und markiert die Bohrlöcher. Alle 40 mm langen Holzdübel treibt man 20 mm tief in die Holzteile. Für die Konstruktion zwischen

Stuhl

1 *Alle Teile laut Einkaufszettel zuschneiden. Für die hinteren Stuhlbeine (1), die Trägerleiste (4) und die Strebe (5) sowie für ...*

2 *... die Sitzflächen (7) Schablonen anfertigen. Dübellöcher einbringen, Holzdübel einsetzen und die Gegenpunkte markieren*

3 *Trägerleiste (4) und Strebe (5) mit den Querstreben (3) verbinden und die vorderen Stuhlbeine anleimen. Die Teile so lange ...*

4 *... mit Schraubzwingen fixieren, bis der Leim trocken ist. Dann die beiden hinteren Stuhlbeine mit den Teilen (4) und (5) verleimen*

5 *Auch hier wieder Schraubzwingen verwenden und den Leim gut trocknen lassen. Auf parallele Ausrichtung der Stuhlbeine achten!*

6 *Die Sitzplatte am Rahmen verschrauben. Dabei muß deren Vorderkante 8,5 cm über die Stuhlrahmen-Vorderseite hinausragen*

7 *Löcher zum Befestigen der Rückenlehne vorbohren und diese mit zwei Schrauben an den Stuhlbeinen fixieren. Die Öffnungen ...*

8 *... mit Kunststoffkappen abdecken oder mit Holzkitt verspachteln. Hier eines der vier Stuhlmodelle. Lackiert wird nach Wunsch*

Tisch und Stühle werden verleimt und verschraubt, dann gebeizt oder wie hier farbig lackiert

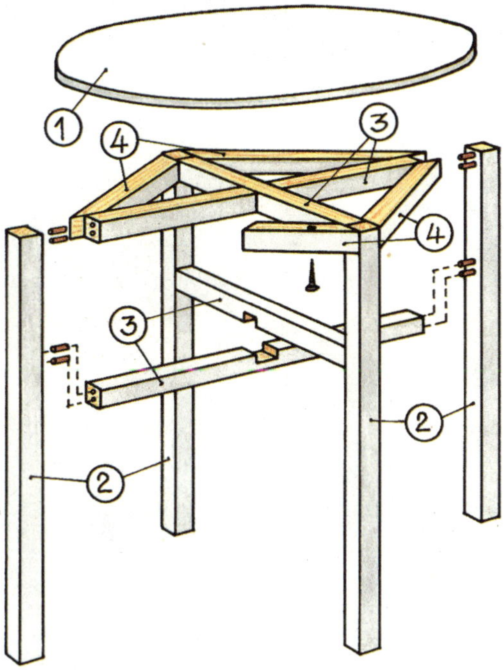

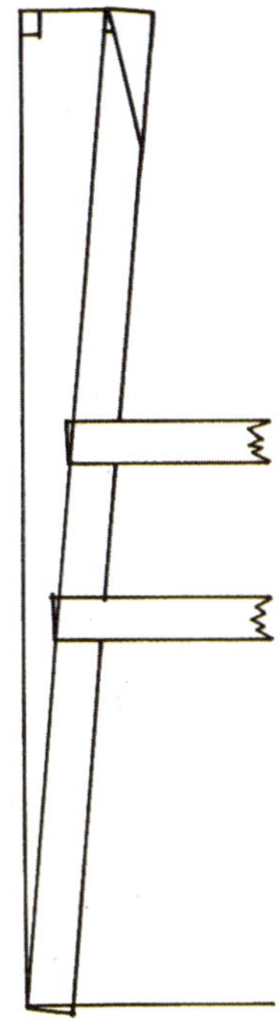

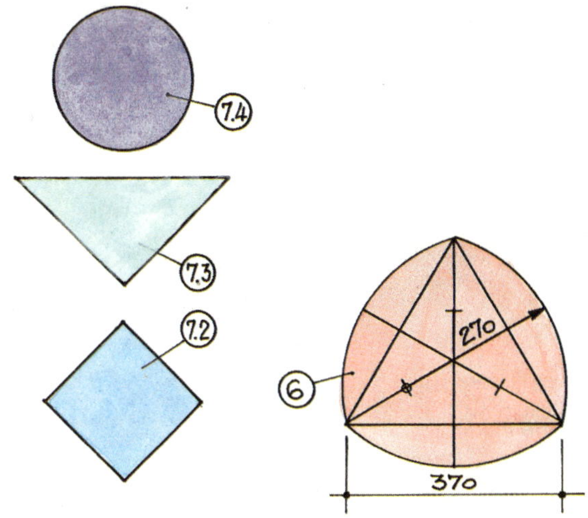

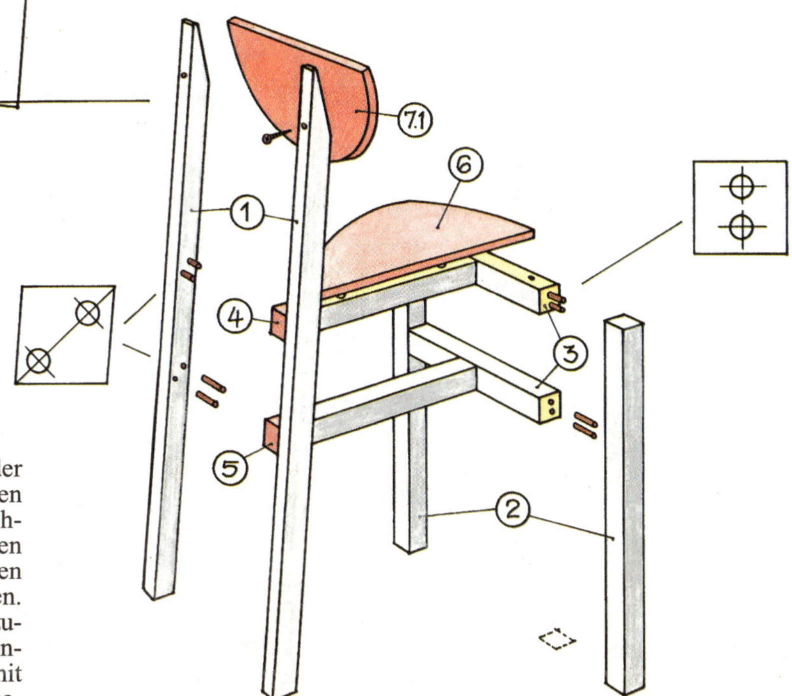

den hinteren Stuhlbeinen und den Streben genügen 30 mm lange Dübel, die 15 mm tief im Holz sitzen. Nach dem Verleimen muß man die Teile unbedingt so lange mit Schraubzwingen zusammenhalten, bis der Leim trocken ist! Die Sitzflächen werden ebenfalls verleimt und mit Spanplatten-Schrauben am Rahmen fixiert. Dabei setzt man die Schrauben leicht geneigt an, damit man mit dem Schraubendreher Bewegungsfreiheit hat. Die Sitzvorderkante muß 85 mm über den Stuhlrahmen hinausragen. Da die Stühle gedübelt werden, kann man sie beizen oder lackieren. Nur die beiden Schrauben für die Rückenlehne sind sichtbar. Sie lassen sich mit Kunststoffkappen oder mit Holzkitt kaschieren. Tisch und Stühle werden zunächst grundiert, zwischengeschliffen und zweimal mit Acryllack gestrichen. In unserem Beispiel sind Tisch und Stuhlrahmen in neutralem Grau gehalten. Um die unterschiedlichen geometrischen Formen der Rückenlehnen zu betonen, bietet es sich an, jeden Stuhl in einer anderen Farbe zu streichen – oder man beläßt die Stücke in natur. □

EINKAUFSZETTEL Tisch

Pos.	Anz.	Bezeichnung	Maße in mm	Material
①	1	Tischplatte	∅ 760	Sperrholz 12 mm
②	4	Tischbeine	700 lang	Kiefer 33 x 33 mm
③	4	Kreuzstreben	674 lang	
④	4	Trägerleisten	500 lang	

Spanplatten-Schrauben; 16 Dübel ∅ 8 x 40 mm; Holzleim.

Materialkosten rund 80 Mark

EINKAUFSZETTEL Stuhl

Pos.	Anz.	Bezeichnung	Maße in mm	Material
①	2	Stuhlbeine	780 lang	Kiefer 33 x 21 mm
②	2	Stuhlbeine	450 lang	Kiefer 33 x 33 mm
③	2	Querstreben	274 lang	
④	1	Trägerleiste	333 lang	
⑤	1	Strebe	343 lang	
⑥	1	Sitzplatte	400 x 400	Sperrholz
7.1	1	Rückenlehne	315 x 158	12 mm dick
7.2	1	Rückenlehne	190 x 190	
7.3	1	Rückenlehne	315 x 158	
7.4	1	Rückenlehne	∅ 240	

Spanplattenschrauben; 12 Dübel ∅ 8 x 40; 8 Dübel ∅ 8 x 30; Holzleim.

Materialkosten für einen Stuhl rund 30 Mark

Position 7.1 bis 7.4 alternativ

Möbel mit Tradition

Riesentisch für große Familien

Tische von der Stange gibt's in den hier gefragten Dimensionen selten. Und eine exklusive Spezialanfertigung wäre kaum erschwinglich

Seit der Antike kennt man Tische als Gegenstände aus horizontaler Platte und tragendem Untergestell. Versehen mit zum Teil raffinierten Konstruktions-Merkmalen, konnte ein Tisch sowohl sehr reich verzierter Bestandteil einer luxuriösen Wohnungs-Einrichtung als auch schlichtes, auf den reinen Gebrauchszweck zugeschnittenes Objekt sein.

In der Gotik war die verbreitetste Form der Bocktisch, bei dem eine Platte auf zwei Böcken ruhte. Nach den Mahlzeiten räumte man die Teile einfach beiseite, man „hob die Tafel auf".

Das sollte man bei dem Prachtexemplar, das wir Ihnen hier vorstellen, jedoch tunlichst vermeiden. Mit seiner stolzen Größe von 220 x 97 Zentimetern lädt er nämlich nicht nur zum Essen, sondern auch zum Spielen mit der Familie oder einfach nur zum Klönen in großer Runde ein.

Davor allerdings stehen ein Besuch in einer gut sortierten Holzhandlung und ein recht ausgedehnter Aufenthalt in Ihrer hoffentlich geräumigen Heimwerkstatt an. Das Zuschneiden der Tischplatte, der Zargen und der Tischbeinteile setzt Werkzeug voraus, das selbst bei diesen Dimensionen noch exakt arbeitet. Nicht zu unterschätzen ist daneben auch der Kraftaufwand, den das Bewegen der Platte erfordert. Empfehlenswert ist deshalb, die Teile gleich beim Holzhändler nach den Maßen

„Wir brauchten einen Tisch, der unsere wachsende Familie durchs Leben begleitet"

im Einkaufszettel (S. 217) zuschneiden zu lassen.

Wir haben alle sichtbaren Bauteile aus Amerikanisch Ahorn und die nicht sichtbaren aus Kiefer-Leimholz gefertigt. Amerikanisch Ahorn wählten wir aufgrund seiner überaus markanten Holzstruktur, die nach der Oberflächenbehandlung besonders ausgeprägt zur Geltung kommt. Der Nachteil dieses Holzes ist sein stolzer Preis. Ungefähr 500 Mark lassen sich einsparen, wenn man –

Durch die Wahl eines preiswerten Holzes können die Kosten für den Tisch deutlich gesenkt werden

auch das geht aus dem Einkaufszettel hervor – das Amerikanisch Ahorn durch Buche ersetzt. Das Innenleben besteht auch bei dieser Version aus Kiefer-Leimholz.
Besondere Aufmerksamkeit bei der Herstellung dieses gewichtigen Möbelstücks erfordern die zahlreichen Zapfenverbindungen zwischen den Zargen und den mächtigen Tischbeinen. Welche einzelnen Arbeitsschritte dazu notwendig sind, zeigt die Fotofolge rechts. Welche Maße dabei zu berücksichtigen sind, erläutert sehr detailliert der Bauplan, den Sie zu diesem Thema bei uns bestellen können. Er zeigt außerdem, wie die Einzelteile der Schubladen aussehen (auch die Zinkenverbindungen), wie sie montiert und im Inneren des Tisches, verdeckt von den Längszargen, geführt werden.
Um die Materialkosten im genannten Rahmen zu halten, sind auch die Tischbeine aus jeweils drei Lagen des gleichen Holzes wie die Zargen gefertigt. Dazu werden die Lagen flächig verleimt und bis zum Aushärten des Leims mit Zwingen fixiert.
Um die Längsseiten der Einzelbretter bündig zu halten, sichern zwei Zwingen mit Zulagen sie gegen seitliches Verrutschen (Foto 1). Überflüssige Arbeit ersparen Sie sich durch das sofortige Entfernen des herausquellenden Leims mit einem feuchten Tuch. Erst einmal ausgehärtet, ist der Leim wesentlich hartnäckiger und seine Beseitigung ungleich mühsamer.
Wenn zum Herstellen der Schlitze für die Zargenzapfen in den Tischbeinen eine Langloch-Bohrvorrichtung (wie im Kasten rechts oben beschrieben) zur Verfügung steht, ist das natürlich der Idealfall. Eine handwerklich interessante, aber aufwendigere Alternative ist das Herausarbeiten von Hand mit einem (scharfen) Beitel.
Auch in diesem Fall setzt man mehrere Bohrungen unmittelbar nebeneinander. Die verbleibenden Grate werden jetzt aber mit dem Beitel entfernt. Die abschließende Feinarbeit erfolgt dann mit einer Flach-Schlichtfeile.
Da diese Schlitze jedoch um einiges schwieriger herzustellen sind als die Zapfen an den Längs- und Querzargen, ist es ratsam, zunächst die

Viel Sorgfalt erfordert das Ausschneiden der Öffnungen für die Schubladen in den beiden Querzargen. Eine feste Werkstückauflage ist dabei unerläßlich

1 *Ein Tischbein besteht aus jeweils drei Lagen des Ahornholzes. Der beim Pressen herausquellende Leim ist sofort feucht zu entfernen*

3 *... sind obligatorisch. Voraussetzung für eine saubere Zapfenausbildung ist die absolut präzise Höhen-Justierung des Kreissägeblatts*

7 *Ein bißchen Feinarbeit muß sein: Alternativ zur Oberfräse lassen sich die Verzierungen in den Tischbeinen auch so herausarbeiten*

11 *Um die exakte Höhe des Scheibenfräsers zu gewährleisten, ist die Fräse millimetergenau zu unterfüttern (z. B. mit einer Holz-Zulage)*

Stationärgeräte: Schlitze fräsen wie ein Profi

Mit einer Langloch-Bohrvorrichtung ist auch das Herstellen der Schlitze kein Problem. Die mehrfach vorgebohrten Tischbeine werden – auf einen Schlitten gespannt – langsam am starr justierten Bohrer (!) vorbeigeführt

2 Zur Herstellung der Zapfen an den Längs- und Querzargen eignet sich eine stationäre Kreissäge. Gute Führung und eine ruhige Hand ...

4 Das geht ohne Maschinenpark: Das Runden der zugeschnittenen Zapfen ist erforderlich, damit sie in die Schlitze passen

5 Das Ausschneiden der Schubladenöffnungen erfolgt mit der Stichsäge. Bohrungen an den Eckpunkten erleichtern die Sägeblattführung

6 Verletzungsgefahren vermeiden: Mit der Oberfräse und eingespanntem Viertelstabfräser werden die Kanten abgerundet

8 Ein Tischbein, zwei Längszargen (rechts) und eine Querzarge vor dem Zusammenbau. Die präzisen Zapfenmaße markieren Sie vorher

9 Durch geschicktes Kombinieren der Schraubzwingen (Zulagen nicht vergessen!) werden Zargen und Beine nacheinander verbunden

10 Fixierklötzchen, die mit der Tischplatte verschraubt werden, greifen in die Zargen-Nuten ein. Die Verbindung ist immer wieder lösbar

12 Die Laufleisten (10) sind in den Querzargen verzapft und mit den Zwischenwänden (9) in entsprechenden Aussparungen verleimt

13 Die Zwischenwände sind durch Federn und Nuten mit den Längszargen verbunden. Die Tischplatte dient beim Einleimen als Anschlag

14 Nachdem das Gerüst des Tisches montiert ist, erhalten alle äußeren Zargen Zierleisten, die mit Hilfe von Schraubzwingen fixiert werden

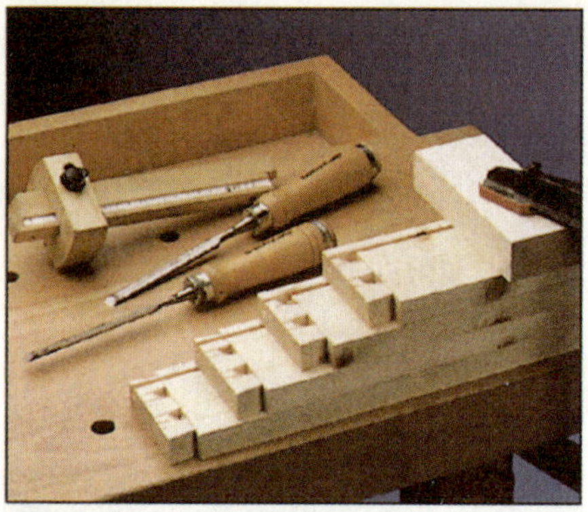

17 Nach guter alter Tischlertradition werden die Zinken der Schubladen mit scharfen Beiteln exakt aus dem Material herausgearbeitet

18 Eine Besonderheit ist das verdeckte Zinken, das hohe Verbindungs-Stabilität garantiert und zudem die Sichtblende unbeschädigt läßt

19 Die durch die Leisten (10) und (11) geführte Schublade schlägt an die Zwischenwand (9) und läßt sich bündig zur Front einschieben

Ein ohne Zweifel imposantes Möbelstück mit stattlichen Ausmaßen. Fehlt nur noch eine gründlich schützende Oberflächenbehandlung

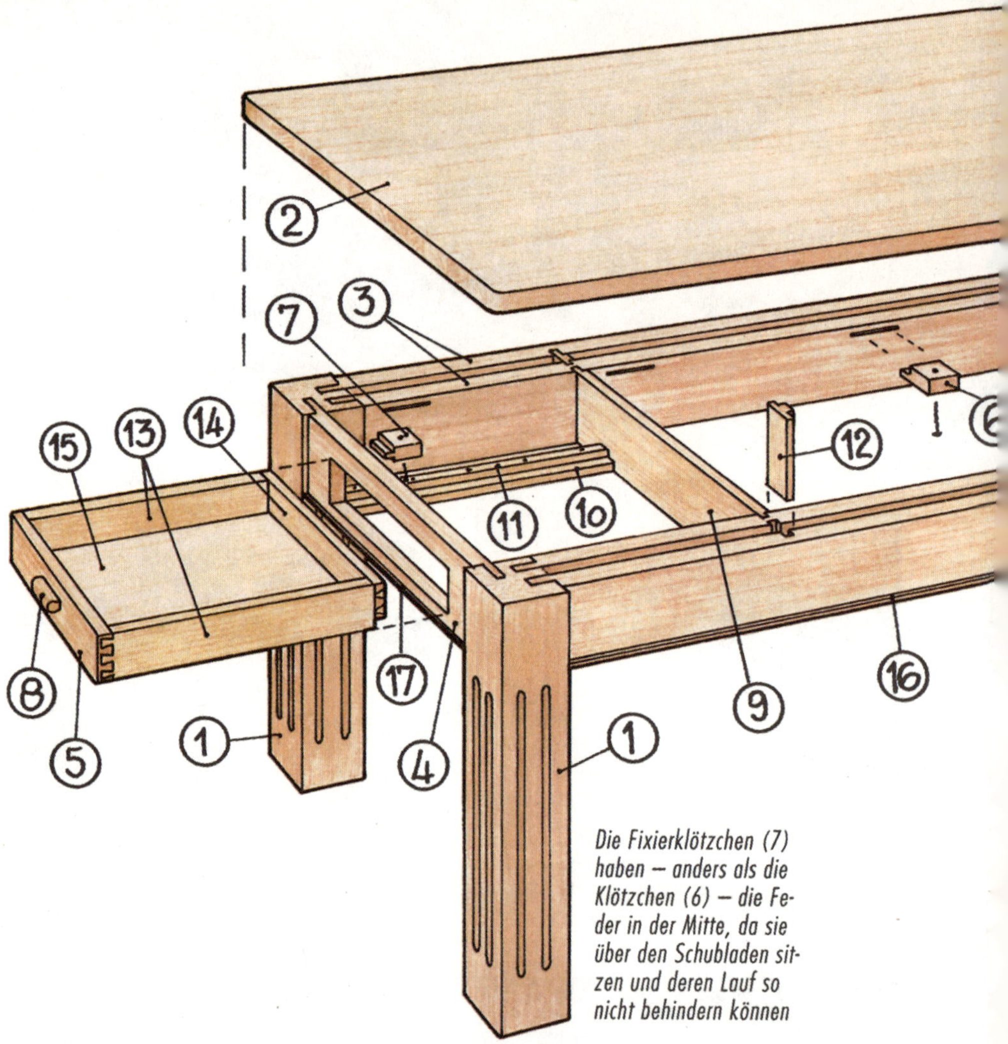

Die Fixierklötzchen (7) haben – anders als die Klötzchen (6) – die Feder in der Mitte, da sie über den Schubladen sitzen und deren Lauf so nicht behindern können

Oberflächenbehandlung vom Feinsten

Wir haben den angefeuchteten Tisch geschliffen, dann mit Einlaßgrund und flüssigem Holzwachs behandelt. Das Wachs wird zweimal mit einem weichen breiten Pinsel (mit Zwischenschliff) aufgetragen. Eine Alternative dazu ist die Verwendung von Holzöl. Um eine ansehnlich glänzende Oberfläche zu erzielen, sollte auch hier das Holz befeuchtet und geschliffen werden. Nach dem Trocknen erfolgt der Ölauftrag. Zum Entfernen des überschüssigen Holzöles verwendet man einen flusenfreien Stoffballen. Das beschleunigt den Trocknungsvorgang wesentlich. Ein erneutes Schleifen bereitet die Oberfläche für den nächsten Ölauftrag vor. Je öfter dieses wiederholt wird, desto intensiver wird der Glanz und um so nachhaltiger ist der Oberflächenschutz.

ischbeine zu bearbeiten und ann alle Zapfen dem jeweils ugehörigen Schlitz in den ischbeinen anzupassen.
a der Riesentisch insgesamt emlich schwer wird, ist die ischplatte lösbar mit dem ntergestell verbunden. Als erbindungselemente dienen ierbei Fixierklötzchen, die nterschiedlich ausgebildet nd: Bei den zehn an den Längsseiten sind die Federn einseitig angeordnet, bei den vier über den Schubladen sitzen sie in der Mitte, damit sie den Lauf der Schubladen nicht beeinflussen.
Übrigens kann man diesen Tisch selbstverständlich auch aus Kiefer-Leimholz fertigen. Dann sind aber einige Maße anzupassen, und die Tischplatte gibt's nicht am Stück. □

EINKAUFSZETTEL

os.	Anz.	Bezeichnung	Maße in mm	Material
1	4	Tischbeine *)	720 lang	Ahorn 126 x 126 mm
2	1	Tischplatte	2200 x 970	Amerik. Ahorn
3	4	Längszargen	1980 x 120	42 mm dick
4	2	Querzargen	750 x 120	
5	2	Frontplatten	488 x 78	Amerik. Ahorn
6	10	Fixierklötzchen	60 x 40	19 mm dick
7	4	Fixierklötzchen	60 x 40	
8	2	Griffleisten	100 x 20	
9	2	Zwischenwände	670 x 120	Kiefer-Leimholz
10	4	Laufleisten	590 x 50	19 mm dick
11	4	Führungsleisten	556 x 20	
12	4	Distanzhalter	120 x 47	
13	4	Schubladenseiten	593 x 78	
14	2	Rückenteile	488 x 68	
15	2	Böden	588 x 468	Sperrholz 4 mm dick
16	2	Zierleisten	1880 lang	Amerik. Ahorn
17	2	Zierleisten	650 lang	8 x 8 mm

Spanplatten-Schrauben; Holzleim.
Materialkosten rund 2100 Mark; komplett in Buche rund 1500 Mark
*) aus je drei Lagen Amerikanisch Ahorn 42 mm dick

FÜR VERGESSLICHE ZEITGENOSSEN

Pinnwand

Läßt Ihr Ordnungssinn zu wünschen übrig, und vergessen Sie manchmal wichtige Termine? Dann wird die Multi-Pinnwand bald Ihr wichtigster Helfer sein. Natürlich stellt sie auch das ideale Geschenk für alle Zeitgenossen dar, die regelmäßig an wichtige Dinge erinnert werden müssen.
Im oberen Bereich sehen Sie die eigentliche Pinnwand, bestehend aus einer Korkplatte, auf der man Merkzettel anheften kann. Darunter befindet sich ein Tafelfeld, auf dem sich Notizen und Nachrichten vermerken lassen. Unten schließlich ist für jeden Wochentag eine Aktenklammer angeleimt, an der Sie spezielle Notizen für den betreffenden Tag, Theaterkarten und ähnliches befestigen können.
Für den Nachbau brauchen Sie eine Sperrholzplatte von 700 x 880 x 10 mm. Darauf kleben Sie zwei aufeinandergeleimte Korkdielen von 300 x 600 mm Größe (im Baumarkt erhältlich). Der Tafelbereich besteht aus einer Sperrholzplatte von 300 x 600 x 5 mm, die mit Tafelfarbe gestrichen und dann aufgeleimt wird. Zuletzt kleben Sie die Aktenklammern sowie Buchstaben für die Wochentage auf Sperrholzrechtecke von 60 x 80 x 5 mm.

An zwei in die Oberkante eingedrehte Schraubösen knoten Sie eine Schnur zum Aufhängen der Pinnwand. Fertig ist der stumme Helfer

Solides Stück

Gut steht es da, das Prachtexemplar eines Leimholzmöbels. Ob – wie hier – ›in freier Wildbahn‹ oder seiner Domäne, dem Wohnbereich: Dieser Stuhl paßt immer

Auch wenn er auf diesem großen Foto alleine für sich wirbt, er ist beileibe kein Einzelgänger. Eine Produktion ‚in Serie' von vielleicht vier oder sechs Exemplaren für eine gemütliche Eßtischrunde ist ja durchaus denkbar – und bei diesen Materialkosten auch für kleinere Geldbeutel erschwinglich.

Allerdings setzt insbesondere die Herstellung der Sitzplatte handwerkliches Geschick im Umgang mit dem guten alten Hobel voraus. Zwar läßt sich mit dem Exzenterschleifer so manch üble (Hobel-)Scharte auswetzen, aber ein Allheilmittel ist er natürlich nicht. Deshalb sollte schon bei den Vorarbeiten der Handhobel behutsam eingesetzt werden. Am besten fertigt man eine Schablone in Originalgröße aus fester Pappe an (vom Bauplan kein Problem) und kontrolliert immer wieder das Werkstück damit, um einen gediegenen, aber irreparablen Wellenschliff zu vermeiden.

Um die gewünschte Stabilität dieses Möbels sicherzustellen, sind alle Zapfenverbindungen bis zum völligen Aushärten des Leims mit Schraub- oder Klemmzwingen zu fixieren. Dabei ist die Oberfläche durch Zulagen vor ‚bleibenden Eindrücken' zu schützen. Schutz vor Umwelteinflüssen bringt eine mehrfache Lackierung. □

1 Bei den Rückenstützen muß die Maserung längs verlaufen. Der Verschnitt auf der Rückseite reicht auch noch für ein Vorderbein

2 Mit der im Bohrständer eingespannten Oberfräse und einem Fingerfräser fertigt man die Langlöcher für die Zapfen der Rückenzargen

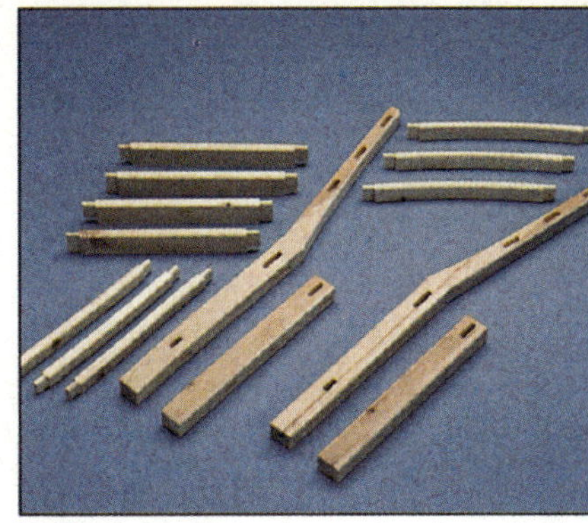

3 Alle Einzelteile, die zum Bau dieses Stuhls erforderlich sind, im Überblick. Die Zapfenverbindungen machen das Möbel sehr robust

4 Das solide Stück steht. Durch die Zapfen erübrigt sich der Einsatz von Schrauben. Der nächste (und aufwendigste) Schritt ist das Herstellen der Sitzplatte (1)

5 Nach dem Zusägen erhält die Sitzplatte die beiden Aussparungen für die Rückenstützen. Nun folgt das Wölben der Oberfläche mit ...

6 ... einem Handhobel, in dem ein Schrupphobeleisen mit gebogener Schneide sitzt. Damit wird die gröbere Vorarbeit erledigt

7 Den letzten Schliff erhält die Sitzplatte mit dem Exzenterschleifer. Sein flexibler Schleifteller eignet sich für dieses Finish am besten

8 Perfekt! Ausgewogene Proportionen, eine funktionelle Form und markante Materialstrukturen, verbunden mit hoher Stabilität, machen den Stuhl zu dem, was er ist: einem ‚soliden Stück'

Weitere Details finden Sie auf unserem Bauplan

EINKAUFSZETTEL				
Pos.	**Anz.**	**Bezeichnung**	**Maße in mm**	**Material**
①	1	Sitzplatte	445 x 445	Fichte-Leimholz
②	2	Rückenstützen	900 x 130	38 mm dick
③	2	Vorderbeine	430 x 50	
④	4	Querzargen	373 x 50 *)	Fichte-Leimholz
⑤	3	Querzargen	373 x 30 *)	28 mm dick
⑥	3	Rückenzargen	385 x 40	

Holzleim.

Materialkosten rund 95 Mark

*) auf 20 mm Materialdicke gehobelt

Leimholz: Lüghausen 1001, 53706 Siegburg

Bank und Tisch

Da möchte man Platz nehmen und es sich wohl sein lassen! Die rustikale Bank und der Tisch werden sicher bald zum Zentrum Ihrer Küche

Einen richtig großen Tisch und eine gemütliche Eckbank – wünschen Sie sich das nicht schon lange für Ihre Küche oder vielleicht fürs Speisezimmer? Die Eßecke ist im traditionellen Stil mit soliden Schlitz- und Zapfen-Verbindungen ausgeführt. Alle Oberflächen – außer den Tisch- und Sitz-Platten – sind gekalkt, wodurch Maserung und Struktur des Holzes noch deutlicher hervorgehoben werden, als es es durch das vorhergehende Beizen ohnehin schon geschehen ist.

Wir sind mit der Eßecke auch dem Wunsch gefolgt, Beiträge zum Drechseln zu bringen: Die Beine des Tischs und der Bank sind auf der Drechselbank hergestellt. Dazu haben wir verschiedene Meißel, Schrupp- und Formröhren sowie den Abstechstahl verwendet.

Neben der Drechselbank kamen noch Bandsäge, Oberfräse, eine Ständerbohrmaschine mit Schleifzylinder und Forstnerbohrer sowie die Langlochbohrvorrichtung und natürlich Zwingen bzw. Spannband zum Einsatz.

Sicher ist die Herstellung des Tisches und der Bank mit einigem Aufwand verbunden. Lohn der Mühe sind jedoch zwei Möbel, an denen man lange Jahre Freude hat.

Drechseln

Hier geht es rund! Unser Eßtisch bekommt Beine

Bei der Herstellung der Tischbeine wird zunächst der Arbeitsbereich eingeteilt: Am Kopf bleibt der Vierkant stehen, während der sich zum Fuß hin verjüngende Teil mit dem Meißel und vor allem der Schruppröhre auf den vorgesehenen Durchmesser gebracht wird. Achten Sie dabei darauf, stets mit der Maserung zu schneiden und nicht zu schaben. Arbeiten Sie auch immer vom größeren zum kleineren Durchmesser. Wenn große Mengen von Holz abzutragen sind, nehmen Sie nicht zuviel auf einmal in Angriff – gehen Sie Stück für Stück vor. Für das Schlichten gilt: Je besser man schlichtet, desto weniger muß man schleifen. Um eine schöne glatte Oberfläche zu erreichen, schleifen Sie mit hohem Tempo und mittlerer Körnung (ca. 150er Papier). Falls beim Schleifen auf der laufenden Maschine einmal Rillen entstehen sollten, schleifen Sie anschließend noch einmal bei stehender Maschine längs zum Werkstück, also quer zu den Rillen.

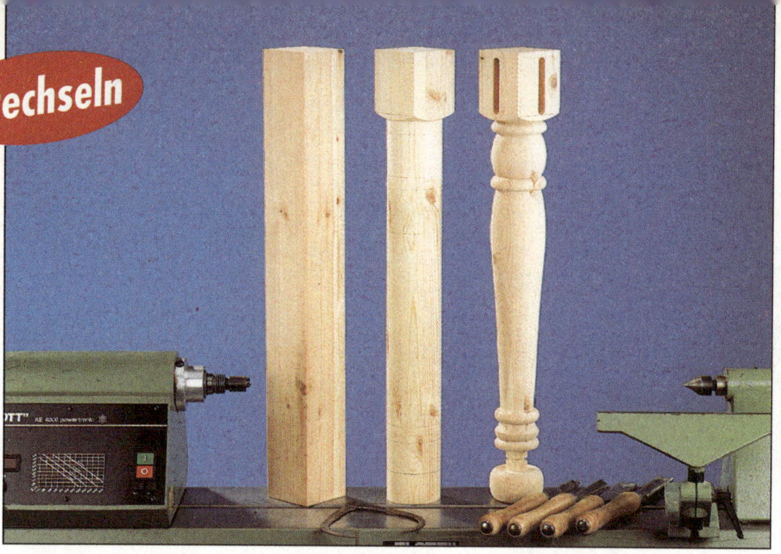

Vom rohen Material zum elegant geformten Tischbein: Aus drei Lagen Leimholz wird der Rohling gefertigt, der dann allmählich auf der Drechselbank seine endgültige Form erhält

3 *Die Schruppröhre halten Sie hochkant und schneiden damit die Kanten des Werkstücks in kleinen Abständen ein. Auf diese Weise ...*

4 *... wird die Holzoberfläche vorbereitet, um anschließend mit flach angesetzter Schruppröhre nach und nach abgetragen zu werden*

7 *Die Abstände der geschwungenen Formen werden bei stehender Maschine mit Bleistift und Zollstock auf dem Werkstück markiert*

8 *Die einzelnen Markierstriche sticht man dann – bei laufender Maschine – mit der Spitze des Meißels rundum tief in den Rohling ein*

9 *Mit kurzen Wegen werden bei wechselnder Eisenstellung immer mit der Maserung die Formen geschnitten – und nicht geschabt!*

12 *Jetzt ist Feinarbeit gefragt! Mit der Formröhre werden die geschwungenen Formen des Tischbeins sorgsam herausgearbeitet*

13 *Mit der Schruppröhre wird die Verjüngung des Beins geschaffen. Man arbeitet dabei vom größeren zum kleineren Durchmesser*

14 *Nach dem groben Materialabtrag wird die von der Schruppröhre arg aufgerissene Oberfläche mit einem Meißel wieder geschlichtet*

1 *Mit dem Meißel reißen Sie bei nicht zu hohem Tempo die Einkerbung an. Links bleibt der Vierkant stehen, rechts wird es rund*

2 *Um rechts Raum zum Arbeiten zu schaffen, setzt man mit dem Meißel die Kanten der Nut schräg ab. Immer nur wenig abtragen!*

5 *Mit dem Abstechstahl vertieft man die Nut auf den Bein-Durchmesser. Mit der Schrupp-röhre wird dann weiter Material abgetragen*

6 *Beim Schlichten mit dem Meißel müssen Sie darauf achten, das Werkstück ausschließlich mit der Mitte der Schneide zu bearbeiten*

10 *Mit einem breiteren Abstechstahl setzen Sie im unteren Teil den Zapfen ab, der später das Fußkreuz und das Tischbein verbindet*

11 *Mit einer Schieblehre wird immer wieder – natürlich bei stehender Maschine – die Stärke des entstehenden Zapfens kontrolliert*

15 *Schieben Sie die Handauflage aus dem Drehbereich. Schleifen Sie bei hohem Tempo und verwenden Sie Papier mit 150er Körnung*

16 *Der Zapfen wird mittig durchgeschnitten. Achten Sie auf die Maserung und markieren die zusammengehörigen Teile entsprechend*

Zweifarbiges Holzbrett

Dieses schöne Holzbrett ist nicht nur praktisch, sondern zugleich auch sehr dekorativ. Es besteht aus unterschiedlichen Holzleisten, die mit Hilfe von wasserfestem Leim verbunden werden. Sie benötigen dazu acht Kiefer- und sechs andersfarbige Leisten; die Größe bestimmen Sie selbst. An die äußeren Leisten wird jeweils eine halbe Leiste angesetzt. Um die Teile zu spannen, nageln Sie zwei entsprechend große Holzleisten auf eine Hartfaserplatte, legen dann das verklebte Teil ein und spannen alles mit zwei Keilen. Nach dem Trocknen die Rundung herstellen und mit Dübeln zwei Verstärkungsstreifen unter dem Brett befestigen.

So lassen sich die Holz-Leisten auch ohne Zwingen einspannen

Zwei von unten quer angedübelte Streifen verstärken das Ganze

Bank

Anders als bei den Tischbeinen werden die Schlitze in den Bank-Stützen vor dem Drehen gefräst. Die geraden Kanten an den fertigen Stützen sind so kurz, daß sie auf der Langlochbohrvorrichtung keinen festen Halt haben – die Schlitze könnten nicht exakt ausgeführt werden. Ziehen Sie die Schlitze im Kopfbereich nicht ganz durch, sondern lassen Sie ungefähr 10-15 mm Holz stehen – das gewährleistet größere Stabilität. Für die Stützen (2) fertigt man am besten eine Schablone, um die Konturen auf die Rohlinge zu übertragen.

Die Bank-Vorderstützen werden vor dem Drehen mit Schlitzen versehen. Die oberen Schlitze nicht durchziehen, sondern ca. 10 mm stehen lassen

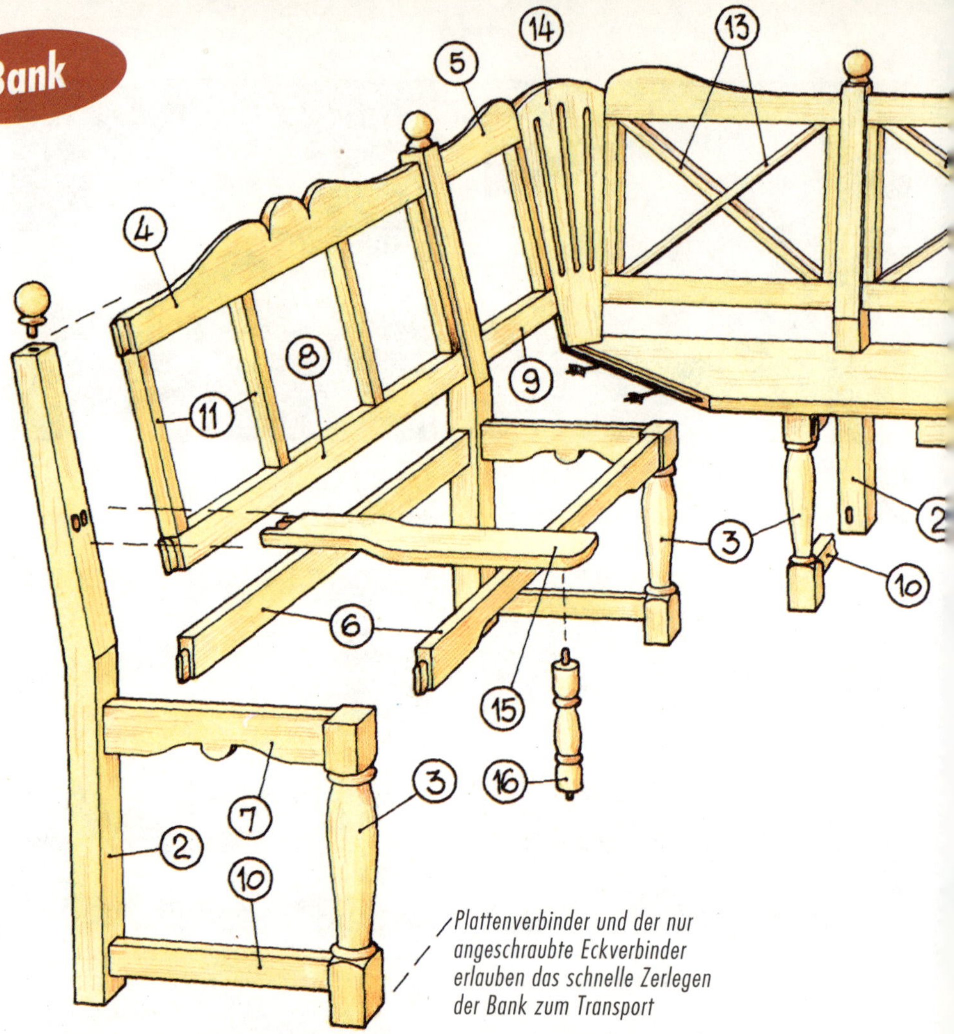

Plattenverbinder und der nur angeschraubte Eckverbinder erlauben das schnelle Zerlegen der Bank zum Transport

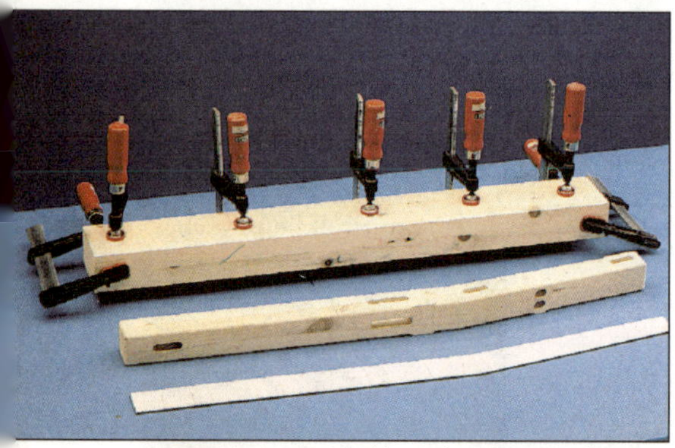
1 *Von einer Schablone überträgt man die Konturen auf die vier aus je zwei Lagen verleimten Rückenstützen, damit sie gleich ausfallen*

2 *Mit der Langlochbohrvorrichtung werden die notwendigen Schlitze in die Rückenstützen (2) und die Vorderstützen (3) eingebracht*

3 *Das Schneiden der entsprechenden Zapfen geht auf der Kreissäge am schnellsten, läßt sich aber auch mit Handwerkzeug erledigen*

4 *Eine entscheidende Voraussetzung für das saubere Absetzen des Zapfens ist die ganz genaue Höhen-Justierung des Sägeblattes*

5 *Wir haben die Bandsäge verwendet, um den Querzargen (7) ihre geschwungenen Formen zu geben. Das geht auch mit der Stichsäge*

6 *Die nach dem Sägen gefeilten und geschliffenen Zargen erhalten auf dem Frästisch noch dekorative Profile je nach Ihrem Geschmack*

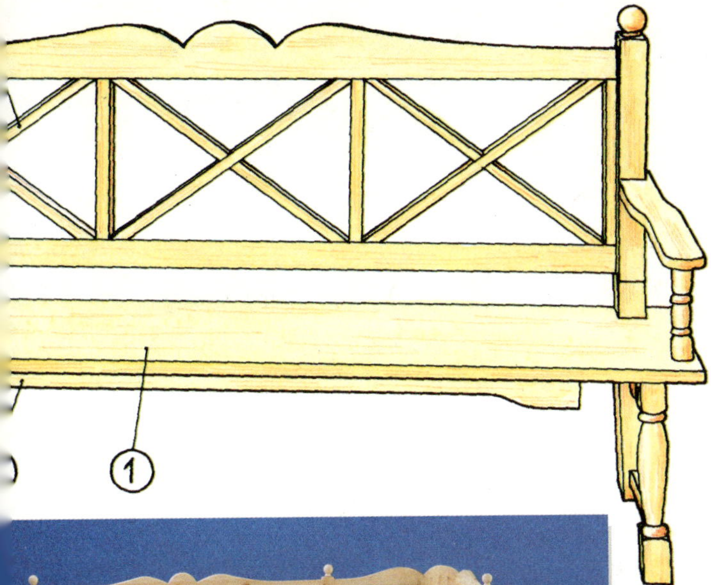

EINKAUFSZETTEL

Pos.	Anz.	Bezeichnung	Maße in mm	Material
①	2	Sitzplatten	1860 x 440	Kiefer-Leimholz 30 mm dick
②	4	Rückenstützen *)	785 x 95	
③	4	Vorderstützen *)	410 x 50	
④	2	Rückenteile	1240 x 90	
⑤	2	Rückenteile	420 x 80	
⑥	4	Längszargen	1240 x 60	
⑦	4	Querzargen	360 x 60	
⑧	2	Längszargen	1240 x 40	
⑨	2	Längszargen	420 x 40	
⑩	4	Querzargen	360 x 40	
⑪	12	Stützstreben	245 x 30	
⑫	12	Diagonalstreben	414 x 20	
⑬	4	Diagonalstreben	396 x 20	
⑭	1	Eckverbinder	381 x 192	
⑮	2	Armlehnen	440 x 95	Kiefer-Leimholz 19 mm dick
⑯	2	Lehnenstützen	160 lang	Kiefer ∅ 40 mm

4 Möbelknöpfe ∅ 40 mm (mit Dübeln); 1 Sperrholzfeder, 30 x 5 x 565 mm lang; 2 Möbelverbinder; Spanplatten-Schrauben; Holzleim.

Materialkosten rund 650 Mark

*) aus jeweils zwei Lagen

Weihnachtliche Tisch-Dekorationen

Am festlich dekorierten Tisch macht das Essen besonders viel Freude

Wichtig ist, daß das ausgewählte Motiv auf allen zum Tischplatz gehörenden Gestaltungselementen erscheint

Mit Fantasie und wenig Materialaufwand lassen sich für jeden Anlaß die passenden Tischdekorationen herstellen. Alles was Sie dazu benötigen, gibt es in Bastel-, Deko- oder Spielwarengeschäften: Ringe aus Holz, Kunststoff oder Metall, Kleber, feines Sandpapier und kleine Dekorationsteile. Sterne, Weihnachtsmänner und Engel sind das Richtige für Advent und Weihnachten; Muscheln, Seesterne und Krebse eignen sich gut für ein Festtags-Fischmenü. Eine andere Möglichkeit als Festtagsschmuck: Von der Einladungskarte bis zum Tischset, der Platzkarte und dem Serviettenring entsteht alles aus farbigem Plakatkarton, Tonpapier und Bastelfolie.

Kerzen, Sterne, Tannenzapfen und -bäume sind beliebte Deko-Motive

Die Klebeflächen aufrauhen, Kleber auftragen und Verzierung aufsetzen

Bank

Zum Bearbeiten schmaler Werkstücke wie der Zargen ist eine frei geführte Oberfräse kaum geeignet. Den dafür benötigten Maschinentisch müssen Sie aber nicht unbedingt kaufen: Ein einfacher Tisch ist schnell gebaut. Sie brauchen dazu eine Grundplatte (z. B. aus Multiplex) und ein Paar je zweimal durchbohrter Leisten. Darauf schrauben Sie zwei breitere Leisten, so daß der Fräskorb unter der Platte eingeschoben werden kann. Die Führungsstangen schiebt man durch die Löcher; sie arretieren die Fräse. Ein Seitenanschlag wird mit Flügelmuttern fixiert. Mit zwei Spezialzwingen kann der Tisch an der Werkbank befestigt werden. Bei den Längszargen (8) müssen Sie beachten, daß diese zur Aufnahme der Stützstreben (11) geschlitzt und zur Verbindung mit der Rückenstütze (2) gezapft sind. Hier ist Genauigkeit unabdingbar, damit die Teile sich nicht gegenseitig behindern. Auch bei der Verbindung der beiden Sitzplatten mittels loser Feder und Plattenverbindern ist Präzision gefragt: Die lose Feder wird in eine Nut geschoben, die exakt in der Mitte der Plattenkante gefräst wird. Direkt über der Feder liegen die Spannschrauben der Verbinder. Wir haben die beiden Sitzplatten so verbunden, damit die Bank zum Transport in zwei Hälften zerlegt werden kann. Deshalb wird auch der Eckverbinder nur angeschraubt und nicht verleimt.

7 *Angesichts der großen Zahl der Teile, die zu profilieren sind, lohnt es sich durchaus, sich solch einen Frästisch selbst anzufertigen*

8 *Hier sieht man, wie groß die Abstände zwischen den Schlitzen und Zapfen ausfallen müssen, damit die Verbindungen stabil sind*

12 *Die Anschaffung langer Zwingen für das Verleimen des Korpus kann man sich durch geschickten Einsatz kurzer Versionen ersparen*

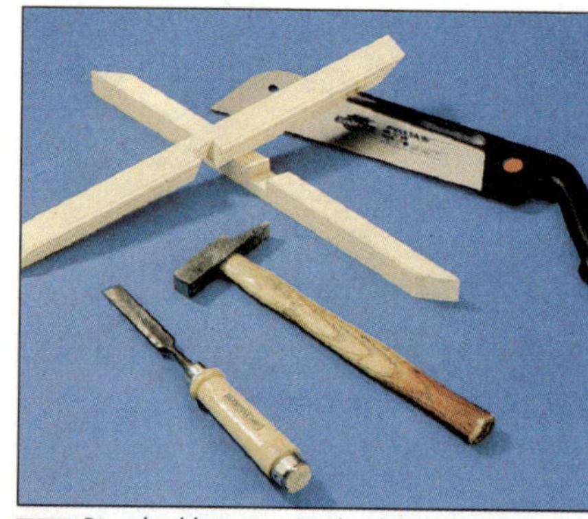

13 *Die überblatteten Strebenkreuze werden einzeln in ihre Rahmen eingepaßt. Wenn sie stramm sitzen, genügt Leim zur Befestigung*

15 *Das kleine Rücken-Element besteht aus den Streben (13), dem Rückenteil (5) und der Längszarge (9). Es wird einfach angeleimt*

16 *Je eine der zwei Sitzflächen (1) wird aus einer ganzen Leimholz-Platte gesägt. Mit der Kreissäge werden sie auf Gehrung geschnitten*

17 *Damit Sie die Sitzplatten später auch einpassen können, müssen Sie Aussparungen für die Rückenstützen in die Platten schneiden*

19 *Die Auskerbungen für die Verbinder-Spannschrauben in der Unterseite der Sitzplatten hebt man mit Feinsäge und Stechbeitel aus*

20 *Den Eckverbinder müssen Sie beim Einsetzen genau anpassen. Er wird nicht verleimt, um die Bank zum Transport zerlegen zu können*

21 *Das Tüpfelchen auf dem i: Sacklöcher in den Rückenstützen nehmen die selbstgedrechselten Zierknöpfe auf. Bohren Sie exakt mittig!*

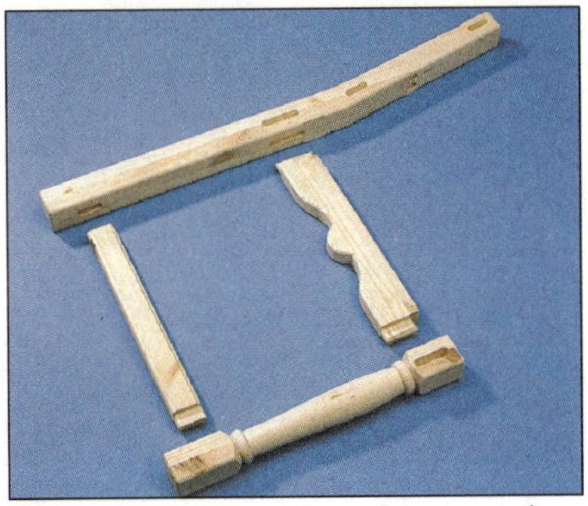

9 Die vier Teile eines Seitenelementes sind fertig geschnitten, gedrechselt und profiliert. Jetzt kann man sie miteinander verleimen

10 Ein Rückenteil (4), eine Längszarge (8) und vier Streben (11) bilden eines von zwei Rücken-Elementen. Zum Verleimen sollte …

11 … man die beim Sägen der Rückenteile (4) angefallenen genau passenden Resthölzer als Zulagen unter den Spannzwingen einsetzen

14 Wenn die Strebenkreuze eingefügt sind und der Leim abgebunden hat, profilieren Sie alle Kanten der Konstruktionen mit der Oberfräse

18 Mit Nutfräser und Forstnerbohrer bereiten Sie die Sitzplatten für die Verbindung durch die lose Feder und zwei Plattenverbinder vor

22 Zuletzt kann man die Armlehnen mit den Rücken- und Lehnenstützen verleimen. Die Doppelzapfenverbindung gibt festen Halt

Zur Endmontage stellt man die Bank hochkant. Mit einem Hammer (es muß nicht unbedingt ein Gummihammer sein) und schützenden Zulagen fügt man die Teile zusammen

Die Tischplatte benötigt zwei Gratnuten und entsprechende Leisten, damit das unvermeidliche Arbeiten des Holzes die Platte nicht wölbt oder gar reißen läßt. Wir haben eine Schablone gefertigt, an der entlang man die Führungshülse der Oberfräse bei den jeweils erforderlichen zwei Frägängen bewegen kann.
Wer gut arbeitet, soll auch gut essen. Wenn Sie unseren Eßtisch mit Eckbank nachgebaut haben, verfügen Sie nicht nur über einen schönen Platz für sich und Ihre Gäste. Diese Arbeit dürfte auch ziemlich appetitanregend wirken ... □

1 ***Nach dem Drechseln (S. 222f) werden auf*** *der Langlochbohrvorrichtung Schlitze in die eckigen Kopfstücke der Tischbeine gefräst*

2 *Noch einmal der Frästisch: Die Zargen erhalten ca. 10 mm starke Schlitze, in die später die acht Fixierklötzchen eingreifen werden*

6 ***Der in Bild 16 (S. 223) geteilte Zapfen wird*** *mit den Fußbrettern verleimt. Das sieht aus, als setze er sich durch die Fußbretter fort*

7 *In den Fußbrettern müssen Aussparungen für das Verbindungsbrett ausgestemmt und die Teile bereits in ihrer Position verleimt werden*

8 *Die Gratnut fällt etwas breiter aus als der Fräser. Mit der Schablone sind die nötigen zwei Durchgänge schnell und sicher erledigt*

Das Verbindungsbrett zwischen den Fußbrettern bringt man am besten erst dann an, wenn die Fußbretter schon je zwei Tischbeine miteinander verbinden

EINKAUFSZETTEL

Pos.	Anz.	Bezeichnung	Maße in mm	Material
①	1	Tischplatte	1190 x 1190	Kiefer-Leimholz
②	2	Fußbretter	910 x 355	30 mm dick
③	4	Zargen	800 x 100	
④	2	Gratleisten	1000 x 60	
⑤	4	Tischbeine *)	730 x 90	
⑥	1	Verbindungsbrett	300 x 80	Kiefer-Leimholz
⑦	8	Fixierklötzchen	60 x 40	19 mm dick

4 Füllstücke, 30 x 10 x 50 mm lang (Restholz); Spanplatten-Schrauben; Holzleim.

Materialkosten rund 520 Mark

*) aus jeweils drei Lagen

3 Die Tischbeine (5) sind mittels Schlitz und Zapfen mit den Zargen (3) verbunden, die durch Klötzchen an der Platte fixiert werden

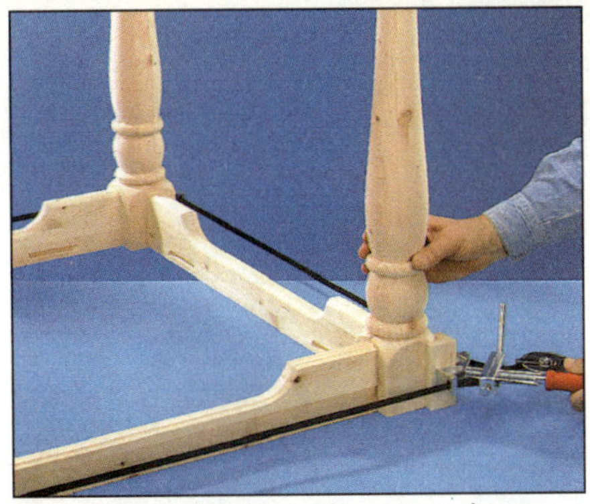

4 Mit einem solchen mehrere Meter langen Spannband kann man das Gerüst des Tisches ebenso einfach wie rechtwinklig verleimen

5 Die Schnittkanten der Fußbretter werden mit dem Schleifzylinder geglättet. Zum Abrunden eignet sich dagegen am besten die Oberfräse

9 Auch die Gratleiste braucht zwei Durchgänge mit demselben Gratfräser: So wird erst die eine, dann die andere Leistenseite gegratet

10 Die Gratnut muß mindestens auf einer Seite offen sein. Zwischen Leisten-Ende und Tischkante wird deshalb ein Füllstück eingesetzt

11 Die Fixierklötzchen werden eingesetzt und mit der Tischplatte verschraubt. Nicht zu stramm, damit das Holz noch arbeiten kann!

Nett & Nützlich

Malerei auf Gläsern

Marmeladengläser lassen sich zusätzlich mit einem hübschen Deckel aus Stoff oder Geschenkpapier verschönern

Einfache Glassachen wirken oft recht trist. Wenn Sie jedoch die schlichten Alltags-Gegenstände dekorativ bemalen, erhalten sie eine persönlichere Note. Sie benötigen dazu Glasmalfarben (nicht spülmaschinenfest) aus dem Hobbyladen und verschiedene Pinsel. Die Vorlagen auf Papier übertragen und diese von innen auf die Behälter kleben. Dann die Motive von außen mit dem Pinsel aufmalen. Dafür können Sie kräftige Farben oder Pastelltöne verwenden. Wichtig ist, daß die Farben nicht mit Lebensmitteln in Verbindung kommen.

Aus Kirschbaum-Bohlen

Kanapee

Klassisch, schlicht, edel.
Attribute eines außergewöhnlichen Möbels.
Seine Abmessungen sind ebenso
imponierend wie die exquisite Ausstrahlung
und sein verblüffender Preis

Laminatboden:
'Step 7000'
von Parador

Armlehnen

1 Besondere Sorgfalt ist bei der Herstellung der Sprossenzapfen erforderlich. Die Neigungen an den Enden sind exakt einzuhalten. Hilfskonstruktion ist das aber kein Problem

2 Erst nachdem alle Zapfen abgesetzt sind, erfolgt das Ausschneiden der geschweiften Konturen. Bei diesem Arbeitsgang ist ein optimales Ergebnis nur mit einer stationären Bandsäge zu erreichen

3 Für den Feinschliff der gesägten Flächen führt man die Werkstücke an rotierenden Schleifwalzen vorbei. Dieses Führen sollte möglichst gleichmäßig erfolgen. Sonst entstehen Dellen in der Oberfläche

4 Diese Einzelteile gehören zu einer Armlehne. Alle Zapfenverbindungen werden verleimt. Die zwei vorderen Längszargen sind mit Doppelzapfen in den Seitenbrettern verankert. Das ergibt eine höhere Stabilität

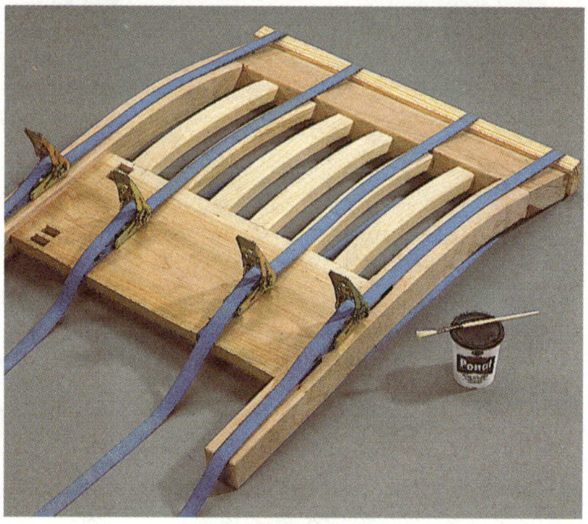

5 Zum Fixieren solcher Verbindungen sind Spannbänder besser geeignet als Zwingen. Die obere Zulage verhindert zum einen Eindrücke im Werkstück und verteilt zum anderen den Spanndruck gleichmäßiger

6 Dieses Werkzeug nennt der Fachmann Rauhbank oder Langhobel. Um irreparable Ausrisse im Holz zu vermeiden, arbeitet man mit kurzer Schnittiefe und nimmt lieber mehr Arbeitsgänge in Kauf

Um beim Spannen ein ‚Aufbäumen' der geschweiften Teile zu verhindern, spannt man ein ausreichend dickes Brett unter den Bogen

Unser Kanapee liegt voll im Trend. Von der Sitzhöhe her paßt es gut an einen Eßtisch, mit seinem Design macht es auch im Wohnzimmer eine perfekte Figur. Und längst nicht nur damit: Das Material, edles Kirschbaumholz, gehört zu den favorisierten Hölzern der Saison. Durch den klassischen, fast schon puristischen Stil kommt es hervorragend zur Geltung. Daß auch die Ergonomie stimmt, versteht sich von selbst. Die Polsterauflage in Profi-Ausführung tut ein Übriges für den Sitzkomfort.

Bei diesem extravaganten Stück werden Sie mit der Zeichnung auf Seite 237 nicht allein auskommen. Wir empfehlen Ihnen, vor dem Bau möglichst exakte Aufrisse von allen geschwungenen Teilen und den komplizierteren Verbindungen anzufertigen. Dies ist zum Beispiel auf einer alten Tapetenbahn gut möglich. So erzielen Sie eine bessere Symmetrie und ordentliche Proportionen.

Sicher werden Sie verstehen, daß zur Herstellung dieses anspruchsvollen Möbels Stichsäge und Bohrmaschine allein

Das Abrichten von Holzbohlen

Nach dem Teilen der Bohle (längs) ist nun die unbesäumte Seite (als Parallelschnitt mit Zugabe) zu entfernen. Der Schiebestock ist obligatorisch. Der Absaugschlauch wurde für das Foto abgenommen

Dann wird eine breite Seite plan gehobelt, um eine exakte Seitenführung für den nächsten Arbeitsschritt zu schaffen. Die zuvor geschnittene Kante dient dabei als Führungskante am Maschinenanschlag

Nun erfolgt das Abrichten auf die exakte Breite. Die bereits abgerichtete Flachseite sollte dabei mit leichtem Druck gegen die Maschinenführung bewegt werden, um ein Kippen zu verhindern

Die endgültige Brettdicke ergibt sich beim Durchschieben in der Dickenhobel-Einrichtung. Falls der restliche Materialabtrag zu groß ausfallen sollte, sind mehrere Arbeitsgänge zu absolvieren

Massives Kirschbaumholz findet man nicht gerade im Standardsortiment eines Baumarktes. Der Weg zum Schreiner oder zum Holzhandel lohnt sich aber schon deshalb, weil man beim Kauf von unbesäumten Bohlen, verglichen mit maßgerecht zugeschnittenen Brettern, erhebliche Kosten einsparen kann. Ein entsprechend ausgerüsteter Maschinenpark ist natürlich Voraussetzung für die fachgemäße Verarbeitung. Falls Sie sich jedoch dem Möbelbau verschrieben haben, ist das ja sowieso kein Thema. Welche Überraschungen Bohlen manchmal bereithalten, lesen Sie auf Seite 235.

Schubladen mit Zinken

Alle Teile einer Schublade: Frontblende, Seitenteile, Rückwand, Boden und Möbelknopf mit Dübel

Um die Optik der Schubladenfront ‚ruhig' zu halten, arbeitet man mit (aufwendigeren) verdeckten Zinken

Die Verbindungen zwischen den beiden Seitenteilen und der Rückwand erfolgen mit durchgehenden Zinken

Die Sitzplatte ist noch nicht eingelegt. So erkennt man die Anschläge sowie die Lauf- und Kippleisten

Zinkungen sind Kantenverbindungen, die man ausschließlich für Vollholz einsetzt. Sie werden von Hand oder maschinell gefertigt. Handgearbeitete Zinken sind als klassische Holzverbindungen formschön und haltbar, aber aufwendig in der Herstellung. Maschinenzinken werden gebohrt oder gefräst. Das Zinken beginnt mit dem Anschneiden am Kopfholz und dem Ausstemmen der Aussparungen für die Schwalben. Die Schwalben werden angerissen, indem man die Zinken auf das Gegenstück aufsetzt. Wichtig sind die Proportion Schwalben/Zinken (2/3 zu 1/3) und die Schlankheit der Schwalben. Sind sie zu schräg, schert womöglich das Holz ab.

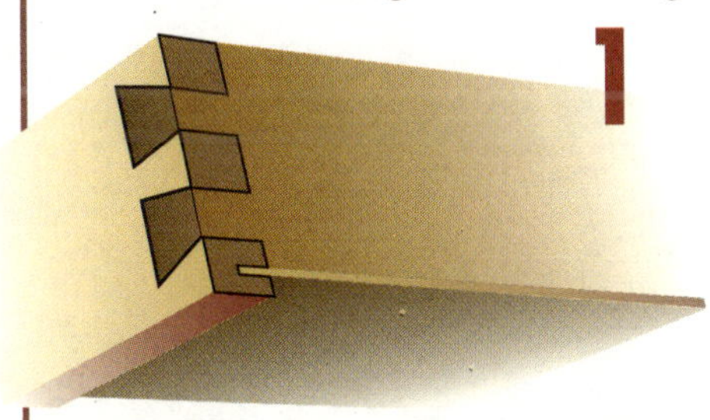

1

Hier sind die durchgehenden Zinken bei der Verbindung zwischen Rückwand und Seitenteil noch deutlicher zu erkennen. Der Schubladenboden wird unter der Rückwand durchgeschoben und an ihr – ohne Leim – fixiert

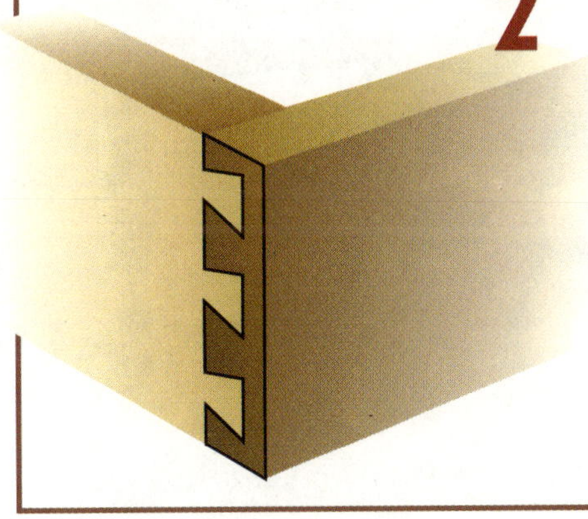

2

Aufwendiger als durchgehende sind verdeckte Zinken. Sie setzt man immer dann ein, wenn eine Holzfläche nicht durch das Kopfholz der Schwalben gestört werden soll. Ihre Herstellung erfordert viel handwerkliches Geschick

Korpus und Rückenlehne

1 Mit dieser Langloch-Bohrvorrichtung werden die Schlitze für die Zapfen der hinteren, oberen Längszarge eingebracht. Über ein Hebelsystem wird das Werkstück zum Bohrer bewegt

2 Die Zapfen der Mittelstege und Querzargen sind um 45° abgeschrägt. Damit ist gewährleistet, daß deren Enden sich beim Zusammenbau – konstruktionsbedingt – nicht ‚im Weg stehen'

4 Nachdem die vorgefertigten Armlehnen mit dem Korpus verbunden sind, folgt das exakte Einpassen der Rückenlehne. Zu diesem Zweck wird die provisorisch montierte Rückenlehne ...

5 ... an die Armlehne herangeführt. Mit Hilfe einer passenden Konturschablone überträgt man die sich ergebende Kurve auf die Rückenlehne und längt diese der Markierung entsprechend ab

Die Verbindungen zwischen den Armlehnen und der Rückenlehne erfordern besondere Sorgfalt

Auch beim Verleimen der Armlehnen mit dem Korpus nutzt man Spannbänder zum Fixieren der Verbindungen. Zum Schutz der Werkstück-Ecken dienen Kantenschoner aus Kunststoff

nicht ausreichen. Im Idealfall sollten Sie über einige stationäre Maschinen verfügen: Tischkreis- und Bandsäge, Schleifmaschine, Abricht- und Dickenhobel mit einer Langloch-Bohrvorrichtung als Zubehör. Diese Vorrichtung ist eventuell durch eine Oberfräse zu ersetzen. Der Aufwand an Hilfsmitteln, um die Oberfräse auf der schmalen Zarge sowie Rücken- oder Armlehnen sicher zu führen, wäre aber in Relation zur Aufgabe ziemlich groß.

Begonnen wird mit der Herstellung der vier Eckstützen und aller Sprossen. Bei den Sprossen ist zu beachten, daß sie kostruktionsbedingt ein oberes und ein unteres Ende haben. Das heißt, die Krümmung ist zwar immer gleich, aber die Winkel der Auflageflächen sind verschieden. Das ist bei der Montage unbedingt zu berücksichtigen, da sonst

3 *Die Verbindung zwischen den Mittelstegen, Längs- und Querzargen wird mit Spannbändern fixiert, während der Leim aushärtet. Beim Ausrichten ist unbedingt auf Rechtwinkligkeit der Teile zu achten*

6 *Zur Stabilisierung der Verbindung werden zusätzlich zwei 100 mm lange Dübelstangen eingesetzt. Die Bohrungen dafür werden erst bei der Montage eingebracht*

Holzschädlinge und ihre Bekämpfung

Der Hausbock (hier seine Larven) können erheblichen Schaden an Möbeln, Holzeinbauten usw. anrichten. Für nachhaltige Abhilfe sorgen spezielle Mittel (links). Wichtig: Vor Gebrauch sind die Verarbeitungshinweise zu lesen und auch penibel anzuwenden!

Zu den Holzschädlingen gehören zahlreiche Insekten, die durch Kahlfraß oder Unterbindung der Saftleitungsbahnen den Bäumen die Lebensmöglichkeit nehmen oder durch das Fressen von Gängen das Nutzholz für technische Zwecke ungeeignet machen. Unterschieden werden Schädlinge des lebenden Baumes (Forstinsekten) und des gefällten, geschnittenen oder bereits verarbeiteten Nutzholzes. Forstinsekten sind beispielsweise verschiedene Falter- und Wespenarten oder der Borkenkäfer. Die schlimmsten Schädlinge des verarbeiteten Holzes sind der Poch- oder Klopfkäfer und der Hausbock, oft großer Holzwurm genannt. Seine wirksame Bekämpfung ist auch mit den heutigen Mitteln nur bis zu einer gewissen Objektgröße möglich

Der nostalgische Eierständer paßt nicht nur in Großmutters Küche

Dekoratives Eierbord

Eine praktische Möglichkeit, frische Eier stets griffbereit aufzubewahren, ist unser kleines Eierbord, das mit Sicherheit auch in Ihrer Küche dekorativ zur Geltung kommen wird.
Als Material wählten wir massives Holz mit einer Dicke von 10 Millimetern. Folgende Einzelteile benötigen Sie zum Anfertigen des Bordes: eine Rückwand, 275 x 152 mm; zwei Seitenwände, 245 x 115 mm und zwei Böden, 148 x 130 mm. Nachdem Sie die Konturen in Originalgröße auf Papier übertragen haben, werden sie anschließend auf das Holz gezeichnet und dann mit der Stichsäge ausgeschnitten. In die glatte Rückwand zwei Ziernuten einfräsen, ebenso die Kanten der geschwungenen Seitenwände am inneren Rand abrunden. Die Eierlöcher mit einem Forstner-Bohrer herstellen und alle Einzelteile unter Leimzugabe miteinander verbinden. Anschließend erfolgt ein farbiger Anstrich.

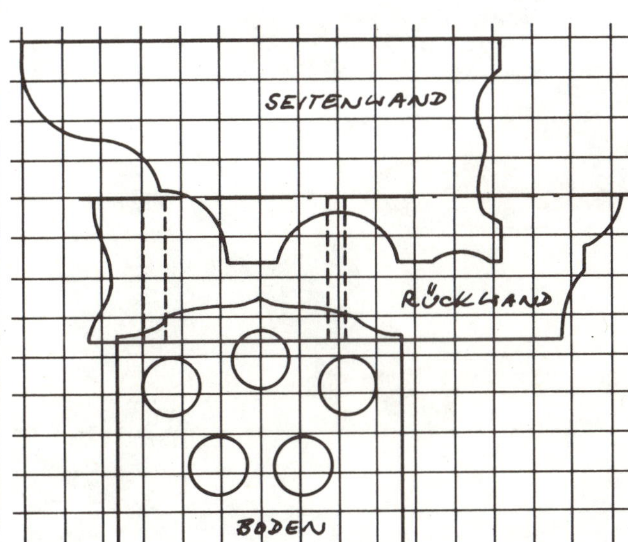

Ein Rasterkästchen unserer Zeichnung mißt 20 x 20 mm. Die Motive auf durchsichtiges Papier übertragen. Dabei die Rückwand ab der durchbrochenen Linie spiegelbildlich übernehmen, so daß ein Ganzes entsteht

Polstern

1 *Zunächst fixiert man beidseitig je eine Lage Vlies mit Hilfe eines Sprühklebers auf dem Schaumstoffkern. Dann wird rundherum eine Lage Diolen-Vlies aufgeklebt*

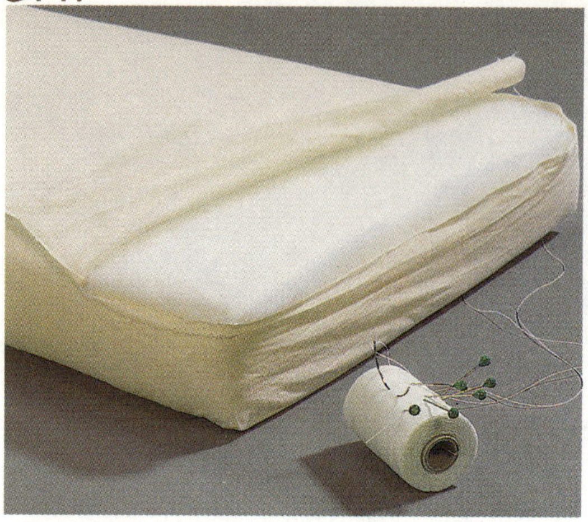

2 *Die Nesselhülle aus zwei ‚Platten' und dem ‚Boden' (das ist der umlaufende Steg) passend zuschneiden und vernähen. Ein Stück einer Seite bleibt offen, um den Schaumstoff mit dem Vlies einschieben zu können*

3 *Das offen gebliebene Nahtstück wird dann auch geschlossen, in kurzen Abständen mit großen Stecknadeln fixiert und anschließen endgültig zugenäht*

4 *Auch der Polsterstoff wird in Platten und Boden (mit jeweils etwa 1 cm Überstand) zugeschnitten. Hier kommen aber die Kederstreifen dazu. Sie werden mit Stoffstreifen und Kederschnur auf einer ...*

5 *... Nähmaschine mit speziellem Kederfuß gefertigt. Diese Streifen näht man dann umlaufend einseitig an eine Platte. Mit der anderen Kederseite wird nun umlaufend der Boden vernäht*

6 *Auch die zweite Platte erhält – bis auf eine schmale Seite für den Reißverschluß – einen Kederstreifen. Der wiederum wird auf der anderen Seite mit der Platte vernäht*

zwischen Sprossen und Zargen unansehnliche Fugen entstehen. Für Eckstützen und Sprossen gilt: Alle Zapfen fertigen und dann erst die Kurven ausschneiden.
Der aufwendigste Arbeitsgang ist zweifellos das Herstellen der langen Wölbungen bei Rücken- und Armlehnen. Da Kirschbaum in alle Richtungen wächst, müssen Sie beim Hobeln unbedingt auf die Maserung achten und sehr vorsichtig zu Werke gehen. Zu Anfang können Sie noch mit einem Schrupphobel arbeiten. Je näher Sie aber der endgültigen Kontur kommen, desto geringer sollte die Schnittiefe des Langhobels (Rauhbank) sein. Sonst gibt es

Das brauchen Sie an Material für das Polstern:
Polyester-Schaumstoff, Diolen-Vlies, Nessel, Polsterstoff, Kederschnur, Nähgarn, Reißverschluß, Sprühkleber, Stecknadeln

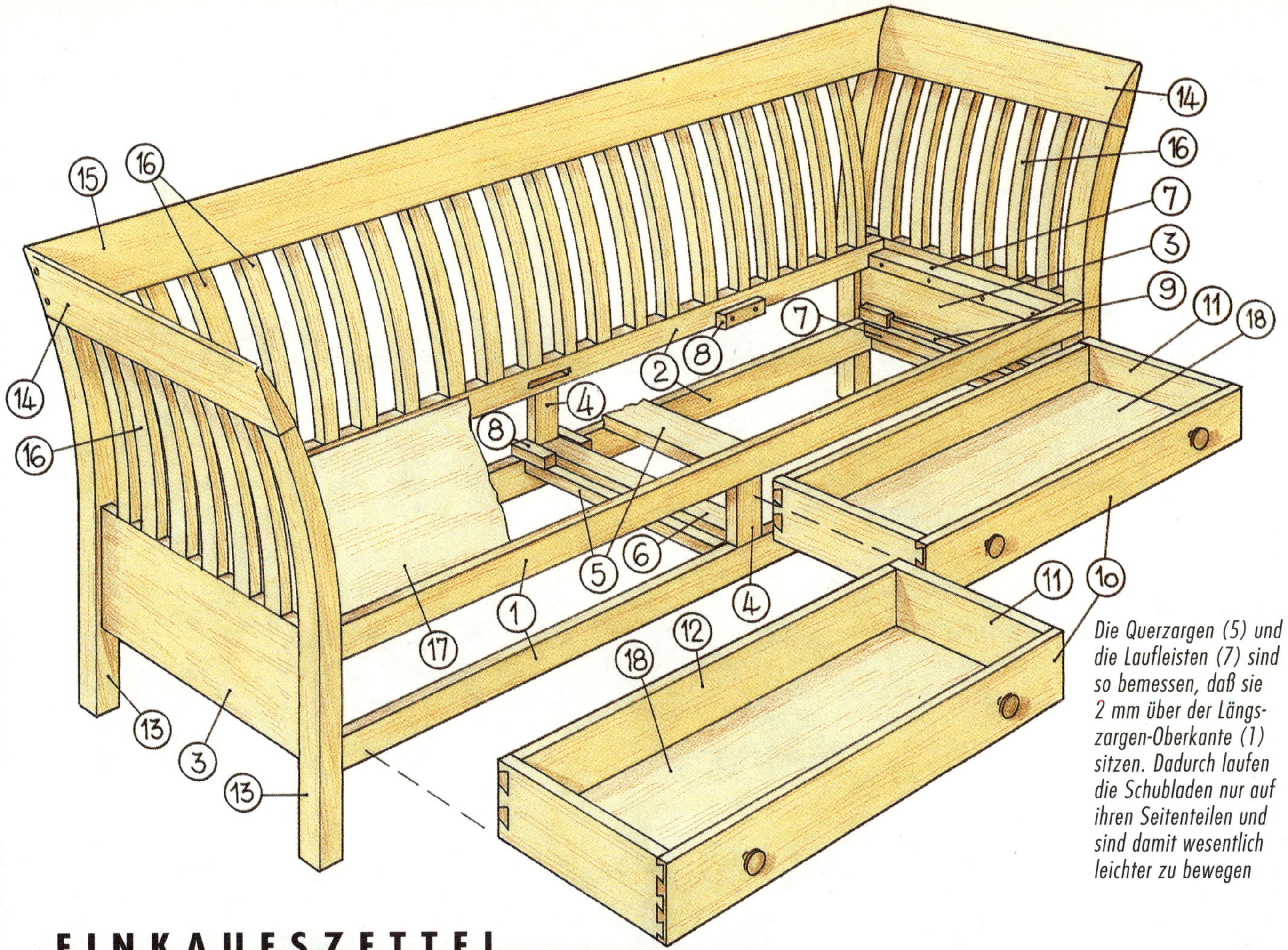

Die Querzargen (5) und die Laufleisten (7) sind so bemessen, daß sie 2 mm über der Längszargen-Oberkante (1) sitzen. Dadurch laufen die Schubladen nur auf ihren Seitenteilen und sind damit wesentlich leichter zu bewegen

EINKAUFSZETTEL

Pos.	Anz.	Bezeichnung	Maße in mm	Material
①	2	Längszargen	1840 x 60 *	Kirschbaum massiv
②	2	Längszargen	1868 x 60 *	28 mm dick
③	2	Seitenbretter	578 x 240 *	
④	2	Mittelstege	160 x 60 *	
⑤	2	Querzargen	549 x 110 *	
⑥	1	Führungsbrett	509 x 60	
⑦	4	Lauf-/Kippleisten	509 x 42	
⑧	8	Auflager/Anschläge	125 x 28	
⑨	2	Führungsleisten	384 lang	Kirschbaum 20 x 14
⑩	2	Frontblenden	866 x 116	Kirschbaum massiv
⑪	4	Seitenteile	434 x 116 *	20 mm dick
⑫	2	Rückwände	866 x 96 *	
⑬	4	Eckstützen	770 x 110 *	Kirschbaum massiv
⑭	2	Armlehnen	650 x 135	56 mm dick
⑮	1	Rückenlehne	2200 x 130	Kirschbaum massiv
⑯	32	Sprossen	385 x 50	38 mm dick
⑰	1	Sitzplatte	1825 x 505	TiPla 13 mm dick
⑱	2	Schubladenböden	844 x 429	Sperrholz 5 mm dick

* = in den Längen sind Zapfen oder Zinken enthalten;
4 Möbelknöpfe ∅50 x 25 mm dick; Spanplatten-Schrauben; 4 Dübelstangen ∅10 x 100 mm; 4 Holzdübel ∅8 x 30 mm; Holzleim.
Materialkosten rund 700 Mark

für das Polstern:
Polyester-Schaumstoff 90 mm dick, 1800 x 500 mm; ca. 4,5 m² Diolen-Vlies; ca. 2,5 m² Nessel; ca. 3,3 m² Polsterstoff; Sprühkleber.
Materialkosten rund 340 Mark

Nehmen Sie sich für das Finish ausreichend Zeit

irreparable Ausrisse im Holz. Die Feinarbeit erfolgt mit dem Schwingschleifer (80er-120er Papier) und durch Handschliff mit einem 240er Papier.
Der Oberflächen-Behandlung sollten Sie besondere Aufmerksamkeit schenken. Sie gibt den buchstäblich letzten Schliff. Gehen Sie dabei wie folgt vor: Alle später sichtbaren Flächen schleifen und gut entstauben, eine Schicht Einlaßgrund auftragen und zwischenschleifen. Dann kommt der erste Endlackauftrag, seidenmatt und 10% verdünnt. Wieder schleifen (220er Papier) und die zweite Lackschicht auftragen. Und dann bewundern Sie Ihr Werk, Sie haben allen Grund dazu. □

Im Fliesenlook

Ein Tisch von Format

Eisentischchen mit gefliester Tischplatte liegen voll im Trend – im Fliesenlook bemalte sehen genauso dekorativ aus und sind deutlich preiswerter

Einladend, nicht?

Mediterranes Flair und Ferien-Stimmung pur vermittelt die Szenerie auf den Fotos links und oben. Ein bißchen davon auch für den grauen Alltag einzufangen, ist leichter als gedacht. Wir zeigen Ihnen Schritt für Schritt, wie das zauberhafte Tischchen mit Eisengestell gemacht wird und wie man die kunstvolle Bemalung aufbringt. Diese sieht übrigens viel komplizierter aus als sie letztendlich ist.

Für die Tischplatte haben wir 19 mm dickes MDF verwendet; sie ruht auf einem Rahmen aus Vierkant-Stahlrohren. Die Tischbeine aus 18-mm-Rundstahl bekommen Stützfüße in Kugelform. Die 60-mm-Stahlkugeln gibt es fertig im Eisenwarenfachhandel zu kaufen.

Kaum zu glauben, daß die Tischplatte im mediterranen Stil selbst bemalt ist. Ist sie aber. Wie's geht, zeigen die Fotos

Das Untergestell

1 *Das Anreißen mit Hilfe von Parallelreißer und Winkelmesser erfordert auch bei solch einfachen Werkstücken wie hier präzises Arbeiten*

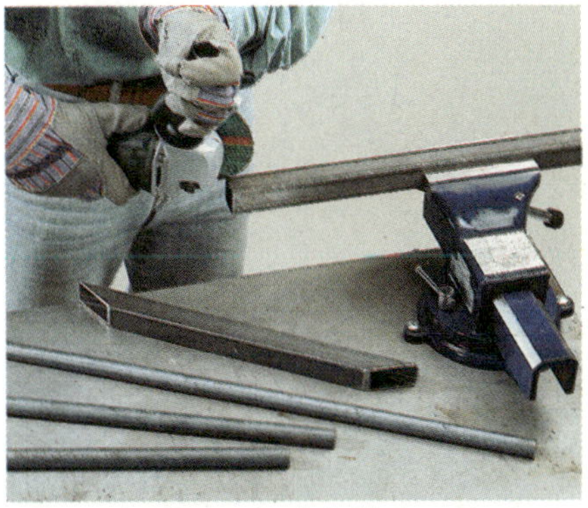

2 *Mit dem Einhandwinkelschleifer und eingesetzter Trennscheibe ist das Ablängen der Rahmenteile kein Problem (Schutzbrille!)*

3 *Die zum Teil messerscharfen Kanten an den Sägeschnitten mit dem Einhand-Winkelschleifer entgraten und anfasen (60°)*

4 *Die fixierte Eckverbindung wird zunächst gepunktet und dann erst verschweißt. Klemmzangen erst nach dem Erkalten entfernen*

5 Hier das Ankörnen der Bohrungen zum Verschrauben der Tischplatte. Durch das Ankörnen wird die Spitze des Metallbohrers ...

6 ... zentriert und kann nicht verlaufen. Da die Tischplatte mit Spanplattenschrauben fixiert wird, Löcher bohren und von unten ansenken

7 Die drei Tischbeine aus 18-mm-Rundstahl werden mit Hilfe von Hammer und Schraubstock in die gewünschte Form gebogen

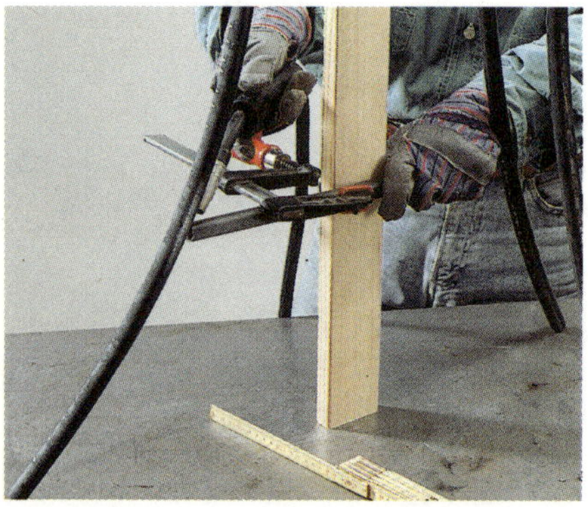

9 Die Latte dient als Höhenschablone beim Anpunkten der Querstreben. Sie muß vor dem Verschweißen wieder entfernt werden

10 Die Stahlkugeln werden ebenfalls zuerst angepunktet und dann verschweißt. Dabei Schutzschild bzw. -brille verwenden!

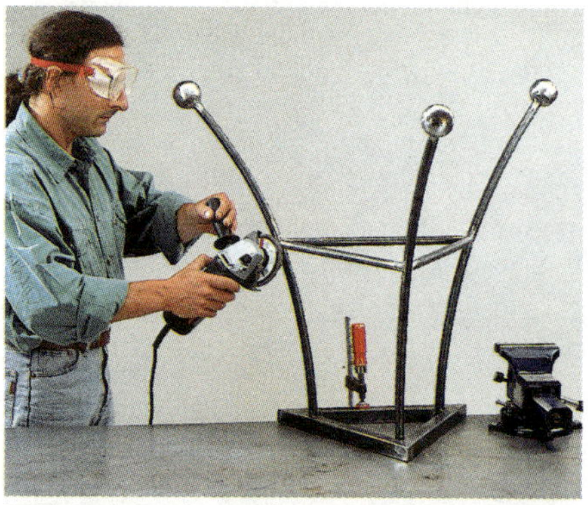

11 Auch hier kommt beim Versäubern der Schweißnähte der Einhand-Winkelschleifer zum Einsatz. Schutzbrille tragen!

Der Aufbau des Untergestells aus Vierkant- und Rundstahl ist so simpel, daß sich auch Einsteiger in Sachen Metallbearbeitung getrost daranwagen können. Wollen Sie sich zuvor nochmals gründlich über dieses Thema informieren, möchten wir auf den Band „Arbeiten mit Metall" (Moewig Verlag) hinweisen. Hier haben wir das Wichtigste zum Trennen, Feilen und Bohren von Metall ebenso zusammengefaßt wie alles, was Sie über Gewindeschneiden, Biegen, Hämmern und Verbinden wissen sollten. Zusammen mit den detaillierten Zeichnungen rechts und der Schritt-für-Schritt-Bildfolge dürfte die Ausführung dann kein Problem mehr sein. Wichtig ist, daß beim Schweißen keine brennbaren Materialien in der Nähe sind.

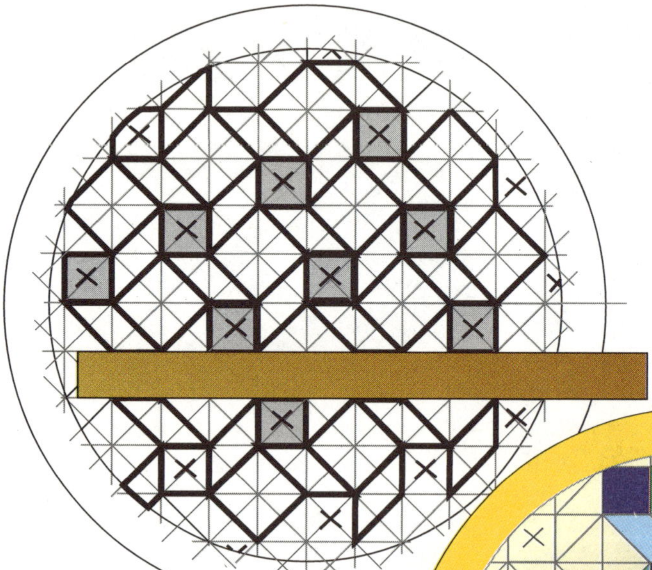

Orientiert am Mittellinienkreuz, zeichnen Sie ein Gittermuster aus Quadraten auf. Nun folgen die diagonalen Hilfslinien. Im nächsten Schritt markieren Sie alle dunklen Quadrate. Von der Grundlinie dieser Figur nach rechts unten ergibt sich die schräge blaue Fläche. Von der rechten Seite führt die schräge grüne Fläche nach rechts oben. Nachdem Sie so die gesamte Platte bearbeitet haben, entstehen die weißen, auf der Spitze stehenden Quadrate von selbst. Den Abschluß bildet ein gelber Rand

Das Vorzeichnen

Nachdem Sie den Mittelpunkt der kreisrunden Platte gefunden haben, zeichnen Sie durch diesen Punkt zwei Linien, die sich exakt rechtwinklig kreuzen müssen

8 *Damit man den Tischrahmen beim Anschweißen der Beine aufrecht stellen kann, ist eine einfache Hilfskonstruktion nötig*

12 *Einfach, aber wirkungsvoll: das fertige Untergestell. Die drei Kugelfüße sorgen selbst auf unebenem Untergrund für sicheren Stand*

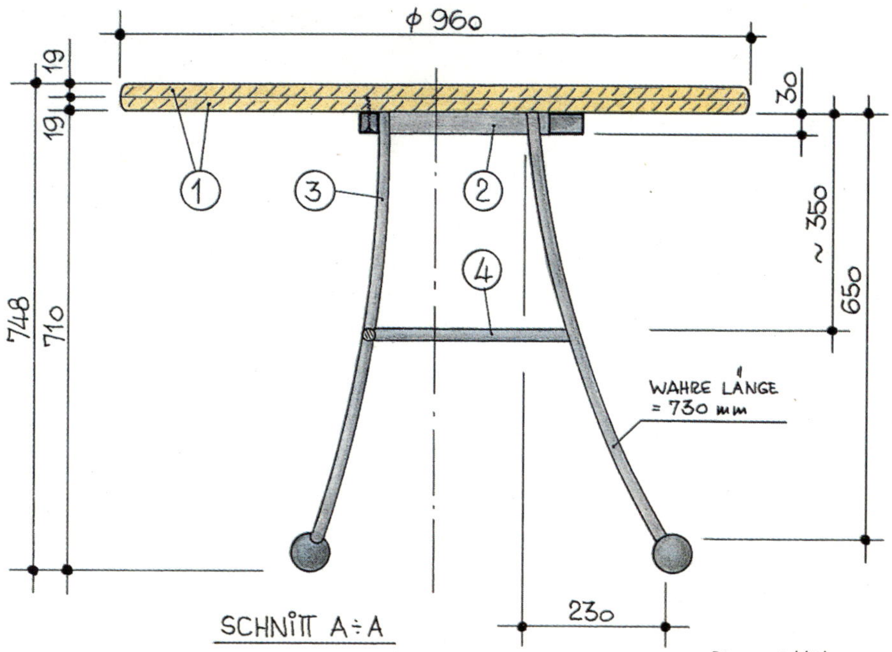

Die tatsächliche Länge der Tischbeine beträgt 730 mm; nach dem Biegen sind es 650 mm

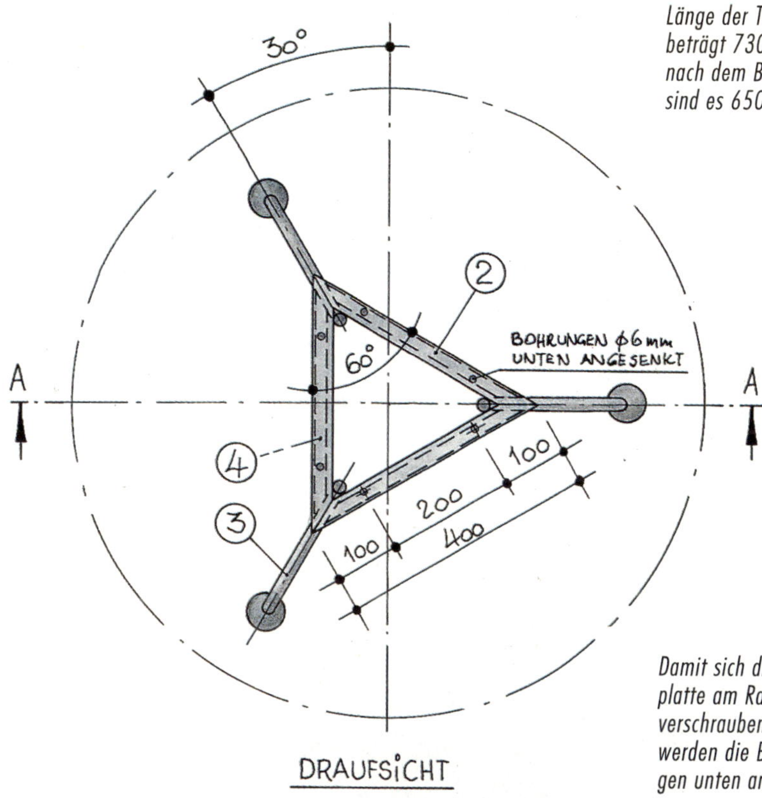

Damit sich die Tischplatte am Rahmen verschrauben läßt, werden die Bohrungen unten angesenkt

EINKAUFSZETTEL

Pos.	Anz.	Bezeichnung	Maße in mm	Material
①	2	Tischplatten	∅ 960	MDF 19 mm
②	3	Rahmenteile	400 lang	Vierkant-Stahlrohr 30 x 30 x 2 mm
③	3	Tischbeine	730 lang	Rundstahl
④	3	Querstreben	385 lang	∅18 mm

3 Stahlkugeln ∅60 mm; Spanplatten-Schrauben: 6x 6,0 x 50 mm (Verbindung Tischplatte/Untergestell) und 3,5 x 30 mm (Aufdoppelung Tischplatte); wasserfester Holzleim.

Materialkosten rund 150 Mark

1 Nachdem die Zeichnung auf die Holzplatte aufgetragen wurde, zieht man die selbstklebende Kunststoff-Folie über die gesamte Fläche

2 Beginnend mit den weißen schneiden Sie die einzelnen Segmente (Rhomben bzw. Quadrate) für jede Farbe einzeln aus der Folie aus

3 Die jetzt freigelegten Flächen werden mit weißem Sprühlack behandelt. Damit's nicht tropft, in mehreren Schichten arbeiten

4 Die restliche Folie abziehen, so daß nur die weißen Farbflächen stehenbleiben. Mindestens 6 bis 8 Stunden trocknen lassen

5 Wiederum wird die Platte mit einer Folie ganzflächig belegt. Jetzt nur die Felder für Farbe Türkis ausschneiden. Sprühen wie vor

6 Beim wiederholten Schneiden der Folien darauf achten, daß man exakt an den Kanten des vorigen Farbstreifens vorbeischneidet

Wichtig: mindestens 6 bis 8 Stunden Trockenzeit einhalten

7 Nachdem zuletzt Dunkelblau aufgesprüht wurde, klebt man die gesamte Farbfläche ab und trägt auf den verbleibenden Rand und die umlaufende Kante als lebhaften Kontrast die Farbe Gelb auf

Es ist möglich, daß durch das Auftragen der Folie Kleberreste auf den Farbflächen zurückbleiben. Durch eine letzte Klarlack-Schutzschicht werden die Kleberrückstände überdeckt. Notfalls mehrere Schichten Sprühlack auftragen

Wer kennt sie nicht, Vasarelys mathematisch berechnete Grafiken der Op-Art. Diese dreidimensionalen optischen Effekte in reiner Form inspirierten uns beim Gestalten der Tischplatte. Diese haben wir aus 19 mm dickem MDF zugeschnitten und die Kanten von beiden Seiten mit der Oberfräse und einem Viertelstabfräser bearbeitet. Es empfiehlt sich, die Bemalung aufzutragen, bevor man die Platte am Tischgestell verschraubt. Wir haben Bunt-Sprühlack bzw. Klarlack aus der Dose verwendet (Mundschutz tragen!) und zum Abkleben der Flächen auf eine dünne selbstklebende Klarsicht-Folie zurückgegriffen. □

Kontakte:
Sprühlack und Folie:
OBI Bau- und Heimwerkermärkte
Albert-Einstein-Str. 7-9
42929 Wermelskirchen

Kapitel 5

Möbel und Kleinteile

In Küche und Eßzimmer braucht man Platz zum Verstauen ebenso wie eine Vielzahl kleiner und großer Helfer. Das meiste davon kann man selbst bauen – vom Nudelglas bis zur Kompletteinrichtung. Wir zeigen eine Auswahl für jeden Bedarf

INHALT

Kleiner Küchenhelfer

Raffinierte Rezepte haben die einen im Kopf, die anderen im Kochbuch. Für letztere haben wir einen Kochbuchständer konstruiert. Der bietet der Gedächtnisstütze einen sicheren Stand und wird nach Gebrauch zusammengeklappt

Kochen Sie gern oder werden Sie lieber bekocht? Egal was Sie mehr mögen, der Kochbuchständer ist für jeden geeignet. Der eine benutzt ihn selbst, der andere verschenkt ihn an seinen Lieblingskoch (oder die Lieblingsköchin). Dank der stumpfen Verbindungen ist die Herstellung einfach. Sie müssen nicht einmal ein ganzes Wochenende einplanen. Fangen Sie mit dem Ablängen der Holzleisten an. Statt Buche können Sie auch jedes andere Holz nehmen, je nachdem, was Sie in Ihrer Werkstatt übrig haben. Die Nuten auf dem Rastersteg schneiden Sie mit einer Feinsäge aus. Danach alle Schnittkanten mit Schleifpapier glätten. Anschließend werden die Dübellöcher eingebracht. Eine Dübellehre ist hier zwar von Vorteil, aber keinesfalls zwingend notwendig. Es geht auch mit dem Bohrständer. Wichtig ist nur, daß die Löcher genau senkrecht verlaufen. Sie sollten die Teile vor dem Verleimen probehalber zusammenstecken, um Ungenauigkeiten auszubessern. Nach dem Abbinden des Leims alle beweglichen Teile mit Scharnieren verbinden. Die Auflagerleiste wird unter Leimzugabe mit dem Oberteil verschraubt. Damit Ihre neue Kochhilfe auch nach einem 5-Gänge-Menü noch ansehnlich ist, sollten Sie die Oberfläche behandeln. Wer ‚Natur pur' mag, nimmt Öl oder Wachs (empfiehlt sich bei Buche). Wenn Sie den Kochbuchständer lieber farbig lackieren möchten, sollten Sie gleich auf preiswerteres Nadelholz zurückgreifen. □

EINKAUFSZETTEL

Pos.	Anz.	Bezeichnung	Maße in mm	Material
①	4	Rahmenteile	260 lang	Buche massiv
②	5	Rahmenteile	250 lang	40 x 13 mm
③	1	Rastersteg	180 lang	
④	1	Klappstütze	99 lang	
⑤	1	Auflagerleiste	290 lang	Buche 35 x 10 mm

3 Messing-Scharniere 40 x 26 mm (geöffnet); Spanplatten-Schrauben; Holzdübel ∅6 x 30 mm; Holzleim.

Materialkosten rund 35 Mark

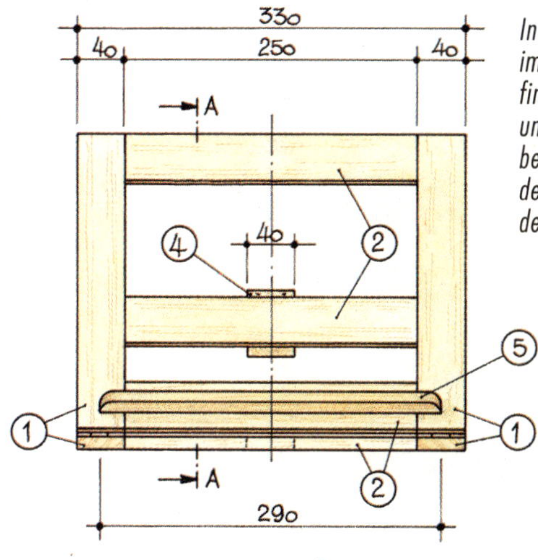

VORDERANSICHT

In der Zeichnung und im Einkaufszettel finden Sie alle Maß- und Materialangaben, die für den Bau des Kochbuchständers wichtig sind

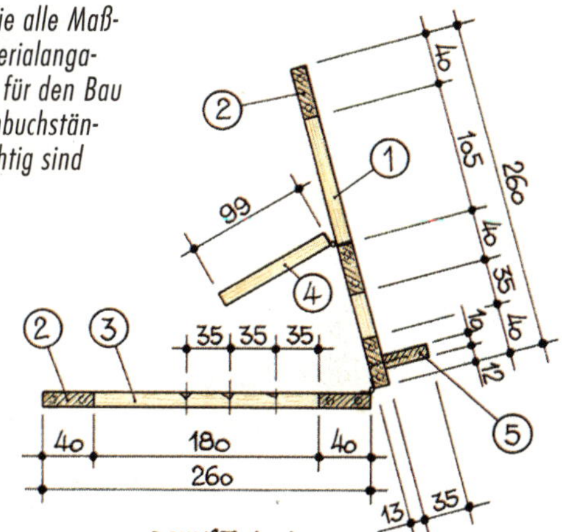

SCHNITT A÷A

1 *Zuerst alle Teile mit der Feinsäge ablängen. In den Rastersteg werden schräge Nuten gesägt, die die Klappstütze halten*

2 *Die Dübellehre ist kein Muß, hilft aber beim exakten Einbringen der Bohrlöcher. Anschließend werden die Dübel eingeleimt*

3 *Nun alle Rahmenteile und den Rastersteg unter Leimzugabe zusammenstecken und mit Schraubzwingen fixieren*

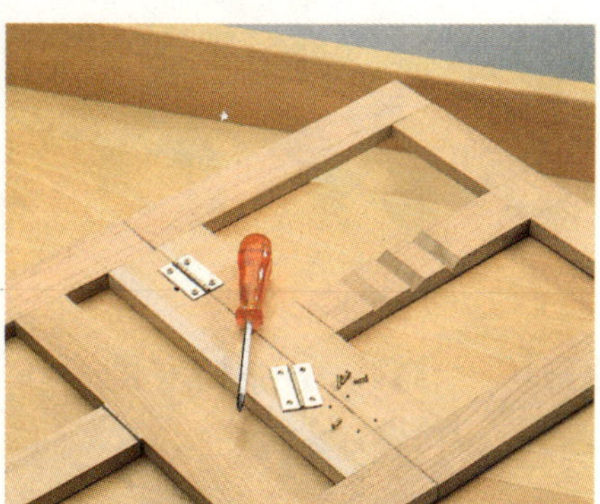

4 *Ober- und Unterteil verbinden Sie mit zwei Scharnieren. Der Rastersteg wird, ebenfalls mit Scharnier, am Rahmenteil verschraubt*

Fertig für den ersten Einsatz: Durch seine beweglichen Teile läßt sich unser Kochbuchständer in drei Stufen im Neigungswinkel verstellen. Wird er nach dem Kochen nicht mehr gebraucht, kann man ihn einfach zusammenklappen und platzsparend im Regal oder im Schrank verstauen – bis zum nächsten Mal ...

Bauernstube

Bei diesem Bauvorschlag ist Gemütlichkeit Trumpf. Es muß ja nicht unbedingt „a Moaß“ sein, die man auf der Eckbank im Partykeller trinkt. Denn unsere Möbel würden auch gut in die Diele oder ins Eßzimmer passen

Möbel mit Stil

Auf den nächsten Seiten stellen wir Ihnen einen Eckschrank, ein Tellerregal, die Uhr und das kleine Eckregal vor. Weiterhin finden Sie den Zusammenbau von Tisch und Bank erklärt

Zunächst läßt man sich nach Einkaufszettel und Zeichnung alle Teile für den Eckschrank grob zuschneiden. Boden- und Deckelteile des Ober- und Unterschranks können schon genau angezeichnet und ausgesägt werden. Das geht am besten auf einem Sägetisch für die Handkreissäge oder mit einer Anschlagschiene. Die Ausklinkungen und Verzierungen arbeitet man mit einer Stichsäge heraus.
Die Eckseiten des Unterschranks bestehen aus zwei Teilen, die zusammen einen Winkel von 135° ergeben. Daraus ergibt sich für jedes der Teile eine Gehrung von 22,5°. Diese kann man mit einer Kreissäge oder einem Elektrohobel mit verstellbarem Anschlag herstellen. Zum Verleimen brauchen Sie eine Schablone, damit die Bretter nicht verrutschen können. Hierbei fixiert man die Seitenteile mit Paketklebeband und Schraubzwingen.
Beim Falzen mit der Oberfräse ist darauf zu achten, daß der Deckel des Unterschranks nicht durchgefalzt wird. Ganz wichtig beim Zusammenbau ist, daß man nicht Quer- auf Langholz leimen kann. Dadurch würde das Holz nicht mehr arbeiten können und es würde reißen. Die Montage erfolgt also mit 20 x 20 mm dicken Eckleisten, die an das Leimholz geschraubt werden. Nach diesem System setzt man nun den gesamten Korpus zusammen. Mittel- und Unterteil werden nur durch Dübel verbunden, so daß sie zum Transport auseinandergenommen werden können. Die Sockelstücke (7) und (8) sind von der Rückseite zu verschrauben. Die restlichen Zierleisten leimt man stumpf an die jeweilige Position. Im Oberschrank muß noch eine Anschlagleiste für die Tür an Deckel und Boden geleimt werden; ebenso an den Deckel des Unterschranks.
Die Glastür besteht aus einem auf Gehrung geschnittenen Rahmen, der mit Dübeln verbunden wird. Ein Rahmenspanner gibt den nötigen Anpreßdruck beim Abbinden des Leims. Dann versieht man noch die Glashalteleisten mit einem Falz und setzt sie in den Rahmen. Die untere Tür besteht einfach aus einem Brett, auf dessen Kanten ein Profil gefräst wird. Ist alles gründlich geschliffen und entstaubt,

1 Die beiden Eckseiten werden im 135°-Winkel mit Hilfe von Schablone und Paketband verleimt

2 Eckseiten, Deckel und Böden falzt man mit der Oberfräse, um die Rückwand später einlegen zu können

5 Die von vorne sichtbaren Konturen werden durch einen Fräser mit Anlaufzapfen gleichmäßig abgerundet

6 Nachdem die vier Elemente des Mittelteils ausgesägt, auf Gehrung geschnitten und ihreKanten abgerundet sind, werden sie mit Holzdübeln verbunden

9 Die Profilleisten leimt man einfach mit Hilfe von Klemmen oder Schraubzwingen an den Korpus

10 Die Türleisten werden verleimt und mit einem Rahmenspanner gepreßt

3 Zum Verschrauben sind schmale Eckleisten zu verwenden, damit Quer- und Langholz arbeiten können

4 Beim Zuschneiden der Leimholzplatten mit einer Handkreissäge benutzt man am besten eine Führungsschiene

7 Auch bei der Montage des Aufsatzes wird wieder nur mit Schrauben und kleinen Leisten gearbeitet. Würde man Quer- und Langholz verleimen, könnte es beim Trocknen reißen

8 Die Verzierungen des Eckschranks von unten nach oben: Sockelstücke, Deckleisten für den Unterschrank, geschweifte Leisten für den Mittelteil und verschiedene Bretter für das Gesims auf dem Oberschrank ▶

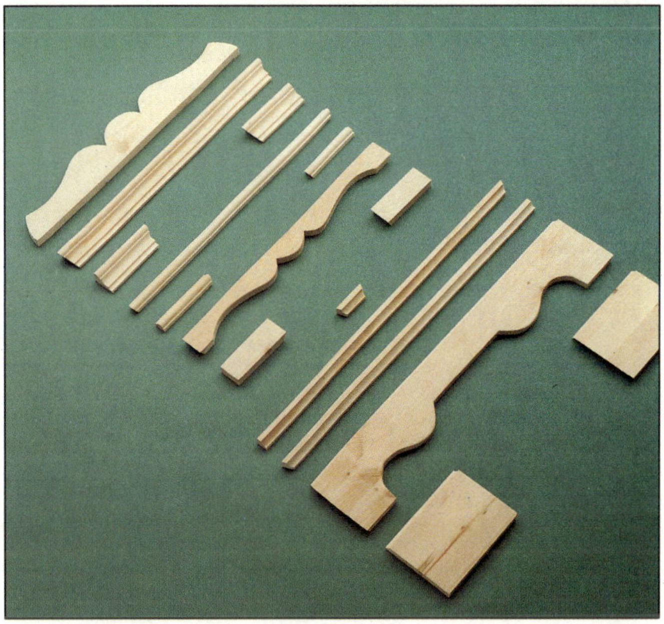

11 Die Fenstersprossen kann man mit der Heißklebepistole oder doppelseitigem Klebeband fixieren

12 Schwarze oder brünierte Beschläge passen am besten zum rustikalen Stil eines bäuerlichen Eckschranks

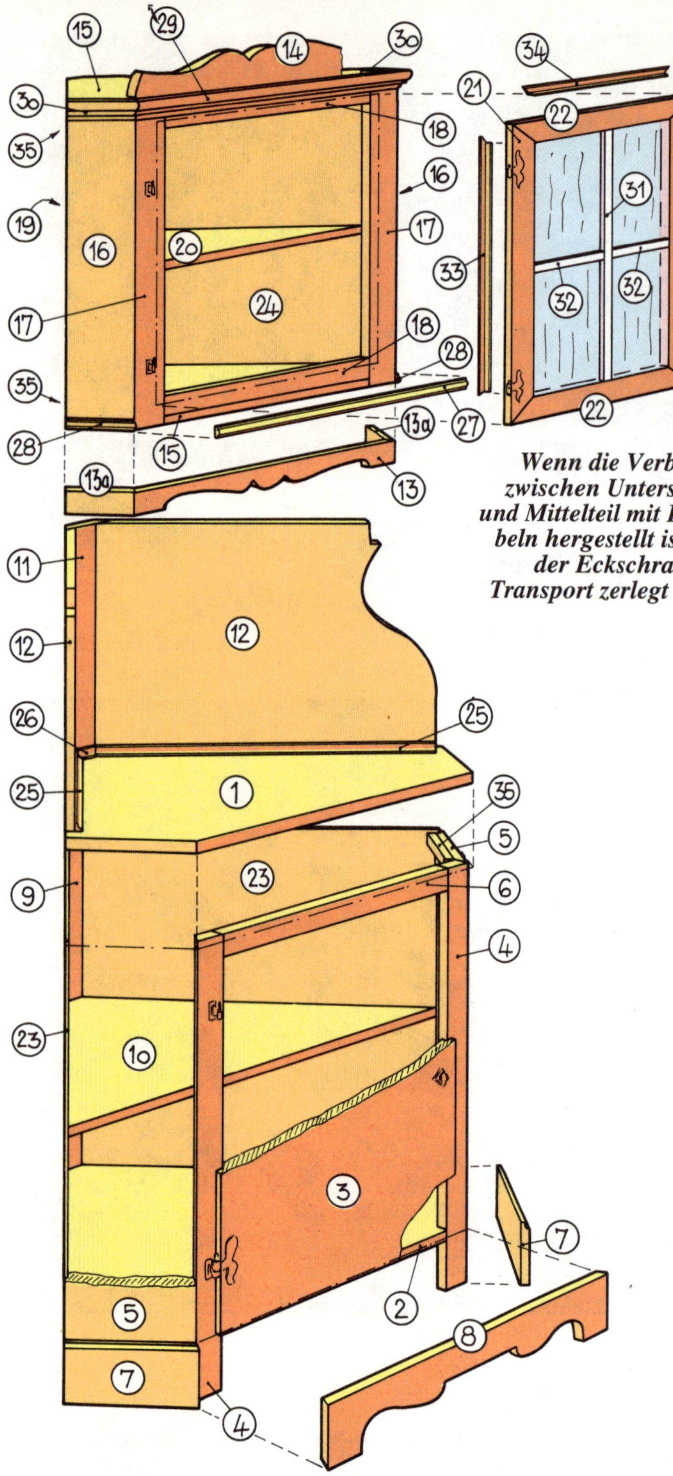

Wenn die Verbindung zwischen Unterschrank und Mittelteil mit Holzdübeln hergestellt ist, kann der Eckschrank zum Transport zerlegt werden

kann man die Teile ölen und wachsen. Hierzu noch ein Tip: Das Wachs mit dem Pinsel gleichmäßig auftragen, einwirken lassen und das überschüssige Wachs mit einem Lappen abnehmen. Danach ist die Oberfläche seidenmatt zu polieren.
Anhand der Fotos, Zeichnungen und Materiallisten dürfte der Bau der drei Kleinmöbel kein Problem sein. Bei der Uhr wird in die vier überblatteten Leisten eine Nut gefräst, in die man das Brett einlegt. Dieses sollte vorher noch mit der Oberfräse bearbeitet werden. Auf der Rückseite der drei Möbel fräst man noch ein Langloch, damit sie gut aufgehängt werden können. □

EINKAUFSZETTEL

Pos.	Anz.	Bezeichnung	Maße in mm	Material
1	1	Boden	590 x 590	Kiefer 21 mm dick
2	1	Boden	551 x 551	
3	1	Tür	594 x 498	
4	2	Seitenteile	730 x 50	
5	2	Seitenwände	730 x 160	
6	1	Quersteg	480 x 30	
7	2	Sockelbretter	168 x 110	
8	1	Sockelbrett	596 x 110	
9	1	Verbindungssteg	730 x 82	
10	1	Einlegeboden	767 x 343	Leimholz Kiefer
11	1	Verbindungssteg	360 x 134	19 mm dick
12	2	Zwischenwände	485 x 360	
13	1	Fries	495 x 40	
13a	2	Friesstücke	110 x 40	
14	1	Sims	500 x 70	
15	2	Böden	441 x 441	
16	2	Seitenwände	645 x 110	
17	2	Seitenteile	645 x 50	
18	2	Querstege	395 x 30	
19	1	Verbindungssteg	645 x 82	
20	1	Einlegeboden	611 x 265	
21	2	Rahmenleisten	565 x 50	
22	2	Rahmenleisten	413 x 50	
23	2	Rückwände	624 x 525	Sperrholz Kiefer
24	2	Rückwände	625 x 415	5 mm dick
25	2	Eckleisten	485 lang	Hohlkehlleiste
26	1	Eckleiste	80 lang	Kiefer 18 x 18 mm
27	1	Zierleiste	504 lang	Kiefer
28	2	Zierleistenstücke	115 lang	22 x 11 mm
29	1	Kranzprofil	520 lang	Kiefer
30	2	Kranzprofilstücke	122 lang	36 x 30 mm
31	1	Sprossenleiste	465 lang	Kiefer
32	2	Sprossenleisten	152 lang	10 x 5 mm
33	2	Glasleisten	477 lang	Kiefer
34	2	Glasleisten	325 lang	12 x 12 mm
35	8	Eckverbinder	100 lang	Kiefer 18 x 18 mm

1 Strukturglasscheibe, 4 mm dick, 486 x 328 mm; Bodenträger; Beschläge; 2 Magnetschnäpper; 2 Restholzstücke für Magnetschnäpper; Spanplatten-Schrauben; Holzdübel; Holzleim.
Materialkosten rund 330,- Mark.

Falls Sie das Holz in Ihrem Baumarkt oder beim Holzhändler nicht in der angegebenen Dicke bekommen sollten, lassen sich die Maße der Teile leicht umrechnen. Ein Beispiel: Bei Verwendung von 22 mm dickem Leimholz für Seitenteil 17 reduziert sich die Breite der Seitenwand 16 um 3 mm auf 645 x 107 mm.

Weitere Tips und Hinweise

Bei rustikalen Möbeln wie den hier gezeigten ist auch eine bunte Bemalung möglich – entweder im Stil der traditionellen Bauernmalerei oder nach eigenen Entwürfen. In diesem Fall können Sie als Material ohne weiteres auch das etwas preiswertere Fichten- bzw. Tannenholz verwenden. Es läßt sich ebenso bearbeiten und ist in gleichen Dimensionen im Handel.
Achten Sie übrigens beim Holzkauf darauf, daß Sie kein allzu astiges Material erhalten. Es wirkt zwar sehr urwüchsig, die Äste können jedoch leicht Bohrer und Sägeblatt aus der Bahn werfen.

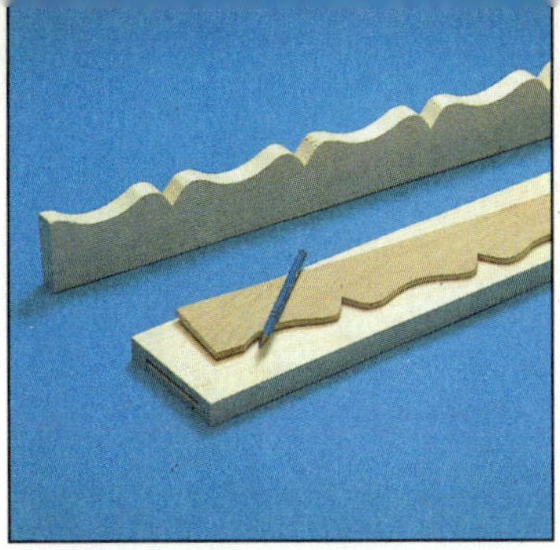

Die Konturen der Verzierungen überträgt man mittels Schablone vom Bauplan auf das Leimholz

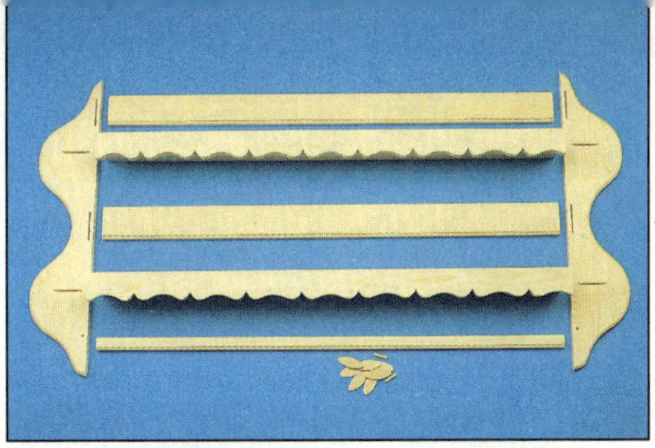

Wenn alle Teile des Tellerregals nach Einkaufszettel und Bauplan zugeschnitten sind, werden sie probeweise zusammengelegt

Nach gründlichem Schleifen und Entstauben sollte man sämtliche Flächen wachsen und ölen. Zuletzt mit dem Lappen polieren

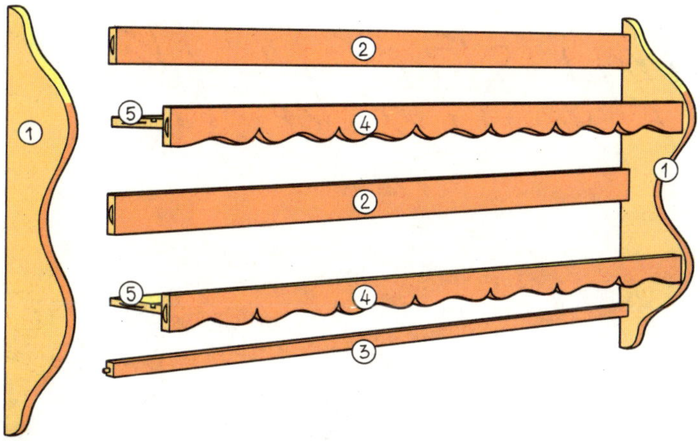

EINKAUFSZETTEL

Pos.	Anz.	Bezeichnung	Maße in mm	Material
1	2	Seitenwangen	700 x 140	
2	2	Querzargen	1040 x 80	Leimholz
3	1	Querzarge	1040 x 30	Kiefer
4	2	Blenden	1040 x 60	19 mm dick
5	2	Böden	1040 x 100	

Flachdübel; Holzdübel Ø 6 x 30 mm; Holzleim.
Materialkosten rund 95,- Mark.

Neben die Schlitze für Flachdübel bohrt man Löcher, um von hinten zu schrauben

Die beiden Rückwände erhalten eine Gehrung, damit sich von vorne ein sauberer Anblick ergibt. Der Zusammenbau des Regals ist einfach

Auch das Eckregal sollten Sie wachsen und ölen. Hierdurch bekommt das Holz seinen Glanz

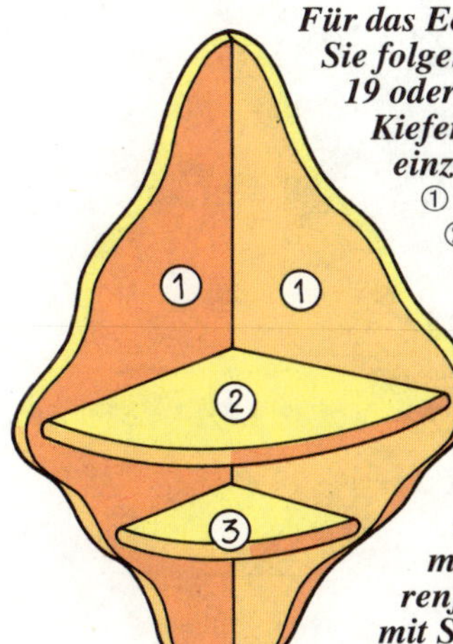

Für das Eckregal brauchen Sie folgende Materialien: 19 oder 20 mm dickes Kiefer-Leimholz für die einzelnen Positionen ① 660 x 310 mm; ② 280 x 280 mm; ③ 190 x 190 mm. Zusätzlich werden 9 Flachdübel und etwas Holzleim benötigt. Die Kanten lassen sich am besten mit einem Konturenfräser abrunden; mit Schleifpapier und Raspel geht es genauso

Die Uhr besteht aus vier überblatteten Leisten und einem gefrästen Brett. Uhrwerk und Zifferblatt kauft man fertig

Eine gute Fingerübung für Oberfräsenfans ist die Uhr der Bauernstube: unterschiedliche Verzierungen sind möglich

Bauernstube

Teil 2: Eckbank und Tisch

In der ersten Folge der Bauernstube stellten wie Ihnen den Eckschrank und die Kleinmöbel vor. Auf den nächsten Seiten zeigen wir die Bauanleitung für die Sitzgruppe

Alle benötigten Bauteile für Tisch und Bank sollten Sie sich im Baumarkt grob zuschneiden lassen. Sitzfläche, Abdeckblenden, Rücken- und Seitenteile sägt man erst zu Hause mit exakter Kontur aus. Hierbei sollten Sie mit den Wangen beginnen: Immer zwei legt man dabei ineinander, um möglichst wenig Verschnitt zu haben. Die hierfür benötigte Schablone wird am besten nach einer Vorzeichnung auf ein Stück Pappe abgepaust. Beim Aussägen sollte man sorgfältig vorgehen, um ein aufwendiges Nacharbeiten zu vermeiden. Mit einer feinen Raspel oder Feile sind nun die Kanten sauber zu glätten, weil sie danach als Anlaufebene für die Oberfräse dienen. Nun noch alle Oberflächen schleifen und die Verbindungsleisten anschrauben – fertig sind die Wangen. Die Sitzflächen stellt man im Prinzip auf die gleiche Weise her. Für die Gehrung auf der Innenseite empfiehlt sich eine Kreissäge mit Führungsschiene, wie wir sie im Foto 5 dargestellt haben. Entlang der Schnittstelle fräst man anschließend Schlitze für Flachdübel, die die Verbindung zur Ecksitzplatte herstellen.

Die Rückenlehnen werden länger zugeschnitten als die Sitzflächen, damit die Eckrückenlehne von hinten verschraubt werden kann. Bevor man die Rückenteile anbringt, erhalten sie oben und

1 *Damit möglichst wenig Verschnitt anfällt, werden die Schablonen der Seitenwangen ineinandergelegt*

2 *Nach dem Zusägen erhalten die Kanten ihr Profil*

5 *Die Sitzflächen erhalten an der Eckseite eine Gehrung von 112,5°. Diese schneidet man am besten mit der Handkreissäge und einer langen Führungsleiste aus Metall. Im kleinen Foto erkennt man, wie die Führung am Brett befestigt ist*

6 *In die Stirnseiten fräst man jetzt Nuten für Flachdübel*

9 *Mit Flachdübeln und Trägerleisten setzt man nun die Ecksitzplatte ein – die Bank nimmt Gestalt an*

10 *Von hinten wird die Eckrückenlehne verschraubt*

3 *Alle Seitenteile werden mit Schwingschleifer, Exzenterschleifer oder per Hand sorgfältig geglättet*

4 *Entlang dieser Linie schraubt man Vierkantleisten zur Verbindung mit der Lehne auf die Wangen*

7 *Wenn die Sitzflächen fertiggestellt sind, werden sie mit den Seiten- und Zwischenteilen verschraubt*

8 *Das Mittelstück der Rückenlehne erhält in einem Arbeitsgang Schräge und Gehrung gleichzeitig*

11 ***Die Deckleisten sollte man vor dem Ablängen einmal anhalten. So ergibt sich ein genaues Längenmaß. Die Stirnseiten des Eckbretts wurden vor der Montage mit Dübeln versehen. Am endgültigen Aufstellplatz schraubt man noch Vierkantleisten als Stütze für das Eckbrett an die Wand***

In der Zeichnung unten haben wir Rückenlehne und Ecksitzplatte aufgebrochen, damit die sonst darunter verborgene Konstruktion sichtbar wird.

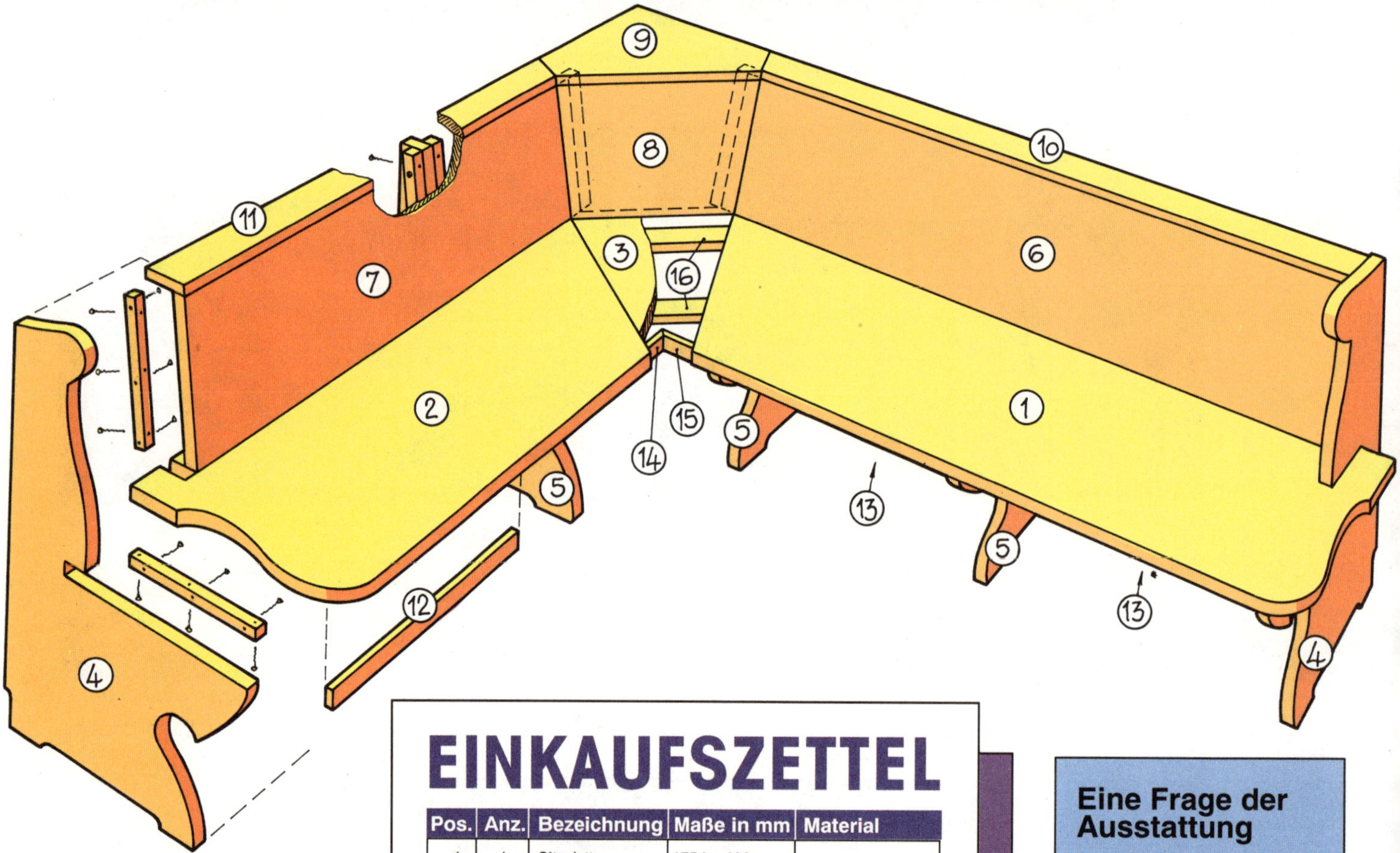

unten mit dem Hobel eine 15°-Schräge. Am schwierigsten herzustellen ist die Eckrückenlehne: Die Seiten erhalten eine 45°-Gehrung, oben und unten muß die Schräge gehobelt werden, und das ganze Brett bekomt eine konische Form. Hierfür ist wieder eine Vorzeichnung im Maßstab 1:1 empfehlenswert. Die Abdeckblende und die unteren Leistenblenden stellen kein Problem dar.
Beim Tisch haben wir für die Platte Buchenholz gewählt, weil dieses wesentlich härter

EINKAUFSZETTEL

Pos.	Anz.	Bezeichnung	Maße in mm	Material
1	1	Sitzplatte	1754 x 480	Leimholz Kiefer 40 mm dick
2	1	Sitzplatte	1254 x 480	
3	1	Ecksitzplatte	440 x 519	
4	2	Seitenwangen	860 x 560	
5	3	Zwischenwangen	810 x 560	
6	1	Rückenlehne	1765 x 358	Leimholz Kiefer 19 mm dick
7	1	Rückenlehne	1265 x 358	
8	1	Eckrückenlehne	460* x 380	
9	1	Eckbrett	420* x 420	
10	1	Abdeckblende	1661 x 80	
11	1	Abdeckblende	1161 x 80	
12	1	Leistenblende	720 lang	Kiefer 40 x 19 mm
13	2	Leistenblenden	640 lang	
14	1	Leistenblende	255 lang	
15	1	Leistenblende	155 lang	
16	2	Trägerleisten	509 lang	Kiefer 50 x 30 mm

laufende Meter Verbindungsleisten, 20 x 20 mm; Spanplatten-Schrauben; Flachdübel; Holzleim.
Materialkosten rund 950 Mark
* bei Montage anpassen

Eine Frage der Ausstattung

Bei einer Reihe der hier gezeigten Arbeiten werden traditionelle Schreinertechniken eingesetzt, die einiges an Know-how und Übung erfordern – zuweilen auch eine recht gut ausgestattete Hobbywerkstatt. Wer sich auf Dauer intensiver mit der Holzbearbeitung befassen möchte, sollte sich für diese Arbeitsgänge auch die Anschaffung einer Oberfräse überlegen. Viele klassische Holzverbindungen lassen sich damit auch herstellen, wenn man sich etwa beim Hantieren mit dem Stechbeitel überfordert fühlt oder sich Stationärgeräte nicht leisten will.

12 *Die Querzarge besteht aus zwei aufeinandergeleimten Kieferbalken. Sie wird mit einem Elektrohobel, ...*

13 *... einem Stechbeitel sowie einer Feinsäge etwa 5mm tief auf einer Länge von 160 mm rundum „abgesetzt“*

14 *Als Alternative bietet sich zum Absetzen die Oberfräse an. Sie wird hierzu in einen Bohrständer gespannt*

15 *Die Überblattung an den Scherenfüßen läßt sich am einfachsten mit einer Tischkreissäge vorbereiten. Mit ...*

16 *... dem Stechbeitel entfernt man die stehengebliebenen Stege und glättet dann den Grund der Verbindungsflächen*

17 *Die Schlitze für die Keile werden vorgebohrt, ehe man sie mit dem Stechbeitel auf das genaue Maß bringt*

18 *Für die Montage des Tisches wird kein Tropfen Leim benötigt: Durch die Keile hält das Gestell fest zusammen*

19 *Die Oberfräse braucht man zum Herstellen von Nut und Gratleiste. Zuerst wird die Nut in die Platte gefräst*

20 *Die Gratleiste muß anschließend noch abgesetzt werden, damit sie nicht bis zum Rand des Tisches reicht*

als Kiefer ist. Dieses Möbelstück kann man übrigens fast ohne Holzleim bauen. Nur für die Füllstücke (Foto 21) benötigt man Leim.
Für das Absetzen der Querzarge bieten sich zwei Möglichkeiten: Entweder hobelt man die Fläche und arbeitet den Absatz mit Stechbeitel und Feinsäge heraus, oder man benutzt die Oberfräse für diese Arbeit. Die weiteren Schritte sind leicht aus den Fotos zu erkennen. Für die Herstellung der Fixierbolzen gibt es ebenfalls zwei Wege: Entweder drechselt man die Stücke aus dem vollen Holz, oder man kauft Möbelknöpfe, bohrt sie auf und steckt dort ein Rundholz ein. □

21 *Das Ende der Nut sollte man mit einem Stück Buche verschließen*

22 *Als Verbindung zwischen Platte und Gestell dienen vier Fixierbolzen*

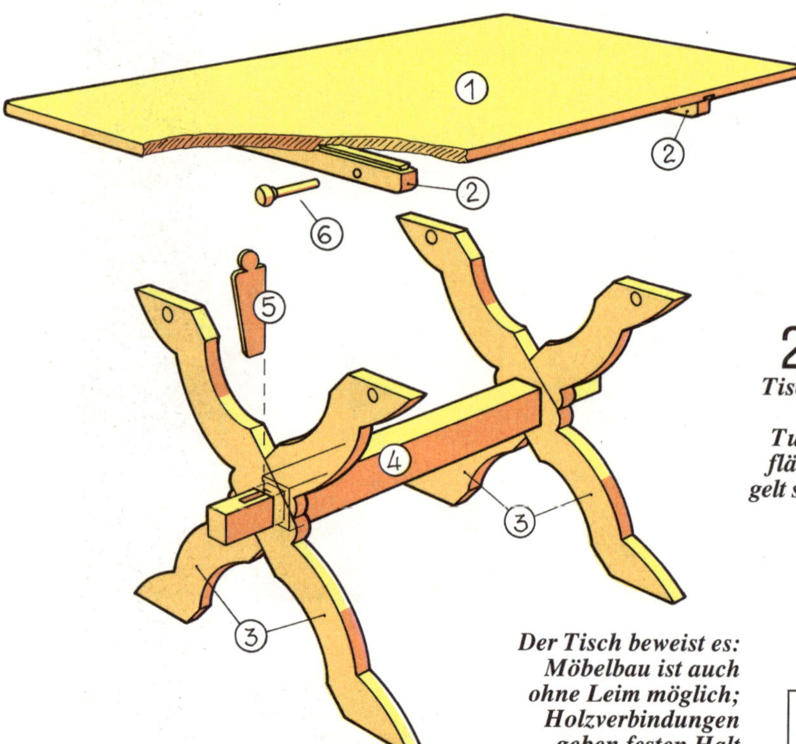

Der Tisch beweist es: Möbelbau ist auch ohne Leim möglich; Holzverbindungen geben festen Halt

23 *Zum Schluß reinigt man Tisch und Bank mit einem feuchten Tuch, ölt die Oberflächen und versiegelt sie mit Holzwachs*

EINKAUFSZETTEL

Pos.	Anz.	Bezeichnung	Maße in mm	Material
1	1	Tischplatte	1300 x 800	Buche 27 mm dick
2	2	Gratleisten	720 lang	Buche 48 x 38 mm
3	4	Tischbeine	1040 lang	Kiefer 150 x 40 mm
4	1	Querzarge	1000 lang	Kiefer 105 x 75 mm
5	2	Keile	240 x 70	Kiefer 13 mm dick
6	4	Fixierbolzen	110 lang	Kiefer Ø 40 mm

Materialkosten rund 420,– Mark

Sollten Sie das Holz einmal nicht in der angegebenen Dicke in Ihrem Baumarkt erhalten, lassen sich die Maße zumeist einfach umrechnen. Beim Tisch können Sie sogar andere Dicken nehmen, ohne daß sich ein Maß ändert. Wenn Ihnen zum Beispiel die Tischplatte in Buche nicht gefällt, können Sie auch eine 40 mm dicke Kieferplatte verwenden. Kiefernholz ist allerdings nicht so hart wie Buche und zerkratzt daher viel schneller. Zudem müßte man die Platte mehrfach mit Klarlack streichen

Nach alter Handwerks-Tradition

Bauern-Schrank

Klassische Türfüllungen und dekorative Kranzprofile prägen das Bild dieses solide gebauten Schrankes. Das nach alten Vorbildern aus massivem Kiefern-Leimholz gefertigte Teil vereint Zweckmäßigkeit und Formschönheit in idealer Weise. Als attraktives Einzelstück paßt der Schrank zu einer rustikalen Gesamteinrichtung wie auch zu Möbeln im modernen Stil

Die hinteren Korpuskanten erhalten einen eingefrästen Falz zur Aufnahme der Sperrholzrückwand. Hier wird ein Fräser mit Anlaufring benutzt

Zur Verbindung der Böden mit den Seitenteilen werden 8-mm-Holzdübel eingebohrt. Eine seitliche Zulage verhindert, daß die Maschine abkippt

Nach alter Handwerks-Tradition

Die laut Einkaufszettel benötigten Einzelteile aus Kiefern-Leimholz werden am besten auf einer präzise arbeitenden Tischkreissäge zugeschnitten. Die Vorderkanten der Seitenschrägen sowie die Rahmenleisten erhalten 45-Grad-Gehrungen, die später stumpf miteinander verleimt werden.

Im nächsten Arbeitsschritt fräst man dann in die Seitenwände und die Böden einen Falz zur Aufnahme der Rückwand aus Sperrholz. Die am Parallelanschlag geführte Oberfräse löst diese Aufgabe schnell und sehr genau.

Zur stabilen Verbindung der Korpusteile untereinander werden 8-mm-Holzdübel eingebohrt. Auch dazu kann man sehr gut die Oberfräse einsetzen. Sie wird mit einem Dübelbohrer bestückt, und die Tiefeneinstellung wird entsprechend der Materialstärke auf etwa 15 mm justiert. An den flachen Korpusseiten die Markierspitze des Dübelbohrers ansetzen, die Arretierung lösen und das Werkzeug eintauchen. An den Stirnseiten sorgt der Winkelanschlag beim Bohren für eine exakte Führung der Oberfräse.

Die Seitenschrägen erhalten vor dem Zusammenbau des Korpus' Viertelstabprofilierungen auf ihren Außenseiten. Diese Verzierungen bilden je zwei langgestreckte Ovale. Der Verlauf der Profilierungen wird auf dem Werkstück angezeichnet. Dann fräst man die geraden Teile mit Hilfe des Parallelanschlags heraus. Um die Halbkreise herzustellen, mit denen die Ovale sich schließen, setzt man die Kreisführung der Oberfräse ein. Zur Aufnahme ihres Zentrierstiftes dient ein Hilfsanschlag mit 8-mm-Bohrung, den man mit doppelseitigem Klebeband über dem Zentrum des Kreisschlags befestigt. Foto 4 zeigt die Einzelheiten dieser Vorrichtung.

Nachdem die Seitenschrägen fertiggestellt sind, können sie mit den Seitenwänden und den Rahmenleisten verleimt werden. Da sich die schrägen Kanten nicht mit Schraubzwingen aufeinanderpressen lassen, haben wir sie zum Verleimen mit Gehrungsklammern fixiert. Sind die Teile miteinander verbunden, werden sie anschließend mit den Böden und den querstehenden Rahmenleisten verleimt.

Zur Herstellung des Kranzprofils montiert man die

Nachdem die Vorderseite des Kranzprofil-Rohlings stationär mit dem Hohlkehlfräser bearbeitet wurde, setzt man an der Unterseite einen Profilfräser an

Nun kommt der Hohlkehlfräser ein zweites Mal zum Einsatz, um die nach Zeichnung geplante Form zu vervollständigen

Jetzt kann man den gesamten Korpus zusammenfügen. An den langen Seiten jeweils zwei Zwingen ineinanderhaken und dann spannen

Das Kranzprofil wird Stück für Stück angerissen und an den Korpus angepaßt

;o entstehen die Profilierungen in den Außenflächen 'er Seitenschrägen. Zuerst fräst man die geraden Ver-äufe mit Hilfe des Parallelanschlags. Damit der Fräser :eine Brandstellen auf dem Werkstück verursacht, muß nan die Oberfräse nach dem Eintauchen zügig vor-chieben. Der verwendete Viertelstabfräser ist sowohl ur Kantenbearbeitung als auch zum Fräsen in der 'läche geeignet. Die Schnittzeichnung unten zeigt das ntstehende Profil, wenn das Werkzeug ganz eintaucht

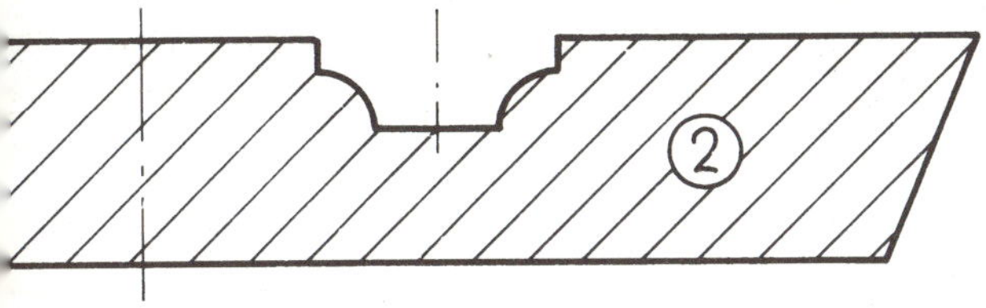

Für die halbrunden Anschlüsse des Profils die Kreisführung in einem Hilfsanschlag drehen

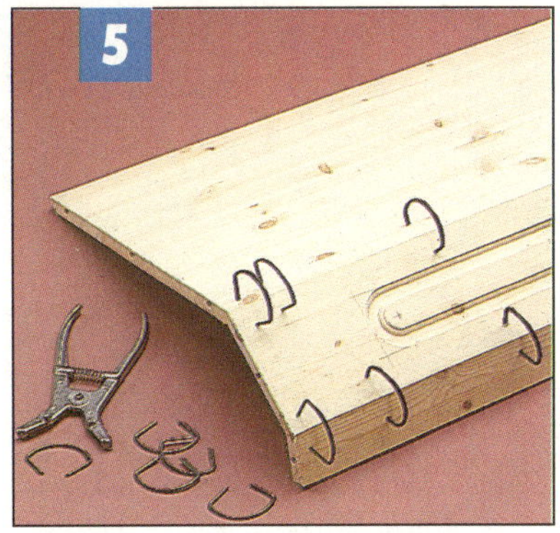

Die abgeschrägten Kanten der Korpusteile werden stumpf verleimt und mit Gehrungsklammern fixiert

'uletzt wird das Kranzprofil gefalzt, amit es auf die Korpuskante des Bau-rnschranks aufgelegt werden kann

Hier noch einmal alle verwendeten Fräser auf dem fertigen Kranzprofil. Rechts der Schnitt in Originalgröße

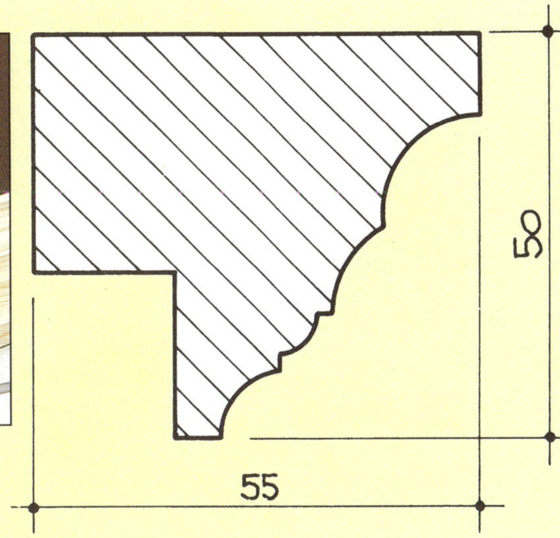

Nach dem Verleimen muß der Korpus des Schranks mit dem Hobel verputzt werden, um letzte Unebenheiten auszugleichen. Das Messer dazu auf feinste Spanstärke einstellen

Anschließend mit dem Schwingschleifer und 240er Schleifpapier die Verbindungsstellen der Korpusteile nacharbeiten

Zum Ablängen der Einzelteile des Profils eignet sich am besten eine exakt einzustellende Gehrungssäge

Erst wenn alle Gehrungen genau zueinander passen, wird das Kranzprofil aufgeleimt und zusätzlich verschraubt

Die Füße fräst man mit der Kreisführung aus einer Bohle. Die Maschine von beiden Seiten ansetzen

Dann einen Viertelstabfräser mit Anlaufring in die Oberfräse montieren, um damit die Unterkanten der Füße abzurunden

Den Türrahmen aus stumpf zusammengedübelten Brettern verleimen. Zulagen schützen vor Druckstellen

Zum Abplatten werden die Türfüllungen in mehreren Gängen mit einem breiten Nutfräser bearbeitet

Die Abplattung sorgfältig schleifen und zuletzt die Kante der erhabenen Fläche mit einem Hohlkehlfräser fein profilieren

Die Innenseite des Türrahmens erhält umlaufend eingefräste Falze zur Aufnahme der abgeplatteten Füllungen

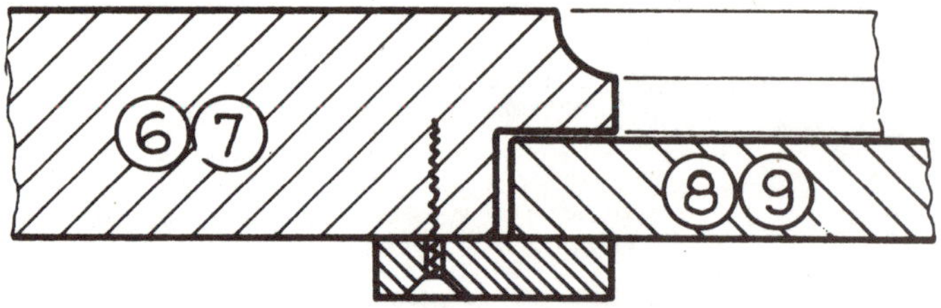

Nachdem die Außenkanten des Rahmens feine Hohlkehlen erhalten haben, werden die Füllungen eingelegt und durch aufgeschraubte Halteleisten gesichert. Die Zeichnung zeigt den Aufbau im Querschnitt. Damit das Holz arbeiten kann, müssen die Füllungen etwas Spiel haben

Oberfräse stationär unter einen Frästisch. Dimension und Aufbau des Profils sind dem eigenen Geschmack überlassen. Wir haben aus Leimholzstreifen, die beim Zuschneiden der Korpusteile anfielen, ein Kantholz von 50 x 55 mm zusammengeleimt und mit einem Profilfräser sowie einem Hohlkehlfräser von verschiedenen Seiten bearbeitet, bis das auf Seite 261 dargestellte Kranzprofil entstand. Zuletzt fräst man den Falz heraus, der zum Befestigen auf der Korpuskante des Schranks dient. Sogar die Füße des Schranks

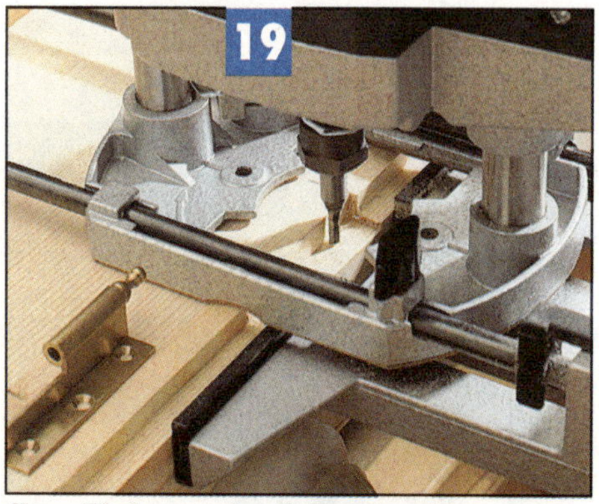

Zum Einlassen der Scharniere kann man mit dem Nutfräser vorarbeiten und dann die Ecken mit dem Beitel ausstechen

Bei exakt eingestellter Frästiefe passen die gekröpften Messingscharniere genau bündig in die gefrästen Aussparungen im Türfalz

lassen sich mit der Oberfräse fertigen. Scheiben von 56 mm Dicke werden durch zweiseitiges Fräsen mit der Kreisführung aus einer Bohle herausgeschnitten. Die unteren Kanten der Füße erhalten mit dem Viertelstabfräser hergestellte Rundungen.
Sind Kranzprofil und Füße am Korpus befestigt, fehlt nur noch die Tür. Die Türrahmenbretter werden stumpf miteinander verdübelt und verleimt. Dann geht's an die Herstellung der Kassetten. Mit einem breiten Nutfräser, den man am Parallelschlag führt, erhalten die Kanten der Füllungen in mehreren Arbeitsgängen eine Abplattung. Wie die Schnittzeichnung auf Seite 262 zeigt, bleibt eine Materialstärke von etwa 8 mm stehen, die dann in einen entsprechenden Falz des Türrahmens greift. Sind die Türfüllungen eingesetzt und die Beschläge montiert, wird die Holzoberfläche mit Wachs behandelt. □

EINKAUFSZETTEL

Pos.	Anz.	Bezeichnung	Maße in mm	Material
1	2	Seitenwände	1900 x 425	
2	2	Seitenschrägen	1900 x 140	
3	2	Rahmenleisten	1900 x 60	
4	2	Rahmenleisten	740 x 60	Kiefer-Leimholz
5	2	Böden	1055 x 526	19 mm dick
6	2	Türrahmenbretter	1705 x 80	
7	4	Türrahmenbretter	595 x 80	
8	2	Türfüllungen	610 x 610	
9	1	Türfüllung	610 x 315	
10	3	Einlegeböden	1015 x 520	
11	2	Ausgleichsbretter	510 x 150	Kiefer-Leimholz 28 mm dick
12	4	Füße	∅125	56 mm dick*
13	1	Rückwand	1916 x 1040	Kiefer-Sperrholz 5 mm dick

*) aus zwei Lagen 28-mm-Leimholz
4,2 lfdm. Kranzprofil 55 x 50 mm; ca. 6,8 lfdm. Füllungsleisten 20 x 5 mm; 1 Türschloß mit Schließblech; 1 Paar Scharnierbänder; Spanplattenschrauben; Holzdübel ∅ 8 x 40; Holzleim.
Materialkosten rund 380 DM

Da der Innenraum des Bauernschrankes sich hinter der Tür erweitert, die Böden am besten einlegen, noch ehe die Rückwand montiert ist

Zuletzt erfolgt die Oberflächenbehandlung des rustikalen Kiefern-Leimholzes. Wir haben dazu ein leicht getöntes Möbelwachs gewählt, das dem Holz einen warmen Ton verleiht

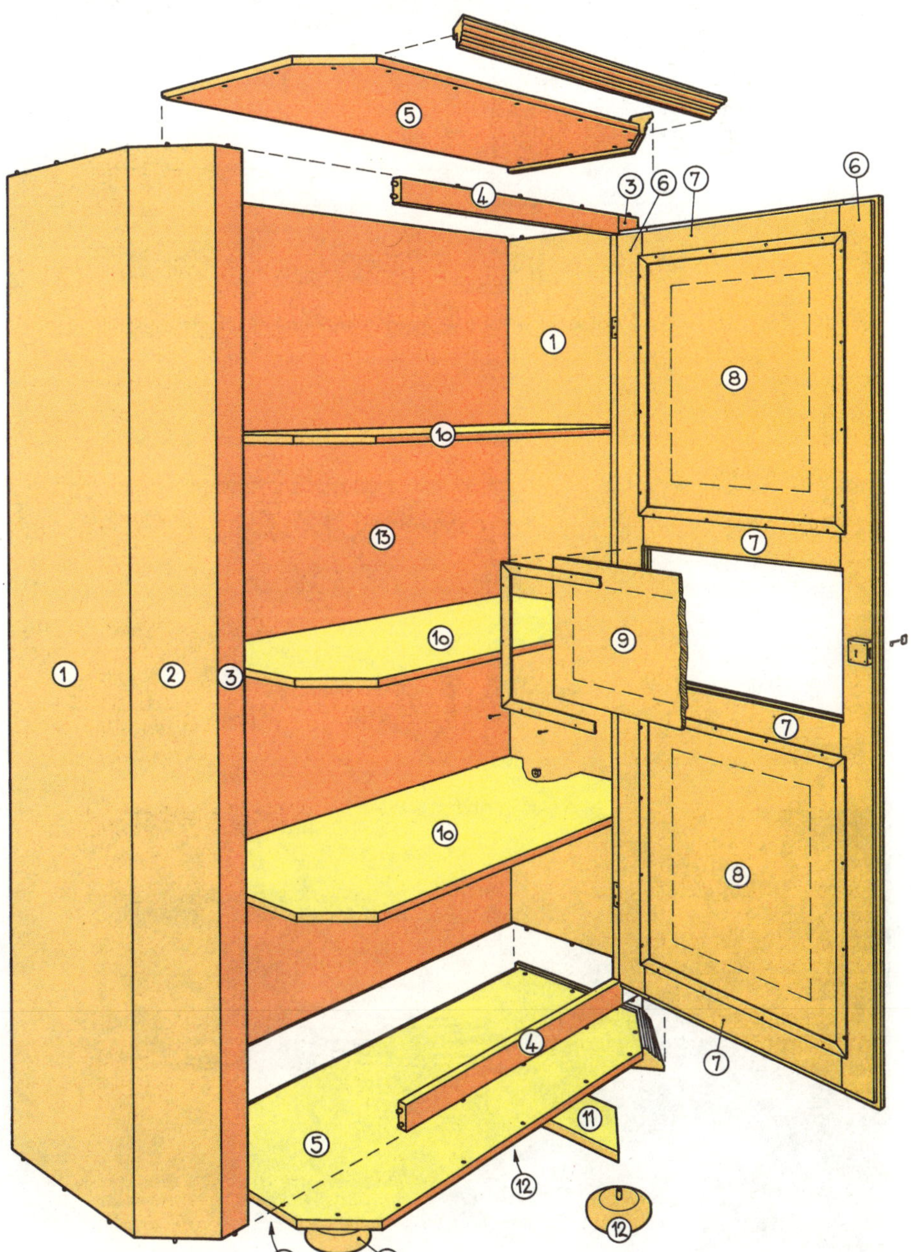

Nach drei Seiten offen präsentiert sich das schicke Regal aus Birke-Multiplex: Aufnahmebereit für dekorative Teller und andere Dinge

Teller-Regal

Für alle, die Porzellan sammeln oder ihr schönstes Service in angemessenem Rahmen präsentieren möchten, wird dieses moderne Regal wie gerufen kommen

Auf unserem attraktiven, hohen Wandregal kommen all Ihre Schätze so richtig zur Geltung. Beim Regalbau haben Sie zwei Möglichkeiten: Sie können es so fertigen, wie auf unserem Foto zu sehen ist, dort enden der letzte Boden und die Verstärkungsleiste bündig mit der Rückwand, und das Bord ist nur mit der Wand verschraubt. Die andere Möglichkeit erkennen Sie auf unserer Zeichnung: Hier ist die Rückwand 170 mm länger und steht zusätzlich auf dem Boden auf. Festgeschraubt wird in beiden Fällen mit 8-mm-Dübeln, Unterlegscheiben und Sechskant-Schrauben.

Zuerst müssen Sie die Rückwand und die sechs Böden zuschneiden. Den oberen Abschluß der Rückwand bildet eine Rundung, die mit der Stichsäge ausgeführt wird. Dann alle Kanten fein schleifen. Mit der Oberfräse rundet man die Vorderkanten der Böden sanft ab. Anschließend werden die einzelnen Böden mit jeweils vier Spanplatten-Schrauben durch die Rückwand hindurch verschraubt. Vorher jedoch müssen die Verstärkungsleisten aufgeleimt werden. Wer das Wandregal mit schwereren Dingen belasten möchte, sollte die unteren Leisten entsprechend dicker wählen (z. B. 40 x 40 mm). □

Alle Vorderkanten der Regalbretter bekommen eine formschöne Rundung, die mit der Oberfräse hergestellt wird. So kommt die Schichtverleimung des Materials besonders gut zur Geltung

Die Verstärkungsleisten leimt man auf die Böden. Alle sechs Regalbretter werden jeweils mit vier durch die Rückwand geführten Spanplatten-Schrauben befestigt

Im Detail: Drei „Relings" aus Stahlrohr sorgen später für den aufrechten Stand der Teller. Die Stahlrohr-Enden werden mit passend zugeschnittenen Rundholzstücken verschlossen

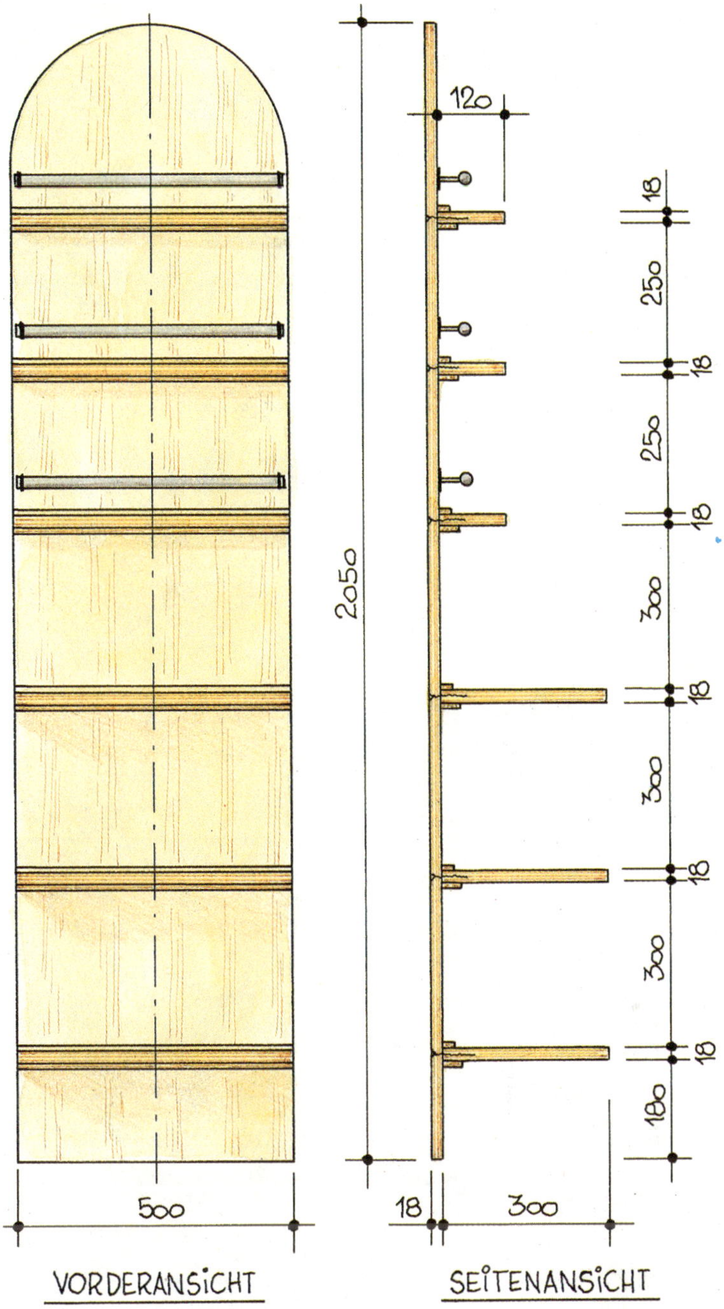

Als Oberflächenbehandlung empfehlen wir nur einen Klarlackauftrag, damit die Birke-Maserung ihre Wirkung voll entfalten kann

Materialliste:

Birke-Multiplex, 18 mm dick

1 Rückwand	2050 x 500 mm
3 Böden	500 x 300 mm
3 Böden	500 x 120 mm

Kiefer, 35 x 10 mm

6 Verstärkungsleisten	500 mm lang

Kiefer, 20 x 10 mm

6 Verstärkungsleisten	500 mm lang

Dazu: 3 Stahlrohre, ∅ 16 x 490 mm lang (verchromt), einschl. Befestigungsmaterial; Material für die Wandbefestigung; Rundholzstücke (zum Verschließen der Rohrenden); 24 Spanplatten-Schrauben, 5,0 x 60 mm (vier pro Boden); Holzleim.

Materialkosten rund 110 Mark

Für Drechsel-freunde

Folgende Holzarten wurden verwendet (in Klammern der Preis je Rohling):
1 – Teakholz (42 DM)
2 und 3 – Santos-Rosewood (24 DM)
4 – Mahagoni (39,80 DM)
5 – Wenge (44,50 DM)
6 – Zebrano (29,80 DM)
7 – Rüster (24,60 DM)
8 – Padouk (26,30 DM)
9 – Kirschbaumholz (28,80 DM)
10 – Esche (16,40 DM)

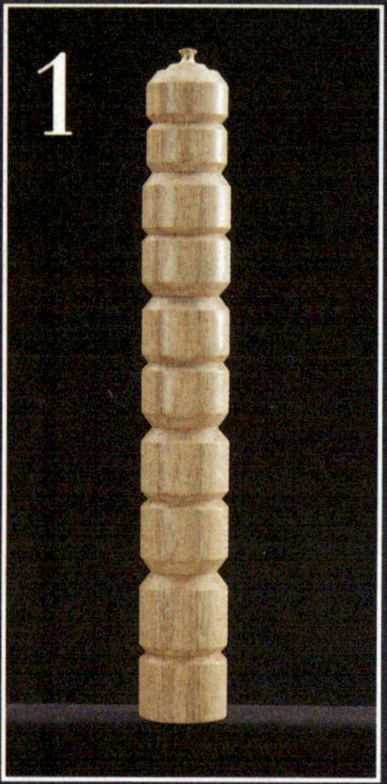

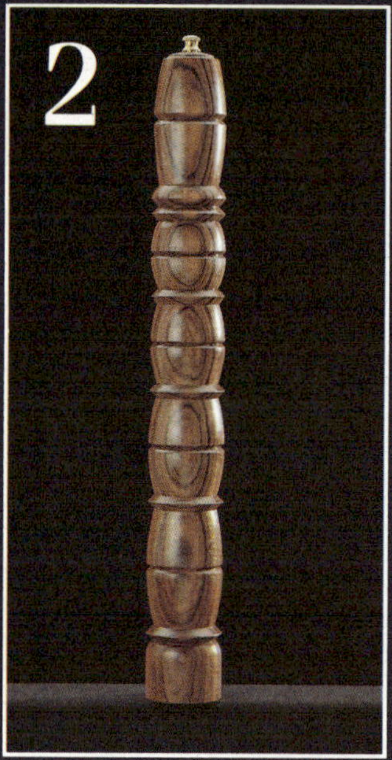

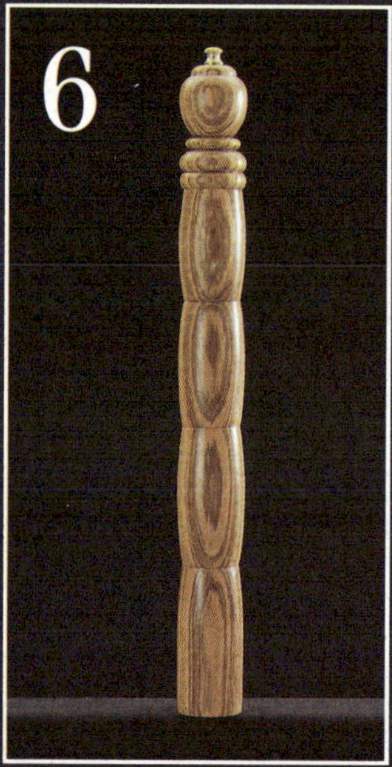

Die Kanthölzer gibt es u. a. beim Drechselzentrum Dercks, Ruhrbruchshof 5, 45276 Essen, 0201/500099. Mahlwerke sind meist nur in 30 cm Länge erhältlich *(siehe Hinweis Seite 270).*

Pfeffermühlen – ganz nach Geschmack

10 WÜRZIGE IDEEN FÜR HOBBYDRECHSLER

Nicht nur Römer und Griechen schätzten den delikaten Scharfmacher aus den Monsunwäldern Asiens, sondern auch in unseren Küchen findet sich der Pfeffer seit Jahrhunderten zur Verfeinerung vieler Speisen in den Gewürzregalen wieder. Ob schwarz oder weiß: am besten schmeckt er frisch zerkleinert. Und das geht nun einmal am einfachsten mit einer Pfeffermühle – aber selbstgedrechselt sollte sie sein.

Wir zeigen Ihnen hier an einem Beispiel, wie sich der Wandel vom Kantholz zum markanten Würzer vollzieht. Unseren Vorschlag sollten Sie, wie immer, nicht als verbindlich betrachten: über Formen und Dimensionen können Sie selbstverständlich frei verfügen. Allerdings macht gerade die „Übergröße" von 45 Zentimetern einen Teil des Reizes aus. Rohstoff ist jeweils ein 50 Zentimeter langer Rohling, der zunächst mit der Schrupphöhre grob in die runde Form gedrechselt und dann mit dem Drehmeißel geschlichtet wird. Anschließend heißt es ‚fliegend' drechseln, und zwar mit Hilfe des Einschlagfutters. Sie sollten das Holz jedoch in Etappen bearbeiten, weil fast über die gesamte Länge eine 25-mm-Bohrung eingebracht werden muß (Fotos 4 und 5), um später Mechanik und Pfeffervorrat unterbringen zu können. Wie groß Sie die einzelnen Elemente jeweils gestalten, hängt also davon ab, wie lang der Schaft des Forstnerbohrers ist. Die vorgesehene Schnittstelle markieren Sie am besten durch eine entsprechend schmale Platte, die mit dem Abstechstahl geschnitten wird. So bleibt

Es ist angerichtet: Unser sorgfältig ausgewähltes und reichhaltiges Angebot dürfte jedem Kenner Appetit machen – aufs Drechseln

◀ Welche der schlanken Pfeffermühlen darf es denn sein? Die Vielfalt der Kombinationsmöglichkeiten von Formen und Farben kennt keine Grenzen

nach der Trennung (Foto 9) ein Zapfen von 36 mm Durchmesser stehen. Der schafft die Verbindung zum nächsten Glied. Wichtig ist hierbei, die 25-mm-Bohrung des nachfolgenden Stücks mit dem Plattenstahl entsprechend zu erweitern (Foto 10). Auf dieselbe Weise läßt sich Platz schaffen, um das Mahlwerk im „Boden" zu versenken (Fotos 6 und 7). So wächst die Pfeffermühle Stück für Stück: drechseln, Platte stechen, durchbohren, am Zapfenende mit der Feinsäge abschneiden. Nur beim Oberteil gehen Sie anders vor: Hier genügt ein Tunnel von 10 mm Durchmesser fürs Gestänge. Gleichzeitig dient diese Bohrung als Spann-Möglichkeit auf dem passenden Zapfenfutter, wenn es darum geht, das umgedrehte Werkstück anschließend an der Spitze zu bearbeiten. Die obere, weiße Halterung des Mahlwerks paßt in diese Bohrung und läßt sich dort arretieren. Für die mittlere, größere Fixierung wird dagegen im vorletzten Teil Platz gemacht, und zwar innerhalb des Verbindungszapfens. Man erweitert die 25-mm-Bohrung mit dem Plattenstahl konisch, bis die Scheibe stramm in die Öffnung paßt (Foto 14). Zum Schluß werden alle

1 Den Rohling an beiden Seiten fest einspannen, grob drechseln und anschließend in die runde Form bringen

4 Die Elemente des unteren Teils sind fertig gedrechselt. Beim Bohren unbedingt eine Lünette zu Hilfe nehmen

8 Den fertigen Abschnitt können Sie jetzt schleifen (hohe Drehzahl) und mehrmals ölen (niedrige Drehzahl)

9 Der erste Abschnitt endet mit einer Platte, die später als Verbindungszapfen dient; hier vorsichtig absägen

2 Auf der Mitnehmerseite muß ein Durchmesser entstehen, der ganz ◄ exakt ins Einschlagfutter paßt

3 Nun den Rohling mit dem Drehmeißel schlichten. Die Schneide von der Mitte nach außen übers Holz führen

5 Das relativ dünne Holz könnte sonst nämlich leicht brechen, wenn Sie den Forstnerbohrer langsam hineintreiben

6 Mit dem Flachstahl läßt sich nun die Bohrung nach den Maßen des Mahlwerks erweitern und auch vertiefen

7 Setzen Sie den Plattenstahl rechtwinklig zur Hirnholzkante an, dann schieben Sie ihn geradeaus zügig vor

10 Der Zapfen muß vollständig stehenbleiben, damit er wieder in den nächsten Abschnitt paßt. Auf diese ...

11 ... Weise geht's weiter: drechseln, bohren, abschneiden und Bohrung dem Zapfendurchmesser anpassen ►

einzeln fertiggestellten Teile – bis auf das obere – sorgfältig miteinander verleimt. Wollen Sie eine Pfeffermühle drechseln, die größer ist als das Standard-Mahlwerk? Das dürfte kein Problem sein, wenn Sie einen Gewindeschneider besitzen. Sie durchtrennen die Mahlwerkstange im unteren Drittel mit einer Eisensäge, schneiden an beiden Enden jeweils ein Gewinde an und setzen dann mit Hilfe zweier Hülsen ein Stück Gewindestange ein, deren Länge sich ganz nach dem Fertigmaß der Mühle richtet. □

12 *Ins Oberteil bringen Sie eine Bohrung mit 10 mm Durchmesser ein. Das Werkstück kann jetzt . . .*

13 *. . . umgedreht und auf ein 10-mm-Zapfenspannfutter gesetzt werden. Die Teile der Mühle fertig drehen*

14 *Im Zapfen, der ins Oberteil paßt, nimmt eine konische Erweiterung die mittlere Mahlwerks-Halterung auf*

Das Mahlwerk gibt's nicht von der Stange

Die 30-cm-Mechanik kann mit einer Gewindestange (6 mm Durchmesser) und M6-Gewindehülsen aufs gewünschte Maß verlängert werden

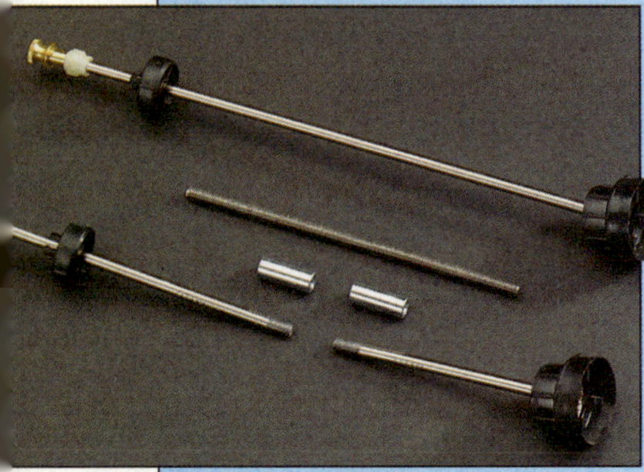

Zeichnungen anfertigen

Wie bei allen geschwungenen Formen und komplizierten Gestaltungsaufgaben sollten Sie sich auch für die Pfeffermühlen eine 1:1-Vorlage auf einem Bogen Packpapier oder einem Tapetenrest aufreißen. Danach kann man dann ganz exakt arbeiten, ohne sich bei laufender Drehbank noch den Kopf über die Gestaltung des Werkstücks zerbrechen zu müssen.

Nicht nur praktisch, sondern auch sehr dekorativ: Holz-Schneidebrett

Die einzelnen Buchen-Leisten erhalten durchgehende Bohrungen für den späteren Griff

Wasserfester Leim und mehrere Zwingen (Papierzulage nicht vergessen) bringen das Brett in Form

Handfeste Unterlage:

Hier schneiden Sie gut ab!

Das selbstverleimte Brett kann zum Zubereiten wie zum Anrichten dienen

Zur Herstellung des Schneidebretts benötigen Sie 6 Leisten aus massiver Buche (30 mm dick), 450 x 40 mm; außerdem ein Seilstück, ca. 500 mm, ∅ 15 mm

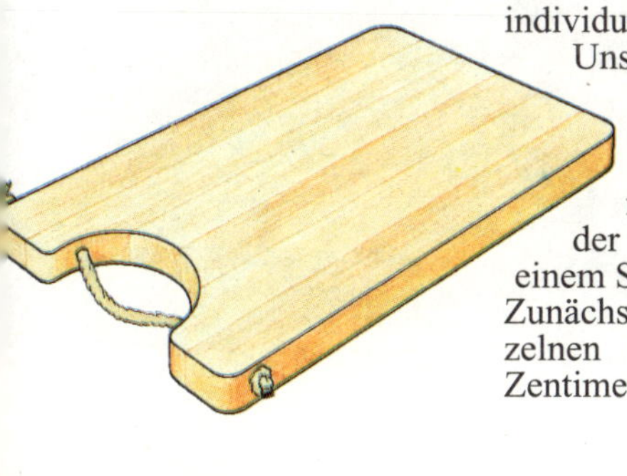

Rustikale Holzbretter sind in der Küche oder bei Tisch universell einsetzbar. Sie können darauf Käse schneiden, Wurst teilen, saftige Steaks in Form bringen oder herzhafte Platten anrichten. Nicht zuletzt macht sich solch ein Einzelstück aus der eigenen Werkstatt auch gut als individuelles Mitbringsel.

Unser massives Schneidebrett aus Buchenholz besitzt zudem ein besonders dekoratives Merkmal – der Griff besteht aus einem Stück derbem Seil.

Zunächst müssen Sie die einzelnen Leisten zirka zwei Zentimeter vor einem Ende mit einer 16-mm-Bohrung versehen (späterer Durchzug für das Seil). Dann die Leisten verleimen und in die nun durchgehende Bohrung in voller Länge einen Dübel schieben (siehe zweites Foto), welcher nach dem Trocknen wieder entfernt wird. Das fertige Brett mißt 450 x 240 x 30 mm. Jetzt müssen Sie die Flächen mit dem Hobel abrichten. Die Rundung für den Griff anzeichnen und mit der Stichsäge ausschneiden.

Dann die Kanten brechen und das Brett mit Sandpapier ganz fein schleifen. Zum Schluß das Seilstück durch die Bohrungen ziehen und die beiden Enden fest verknoten. □

Mit dem Hobel nun alle Unebenheiten beseitigen und anschließend die Brettkanten brechen

Zum Schluß müssen Sie den Griffausschnitt anzeichnen und mit der Stichsäge ausschneiden

Leimholz: Lüghausen KG; Geschirr: Messalina, V&B

Küchenbuffet

Gediegenes Tellergewölbe

An diesem Möbelstück können Sie einmal richtig zeigen, was Sie so alles drauf haben. Und das betrifft nicht nur Ihre Porzellan- und anderweitigen Schätze, sondern auch das Buffet selbst: Es ist nach alter Väter Sitte gebaut

Könnte sein, daß Sie demnächst vermehrt mit zweideutigen Sprüchen Ihrer Besucher leben müssen. Dann nämlich, wenn Sie sich zum Nachbau unseres Buffets entscheiden. Ohne genauere Angabe wird sich hier wohl schwerlich nachvollziehen lassen, ob sich die lobende Äußerung über das „besonders schöne Stück" nun auf das Möbel oder dessen Inhalt bezieht. Allerdings werden Sie beim Nachbau des Buffets auch ganz schön gefordert. Schließlich haben wir uns zum Ziel gesetzt, ein handwerklich und ästhetisch anspruchsvolles Möbel zu konstruieren. Um die Sache ein wenig zu erleichtern, sollten Sie zusätzlich zur Zeichnung S. 275 die wichtigsten Teile – also vor allem Schweifungen – in Originalgröße auf einem Bogen Papier zeichnen. Bei Bedarf lassen sich danach dann Schablonen auf Pappe übertragen. Ebenso hilfreich ist ein Fräsanschlag für den Bohrständer, den Sie selbst bauen können (s. S. 277).
Und damit wären wir auch schon beim wichtigsten Punkt der ganzen Geschichte – und dem von Kastenmöbeln überhaupt – angelangt: Verbindungen. Im vorliegenden Falle kommen drei Techniken zur Anwendung. Der Korpus wird mit Flachdübeln zusammengehalten, die Türrahmen sind durch Schlitz und Zapfen verbunden, und Gesims sowie

KORPUS

1 *Flachdübel halten den Korpus zusammen. Mit einem speziellen Vorsatzgerät für ...*

2 *... Winkelschleifer lassen sich die entsprechenden Nuten leicht und präzise ins Holz fräsen*

3 *Flachdübel einleimen. An später unsichtbaren Stellen sollten Sie die Teile mit Schrauben fixieren*

4 *Die Seitenteile des Gesimses werden mit Schwalbenschwanz-Zinken verbunden*

5 *Gesims aufsetzen. Die Kopfplatte erhält einen Falz zur Aufnahme der Rückwand und wird ...*

6 *... dann mit Flachdübeln und Schrauben am Gesims bzw. an den Zwischenwänden befestigt*

7 Die Kanten der Kopfplatte verschwinden hinter dem Kranz, der in diesem Falle aus zwei ...

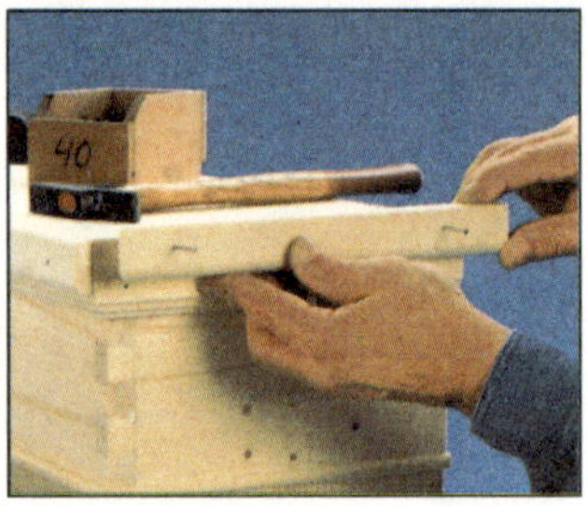

8 ... übereinanderliegenden Zierleisten besteht. Er bildet den krönenden Abschluß des Gesimses

9 Klemmen Sie nun ein Brett in eine Ecke des Oberteils, um den rechten Winkel sicherzustellen. Da Unterteil und Aufsatz unterschiedlich breit sind, sollten Sie mit der Beplankung der Rückwand von der Mitte aus beginnen

10 Wenn Sie beim Unterteil genauso verfahren, erhalten Sie optisch durchgehende Fugen

11 Das Unterteil erhält ebenfalls eine Kranzleiste. Sie deckt hier Ablageplatte und Aufdopplung ab

Gut gezinkt

Wo auch immer Bretter sich zusammenraufen, um als Kastenmöbel eine neue Dimension ihres Daseins zu erreichen, stellt sich die Frage nach der geeigneten Verbindungstechnik. Kennern und Könnern fällt die Antwort nicht schwer: Die Zinkung ist´s. Kaum eine andere Verbindungsform vereinigt Funktion und Optik auf so perfekte Weise wie diese Technik. Sie besteht darin, daß man die Stirnseite des einen Brettes mit Zinken versieht und das andere Brett mit entsprechenden Schwalbenschwänzen ausstattet. In der Regel sind letztere stärker und kräftiger als die Zinken. Deshalb sollte jenes Teil die Schwalbenschwänze erhalten, das dem größeren Zug oder Druck ausgesetzt ist (etwa die Schubladenseiten).
Sägen Sie zuerst die Zinken aus. Hier ist eine Schablone hilfreich, die man sich leicht selbst anfertigen kann. Sie besteht aus einem Dreieck, das eine Breite von 1/3 seiner Höhe hat (in Foto 3 ist die Schablone abgebildet). Die Abstände der Zinken sind größtenteils Geschmackssache. Sie liegen im allgemeinen im Bereich der halben bis einfachen Brettdicke. Das fertig gezinkte Brett dient dann als Schablone für die Schwalbenschwänze.

1 Markieren Sie als erstes die jeweiligen Seitenpaare mit unterschiedlichen Zeichen

2 Die Dicke der Holzplatten übertragen Sie am besten mit dem Streichmaß. Anschließend ...

3 ... können die Zinken aufgerissen werden. Hier bewährt sich eine (selbstgefertigte) Lehre

4 Die wegzuschneidenden Partien sollten Sie an der Stirnseite kennzeichnen. Knifflig wird ...

5 ... es bei der sogenannten verdeckten Zinkung. Hier müssen Sie die Säge schräg ansetzen

6 Beginnen Sie mit dem Ausstemmen auf einer Seite. Stechen Sie aber nicht ganz durch!

7 Kurz vor dem Durchstich wird das Brett gewendet und der Rest von der anderen Seite erledigt

8 Die fertige Zinkung dient nun als Schablone für das angrenzende Seitenteil. Denken Sie aber ...

9 ... daran, daß für die verdeckte Zinkung das entsprechende Gegenstück genommen werden muß

12 *Nun können Sie Ober- und Unterteil aufeinandersetzen. Die Aufdopplung auf den Seitenkanten des Unterteils sorgt dafür, daß der Boden des …*

13 *… Oberschranks ein wenig über die Ablageplatte hinausragt. Im Detail können Sie gut erkennen, wie die „Einfassung" ausgearbeitet ist*

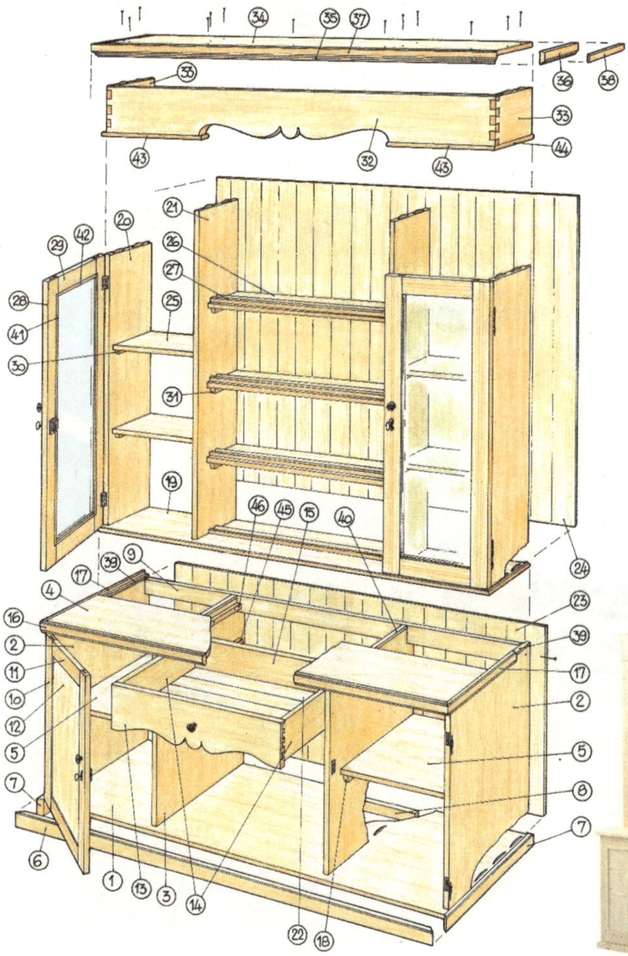

EINKAUFSZETTEL

Pos.	Anz.	Bezeichnung	Maße in mm	Material
①	1	Bodenplatte	1706 x 469	Fichte/Tanne-Leimholz 19 mm dick
②	2	Seitenwände	730 x 450	
③	2	Zwischenwände	730 x 438	
④	1	Abdeckplatte	1706 x 209	
⑤	2	Einlegeböden	463 x 410	
⑥	1	Sockelleiste	1744 x 50	
⑦	2	Sockelleisten	488 x 50	
⑧	1	Stützleiste	780 x 31	
⑨	1	Längsstrebe	1668 x 50	
⑩	4	Rahmenleisten	705 x 80	
⑪	4	Rahmenleisten	403 x 80	
⑫	2	Füllungen	581 x 379	
⑬	1	Frontblende	696 x 180	
⑭	2	Seitenteile	410 x 150	
⑮	1	Rückwand	696 x 131	
⑯	1	Zierleiste	1744 x 40	
⑰	2	Zierleisten	488 x 40	
⑱	4	Auflagerleisten	400 x 30	
⑲	1	Bodenplatte	1706 x 260	
⑳	2	Seitenwände	1110 x 230	
㉑	2	Zwischenwände	1260 x 218	
㉒	7	Profilbretter	676 lang *)	Fichte/Tanne 95 x 12 mm
㉓	20	Profilbretter	750 lang	
㉔	20	Profilbretter	1278 lang	
㉕	4	Einlegeböden	408 x 205	Fichte/Tanne-Leimholz 19 mm dick
㉖	3	Einlegeböden	776 x 160	
㉗	4	Fixierleisten	776 x 50	
㉘	4	Rahmenleisten	1106 x 70	
㉙	4	Rahmenleisten	368 x 70	
㉚	16	Auflagerleisten	190 x 25	
㉛	6	Auflagerleisten	145 x 25	
㉜	1	Frontblende	1676 x 140	
㉝	2	Seitenblenden	249 x 140	
㉞	1	Kopfplatte	1676 x 249	
㉟	1	Zierleiste	1714 x 50	
㊱	2	Zierleisten	268 x 50	
㊲	1	Zierleiste	1752 x 35	
㊳	2	Zierleisten	287 x 35	
㊴	2	Aufdopplungen	248 lang	Fichte/Tanne 19 x 10 mm
㊵	2	Aufdopplungen	229 lang	
㊶	4	Glasleisten	986 lang	Fichte/Tanne 10 x 8 mm
㊷	4	Glasleisten	308 lang	
㊸	2	Zierleisten	470 lang	Fichte/Tanne 25 x 10 mm
㊹	2	Zierleisten	255 lang	
㊺	2	Laufleisten	419 lang	Buche 20 x 20 mm
㊻	2	Kippleisten	400 lang	

2 Glasscheiben, 2 mm dick, 982 x 320 mm; 5 Möbelknöpfe, brüniert; 4 Aufschraubschlösser kpl. (je 2x mit 1,5- und 2-Dorn); 8 Scharniere, brüniert; 4-mm-Sperrholzplättchen (Futter für Aufschraubschlösser); Spanplatten-Schrauben; Nägel; Flachdübel; Holzleim.

Materialkosten rund 1030 Mark.

*) diese Bretter werden ohne Nut und Feder montiert

TÜREN

14 Die Türrahmen sind mit Schlitz und Zapfen zusammengefügt. Zur Herstellung dieser ...

15 ... Verbindungselemente ist eine Fräseinrichtung sehr hilfreich **(siehe Seite 277 oben links)**

16 Die Falze für die Türfutter werden wegen ihrer Tiefe in zwei Arbeitsgängen gefräst

17 Ein kleines Brettchen sorgt dafür, daß der Riegel genügend „Fleisch" zum hintergreifen hat

20 ... äußerste Sorgfalt angebracht. Für das „Gegenlager" wird dann mit fertig montierter Tür ...

21 ... Maß genommen. Auch hier sollten Sie sich mit dem Beitel sehr vorsichtig vorarbeiten

SCHUBLADE

22 Die Schweifungen der Schublade lassen sich am besten mit der Stichsäge ausschneiden

23 Die Bauteile der Schublade. Besonders pikant: die verdeckte Zinkung der Frontblende

Schön verkalkt

Entschuldigung. Gekalkt und nicht verkalkt muß es natürlich heißen. Aber mit dem „schön" hat es auf alle Fälle seine Richtigkeit. Das schon seit dem Jugendstil beliebte Kalken hebt Maser und Struktur des Holzes noch mehr hervor, als es durch das vorhergehende Beizen ohnehin schon geschehen ist.
Besonders die Eiche mit ihren großen Poren ist sehr geeignet für diese Art der Oberflächenbehandlung. Aber wie man an unserem Beispiel sieht, macht sich auch Fichtenholz im gekalkten Outfit sehr gut. Tip am Rande: Feinporigen Hölzern können Sie durch Bearbeitung mit einer Messingdrahtbürste zu größeren Poren verhelfen und damit den Effekt der Kalkung erhöhen.
Die einzelnen Arbeitsschritte der Oberflächenbehandlung sehen Sie rechts. Wir haben übrigens den provisorisch zusammengebauten Schrank noch einmal komplett zerlegt, um auf diese Weise besser alle Ecken und Kanten erreichen zu können. Wir empfehlen Ihnen die gleiche Vorgehensweise. Die Mehrarbeit wird durch die optimale Bearbeitungsmöglichkeit und das bessere Ergebnis voll ausgeglichen.

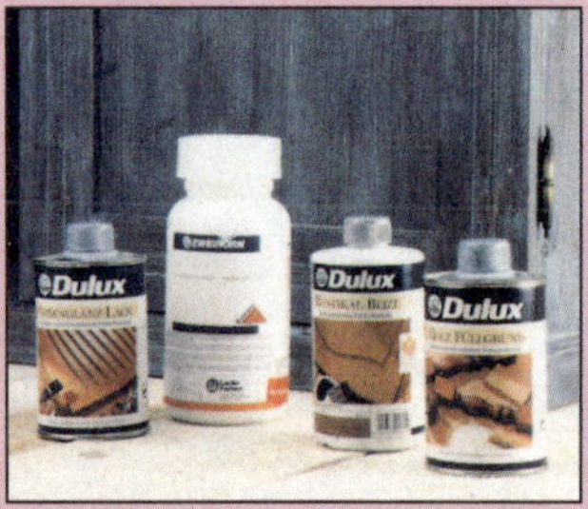

1 Das benötigen Sie für die Kalkung: Beize, Füllgrund, Porenpaste und Seidenglanzlack

2 Zuerst wird das Holz gebeizt. Dazu muß es feingeschliffen und „entstaubt" sein. Tragen ...

3 ... Sie die Beize auf und verteilen Sie sie anschließend mit einem sogenannten Vertreiber

4 Nachdem die gebeizten Teile trocken sind (etwa 5-6 Std.), streicht man sie mit Füllgrund

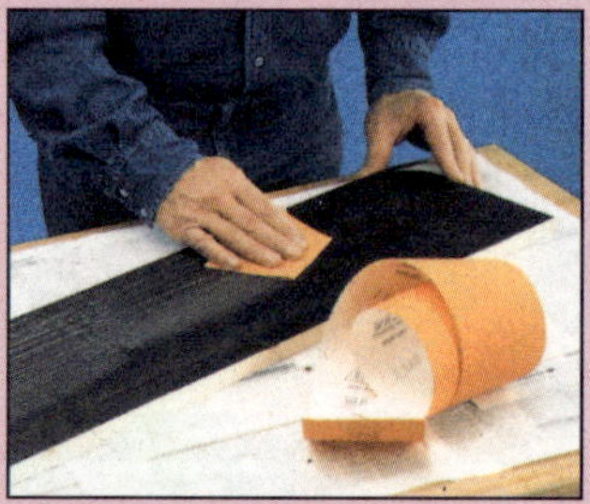

5 Es folgt ein Zwischenschliff mit feinem Sandpapier (240er Körnung). Wenn Sie den Staub...

6 ... sorgfältig entfernt haben, tragen Sie die Porenpaste mit einem Ballen quer zur Maser auf

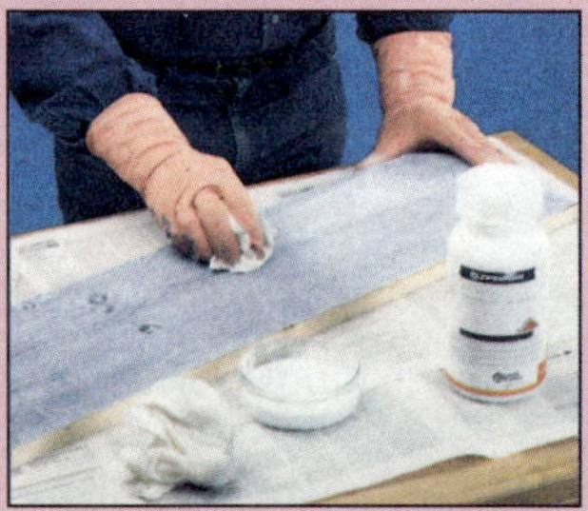

7 Überschüssige Paste wird sofort mit einem sauberen Lappen (längs zur Maser) abgenommen

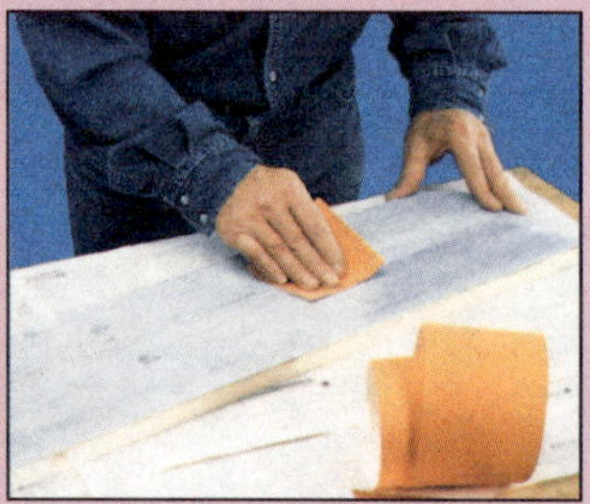

8 Nach einer Trockenzeit von etwa 3-4 Stunden erfolgt dann ein letzter Feinschliff

9 Die Holzoberfläche über Nacht ruhen lassen und anschließend mit Seidenglanzlack versiegeln

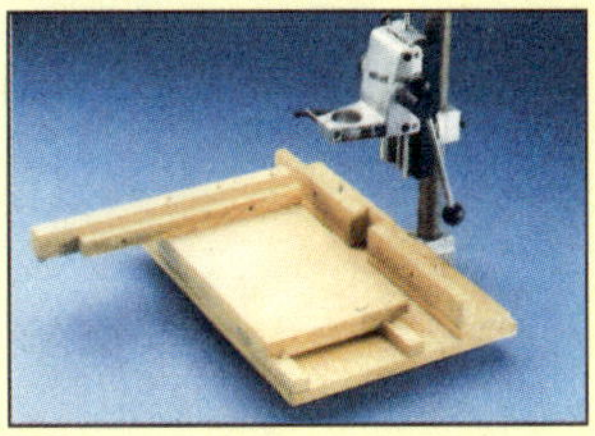

TIP So wird Ihr Bohrständer zur Fräseinrichtung. Die recht simple Konstruktion besteht aus preiswertem Nadelholz

18 Reißen Sie die Maße der Scharniere auf den Rahmen an und übertragen Sie deren Dicke ...

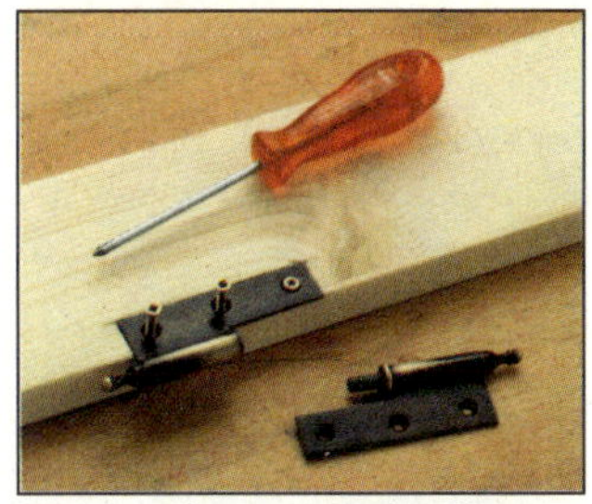

19 ... mit einem Streichmaß. Damit das Scharnier gut sitzt, ist beim Ausstemmen der Fläche ...

24 Die Schublade gleitet zwischen den Lauf- und Kippleisten. Diese Leisten sollten aus Hartholz sein

25 Damit Ihr Porzellan nicht zum Purzellan wird, erhalten die Einlegeböden profilierte Fixierleisten

Schublade kommen in den Genuß einer Verzinkung.
Zum Setzen der Flachdübel sollten Sie über eine Schattenfugenfräse (mit 4 mm breitem Fräser) oder ein spezielles Vorsatzgerät (z.B. Multiholzfräse) verfügen. Sie ermöglichen das mittige Ausfräsen der benötigten Schlitze.
Bei der Zapfen-Verbindung der Türrahmen werden die Schlitze durch eng nebeneinanderliegende Löcher vorgebohrt und anschließend mit einem Nutfräser „geglättet“. Damit das schmale Hirnholz der Rahmen nicht aufreißt, haben wir Zapfen und Schlitze abgesetzt. Das heißt, an der später sichtbaren Kante geht der Zapfen nur 1 cm über die volle Breite des Rahmens. Der Rest ist um 1 cm nach innen versetzt. Natürlich wird der Schlitz mit einer entsprechenden Stufe ausgestattet. □

Zum Schluß werden die Auflagerleisten montiert und die Böden aufgelegt

Nett & Nützlich

Spießchen zum Grillen

An langen, schönen Sommerabenden auf der Terrasse oder im Garten kann man so richtig entspannen. Ein beliebtes Freizeitvergnügen an solchen Abenden ist das Grillen im Kreise der Familie oder mit Freunden. Zu diesem Zweck haben wir für Sie Grillspieße entworfen, die Sie leicht nacharbeiten können. Sie benötigen dazu pro Spieß: 1 Stahldraht, verchromt, Durchmesser 3 mm x 900 mm lang, 2 Korken, Bindfaden und Leim. Den Stahldraht in der Mitte über einem Rundholz biegen und die beiden Enden abschrägen. Die zwei Korken erhalten jeweils beidseitig im Durchmesser des Drahtes eine Nut, werden zwischen die gebogenen Drähte geklemmt und miteinander verklebt. Anschließend die Korken mit Leim versehen und den Bindfaden am Griff stramm hochwickeln und oben befestigen.

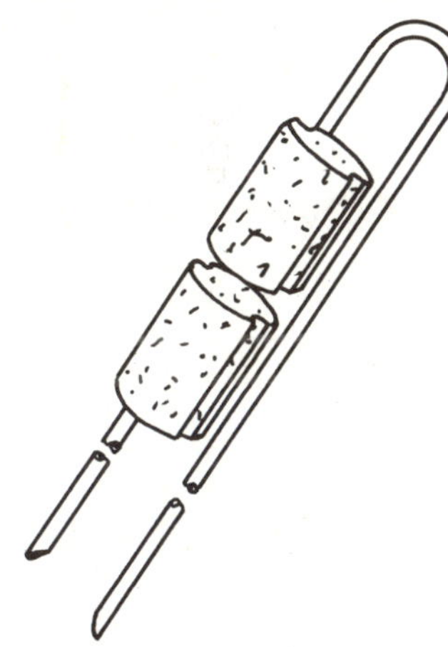

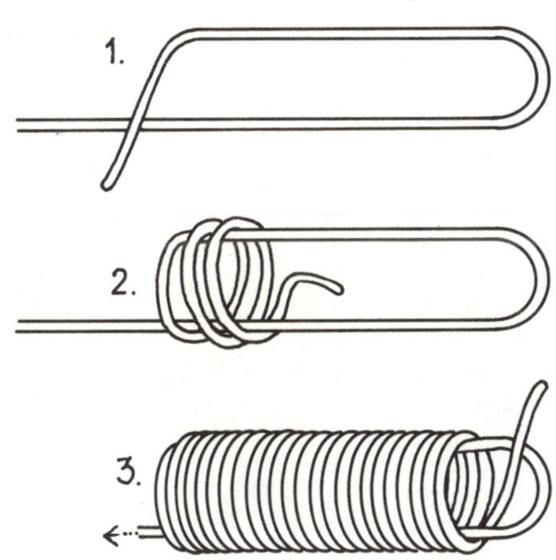

Die Zeichnungen lassen erkennen, wie Sie den Bindfaden von unten nach oben wickeln müssen. Die Wicklungen müssen fest aneinander an-schließen, damit der Griff wie eine Fläche wirkt. Die Enden oben und unten fest verkleben

Schnell gebaut...

... sind unsere praktischen Küchenutensilien. Genau richtig, um ein verregnetes Wochenende und diverse Holzreste sinnvoll zu nutzen

Eine große Hilfe bei der Küchenarbeit ist ein Messerblock, der alle Messer ordentlich sortiert und griffbereit aufbewahrt. Wenn Sie ein paar Holzreste und ein wenig Zeit übrig haben, sind die Zeiten des hektischen Suchens in unübersichtlichen Küchenschubladen endgültig vorbei. Und so einfach wird unser Block gebaut: Aus Kiefernholz-Leisten leimen Sie einen Klotz, der den Maßen der Zeichnung entspricht. Alle Unebenheiten werden nach dem Abbinden des Leimes mit dem Hobel entfernt. Die Kanten brechen Sie am besten mit der Oberfräse. Anschließend werden in beide Breitseiten 4 cm tiefe Schlitze mit der Kreissäge eingebracht. Die Breite ist von der Stärke der Messerklingen abhängig. Die Querschlitze, in denen die Leisten zum Halten der Messer angebracht werden, fertigen Sie mit dem Nutfräser an. Bevor die Leisten angebracht werden, muß noch ein diagonal verlaufender Gang gebohrt werden, der Ihren Wetzstahl aufnehmen kann. Mit Hilfe der Zeichnung können Sie die genaue Lage und den Winkel des Bohrloches bestimmen. Nach der Fertigstellung des Blocks muß er mit feinem Schleifpapier behandelt werden. Anschließend können Sie ihn mit einem lebensmittelechten Klarlack streichen oder aber ein natürliches Wachs zur Endbehandlung benutzen. Unser Messerblock ist übrigens auch ein schönes Mitbringsel für Ihre nächste Einladung.

Den Messerblock haben Sie an einem Nachmittag fertig

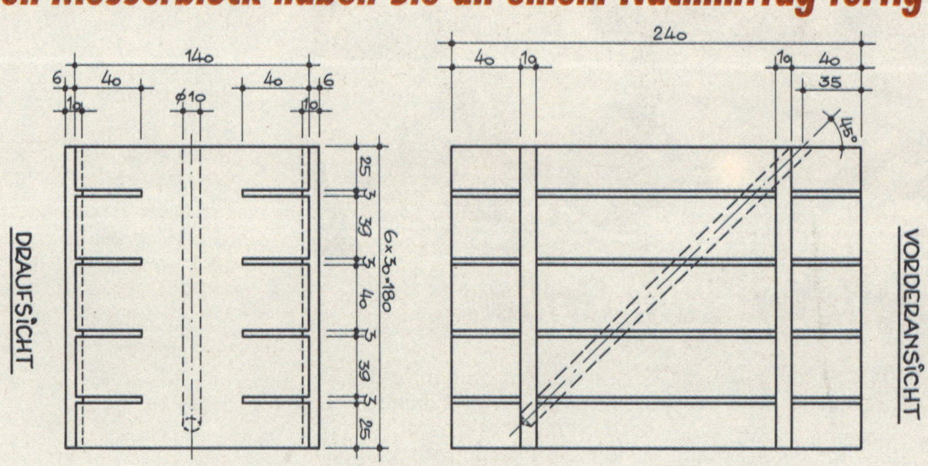

KRÄUTERBAR

Weil Speisen mit frischen Kräutern wesentlich besser schmecken, haben wir mit wenig Aufwand eine kleine Kräuterbar gebaut. Die Maße der Einzelteile entnehmen Sie unserem Einkaufszettel. Mit dem Kreisschneider werden nach dem Zuschnitt die Glasdurchmesser in das Lochbrett und in eines der Längsbretter gebohrt. Damit der Abstand der Löcher bei beiden Stücken gleich wird, sollten Sie sich eine Schablone anfertigen. Anschließend werden Loch- und Längsbrett gemäß der Zeichnung miteinander verleimt. Die beiden Bretter verbinden Sie dann mit den zwei Säulen, indem Sie sie unter Leimzugabe verschrauben. Als krönenden Abschluß erhält die Kräuterbar noch zwei Möbelknöpfe, die über den Säulen angebracht werden.

So machen die Kräuter nicht schlapp

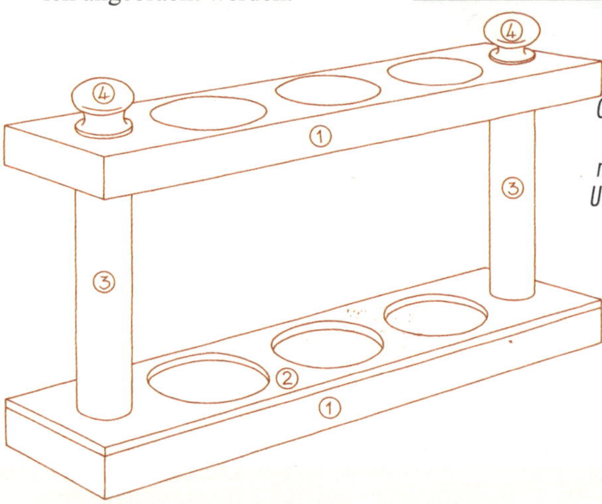

Ob pfiffig bunt oder dezent naturbelassen: Unsere Kräuterbar findet überall Platz

EINKAUFSZETTEL

Pos.	Anz.	Bezeichnung	Maße in mm	Material
1	2	Längsbretter	340 x 70	Kiefer 18 mm dick
2	1	Lochbrett	340 x 70	Kiefer 6 mm dick
3	2	Säulen	85 lang	Limba ∅ 27 mm
4	2	Knöpfe	36 lang	Kiefer ∅ 40 mm

Holzleim. Materialkosten ca. 5 Mark

WIEGEBRETT

Damit Sie Ihre Kräuter auch mühelos ‚kleinkriegen', können Sie hier die passende Unterlage bauen. Grundlage dafür sind zwei Buchenholz-Bretter in den angegebenen Maßen. Aus dem oberen wird, der Zeichnung gemäß, der Rand gesägt. Nachdem die Innenkanten mit der Oberfräse abgerundet wurden, verleimt man beide Teile. Nun werden die Außenkanten begradigt und das Brett komplett feingeschliffen. Bei Bedarf können Sie mit dem Nutfräser noch einen Schlitz zur Aufbewahrung Ihres Wiegemessers in den Rand einarbeiten.

Die Maße

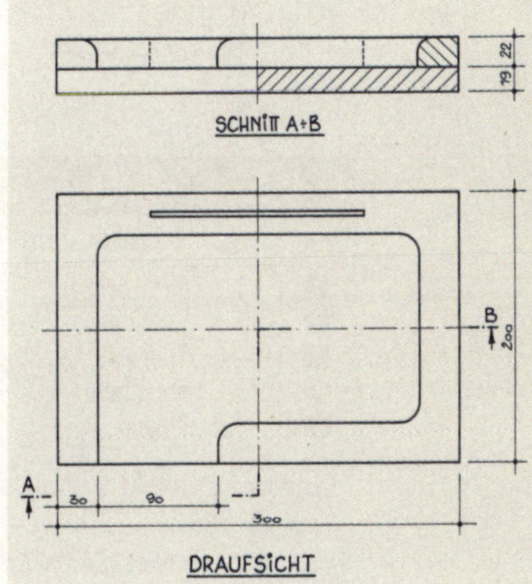

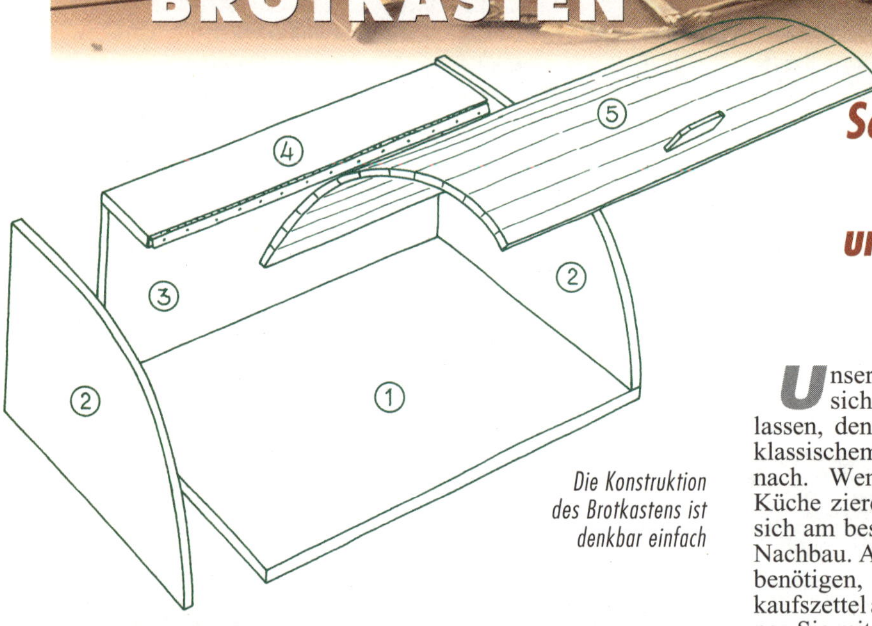

Die Konstruktion des Brotkastens ist denkbar einfach

Selbstgebackenes schmeckt frisch am besten – in unserem Brotkasten hält es sich besonders lang

Unser Brotkasten kann sich wirklich sehen lassen, denn er steht seinem klassischem Vorbild in nichts nach. Wenn er auch Ihre Küche zieren soll, geben Sie sich am besten gleich an den Nachbau. Alles, was Sie dazu benötigen, ist auf dem Einkaufszettel aufgeführt. Beginnen Sie mit dem Zuschneiden der Seitenwände, wobei Sie beachten müssen, daß Sie den Verschnitt noch als Hilfe beim Verleimen der Klappe brauchen. Diese wird als nächstes in Angriff genommen. Dafür werden die Leisten zunächst abgelängt und dann mit der Kreissäge an beiden Längsseiten um sieben Grad abgeschrägt. Um die gleiche Rundung zu erhalten, werden die Leisten anschließend über den Seitenteilen verleimt, wobei die Verschnittstücke als Zulage dienen. Sobald der Leim abgebunden hat, können Sie den Kasten zusammensetzen. Wie aus der Zeichnung ersichtlich, werden alle Teile stumpf miteinander verbunden. Aus einem Reststück wird der Griff geschnitten und mit einer Schraube am Klappenende befestigt. Zwischen Kopfplatte und Klappe wird das Klavierband angebracht. Der letzte Schritt besteht darin, den kompletten Kasten abzuschleifen und mit Klarlack zu behandeln. Auch hier sollten Sie darauf achten, daß der Lack lebensmittelecht ist, damit Sie beim nächsten Frühstück keine böse Überraschung erleben. □

EINKAUFSZETTEL

Pos.	Anz.	Bezeichnung	Maße in mm	Material
1	1	Bodenplatte	390 x 290	Leimholz 18 mm
2	2	Seitenteile	290 x 200	
3	1	Rückwand	364 x 183	Kiefer 13 mm dick
4	1	Kopfplatte	364 x 75	
5	1	Klappe	*	

Reststück für Griff; Klavierband; Holzleim.
Materialkosten rund 25 Mark
* aus 30 mm breiten Streifen über Schablone verleimen

Alle Leisten erhalten zur späteren Aufnahme des Bodens einen Falz. Die Verzierungen der Längsleisten werden mit dem V-Nutfräser hergestellt

Aus Lärchenholz

Modernes Tablett

Ob beim sonntäglichen Frühstück im Bett oder zur gemütlichen Kaffeestunde auf Terrasse und Balkon – unser Tablett im »Granit-Look« ist Ihnen stets zu Diensten

Dabei glänzt das Tablett nicht nur mit seinem Design – es läßt sich auch sehr einfach nachbauen:
Zuerst müssen Sie die Leisten entsprechend ablängen und die Rundungen der Stirnleisten aufzeichnen. Danach wird der umlaufende Falz zur Aufnahme der Bodenplatte gefräst. Nachdem auch die dekorativen Längslinien hergestellt sind, geht es ans Fertigen der gegengleichen Bohrungen. Dabei ist die Dübellehre eine gute Hilfe. Die Holzdübel setzt man nun unter Leimangabe ein und verbindet so alle vier Leisten miteinander. Wenn die Bodenplatte zugeschnitten ist, wird das Laminat (Schichtstoffplatte) passend dazu angeritzt. Das geschieht mit einem Beitel entlang einer Holz- oder Metalleiste – der Überstand läßt sich dann einfach abbrechen. Übriggebliebene Grate kann man mit einem Bündigfräser entfernen. Anschließend tragen Sie Kleber auf, drücken das Laminat auf die Bodenplatte und rollen mit der Andruckwalze nach. Zum Schluß die beiden Möbelgriffe mit Schrauben befestigen. □

1 *Paßgenaue Dübellöcher erhalten Sie mit Hilfe von Dübellehre und -spitzen. Danach werden die schon vorher angezeichneten ...*

2 *... leichten Rundungen (siehe Zeichnung links oben) der Stirnleisten ausgesägt. Anschließend alles sauber schleifen*

3 *Das Laminat entsprechend der Bodenplatte zuschneiden, rückseitig mit Kleber versehen und mit einer Walze fest andrücken*

Materialliste:
Lärche massiv, 20 mm dick: 2 Längsleisten, 610 x 40 mm; 2 Stirnleisten, 460 x 40 mm; Sperrholz 8 mm dick: 1 Bodenplatte, 630 x 380 mm. Dazu: 1 Laminat-Platte, 630 x 380 mm; 2 Möbelgriffe, verchromt, kpl. mit Schrauben; 8 Holzdübel, ∅ 8 x 40 mm; Spanplatten-Schrauben; Zweikomponenten-Kleber; Holzleim.
Materialkosten: rund 45 Mark

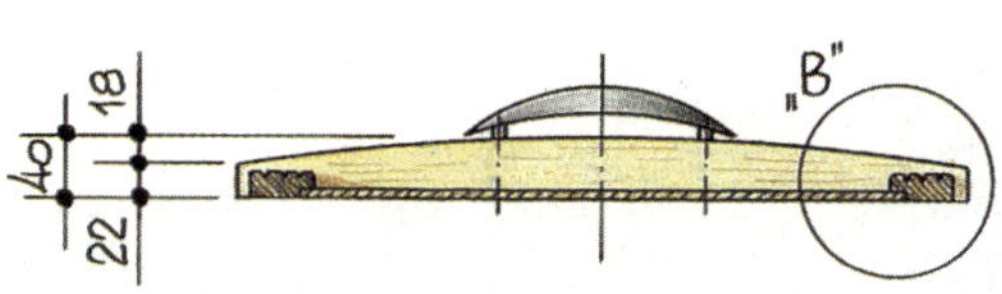

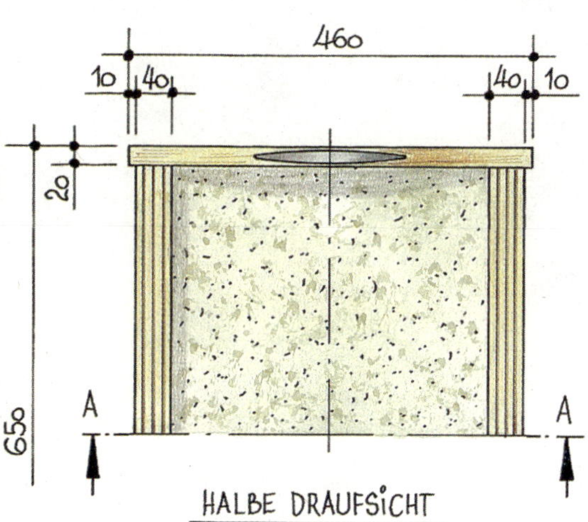

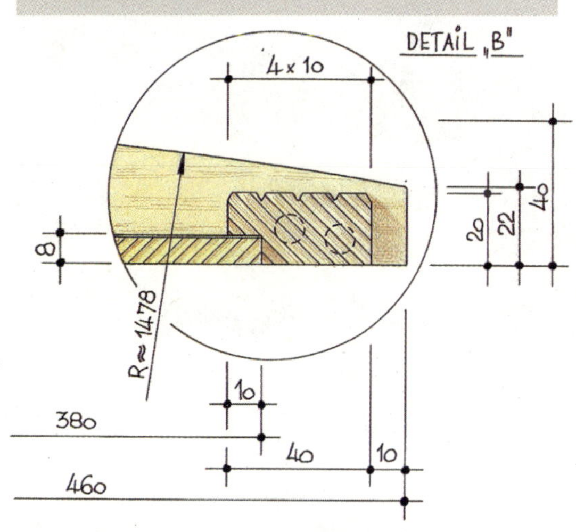

Küch

…enwagen 1. Klasse

Angenommen, Sie werkeln gern in Ihrem gut ausgerüsteten Hobby-Keller, in der Küche lassen Sie sich dagegen nur selten blicken, so daß dort Ihre Mitarbeit schon lange auf der Wunschliste steht. Dann ist jetzt Zeit zu handeln: Entweder lassen Sie dieses Buch gleich verschwinden oder Sie stellen sich freiwillig. Wird der Küchenwagen nämlich zu Hause publik, haben Sie fast zwangsläufig den Auftrag in der Tasche.
Dieses fahrbare Zentrum mit Schubladen, Flügeltüren und Regal wird in fast jedem Haushalt herzlich willkommen sein, denn die achteckige Tischfläche bietet einen vollwertigen Arbeitsplatz, und obendrein kann man den Wagen zum Servieren benutzen.

Beim Küchenwagen ist Präzision gefragt. Voraussetzung ist daher eine stationäre Kreissäge, Abrichte, Dickenhobel und – neben weiteren Kleingeräten – eine Oberfräse. Die können wir Ihnen ohnehin ans Herz legen, wenn Sie viel mit Holz arbeiten. Sie werden ihre Vielseitigkeit bald zu schätzen wissen

1 ***Nach den Maßen der Einkaufsliste schneidet man Tischlerplatte und Multiplex zu. Von Vorteil sind breite Auflagen . . .***

2 ***. . . am Sägetisch. Für den Zuschnitt des achteckigen Bodens den Winkelanschlag auf dem Schiebeschlitten einsetzen***

3 ***Hilfslinien von der Zeichnung (nächste Seite) auf den oberen und unteren Boden übertragen, dann die Platten . . .***

4 ***. . . und die Trennwände nuten (8er Nutfräser), damit man Blindfedern für eine stabile Verleimung einstecken kann***

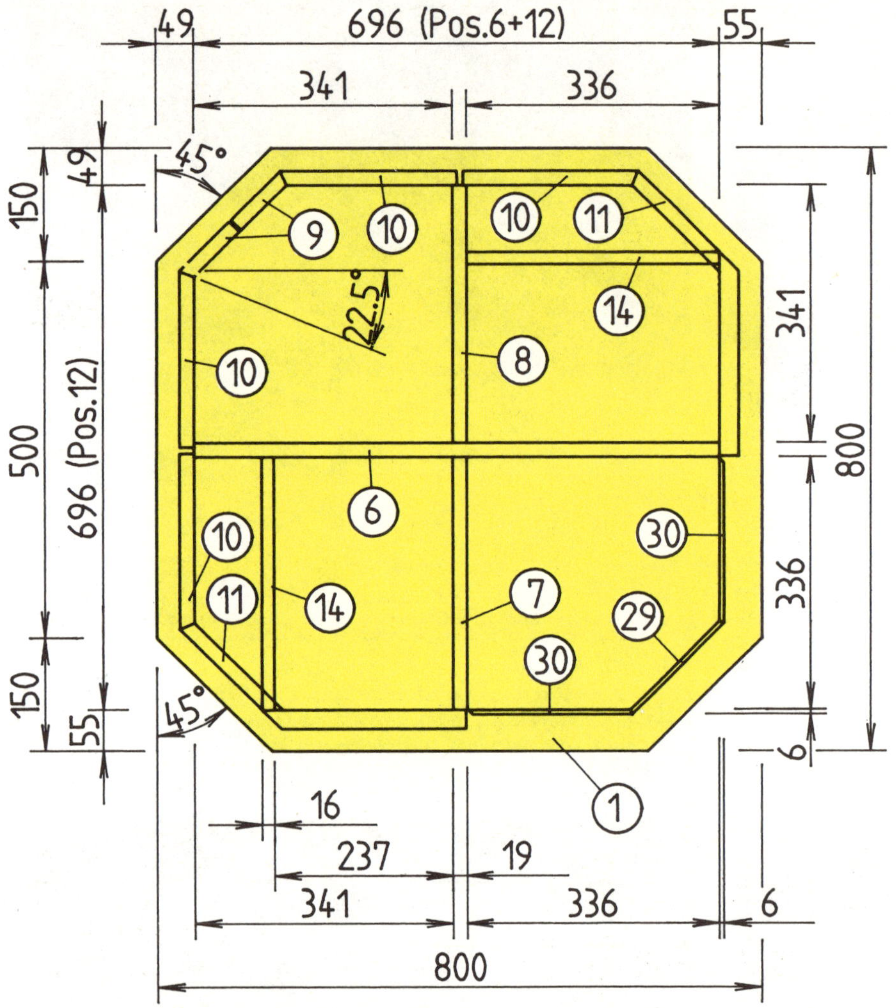

Das Möbel ist robust gebaut, damit es bei der Zubereitung von Hausmannskost oder Festmahl auch über Jahre eine gute Figur macht. So bestehen Arbeitsfläche und Schubladenblenden aus Multiplex Buche, kaum beanspruchte Korpusteile sind aus Tischlerplatte – mit Buchenfurnier, damit das Outfit stimmt.

Präzision ist bei der Herstellung gefordert. Deshalb brauchen Sie für den Zuschnitt der Platten eine stationäre Kreissäge, für die Leisten Abrichte und Dikkenhobel und neben anderen Maschinen (siehe Fotos) – fast schon selbstverständlich – eine Oberfräse.

Die besondere Stärke dieses Gerätes liegt in der sehr hohen Drehzahl – bis zu 30 000 Umdrehungen pro Minute bringen viele Geräte zustande. Dies garantiert für ein besonders sauberes Schnittbild bei Profilen und Verbindungsteilen in Holz. Wenn Sie sich eine Oberfräse zulegen möchten,

5 ***Die Trennwände lassen sich mit diesem Anschlag ohne seitliche Zulage nuten. An der Stirnkante verhindert die Zulage, daß die Fräse nach vorne kippt***

9 ***Der Korpus wird zusammengesetzt: Zuerst die drei Trennwände mit Hilfe der Blindfeder auf den unteren Boden aufleimen. Danach den oberen . . .***

13 ***Damit die Laufleisten in die Schubladenseiten greifen können, werden sie mit einem Gratfräser bearbeitet. Dazu die Oberfräse vom Fräskorb trennen und in den Maschinentisch spannen***

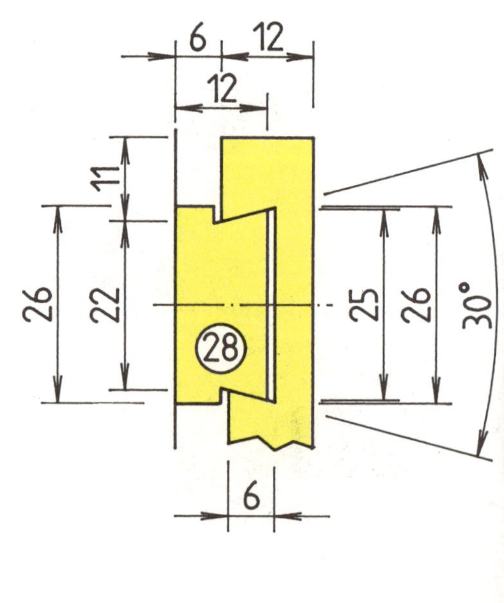

6 Der untere Boden und die Trennwände (Tischlerplatte Buche furniert) werden vor dem Verleimen geschliffen (150er Korn, mit Absaugung arbeiten). Dadurch verschwinden natürlich auch die Hilfslinien

7 Nach dem Zuschnitt erhält der obere Boden (Multiplex Buche) eine Fase von 45 Grad. Im Parallelanschlag ist eine Feineinstellung vorhanden, so daß Sie ...

8 ... den Fasenfräser mit Führungszapfen präzise ansetzen können. Auch diese Platte anschließend schleifen

10 ... Boden auf gleiche Art aufsetzen. Die jeweils zweiten Seitenwände für die Schubladenschächte könnten Sie natürlich auch mit Blindfedern versehen

11 Die Fertigung der Schubladen beginnt mit den Laufleisten aus Buche. Der Handhobel dient in dieser Kombination zuerst als Abrichte und ...

12 ... verwandelt sich mit wenigen Handgriffen zum Dickenhobel. Wichtig: Bei der Bearbeitung von Buche sollte man eine Absaugung benutzen!

14 Auf dem Frästisch lassen sich nicht nur die Leisten profilieren (Grat- und Zinkenfräser 15°), auch die Schubladenseite als Gegenstück findet eine optimale Auflage. Zuerst eine ca. 20 mm breite Nut fräsen

15 Das Ergebnis nehmen wir bereits vorweg: Schublade und Laufleisten greifen ineinander, so daß kein Metallbeschlag notwendig wird

haben Sie die Wahl zwischen Modellen mit festem Fräskorb und solchen mit abnehmbarem. Die letzteren kann man per Eurohals in den Bohrständer spannen, wodurch eine „stationäre" Fräse entsteht. Der Preis von einigen hundert Mark kann sich durchaus bezahlt machen, denn eine Reihe von Profilierungen lassen sich so besser ausführen (ganz links) oder werden dadurch sogar erst möglich. Aber der Reihe nach. Zuerst entnimmt man der Zeichnung links die Maße für den unteren Boden (696 x 696 mm) und skizziert sie mit der Anordnung der Trennwände aufs Holz. Nach dem Zuschnitt des Bodens setzt man

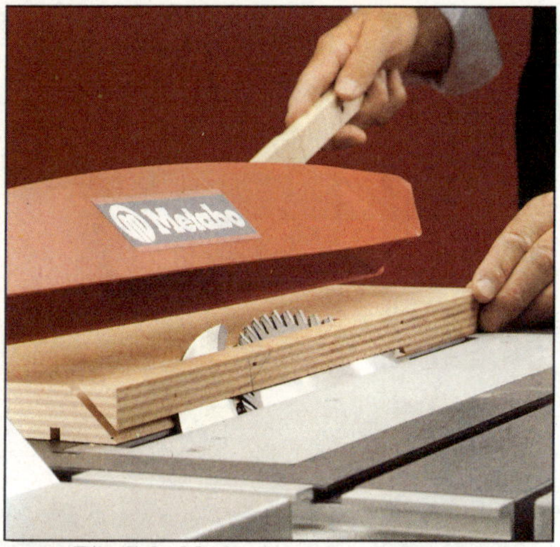

16 *Die Schubladenfronten erhalten an einer Seite einen Schrägschnitt von 45°, damit sie zum achteckigen Umriß des Küchenwagens passen. Man fertigt die Blenden rationell, . . .*

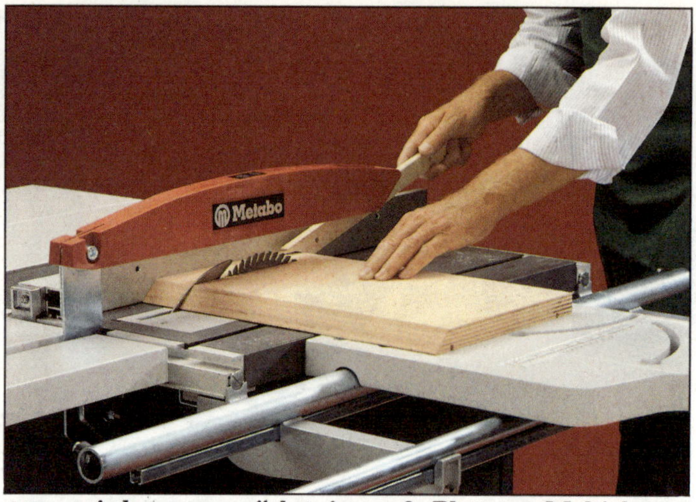

17 *. . . indem man zunächst eine große Platte aus Multiplex anschrägt. Die insgesamt 14 Frontblenden (270 mm breit) können dann in den vier gestaffelten Höhen-Maßen (siehe Einkaufszettel) nacheinander abgesägt werden*

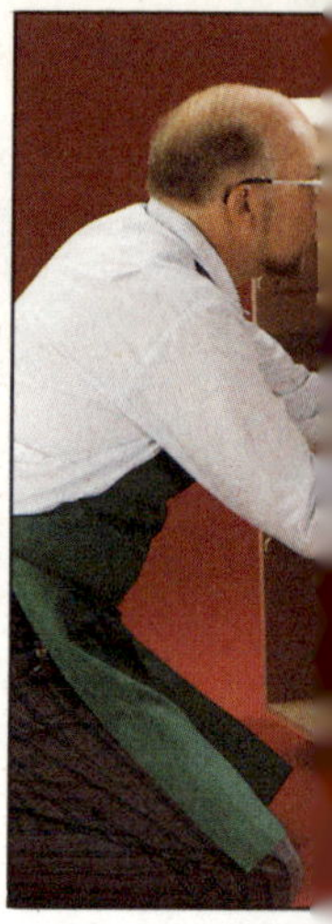

DER BESONDERE TRICK

20 *Damit eine Flügeltür im Winkel von 135° entsteht, erhält jede Platte einen Schrägschnitt von 22,5°. Zum Verleimen die Teile zuerst auf die Innenflächen legen, die Fuge mit Paketband abkleben, die Fläche wenden, Leim in die klaffende Fuge geben, die Platten zusammenfügen und 2fach umwickeln. Zuletzt den 135°-Winkel mit einer Lehre fixieren*

21 *Zum Bohren der Topflöcher haben wir den Zylinderbohrer in die Ständerbohrmaschine gespannt. Der Öffnungswinkel der Scharniere sollte auf 90° begrenzt sein*

die kleinen Dreiecke dort an, wo später die Wände (14) über die Schnittkante hinausragen. Wie Sie die Teile zum Korpus zusammensetzen, ist gut auf den Fotos 9 und 10 zu sehen: Ausgangspunkt ist eine kreuzförmige Anordnung der ersten drei Trennwände.
Das Nuten der Wände sieht man i. Bild 5, S. 284. Besitzen Sie keinen speziellen Winkelanschlag, müssen Sie das Brett tiefer einspannen und seitlich Zulagen ansetzen.
Als Laufleisten für die Schubladen nehmen wir diesmal keine käuflichen Schubführungen. Vielmehr zeigen wir, wie man sie ganz aus Holz fertigen kann. Da ohne große Toleranzen gearbeitet werden soll, ist hierbei besondere Präzision gefordert. Eine Schnittzeichnung finden Sie dazu auf S. 284. Die Schubladenteile aus Sperrholz werden wie im Foto 14 zu sehen genutet und dann verleimt. Danach den Boden einschieben. Später beim Einpassen der Schubladen beachten, daß zwischen den Blenden aus Multiplex etwa 5 mm breite Fugen bleiben.
Das professionelle Schneidwerkzeug (hier 4-Sterne-Serie von Henckels Zwillingswerk) liegt griffbereit in einer eingelegten Holzkassette (rechts).

19 *Sichtbare Schnittkanten an den Einlegeböden und Flügeltüren erhalten mit Schmelzkleber beschichtetes Buchenfurnier. Erhitzt kleben die Streifen von selbst. Nach dem Abkühlen den überstehenden Grat mit einem scharfen Stechbeitel abschneiden. Dazu die Klinge leicht schrägstellen*

18 *Genau wie die Laufleisten schrauben Sie auch die Leisten für die Einlegeböden an*

Ansichtssache: Der Küchenwagen dreht sich im Uhrzeigersinn

Zur Aufnahme von Schneidwerkzeugen können Sie für die beiden oberen Schubladen Kassetten mit entsprechenden Aussparungen fertigen. Das Holz reißt nicht, wenn Sie die Deckfläche abkleben. Später eine Sperrholzplatte unterleimen

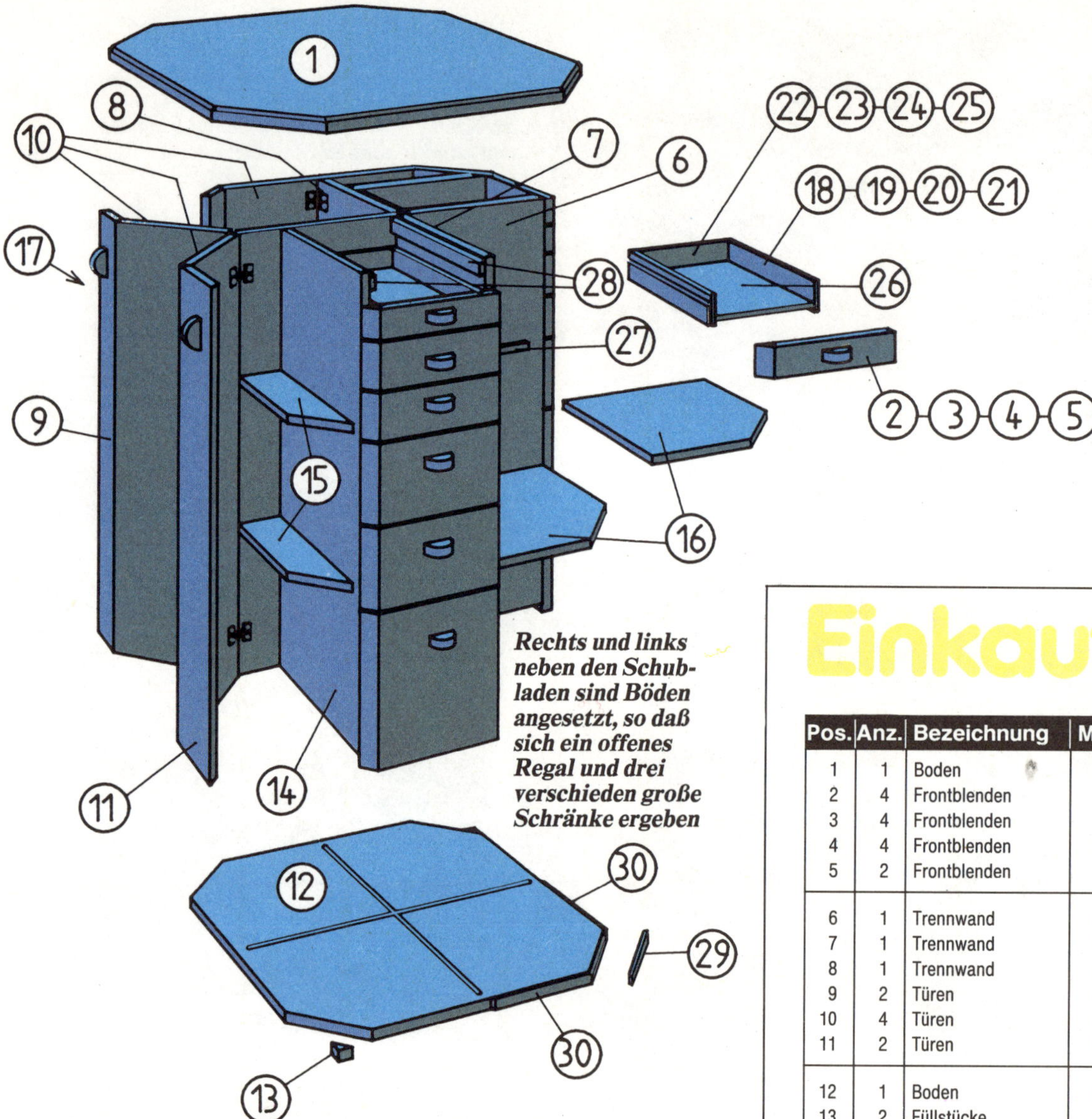

Rechts und links neben den Schubladen sind Böden angesetzt, so daß sich ein offenes Regal und drei verschieden große Schränke ergeben

Damit die Einlegeböden im Regal und in den Schränken nicht von den Auflageleisten kippen, fixiert man sie durch eine Schraube, die jeweils vom Schubladenschacht aus eingedreht wird.

Der Trick für das Verleimen der Flügeltüren (Foto 20) ist genauso genial wie einfach: Aus der abgeklebten Fuge an den Außenflächen kann nicht einmal Leim herausquellen! Die Türen schließen später bündig mit den Einlegeböden ab, so daß aus den Fächern nichts herauskippen kann, wenn der Küchenwagen mal eine kleine Hürde nehmen muß oder auf der unebenen Terrasse vorfährt. □

***Fest-Kleid:** Die Buchen-Oberfläche des 95 cm hohen Küchenwagens ist zweifach mit Clou Mono Siegel (Clouth) gespritzt*

Einkaufszettel

Pos.	Anz.	Bezeichnung	Maße in mm	Material
1	1	Boden	800 x 800	Multiplex Buche 25 mm dick
2	4	Frontblenden	270 x 55	
3	4	Frontblenden	270 x 83	
4	4	Frontblenden	270 x 145	
5	2	Frontblenden	270 x 272	
6	1	Trennwand	850 x 696	Tischlerplatte Buche furniert 19 mm dick
7	1	Trennwand	850 x 336	
8	1	Trennwand	850 x 341	
9	2	Türen	862 x 93	
10	4	Türen	862 x 234	
11	2	Türen	862 x 149	
12	1	Boden	696 x 696	Tischlerplatte Buche furniert 16 mm dick
13	2	Füllstücke	27 x 27	
14	2	Trennwände	850 x 336	
15	4	Einlegeböden	335 x 87	
16	2	Einlegeböden	335 x 335	
17	2	Einlegeböden	340 x 340	
18	8	Seitenteile	336 x 55	Sperrholz Buche 12 mm dick
19	8	Seitenteile	336 x 83	
20	8	Seitenteile	336 x 145	
21	4	Seitenteile	336 x 256	
22	4	Rückteile	213 x 43	
23	4	Rückteile	213 x 71	
24	4	Rückteile	213 x 133	
25	2	Rückteile	244 x 213	
26	14	Böden	336 x 213	Sperrholz Buche 6 mm dick
27		Auflageleisten	ca. 4,5 lfd. m	Buche 15 x 15 mm
28	28	Laufleisten	330 lang	Buche 26 x 12 mm
29	1	Blende	172 lang	Buche 16 x 6 mm
30	2	Blenden	221 lang	

4 Möbelrollen, 60 mm hoch; 8 Topfbänder, Öffnungswinkel 90°; 18 Griffe für Türen und Schubladen (HEWI, Best.-Nr. 537.1); ca. 2,8 lfd. m Sperrholz, 22 x 8 mm (lose Federn); ca. 10 lfd. m Umleimer Buche, 17 mm breit; ca. 15 lfd. m Umleimer Buche, 22 mm breit.

Materialkosten rund 700,– Mark.

Tragbares Partybuffet

Tischlein, deck dich!

Bier-, Wein- oder Sektgläser: Für alle ist kopfüber Platz

Partyspaß der leckeren Art: Auf drei Etagen präsentiert dieses praktische Möbel zum Tragen Ihren Gästen Köstliches zum Essen und Trinken samt den dazugehörigen Gläsern

Dieses Buffet ist ein Riesentablett mit drei Etagen: Es transportiert Essen und Trinken komplett zu den Gästen

Essen und Trinken hält nicht nur Leib und Seele zusammen, sondern auch jede Party. Nicht umsonst versammelt sich meist alles in der Küche – dort, wo der Nachschub in fester oder flüssiger Form immer in Reichweite ist. Warum diesen Schwerpunkt nicht einmal ins geräumigere Wohnzimmer verlegen? Oder in der nächsten Saison wieder in den Garten? Unser Partybuffet hilft Ihnen dabei auf elegante Weise: Es wird in der Küche mit Speis' und Trank beladen und dann

Bohrer, Stichsäge, Schrauber und Schwingschleifer: Dieses Quartett hilft beim Bauen

mitten in den Ort des Geschehens getragen. Komplett bestückt mit Gläsern, Besteck, Servietten und allem, was sonst noch so vonnöten ist. Es erspart also auch unnötiges Hin und Her beim Aufbauen des Buffets oder beim fälligen Getränkenachschub!

Unten ist Platz für zwei Getränkekisten. Damit Sie besser herankommen, hebt ein Längsträger sie vorne etwas an. Darüber befindet sich die Weinabteilung: Vorne liegen die Flaschen, an der vorderen Seite von einer Kontur- und hinten von einer Anschlagleiste sicher in Position gehalten, dahinter hängen die Gläser, mit den Stielen eingeschoben in Trägerleisten. Ganz oben schließlich können Sie auf einer geräumigen Fläche von 120 mal 50 Zentimetern Ihre Leckereien präsentieren.

Wir haben die Konstruktion möglichst einfach gehalten. Die Trage besteht fast ganz aus Dachlatten nur eines Formates, wie Sie dem Einkaufszettel auf der nächsten Seite entnehmen können. Und die benötigte Werkzeugausrüstung hält sich ebenfalls in Grenzen: Mit dem Schwingschleifer glätten Sie die sägerauhe Seite der gehobelten Dachlatten, den Bohrer mit Bohrständer brauchen Sie für die Handtuchhalter und zum Vorbohren, die Stichsäge zum Ausschneiden der Formteile (Griffe und Flaschenhalter) und den Akkuschrauber zum leichteren Verschrauben der vielen Verbindungen.

Beginnen Sie mit dem Ausschneiden der Formteile. Bauen Sie danach die drei Etagen zusammen, und versehen Sie die mittlere mit der Anschlagleiste und die obere von unten mit den Gläserhaltern. Dann geht's ans Zusammenbauen: Zuerst werden die unteren Aufdoppelungen mit Leim und Schrauben angebracht, dann wird die untere Etage mit den Beinen verbunden,

1 *Bringen Sie die benötigten Latten auf die richtige Länge. Spannen Sie sie zusammen, und schleifen Sie mit dem Schwingschleifer die sägerauhe Seite glatt. Die Kanten sollten Sie brechen*

4 *Bevor Sie die Griffbretter mit den Querträgern verschrauben, sollten Sie die Schnittkanten der Griffbretter mit Hobel und Schleifpapier brechen. Und vergessen Sie nicht, vorher die Rundhölzer einzuleimen!*

7 *An der Vorderseite setzen die mittleren Aufdoppelungen auf dem Längsträger auf, der später die Getränkekisten in die Schräglage hebt. Die Aufdoppelungen werden wie die unteren verleimt und verschraubt*

Montieren Sie die vier Stützen an die untere Etage. Legen Sie dazu einen Leistenrest unter, damit die recht sperrigen Teile richtig liegen

Der Pfiff bei unserem Buffet besteht natürlich darin, daß man es tragen kann. Das erfordert zwei kräftige Personen – vor allem, wenn es in der Küche bereits mit allen Getränken bestückt wird. Und es bedarf einiger Sicherungen für Flaschen und Gläser. Daher haben wir für die Flaschen eine Kontur- und eine Anschlagleiste montiert. Die ausgeschnittenen, angeschrägten Rundungen halten jede Weinflasche sicher in Position, und die Anschlagleiste sorgt dafür, daß sie nicht nach hinten wegru schen kann. Die Pils- und Weingläser hängen an angeschrägten Trägerleiste auf der Rückseite unseres Partymöbels Sollten Ihre Sektgläser nicht zu langst lig sein, können Sie übrigens auch die unterbringen. Sie sollten das Buffet allerdings stets frei im Raum plazieren damit alles gut zugänglich ist.

2 Fertigen Sie eine Schablone an – zum Beispiel aus dünner Sperrholzplatte oder Pappe –, und übertragen Sie deren Form auf die Latten. Sie wird mit der Stichsäge ausgeschnitten

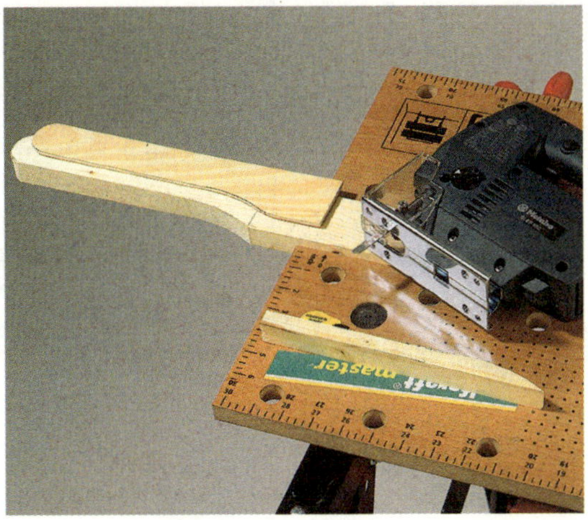

3 Mit dem Forstnerbohrer werden dann auf dem Bohrständer mit Tiefenanschlag die vier 10-mm-Löcher für die Handtuchstangen in die beiden Griffbretter gebohrt

5 Dann leimen und schrauben Sie die Rostleisten auf. Eine Hilfsleiste und Abstandsklötzchen sorgen für den exakt gleichmäßigen Sitz der Leisten. So werden auch die anderen Etagen zusammengebaut

6 Unsere Konstruktionsidee: Die Etagen liegen auf Aufdoppelungen an den Innenseiten der Stützen. Im Bild werden die für die untere Etage montiert. Zuvor schneiden Sie jeweils oben und unten einen 10°-Winkel ab

8 Hier sind die mittlere Etage und die oberen Aufdoppelungen bereits fix und fertig montiert. Nun fehlen nur noch die Konturleiste für die Flaschen und die obere Etage mit ihren Glasträgerleisten

9 Wir haben uns für farblose Holzlasur entschieden, um dem bunten Treiben auf dem Buffet keine Konkurrenz zu machen. Nach einem Zwischenschliff ein zweites Mal streichen!

So finden Flaschen und Gläser einen sicheren Platz

›pannen Sie die Glasträgerleisten si-
›er ein. Die Längsseiten werden mit
›m Hobel im 45°-Winkel angeschrägt

Montieren Sie die Trägerleiste (10) unter die obere Etage. Glasträgerleisten mit Leim und Schrauben fixieren

Stellen Sie einen 10°-Neigungswinkel an Ihrer Stichsäge ein, und schneiden Sie die Konturen für die Flaschen aus

Kontur- und Anschlagleiste mit Leim und Schrauben an den Vorderstützen und auf der mittleren Etage befestigen

So einfach ist unser Tischlein-deck-dich aufgebaut

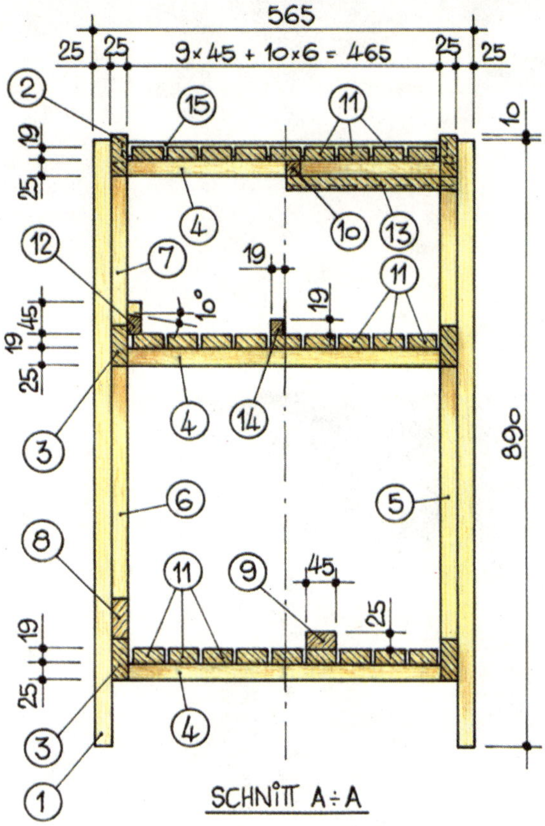

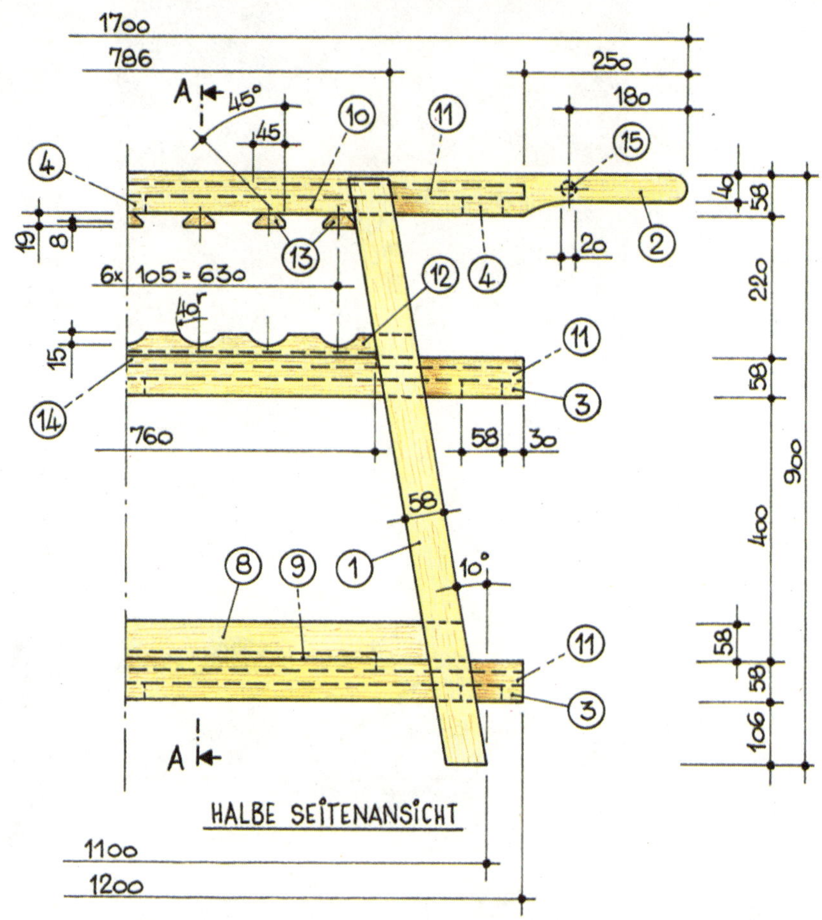

EINKAUFSZETTEL

Pos.	Anz.	Bezeichnung	Maße in mm	Material
①	4	Stützen	915 lang	Fichte/Tanne
②	2	Griffbretter	1700 lang	58 x 25 mm
③	4	Längsträger	1200 lang	
④	9	Querträger	465 lang	
⑤	2	Aufdoppelungen	416 lang	
⑥	2	Aufdoppelungen	357 lang	
⑦	4	Aufdoppelungen	233 lang	
⑧	1	Längsträger	1080 lang *	
⑨	1	Anschlagleiste	760 lang	45 mm breit
⑩	1	Trägerleiste	675 lang	22 mm breit
⑪	27	Rostleisten	1200 lang	Fichte/Tanne
⑫	1	Konturleiste	920 lang *	45 x 19 mm
⑬	7	Glasträgerleisten	257 lang	
⑭	1	Anschlagleiste	760 lang	19 mm breit
⑮	2	Rundhölzer	485 lang **	

* Rohmaße, Längen und Konturen bei Montage anpassen;
** auf jeder Seite 10 mm in Pos. 2 eingelassen;

Spanplatten-Schrauben; wasserfester Holzleim.

Materialkosten rund 110 Mark

der Längsträger für die Kästen befestigt, die mittleren Aufdoppelungen, die zweite Etage und die Konturleiste verleimt und verschraubt sowie zu guter Letzt die obere Etage aufgesetzt und befestigt.
Wir haben das Buffet zweimal mit farbloser Lasur gestrichen und zwischengeschliffen.

Aber denkbar ist natürlich auch – ganz ‚partylike' – ein bunter Anstrich.
Uns bleibt nur noch, Ihnen viele gelungene Partys mit unserem Tischlein-deck-dich zu wünschen. Und wenn alles vorbei ist, kann es wieder seine Rolle als Lagerregal im Keller übernehmen ... □

Bauen Sie die obere Etage fix und fertig zusammen, bevor Sie sie auf die oberen Aufdoppelungen legen und dort wie auch die anderen Etagen mit wasserfestem Leim und Schrauben befestigen

Küchenschrank aus Kiefernholz

Es ist angerichtet

Wer Fertigmöbel kauft, muß sich mit dem begnügen, was angeboten wird. Der wahre Kenner baut deshalb seine schönsten Stücke selbst – zum Beispiel unseren Küchenschrank. Über das Material und die Konstruktion haben wir uns für Sie Gedanken gemacht

Das Möbelstück auf diesen Seiten stellt nicht einfach nur einen Küchenschrank vor. Mit dem Konstruktionsprinzip, das wir anhand dieses Beispiels demonstrieren, lassen sich ganze Einbauküchen und eine Vielzahl weiterer Möbel herstellen. Ausgegangen sind wir von Rahmen aus Kiefern-Leimholz, die mit Nut und Feder verbunden sind und farbig lasierte Füllungen umschließen. Diese Rahmen lassen sich wiederum mit Hilfe von Flachdübeln zum kompletten Schrank zusammensetzen.

Sobald die einzelnen Bretter zugeschnitten sind, benötigen Sie nur noch eine Oberfräse, eine Schattenfugenfräse (als Vorsatz für den Winkelschleifer) und verschiedenes Handwerkzeug. Man beginnt mit der Herstellung der einzelnen

Die Nuten (4 x 20 mm) in allen Rahmenbrettern fertigt man mit der Schattenfugenfräse oder mit der Oberfräse und einer Nutsäge. Den Anschlag kann man aus einem Stück Restholz selbst zuschneiden

1

Die Federn stellt man mit einem Falzfräser her. Sie messen etwa 4 x 18 mm und müssen fest, aber nicht zu stramm in der Nut sitzen

2

Vor dem Fräsen der zweiten Seite müssen Sie mit Schleifpapier die beim ersten Fräsdurchgang ausgerissenen Fasern entfernen (kleines Foto oben)

3

Ein Element mit Rahmenteilen und Füllung. Die Füllung ist vor dem Verleimen zu lasieren, da sie anschließend nicht mehr komplett zugänglich ist

4

Nach diesem Muster werden alle Front- und Seiten-Elemente gefertigt. Hier das obere linke Seitenteil mit den breiten Querstegen (25)

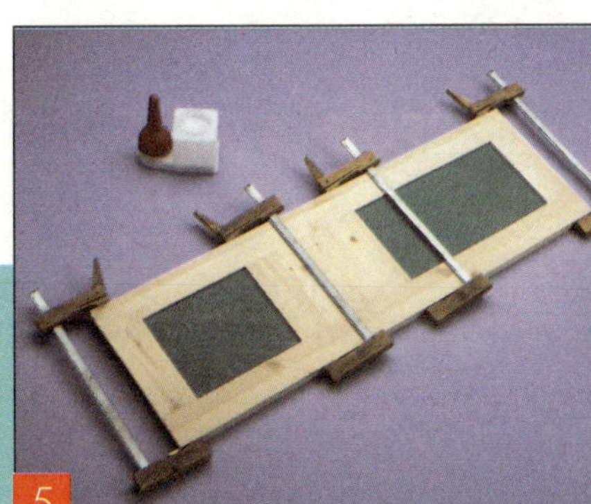

5

Die Rahmen werden um die Füllungen herum zusammengesteckt und verleimt. Bis zum Abbinden des Leims fixiert man sie mit langen Zwingen

6

Für T-Verbindungen fräst man Schlitze in die Fläche und in die Kante des senkrechten Stücks und verleimt dann die Teile mit Flachdübeln

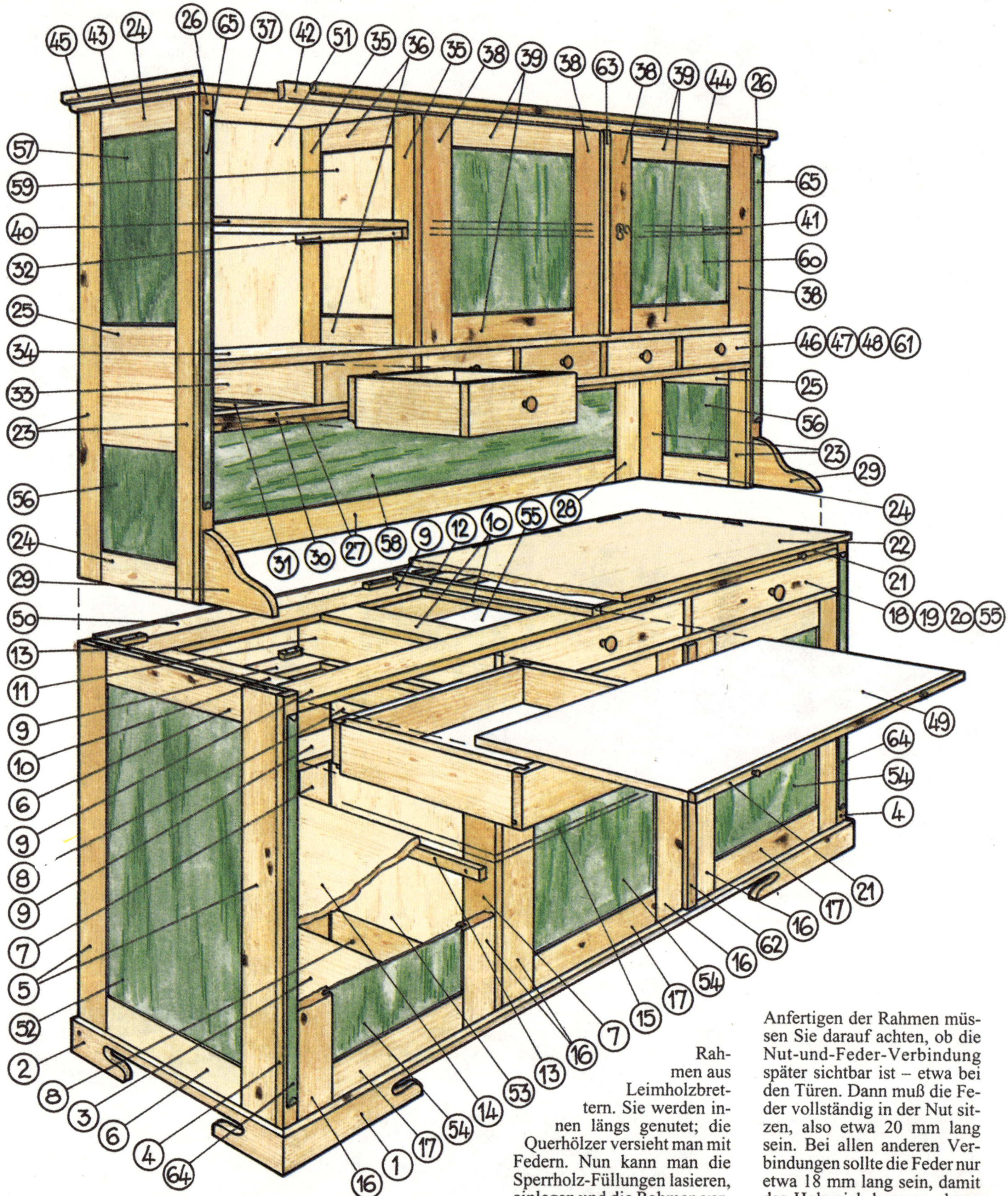

Rahmen aus Leimholzbrettern. Sie werden innen längs genutet; die Querhölzer versieht man mit Federn. Nun kann man die Sperrholz-Füllungen lasieren, einlegen und die Rahmen verleimen (Fotos 1-5). Auf diese Weise lassen sich alle Türen, Seiten- und Zwischenwände herstellen. Unser Tip: Beim Anfertigen der Rahmen müssen Sie darauf achten, ob die Nut-und-Feder-Verbindung später sichtbar ist – etwa bei den Türen. Dann muß die Feder vollständig in der Nut sitzen, also etwa 20 mm lang sein. Bei allen anderen Verbindungen sollte die Feder nur etwa 18 mm lang sein, damit das Holz sich bewegen kann und auch ausreichend Platz für den Leim bleibt.
Anschließend fügen Sie die so entstandenen Flächen zusam-

Einkaufszettel

Pos.	Anz.	Bezeichnung	Maße in mm	Material
1	1	Sockelleiste	1538 x 80	Kiefer-Leimholz 19/20 mm dick
2	2	Sockelleisten	569 x 80	
3	1	Bodenplatte	1500 x 550	
4	2	Kantenleisten	820 x 40	
5	4	Rahmenbretter	820 x 100/80	
6	4	Rahmenbretter	387 x 80	
7	2	Rahmenbretter	671 x 80	
8	2	Rahmenbretter	422 x 70	
9	4	Rahmenbretter	1462 x 80	
10	9	Rahmenbretter	422 x 70	
11	2	Zwischenstege	546 x 90	
12	1	Führungsleiste	546 x 21	
13	8	Führungs-/Trägerl.	525 x 21	
14	1	Einlegeboden	525 x 485	
15	1	Einlegeboden	950 x 525	
16	6	Rahmenbretter	667 x 70	
17	6	Rahmenbretter	362 x 80	
18	3	Frontblenden	457 x 87	
19	6	Seitenteile	509 x 87	
20	3	Rückwände	457 x 73	
21	2	Kantenleisten	697 x 19	
22	1	Abdeckplatte	1540 x 570	
23	4	Rahmenbretter	1070 x 70/50	
24	4	Rahmenbretter	247 x 80	
25	2	Zwischenstege	280 x 247	
26	2	Kantenleisten	1070 x 40	
27	2	Rahmenbretter	1338 x 90	
28	2	Rahmenbretter	422 x 90	
29	2	Zierrippen	150 x 150	
30	2	Rahmenbretter	1462 x 80	
31	7	Rahmenbretter	222 x 70	
32	6	Trägerleisten	325 x 21	
33	5	Zwischenstege	346 x 80	
34	1	Zwischenboden	1462 x 346	
35	2	Rahmenbretter	550 x 70	
36	2	Rahmenbretter	242 x 70	
37	1	Kopfplatte	1500 x 350	
38	6	Rahmenbretter	546 x 70	
39	6	Rahmenbretter	362 x 80	
40	1	Einlegeboden	485 x 325	
41	1	Einlegeboden	950 x 325	
42	1	Kranzleiste	1538 x 50	
43	2	Kranzleisten	369 x 50	
44	1	Kranzleiste	1576 x 25	
45	2	Kranzleisten	388 x 25	
46	6	Frontblenden	218 x 77	
47	12	Seitenteile	309 x 77	
48	6	Rückwände	218 x 93	
49	2	Auszugplatten	697 x 527	Spanplatte, 19 mm*
50	1	Rückwand	1480 x 838	Kiefer-Sperrholz 4 mm dick
51	1	Rückwand	1480 x 568	
52	2	Seitenfüllungen	696 x 387	
53	1	Zwischenwandfüllg.	547 x 422	
54	3	Türfüllungen	543 x 358	
55	3	Schubladenböden	517 x 437	
56	2	Seitenfüllungen	276 x 247	
57	2	Seitenfüllungen	426 x 247	
58	1	Rückwandfüllung	1338 x 278	
59	1	Zwischenwandfüllg.	446 x 242	
60	3	Türfüllungen	422 x 358	
61	6	Schubladenböden	317 x 198	
62	1	Anschlagleiste	667 lang	Kiefer 30 x 10 mm
63	1	Anschlagleiste	546 lang	
64	2	Zierleisten	740 lang	Kiefer-Halbrundstab ∅ 20 mm
65	2	Zierleisten	840 lang	

Anschlagklötzchen für Auszüge und Schubladen; 9 Möbelknöpfe ∅ 40 mm; 4 Möbelknöpfe ∅ 15 mm; 4 Aufschraubkastenschlösser mit Schlüsselschild; je 3 Klavierbänder, 667 mm lang (untere Türen) und 546 mm lang (obere Türen); 4 Feststeller (je zwei für die mittleren Türen); Spanplatten-Schrauben; Nägel; Flachdübel; Holzwachs; Holzleim. Materialkosten etwa 1190 Mark (* weiß beschichtet)

Die Fächer für die kleinen Schubladen entstehen aus den Rahmenteilen (30) und (31), den Stegen (33) und dem Zwischenboden (34)

Die Sockelleisten (1) und (2) werden auf Gehrung verleimt. Darauf nagelt und leimt man die Bodenplatte (3). Hierauf werden mit Flachdübeln ...

... Seiten- und Zwischenwände befestigt, die wiederum die Fächer für die großen Schubladen tragen

men. Dazu zeichnen Sie die Verbindungsstellen an und legen die beiden Teile der Verbindung nebeneinander, wie wir dies in Foto 6 gezeigt haben. Mit der waagerecht geführten Schattenfugenfräse lassen sich nun die Flachdübel-Schlitze in die Kanten der senkrechten Teile schneiden, mit der senkrecht geführten Fräse die Schlitze in der waagerechten Fläche. Die Flachdübel werden nun in beide Teile eingeleimt. Auf diese Weise baut man den Korpus des Unterschrankes auf dem Sockel auf (Foto 9). Ebenso entsteht der Kastenrahmen für die Schubfächer im Oberschrank (Foto 7), der anschließend mit den übrigen Teilen des Oberschranks verleimt wird. Ober- und Unter-

Im Detail die Verbindungen zwischen Schubladen-Trägerrahmen und der linken Seitenwand. Wichtig: Die Ausklinkungen in den Rahmenbrettern (9)

Nut und Feder für die Verbindung der Schubladenteile stellt man mit der Oberfräse her. Der Boden wird in die unten umlaufende Nut eingeschoben

So sitzen die großen Schubalden in ihren Führungen. Die quer verlaufenden Rahmenbretter (10) verhindern ein Hochkippen der offenen Laden

Die Auszugplatten (49) laufen zwischen dem oberen Schubkastenrahmen und der Abdeckplatte (22). Kleine Anschlagklötzchen schützen die Rückwand

Der Oberschrank wird komplett zusammengebaut, auf dem Unterschrank mit Flachdübeln befestigt und dann mit der Rückwand versehen

Alle sichtbaren Schrankoberflächen – auch die lasierten Teile – werden zum Schluß mit flüssigem, farblosem Dekorwachs behandelt

schrank verbindet man zwar auch mit Hilfe von Flachdübeln, dies jedoch ohne Leim, damit man das große Möbelstück bei einem Umzug noch transportieren kann.

Die Rückwände befestigen Sie mit kleinen Schrauben. Ebenfalls verschraubt werden die kleinen Anschlagklötzchen, die die Schubladen beim Einschieben davor bewahren, gegen die Rückwand zu schlagen. Weitere Anschlagklötzchen befinden sich hinten unter den Auszugplatten. Man kann sie allerdings von unten her erst anbringen, nachdem die Platten eingeschoben sind.

Die Schubkästen fertigen Sie aus vier Rahmenteilen an, die mit Nut und Feder verbunden sind. Die Rückwand schließt unten nicht bündig mit den Seitenwänden ab, sondern läßt eine Lücke, durch die der Boden von hinten eingeschoben werden kann.

Der fertige Küchenschrank muß vor Verschmutzungen und Staub geschützt werden. Wir haben zu diesem Zweck farbloses Dekorwachs benutzt. Mit Klarlack erreichen Sie ein ähnliches Ergebnis. □

Dekorative und praktische Details

Mit den beiden Auszugplatten läßt sich die Abstellfläche nahezu auf das Doppelte vergrößern

Die Maserung der Zierrippen (29) muß waagerecht verlaufen, damit sie sich nicht werfen können

Für die Schubladen benötigt man insgesamt neun Möbelknöpfe mit 40 mm ∅, für die Auszugplatten vier Knöpfe mit 15 mm ∅

Praktischer Helfer

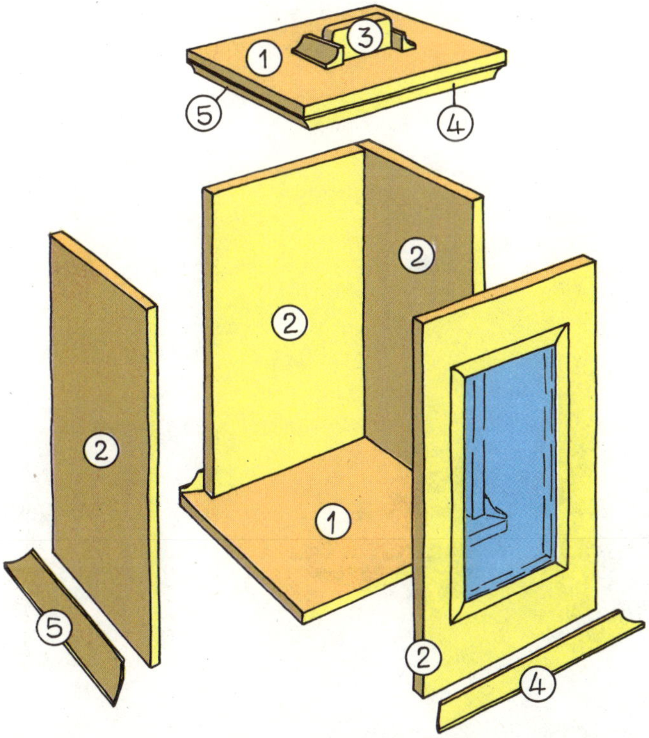

Nicht nur Nudeln, sondern auch andere Sachen, die man benötigt, lassen sich in dem Küchensilo unterbringen

Alle vier Seitenwände, Boden und Deckel entsprechend der Maßangaben zuschneiden und in das Vorderteil mit der Stichsäge den Fensterausschnitt einbringen. Bevor Sie die Teile laut Zeichnung mit Holzleim und Zwingen stumpf verbinden, den Fensterausschnitt vorne mit Halbrundleisten einrahmen. Nachdem Sie das Glas eingelegt haben, innen die Glasleisten befestigen. Boden und Deckel erhalten rundherum auf Gehrung geschnittene Hohlkehlleisten.
Den Deckelgriff anbringen und die Teile, wenn Sie möchten, fein schleifen. Wir haben unser Stück sehr rustikal gelassen und nur einen schützenden, speichelfesten Klarlack aufgetragen. □

Einkaufszettel

Pos.	Anz.	Bezeichnung	Maße in mm	Material
1	2	Boden/Deckel	220 x 180	Kiefer 20 mm dick*
2	4	Seitenwände	280 x 140	
3	1	Griffstück	70 x 40	
4	4	Hohlkehlleisten	220 lang	Kiefer 20 x 20 mm
5	4	Hohlkehlleisten	180 lang	

2 Hohlkehlstücke 20 x 20 mm, 40 lang; Halbrundleiste 20 mm breit, ca. 600 mm lang; Glasleiste 10 x 10 mm, ca. 500 mm lang; 1 Glasscheibe, 3 mm dick, 150 x 70 mm; Holzleim. Materialkosten ca. 10,– Mark.
* aus verleimten Fußbodenbrettern.

Alles Müll oder was?

Keinesfalls! Reststoffe getrennt sammeln heißt die Devise. Und zwar direkt dort, wo am meisten anfällt: in der Küche. Unser mobiler Wertstoff-Container ist nicht nur dabei eine gute Hilfe

Mülltrennung beginnt in der Küche: Ob Gemüseabfälle, Speisereste, Glas, Papier oder Dosen – gut durchdachte Abfall-Trenn-Systeme – meist zum Einbauen – machen das Sortieren leicht. Basis für unsere mobile Sammelstelle ist ein neues System namens ‚Öko-Flex'. Seine Einsätze Uno, Duo, Trio, Quattro oder Pico mit einem Fassungsvermögen von 8 bis 18 Litern lassen sich beliebig miteinander kombinieren. Geschlossen werden sie mit einem Kipp-Deckel, der beim Herausziehen der

Aller guten Dinge sind drei: Ablagepult fürs Kochbuch, Arbeitsfläche zum Vorbereiten und ausziehbarer Müll-Container

Der Korpus

1 *Zunächst werden die Kanten an sämtlichen Platten mit Hilfe der Oberfräse und einem 45°-Fasenfräser (Anlaufzapfen) gebrochen*

2 *Hier das Fräsen der Schlitze für die Flachdübel. Zum Markieren der Positionen legt man die Rückwand auf*

3 *Das Bearbeiten der Kopfplatte: Die Aussparung für das Einlegebrett (Schneidebrett) wird wiederum mit der Oberfräse von ...*

4 *... der Mitte nach außen gefräst. Eine Führungsleiste am Seitenanschlag gewährleistet gerade Außenkanten*

olz: Lüghausen; Beschläge: Robbi; Öko-Flex-System: Hailo; Holz-Öl: Livos. Wir fotografierten im Küchenstudio Korsing, Köln

Millionen Tonnen Müll eingespart

Die Verpackungsverordnung hat die deutsche ‚Müll-Landschaft' bereits nachhaltiger beeinflußt, als lange angenommen wurde. Laut Bundesumweltministerium konnten seit 1991 mehrere Millionen Tonnen an Verpackungsmaterial eingespart werden. 1993 war das erste Jahr, in dem die neue Verordnung für alle Verpackungsbereiche (Transport-, Um- und Verkaufsverpackungen) zum Tragen kam. Die Daten zeigen, daß die verordneten Sammelquoten nicht nur erfüllt, sondern weit übertroffen wurden.

Für Verpackungspapiere, für Glas, Weißblech, Getränke-Kartonverbunde und Kunststoffe liegt die Verwertungsquote durchweg auf hohem Niveau. Zum Vergleich: 1990 lag die Verwertungsquote von Kunststoffen lediglich bei 1%! Insgesamt verarbeitet das Duale System Deutschland zur Zeit einen großen Teil der Verkaufsverpackungen, die ihm zugehen. Auch wenn vor allem wegen der geforderten Entgelte und wegen der Monopolpolitik des Dualen Systems zuweilen Streit entsteht, ist die Verordnung grundsätzlich als Erfolg anzusehen.

Das Bundesumweltministerium hält eine Reihe interessanter Informationen rund um Verpackungen und ihre Entsorgung bereit. Mit dabei: Tips zur Müllvermeidung. Broschüren gibt's kostenlos beim:
Bundesumweltministerium (BMU)
Referat Öffentlichkeitsarbeit
Postfach 12 06 29
53048 Bonn.

5 *Die Montage des Korpus' mit wasserfestem Holzleim. Hier wird die rechte Seitenwand des Müll-Containers eingesetzt*

Der Aufsatz

6 *Für die Eingriffe zunächst mit dem Forstnerbohrer je zwei 25-mm-Löcher bohren, mit der Stichsäge zum Langloch verbinden*

10 *In die feststehende Ablagefläche der Klappe werden Aussparungen (für Stifte, Taschenrechner etc.) bis knapp zum Rand gefräst*

11 *Um saubere Rundungen zu erzielen, empfiehlt es sich, mit dem Hohlkehlfräser und einem Seitenanschlag zu arbeiten*

Die Ferstigstellung

15 *Die Montage der Lenkrollen unter dem Container. Zwei der vier Rollen haben Feststeller, die nach vorne überstehen müssen*

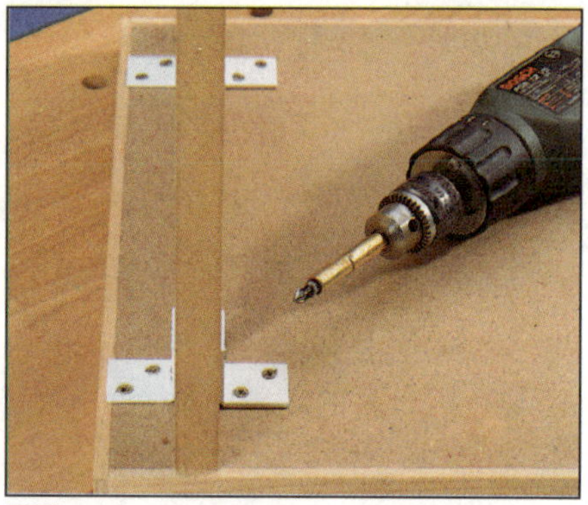

16 *Boden und Schubladenfront verbindet man mit Hilfe von vier Metallwinkeln, die zunächst mit dem Boden verschraubt werden*

18 *Den Öko-Flex-Einsatz mit Deckel gibt es in verschiedenen Versionen – je nach Bedarf mit zwei, drei oder vier getrennten Boxen*

19 *Hier zeigt der Container, was er kann: Der Müll verschwindet ordentlich sortiert in den dafür vorgesehenen Kästen. In der Schreibklappe finden Rezepte ihren Platz*

7 Damit der Boden eingelassen werden kann, fräst man Nuten. Bei den langen Teilen Nut durchfräsen, bei den kurzen nicht (Foto 9)

8 Damit die Schlitze für die Flachdübel den richtigen Abstand zur Kante haben, legt man eine 6-mm-Sperrholzplatte unter

9 Hier der Aufsatz (ohne Schreibklappe) komplett zusammengesteckt vor dem Verleimen. Deutlich sichtbar sind die Nuten von Foto 7

Die Klappe

12 Die Klappe wird separat hergestellt. Damit später die Verkleidung aus V4A-Stahl nicht übersteht, liegt die Platte 0,5 mm ...

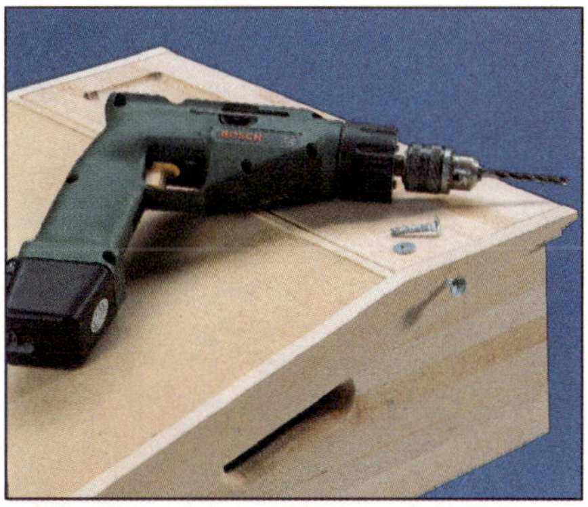

13 ... (Blechdicke) tiefer. Beim Fixieren Unterlegscheiben dazwischenlegen, festspannen, durchbohren und mit Schloßschrauben ...

14 ... befestigen. Hier der Stopp-Mechanismus: Beim Aufklappen hält der Dübel die Klappe leicht nach hinten geneigt

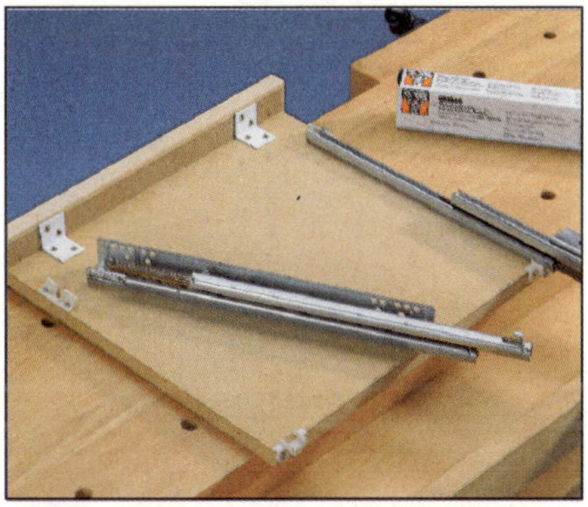

17 Quadro-Kugelauszüge mit Tablar-Montage-Sets (Befestigungsteile zur Aufsteck-Montage) gewährleisten einen leichten Lauf

Bis auf die Metallverkleidungen ist der Korpus fertig. Endbehandelt wird er später mit Holz-Öl. So kommt die schöne Holzstruktur gut zur Geltung

Hier der fertige Korpus mit Aufsatz und Schreibklappe. Jetzt fehlt nur noch die Verkleidung aus V4A-Stahl. Sie wird später einfach mit doppelseitigem Klebeband fixiert

Module im Schrank verbleibt. Das Öko-Flex-System gibt es in Weiß oder mit Edelstahl-Gehäuse und wahlweise schwarzen oder weißen Kunststoffteilen. Zu beziehen ist es ausschließlich im Küchenfachhandel! Eingebaut haben wir dieses gut durchdachte Trennsystem in einen mobilen Küchenwagen, der auch als Arbeits- oder Ablagefläche dienen kann. Er bietet außerdem den großen Vorteil, daß er sich immer genau dahin rollen läßt, wo Abfall anfällt: beispielsweise beim Gemüseputzen zur Spüle. Zudem haben wir dem ‚Müll-Mobil' ein so dekoratives Äußeres gegeben, daß das Zweck- zum Zierstück wird. Der Korpus besteht aus Amerikanischem Ahorn, einem edlen Holz mit wunderschöner Struktur, die durch das Behandeln mit Holz-Öl noch deutlicher hervortritt. Die Fronten sind mit mattiertem V4A-Stahlblech verkleidet und mit formschönen Metallgriffen versehen. Zum Fixieren der Bleche auf den Trägerplatten genügt übrigens doppelseitiges Klebeband. Da sich die Position auf keinen Fall mehr korrigieren

20 *Mit dem Exzenterschleifer erhalten die 0,5 mm dicken V4A-Stahlbleche für die Verkleidungen eine matte Oberfläche*

21 *Anschließend mit Klarlack (Sprühdose) überziehen und nach dem völligen Abtrocknen mit doppelseitigem Klebeband fixieren*

Was gehört auf den Kompost, was nicht?

Was im engeren Sinn zu den kompostierbaren Materialien gehört, dürfte bekannt sein: Gemüsereste von der Speisezubereitung und pflanzliche Gartenabfälle. Fleisch- und Fischreste sollte man nicht auf den offenen Kompost werfen, damit keine Ratten und Mäuse angelockt werden. Im übrigen aber sind Küchenabfälle meist nährstoffreiches und wertvolles Kompostgut. Reste vom Gemüseputzen, Kartoffelschalen, Teerückstände und Kaffeesatz enthalten häufig viel Stickstoff sowie Spurenelemente und Vitamine. Die Schalen von Südfrüchten können eventuell Pflanzenschutzmittel enthalten. Diese Schalen sollten nur in kleinen Mengen auf den Kompost gelangen, Schalen mit Wachsüberzug hingegen gar nicht.

Auch außerhalb der Küche fällt im Haushalt vieles an, was sich zum Kompostieren eignet: Blumensträuße und Topfpflanzenerde, Papiertaschentücher und -servietten, Wollreste oder Haarschnitt. Auch Asche von unbehandeltem Holz ergibt wertvollen Dünger, wogegen Asche von Kohle oder Briketts aufgrund des Schwermetallgehaltes ungeeignet ist.

Leichter, als kompostierbare Materialien aufzuzählen, läßt sich definieren, was nicht hierhin gehört: Alle Produkte, die Kunststoff enthalten (Milchtüten, Joghurtbecher), Zigarettenreste, Abfälle, die Metall enthalten (Dosen, Alufolie), Steine, Glas, aber auch schwer verrottbare organische Materialien wie unzerkleinertes Holz, Leder oder Knochen.

22 *Hier der Aufsatz mit Wandhalterung. Die Öffnungen für die beiden Schraubhaken werden vor dem Verleimen hergestellt*

Nun braucht man nur noch die Griffe anzuschrauben. Um zu verhindern, daß der Bohrer wegläuft, die Edelstahlplatten vorkörnen, mit einem 2- oder 3-mm-Bohrer anbohren, dann mit dem 5-mm-Bohrer nacharbeiten. Damit die Griffe nicht die Bleche eindrücken, sollte auch an diesen Stellen doppelseitiges Klebeband sitzen

EINKAUFSZETTEL

Pos.	Anz.	Bezeichnung	Maße in mm	Material
1	2	Boden-/Kopfplatte	500 x 500	Amerikanisch Ahorn, 26 mm dick
2	2	Seitenwände	788 x 450	Amerikanisch Ahorn, 19 mm dick
3	1	Rückwand	788 x 412	
4	2	Seitenteile	450 x 148	
5	1	Rückwand	412 x 148	
6	1	Frontblende	412 x 78	
7	1	Ablageplatte	462 x 144	
8	2	Seitenteile	495 x 39	Amerikanisch Ahorn, 13 mm dick
9	1	Griffleiste	491 x 49	
10	1	Schreibplatte	465 x 334	MDF 19 mm dick
11	1	Schubladenfront	396 x 307	
12	2	Bodenplatten	396 x 368	
13	1	Schubladenfront	396 x 448	
14	1	Bodenplatte	428 x 418	Buche-Sperrholz 5 mm dick
15	2	Futterleisten	400 lang	Buche 10 x 5 mm
16	1	Kantenleiste	465 lang	Buche 20 x 6 mm
17	2	Kantenleisten	307 lang	
18	2	Kantenleisten	448 lang	
19	4	Kantenleisten	408 lang	
20	1	Fixierleiste	356 lang	Buche 20 x 10 mm
21	2	Fixierleisten	368 lang	
22	1	Schreibplatte	464 x 333	V4A-Stahlblech 0,5 mm dick
23	1	Frontplatte	395 x 306	
24	1	Frontplatte	395 x 447	

1 unterer Behälter-Einsatz (3- oder 4-teilig); 1 oberer Einsatz, 400 x 300 mm; 1 Schneidebrett, 15 mm dick, 400 x 400 mm, Spezialkunststoff; 2 Paar Quadro-Kugelvollauszüge; 2 Möbelgriffe, verchromt; 4 bewegliche Möbelrollen, davon 2 feststellbar, Bauhöhe 70 mm; 6 Stuhlwinkel, 30 x 30 x 30 mm; 2 Schloßschrauben, M5 x 70 mit je 1 Scheibe; 1 Wandplatte, Amerikanisch Ahorn 19 mm dick, 412 x 148 mm; 2 Schraubhaken 6,0 x 100 mm mit 10er Dübeln; Spanplatten-Schrauben; doppelseitiges Klebeband; Flachdübel; Holzdübel ∅ 8 x 40 mm; Holzleim. Materialkosten rund 890 Mark

läßt – das Blech würde sich eher biegen oder knicken, bevor das Klebeband nachgibt –, sollte die Verkleidung vor dem Entfernen des Schutzpapieres probeweise aufgelegt werden. Die Oberflächen von unbehandelten Edelstahlblechen sind äußerst empfänglich für Schmutz, Staub und Fingerabdrücke. Die Bleche werden deshalb vor dem Aufkleben gründlich gesäubert und mit dem Exzenterschleifer (400er Körnung) bearbeitet, bis sich eine gleichmäßig matte Oberfläche zeigt. Den Schleifstaub sollte man mit einem sauberen, flusenfreien Lappen oder einer weichen Bürste entfernen – keinesfalls mit der bloßen Hand (Verletzungsgefahr!). Dann wird die Oberfläche mit Klarlack behandelt. Vor der weiteren Verarbeitung muß der Lack völlig durchgetrocknet sein. Wird nur der Korpus samt Schneidebrett benötigt, läßt sich der Aufsatz mit einer Halterung an die Wand hängen. Dafür werden zwei Schraubhaken durch die Holzblende mit der Wand verdübelt, wobei das lichte Maß zwischen Wandbrett und Hakenköpfen so bemessen sein muß, daß die Aufsatz-Rückwand mit geringstem Spiel eingehängt werden kann. Außerdem soll der eingehängte Aufsatz etwa 10 mm über der Oberkante der Kopfplatte ‚schweben'. So ist gewährleistet, daß sich der Korpus samt Schneidebrett problemlos unter dem hängenden Aufsatz manövrieren läßt. □

Eine praktische Sache: Die beiden Tabletts des Servierwagens lassen sich bei Bedarf einfach abheben

Die zierlichen Tabletts haben die ideale Höhe für ein gemütliches Frühstück im Bett

Zum Abheben

Ein Servierwagen – zwei Tabletts

Das Frühstück im Bett ist für viele ein Inbegriff des Wohlbehagens. Allerdings ist es nicht immer bequem. Es sei denn, man hat eine solch durchdachte Servierhilfe zur Hand

Ein Fall für Zwei: Wer sich für diesen Servierwagen entscheidet, erhält automatisch zwei praktische Tabletts, mit denen das Frühstück im Bett nochmal soviel Spaß macht. Im Gegensatz zu herkömmlichen Servierbrettern lassen diese Leichtgewichte nämlich genügend Beinfreiheit und Platz für die Bettdecke. Zum Servieren und nachher auch beim Abräumen werden die beiden Tabletts einfach aufeinandergestapelt und von vier 16 mm dicken Dübeln zusammengehalten, die in die untere Hälfte des Servierwagens eingelassen sind. Die Seitenkonstruktion der beiden Servierbretter besteht aus 22 mm und

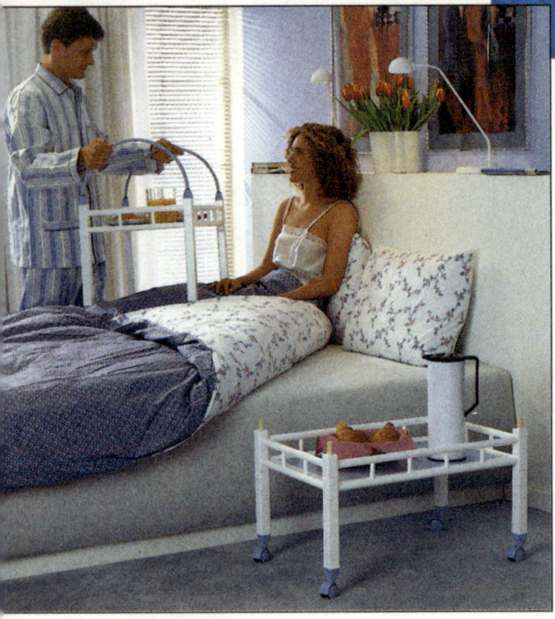

Leichtgewichte: Dank ihrer filigranen Rundholz-Konstruktion wiegen die abnehmbaren Tabletts nicht viel

13 mm dicken Rundhölzern, die miteinander verdübelt sind. Die Seiten werden mit den Tischbeinen wiederum durch 8-mm-Dübel verbunden. Besonders gefällig wirken die Beine, weil sie sich an den Enden verjüngen und von fünf eingefrästen Nuten optisch unterteilt werden. Damit diese präzise gearbeitet werden können, wird vor dem Fräsen jeweils eine Führung eingekerbt. Sind die Dübellöcher gebohrt, werden die vier Tischbeine quergeteilt, und zwar genau in der dritten Nut von unten (Zeichnung S. 307). Dann treibt man die 16-mm-Dübel ein, fügt die Beine wieder zusammen und fixiert sie provisorisch mit Klebeband, während der Wagen verleimt wird. Damit die Tischbeine montiert werden können, müssen zuvor die Ecken der beiden Tablettböden abgesägt werden, und zwar jeweils im 45°-Winkel und einem Abstand von je 15 mm zu den Ecken.

Die zierliche Form des Modells wird durch die elegant geschwungenen Griffe aus 12 mm dickem Kupferrohr unterstrichen. Diese lassen sich leicht über einem halbkreisförmigen Holzbrett oder festem Karton biegen (Tip-Kasten Seite 307). Sind die Rohre erst einmal geformt, in die Aussparungen der Tischbeine eingelassen und verleimt, bekommen die Griffe genügend Stabilität, obwohl Kupferrohr an sich recht

1

An den Tischbeinen die Positionen von Nuten, Dübellöchern und Verjüngungen anzeichnen. Zunächst eine 1 mm tiefe Führung zum Fräsen ...

2

... der Nuten einbringen. Dann eine 2 mm tiefe Rille fräsen. Durch die vorgeschnittene Führung läßt sich dies einfach und korrekt ausführen

3

Eine Leiste dient als Hilfe beim Ablängen der Schrägen an den Beinenden: Schnittwinkel markieren, Tischbein an der Leiste mit Zwingen fixieren

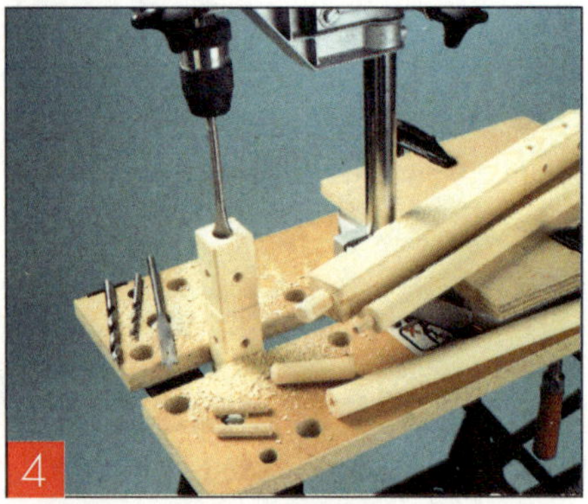

4

Die Tischbeine laut unserer Zeichnung teilen und die Dübellöcher einbringen. Dabei den Bohrständer mit Schraubzwingen an der Werkbank befestigen

5

Zum Bohren der Rundhölzer werden diese in einer selbstgefertigten Lehre eingespannt. Der Abstand zwischen den Sprossen beträgt genau 11 cm

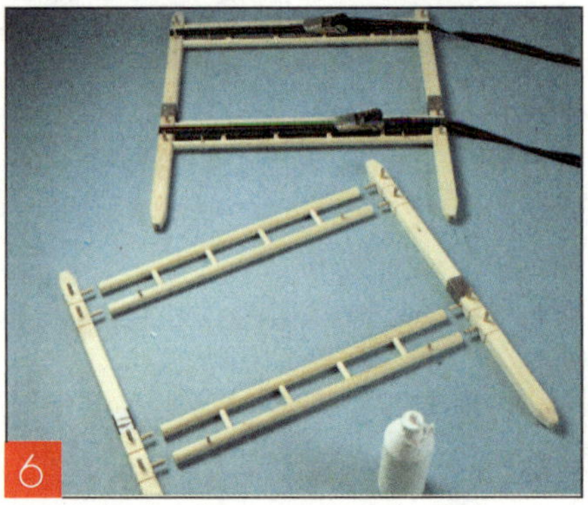

6

Anschließend verleimt man die Teile und fixiert sie während des Trocknens mit Schraubzwingen oder Gurten. Falls nötig, die Dübel anpassen

7

Die Tablettböden werden mit vier Dübeln in den unteren Rundhölzern befestigt. Die Teile verleimen und während des Trocknens einspannen

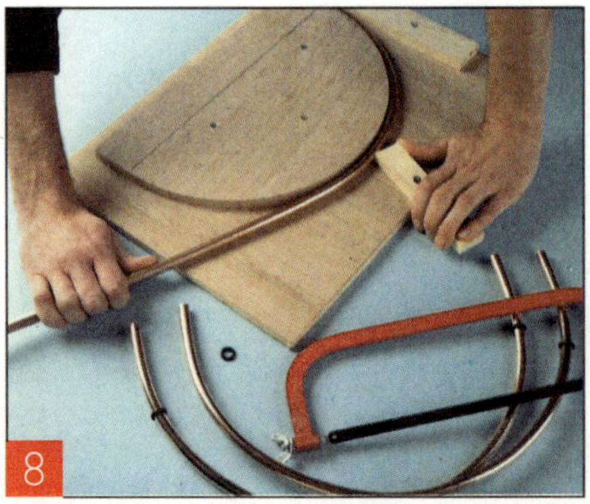

8

Für das Zurechtbiegen der Kupferrohr-Tragegriffe fertigt man eine Schablone aus einem 15 mm ***dicken Brett (siehe auch Tip-Kasten rechts)***

weich ist. Als Abschluß zwischen Rohr und Holz dienen O-Ringe aus Gummi, die eventuelle Unebenheiten geschickt kaschieren.
In unserem Fall wurde der ganze Servierwagen zunächst grundiert und dann weiß gestrichen. Danach haben wir die Quadrate auf den Tabletts, die Tischbein-Enden, Griffe und Möbelrollen in einem hellen Blau lackiert. Natürlich können Sie den Wagen auch in Naturholz belassen. Auch die glänzenden Kupfergriffe brauchen nicht unbedingt gestrichen zu werden. □

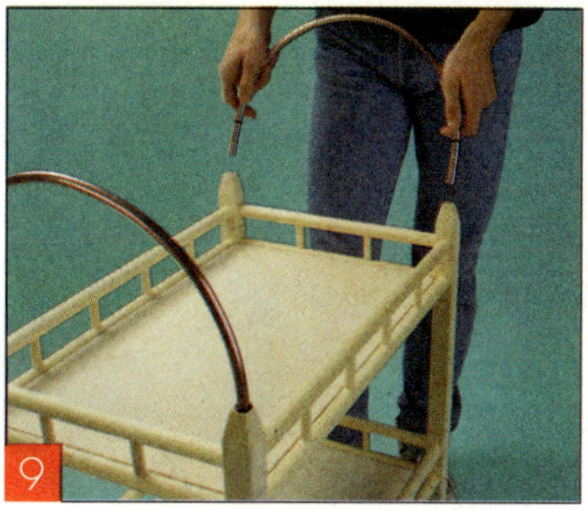

Dann schiebt man O-Ringe auf die vier Griffenden, gibt Leim in die oberen Löcher der Tischbeine und drückt die Griffe in die vorgesehenen Bohrungen

Hier ist der Servierwagen bereits fertig, aber noch unbehandelt. Gebeizt oder farbig bzw. klar lackiert macht er eine noch viel bessere Figur

Einkaufszettel

Pos.	Anz.	Bezeichnung	Maße in mm	Material
1	4	Tischbeine	686 lang	Kiefer 33 x 33 mm
2	2	Tablettböden	613 x 367	Sperrholz 15 mm
3	8	Längsholme	602 lang	Buche ∅ 22 mm
4	8	Querholme	356 lang	
5	24	Sprossen	60 lang	Buche ∅ 13 mm
6	4	Verbinder	65 lang	Buche ∅ 16 mm

2 Kupferrohre, ∅ 12 x 680 mm lang; 4 O-Ringe, Innen-∅ ca. 10 mm; 4 Möbelrollen, ∅ 40 mm; 32 Dübel ∅ 8 x 40 mm; 8 Dübel ∅ 6 x 30 mm; Holzleim.
Materialkosten rund 110 Mark

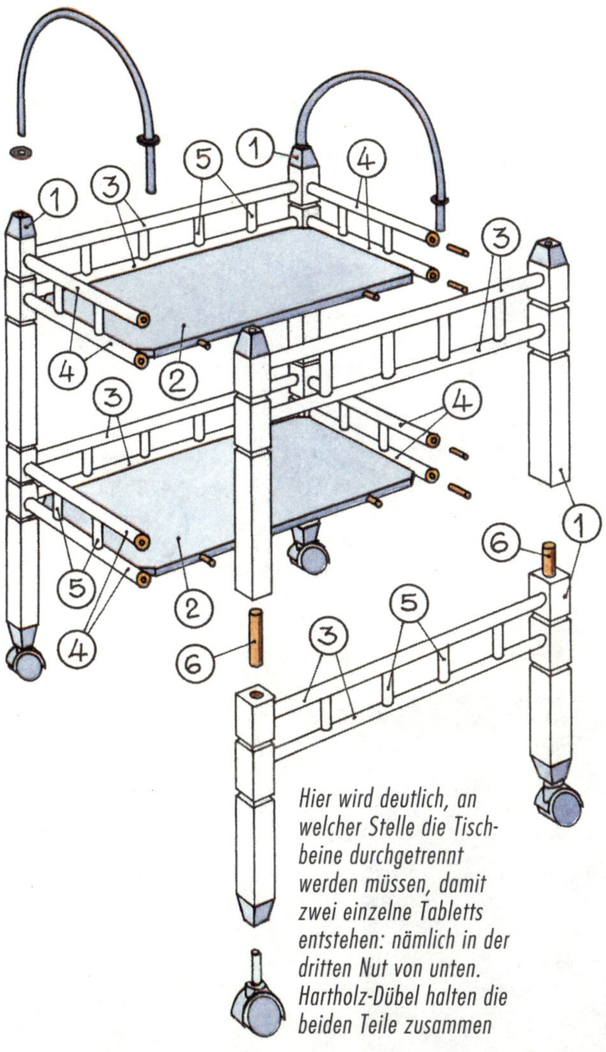

Hier wird deutlich, an welcher Stelle die Tischbeine durchgetrennt werden müssen, damit zwei einzelne Tabletts entstehen: nämlich in der dritten Nut von unten. Hartholz-Dübel halten die beiden Teile zusammen

Frühstück im Bett: Wer möchte sich nicht gern so verwöhnen lassen? Auf den beiden Tabletts ist genügend Platz für eine reichhaltige Auswahl

TIP So stellt man die Schablone für die Tragegriffe her

Damit sich die 12 mm dicken Kupferrohre exakt biegen lassen, fertigt man zunächst eine Schablone. Aus einem 15 mm dicken Holzbrett wird ein Halbkreis mit einem Radius von 188 mm und einer mindestens 40 mm langen Geraden ausgeschnitten. Dann schraubt man das Stück auf ein größeres Brett. Zum Befestigen des Rohrendes wird eine Leiste angebracht. Deren Abstand zum Halbkreis beträgt 12 mm. Diese lediglich mit einer Schraube befestigen, damit sich die Leiste herumdrehen läßt, wenn die verschiedenen Rohrabschnitte, die einzelnen Tragegriffe also, fertig gebogen sind. TIP

W

Mobiler Ausschank

underBar

5 kleine Halogen-Spots sind in das Oberteil eingesetzt und beleuchten den Arbeitsplatz des Bartenders

Eine Bar dient vor allem zum Ausschank von belebenden Getränken. Unsere bietet mehr: Sie ruht auf Rollen und läßt sich leicht verschieben. Zum Transport kann man sie außerdem in drei Teile zerlegen

Diese schöne und praktische Bar kostet im Selbstbau weniger als 1000 Mark

So eine zünftige Hausbar hat gute Chancen, zum Mittelpunkt fröhlicher Feste und ausgelassener Parties zu werden. Voraussetzung dafür ist, daß sie nicht nur gut aussieht, sondern auch alle praktischen Funktionen bietet. Unsere Konstruktion kommt daher nicht nur mit Platz für Flaschen und Gläser, einer Spüle und einem Kühlschrank daher – sie bietet darüber hinaus noch zwei sehr ungewöhnliche Vorteile: Da wir sie auf vier Möbelrollen mit Feststellbremse gestellt haben, wurde sie zu einem mobilen Einrichtungsteil, das schnell überall hinrollt, wo es dann fest und sicher stehen kann. Vorgesorgt haben wir auch für den Fall, daß die Bar mal das Haus verlassen soll, um bei Freunden eingesetzt zu werden oder weil Sie umziehen: Nur wenige Schraubverbindungen müssen gelöst werden, um die Bar in einzelne Teile zu zerlegen, die sich auch in kleineren Fahrzeugen gut transportieren lassen.

Das wichtigste Ausgangs-Material sind die zwei großen Buchen-Tischlerplatten (2,54 x 1,81 m), aus denen wir alle planen Elemente und Bretter ausgeschnitten haben, sowie die 16 Achtkantstollen für die Pfosten. Als Kühlschrank haben wir uns für ein geräuschloses Absorbermodell entschieden, das auch über ein Frosterfach – zum Beispiel für Eiswürfel – verfügt.

Zunächst werden die drei Thekenflächen aus den Tischlerplatten auf Gehrung ausgesägt. Verwenden Sie die Kreissäge und schneiden Sie exakt gerade

Alle Kurvenschnitte führt man mit der Stichsäge aus. Schneiden Sie die Schnittlinien tief vor und sägen Sie so, daß die Sichtseite unten liegt

Die auf Gehrung geschnittenen Thekenplatten werden durch Flachdübel verbunden. Die Schlitze entstehen mit Hilfe der Schattenfugenfräse

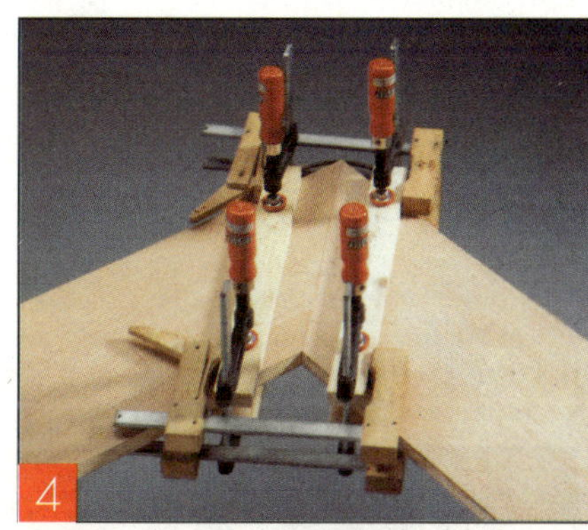

Je zwei Leisten werden mit Zwingen auf die Platten gepreßt. Vier weitere Zwingen sorgen beim Verleimen für den notwendigen Anpreßdruck

Die Schablone als Führung für die Oberfräse erleichtert das Einbringen der Hohlkehlen in die Stollen ***(s. Tip „Frässchablonen", Seite 310***

Korpuswände und Stollen werden verdübelt. Für die Löcher in den Platten sollten Sie die Dübellehre, für die Gegenlöcher Dübelspitzen verwenden

Holz: 1001 Lugnausen, 53721 Siegburg; Kühlschrank: Electrolux

Für den Erfolg der Arbeit sind Präzision und Sorgfalt wichtig: Beim Sägen müssen Sie die Schnittlinien mit einem Cutter vorritzen, um zu vermeiden, daß Holzfasern ausreißen. Beim Bohren der Löcher für die Halogenspots sollten Sie mit der Lochsäge erst von einer Seite bis etwa zur Hälfte bohren, so daß die Bohrspitze durchdringt (das

Umleimer aus Buche für die Platten-Kanten

Loch markiert das Zentrum). Dann von der anderen Seite bohren. Alle Kanten müssen sauber geschliffen und gegebenenfalls mit Umleimern (Buche natur – kein Kunststoff!) verkleidet werden. Vergessen Sie dabei nicht die Aufbewahrungs-Schlitze für die Gläser – hier hilft ein flaches Bügeleisen. Vor dem Einbau von Spüle und Spots sollte die Bar zweimal lackiert und zwischengeschliffen werden – Einlaßgrundierung vorher nicht vergessen! □

TIP Frässchablone im Selbstbau: Gewußt wie!

Für die Bar benötigen Sie immerhin 16 verschieden lange Achteck-Stollen, die dekorativ mit Hohlkehlen versehen werden sollen.

Dafür lohnt sich schon der schnelle Bau einer solchen Schablone, die der Oberfräse eine sichere Führung gibt und dafür sorgt, daß die vielen Hohlkehlen immer genau gleich ausfallen. Wenn Sie einen verschiebbaren Anschlag mit einbauen, ist auch die Arbeit mit den unterschiedlichen Längen kein Problem mehr. **TIP**

7

Hohlkehlen dürfen sich nur an den sichtbaren Flächen der Pfosten befinden: Sie würden nur stören, wo Dübel für feste Verbindungen sorgen sollen

8

Mit einem 20-mm-Forstner-Bohrer werden Löcher in die Kopfplatten eingebracht. Mit der Stichsäge führen Sie von dort gerade Schnitte bis zum Rand

9

Die für die Ausstattung mit Halogenspots vorbereiteten Kopfplatten werden durch 1 cm vom Rand befestigte Distanzleisten miteinander verbunden

10

So sieht das fertig montierte Unterteil unserer Bar aus. Die Mittelwand muß keine große Last tragen; sie wird nur von vorn und unten angeschraubt

11

Die Verbindung von Mittel- und Unterteil durch Schrauben: Auf das Unterteil werden die Trägerplatten, auf diese dann das Mittelteil geschraubt

12

Zu einer Bar gehört natürlich auch eine Spüle für die gebrauchten Gläser. Die nötige Aussparung dafür schneiden Sie am besten mit der Stichsäge

13

Das Becken sollten Sie zwar vor dem Zusammenbau von Unter- und Mittelteil genau anpassen, den Einbau aber erst nach dem Lackieren vornehmen

14

Das Oberteil wird mit Schrauben und Leim (Überschuß sofort entfernen!) zusammengebaut. Je 4 Schrauben geben den tragenden Stollen Halt

15 Bevor das komplette Oberteil auf die Bar montiert wird, müssen Sie die elektrischen Leitungen für die Halogen-Spots fertig verlegen und befestigen

16 Wenn alle drei Elemente, also Unter-, Mittel- und Oberteil zuverlässig miteinander verschraubt sind, können Sie mit dem Lackieren beginnen

17 Die Frontseite der Bar braucht nicht vollständig lackiert zu werden, da hier die (vorher schwarz gestrichenen) Halbrundhölzer befestigt werden

18 Die Halbrundleisten befestigt man mit jeweils zwei Drahtstiften. Deren Köpfe werden zum Schluß mit einem Tupfer Lack retuschiert

19 Unter dem Becken stationiert man einen ausreichend großen Eimer für das Spülwasser, damit keine Überschwemmung die Party verderben kann

20 Zu guter Letzt wird schließlich noch der Absorber-Kühlschrank eingesetzt – schließlich soll die Bar auch kalte Getränke und Eiswürfel liefern können

Einkaufszettel

Pos.	Anz.	Bezeichnung	Maße in mm	Material
1	4	Eckpfosten	728 lang	Achtkant-Rohlinge 76 x 76 mm
2	4	Eckpfosten	750 lang	
3	4	Eckpfosten	212 lang	
4	4	Eckpfosten	150 lang	
5	1	Bodenplatte	1500 x 695	Buche-Tischlerplatte 19 mm dick
6	1	Zwischenwand	747 x 450	
7	1	Arbeitsplatte	1500 x 695	
8	1	Thekenplatte	1500 x 355	
9	2	Thekenplatten	590 x 250	
10	2	Kopfplatten	1500 x 250	
11	4	Kopfplatten	590 x 250	
12	2	Distanzbretter	240 x 90	
13	2	Distanzleisten	480 x 30	
14	1	Distanzleiste	1480 x 30	
15	2	Kopfplatten	590 x 120	
16	1	Kopfplatte	1500 x 225	
17	3	Trägerplatten	1480 x 195	
18	6	Trägerplatten	480 x 110	
19	1	Frontwand	1260 x 728	
20	2	Seitenwände	728 x 370	
21	1	Thekenwand	1260 x 212	
22	2	Seitenwände	370 x 212	
23	1	Kopfplatte	1480 x 215	
24	2	Kopfplatten	480 x 110	
25	44	Zierleisten	728 lang	Halbrundleisten ∅ 30 mm

4 Möbelrollen, Bauhöhe 95 mm; 1 kpl. Halogen-Beleuchtungssatz; Flachdübel; Holzdübel ∅ 8 x 40 mm; Buche-Umleimer; Holzleim.
Materialkosten rund 950 Mark

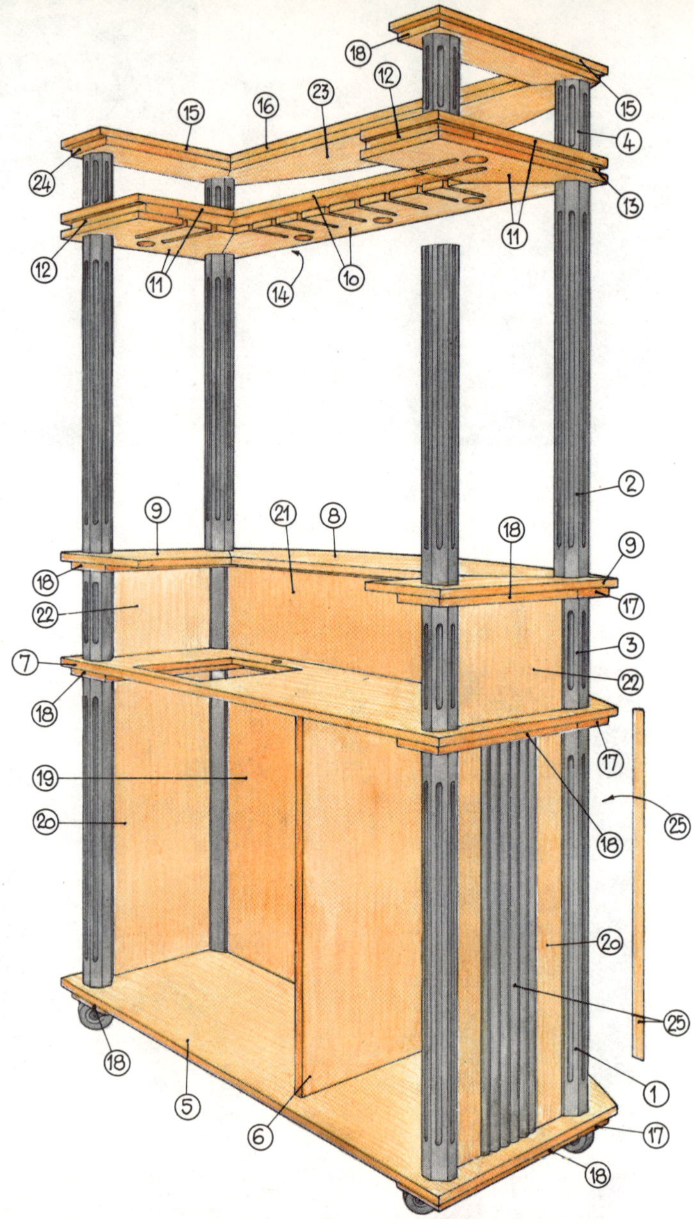

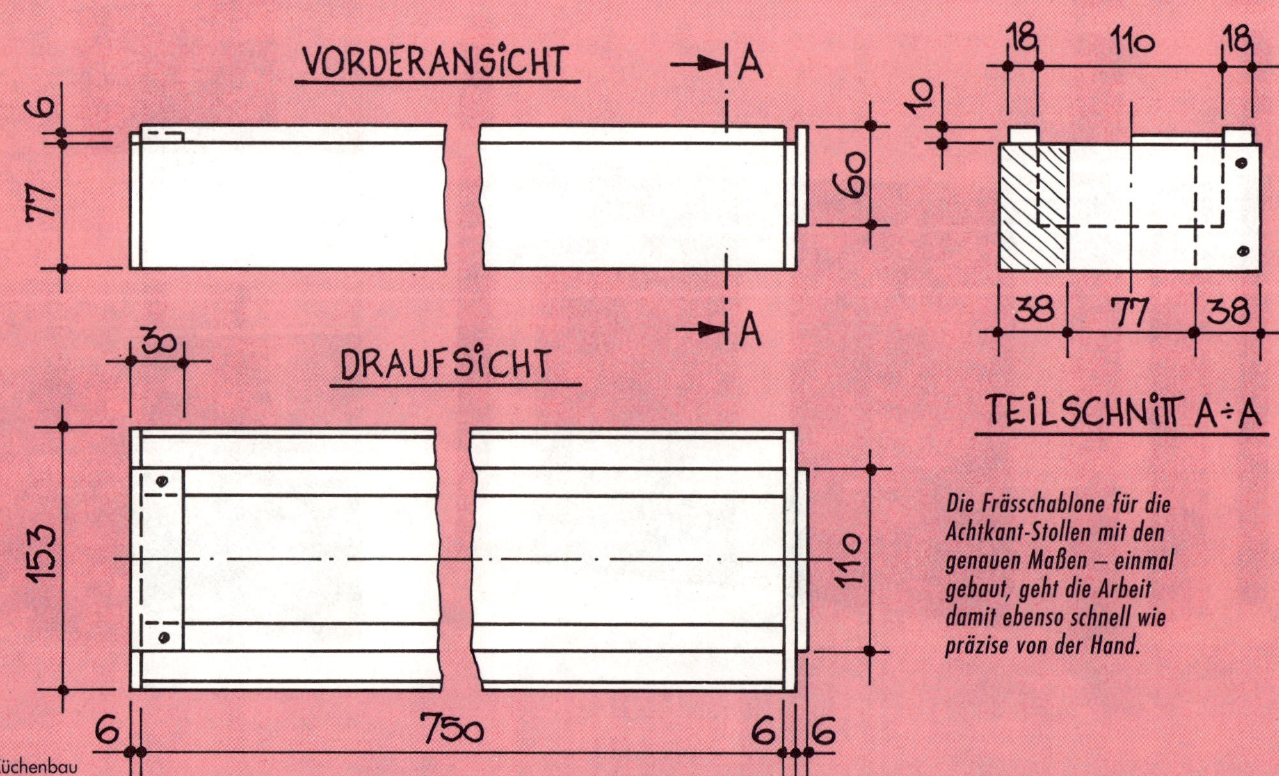

Die Frässchablone für die Achtkant-Stollen mit den genauen Maßen – einmal gebaut, geht die Arbeit damit ebenso schnell wie präzise von der Hand.

Guter Geist

Rechtzeitig im Frühjahr müssen die Birnen in die Flaschen gesteckt werden – solange sie noch durch den Hals passen. Am besten steckt man das Obst mit dem Fruchtholz hinein

Ein Genuß ganz besonderer Art sind Birnen in Branntwein. Vor allem dann, wenn diese Köstlichkeiten aus dem eigenen Garten kommen. Allerdings muß dann ein Birnbaum der Sorte 'Williams Christ' dort stehen

Andere Sorten sind ungeeignet, denn deren Früchte werden in der Flasche meist braun und unansehnlich. Wichtig ist, daß Sie die Flaschen zur richtigen Zeit in die Baumkrone hängen. Kurz nach der Befruchtung der Blüten lassen sich die Birnchen leicht in die Flasche stecken. Befestigen Sie diese dann mit Draht an den Zweigen, ohne die Früchte zu verletzen. Die Flaschen dürfen sich nicht aus der Halterung lösen, und vor allem darf kein Regenwasser eindringen. Im Spätsommer ist dann Erntezeit. Die Flaschen werden ausgespült und am besten mit Birnengeist aufgefüllt. Schon nach kurzer Reifezeit entfaltet sich das köstliche Aroma. □

Befestigen Sie die Flaschen gut, damit sich die Früchte während des Sommers ungehindert entwickeln können. Die Öffnungen sollten nach unten zeigen, damit auf keinen Fall Regenwasser eindringen kann

Die Aromastoffe der Birne lösen sich langsam im Branntwein und erzeugen einen besonderen Geschmack

Die reifen Williams Christ-Birnen (andere Sorten sind ungeeignet) werden mit Birnenbranntwein aufgegossen

Beweglich: Die Küche auf Rädern

Allzeit bereit ist das Küchen-Mobil auf seinen Möbelrollen: Kochen Sie, wo es Ihnen Spaß macht

Unser fahrbarer Küchen-Helfer nimmt zusammengeklappt nur wenig Platz ein. Aber unter seiner großen Deckelklappe steckt ein ausgewachsener Werkzeugkasten für Küchenmeister, in dem Löffel, Messer. Nudelholz, Folien oder Küchenrolle griffbereit verstaut sind. Die 20 mm starke, robuste Arbeitsplatte aus Marmor eignet sich besonders gut als Unterlage zur Zubereitung von Gebäck und Kuchen. Als Hackklotz sollte man die Platte allerdings nicht einsetzen. Leider ist die edle Oberfläche nicht unempfindlich: Alkohol, Essig und Zitronensaft hinterlassen häßliche Flecken. Mit einer Feinpolitur kann man sie etwas widerstandsfähiger machen. Sie können auch statt der von uns gewählten sehr hellen Qualität eine dunklere Sorte nehmen oder aber Granit einsetzen.

An den vier Stollen aus Buche-Leimholz sind die Zargen und Querbretter mit Holzdübeln befestigt. Die Bohrungen muß man mit Dübellehre und Tiefenanschlag einbringen. Die Alu-Reling an der Bodenplatte zwischen den Stollen muß schon bei der Montage des Korpus eingebaut werden. Lassen Sie den Stäben 1 bis 2 mm Spiel. Für das reibungslose Funktionieren von Auszugplatten und Schublade ist die präzise

1 Die Stollen sind durch Querbretter und Längszargen verbunden. Die Dübellöcher exakt und nicht zu tief bohren

2 Die Alu-Stäbe sitzen mit 1-2 mm Spiel in den Sacklöchern. Nach der Korpus-Montage sind sie nicht mehr zu entfernen

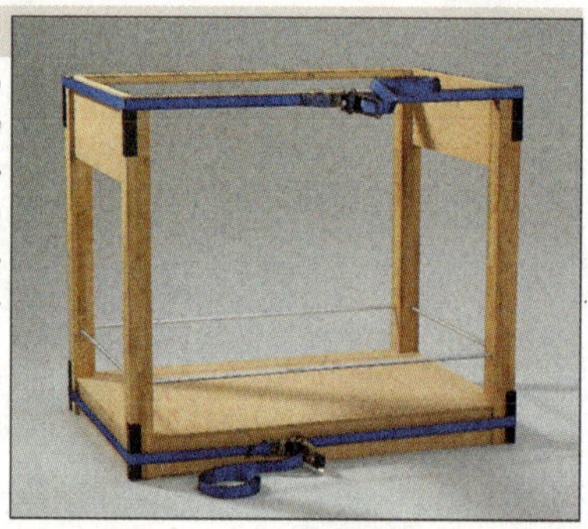

3 Um lange Zwingen zu sparen, empfiehlt sich beim Verleimen der Einsatz von Spanngurten

4 Damit die Abstände zwischen den Laufleisten genau gleich ausfallen, legt man beim Verschrauben Leisten ein

5 Die Trägerplatten mitsamt den darauf befestigten jeweils drei Laufleisten zwischen die Stollen leimen und fest verschrauben

Kontakte: Möbelrollen: Wagner; Klappenstützen: Robbi

6

Um Platz für die Montageplatten der Möbelrollen zu schaffen, werden die Stollen aufgedoppelt

7

Die Rahmenbretter des aufklappbaren Kastens mit der Handkreissäge auf Gehrung schneiden ...

8

... und mit Spanngurten verleimen. Kunststoff-Profile vermeiden dabei Schäden an den Ecken

9

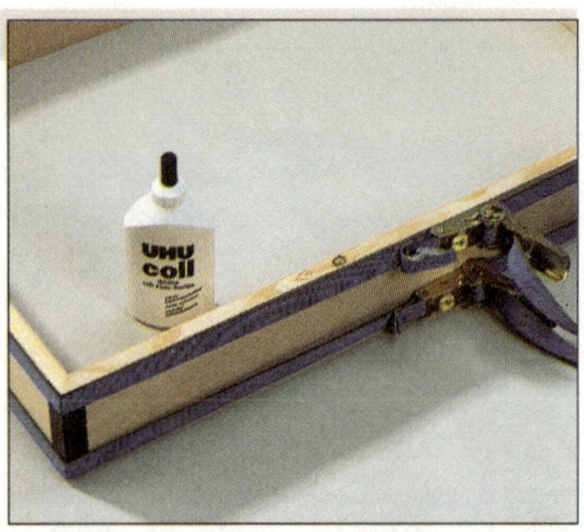

Für eine gleichmäßige Druckverteilung benötigt man am Rahmen zwei Gurte

10

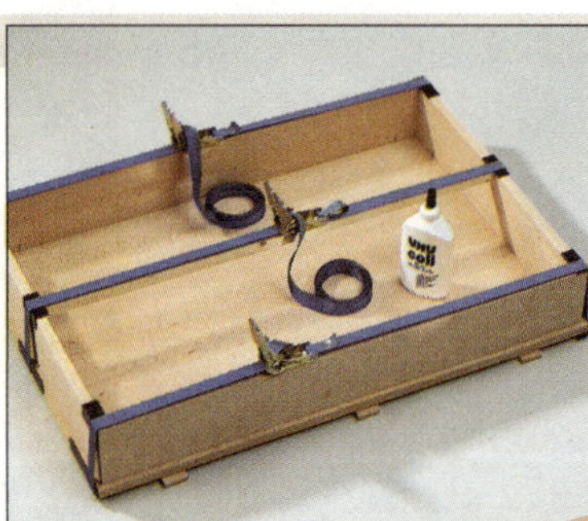

Drei Gurte pressen dann das Abdeckbrett auf diesen Rahmen. Die dazwischengeschobenen Leisten erhöhen den Druck

Im aufklappbaren Deckelkasten unseres Küchenblocks lassen sich viele Hilfsmittel griffbereit verstauen: Folien und Küchenrollen passen auf drei Stäbe, zwei Magnetleisten halten Messer, ein Holzkasten nimmt z. B. Löffel auf, und selbst ein Nudelholz findet noch seinen Platz

EINKAUFSZETTEL

Pos.	Anz.	Bezeichnung	Maße in mm	Material
①	4	Stollen*	792 x 57	Buche-Leimholz 19 mm dick
②	2	Laufleisten	571 x 50	
③	2	Laufleisten	571 x 30	
④	2	Laufleisten	571 x 20	
⑤	2	Führungsleisten	570 x 19	
⑥	2	Konsolen	120 x 80	
⑦	2	Kippleisten	476 lang	Kiefer 38 x 19 mm
⑧	2	Längszargen	766 x 80	Tischlerplatte 19 mm dick
⑨	2	Querzargen	476 x 80	
⑩	2	Querbretter	476 x 184	
⑪	2	Trägerplatten	571 x 165	
⑫	2	Längszargen	766 x 57	
⑬	1	Ablagebrett	900 x 100	
⑭	2	Rahmenbretter	880 x 120	
⑮	2	Rahmenbretter	590 x 120	
⑯	1	Abdeckbrett	900 x 600	
⑰	2	Trägerplatten	280 x 115	
⑱	1	Kastenwand	170 x 140	
⑲	1	Kastenwand	170 x 80	
⑳	1	Frontblende	760 x 120	
㉑	2	Seitenteile	570 x 120	
㉒	1	Rückwand	648 x 105	
㉓	2	Frontblenden	760 x 40	
㉔	2	Auszugplatten	724 x 570	weiß beschichtete Spanplatte 19 mm
㉕	1	Bodenplatte	870 x 580	Buche-Sperrholz 8 mm dick
㉖	1	Schubladenboden	666 x 579	Buche-Sperrholz 5 mm dick
㉗	1	Rundholz	680 lang	Buche ∅40 mm
㉘	3	Rundhölzer	430 lang	Buche ∅15 mm

* = bestehen aus je drei Lagen Buche-Leimholz

1 Marmorplatte, 20 mm dick, 900 x 500 mm; 4 Möbelrollen ∅75 mm mit Feststeller und Platte, Bauhöhe 103 mm; je 2 Alu-Stäbe ∅10 mm, 786 und 496 mm lang; 6 Muschelgriffe; 1 Klavierband, 32 mm geöffnet, 880 mm lang; 2 Klappenstützen 250 mm lang; 2 Magnetleisten 380 mm lang; Buche-Umleimer; je 4 Aufdopplungen 56 x 28 x 80 und 28 x 28 x 80 mm (für Rollen-Platten); Spanplatten-Schrauben; Holz-dübel; Holzleim.

Materialkosten rund 540 Mark.

Warum zwei identische Auszugplatten? Hier spielt vor allem die Hygiene eine Rolle: Da die beschichteten Platten niemals klinisch rein werden (schon gar nicht mit Schnittspuren), sollte man eine davon für Fleisch, Fisch und Käse, die andere für Obst und Gemüse reservieren. Wer dies für übertrieben hält, läßt eine Platte einfach fort oder baut die Schublade entsprechend höher.

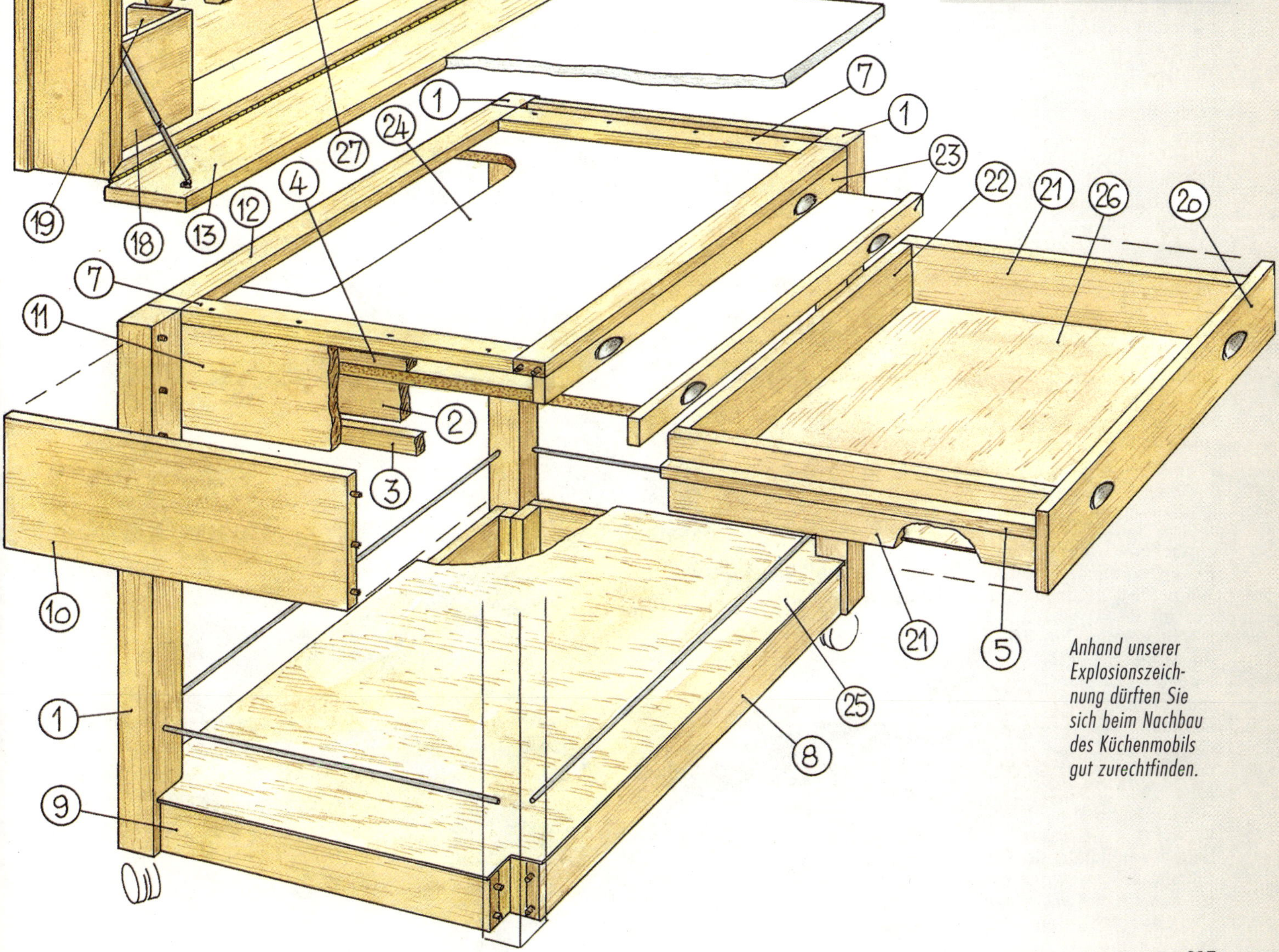

Anhand unserer Explosionszeichnung dürften Sie sich beim Nachbau des Küchenmobils gut zurechtfinden.

Montage der Laufleisten unabdingbar. Ein passend zurechtgeschnittenes Restholz, das man beim Verschrauben mit den Trägerplatten zwischen die Laufleisten legt, erleichtert diese Aufgabe.
Beim Verleimen des Abdeckbrettes (16) mit dem Rahmen des Deckelkastens erhöhen kleine Leisten zwischen den Spanngurten und dem Abdeckbrett den Druck. Passend zugeschnittene Kunststoffprofile, die man für ein paar Mark im Baumarkt erhält, schützen die empfindlichen Ecken vor Beschädigungen.
Der Deckelkasten wird mit Hilfe des Klavierbandes an seiner Rückseite auf- bzw. zugeklappt. In geschlossenem Zustand ruht er auf Brett (13) und der Arbeitsplatte. Die Arbeitsplatte ist 20 mm, Brett (13) hingegen nur 19 mm dick. Marmorplatte und Ablagebrett müssen sich aber auf gleicher Höhe befinden. Sonst liegt der Kasten schief auf, was häßlich aussieht. Vor allem aber könnte der schwere Deckelkasten so das Klavierband allmählich heraushebeln. Die hintere Längszarge (12) muß daher – zum Beispiel mit Furnierstreifen – um 1 mm aufgedoppelt werden.
Die Marmor-Arbeitsplatte haben wir uns bei einem Baustoffhändler zuschneiden und an drei Kanten schleifen lassen. Die vierte Kante liegt am Ablagebrett (13) an; sie braucht also keinen Schliff.
Wegen des hohen Gewichts ist die Platte leicht zu befestigen: Sie wird mit doppelseitigem Klebeband auf der Unterlage befestigt. Die Magnetleisten, die wir im Fachhandel fanden, kürzt man mit einer einfachen Eisensäge auf das erforderliche Maß.
Wenn Sie das Küchenmobil frei im Raum plazieren möchten, empfiehlt sich die Montage einer zusätzlichen Blende, die auf seiner Rückseite den Blick ins Innere verwehrt. Zur dauerhaften Veredelung der Oberflächen aus Buchenholz eignet sich am besten ein zweifacher Holzöl-Auftrag. □

11

Der Korpus samt Schublade ist fertig. Es fehlen noch die Auszugplatten, die Marmorplatte und der Deckel

12

Die Auszugplatten aus beschichteter Spanplatte erhalten im hinteren Viertel eine Aussparung

13

Die Marmor-Deckplatte kann man kurzerhand mit Teppichklebeband auf dem Korpus fixieren

14

Zwei Klappenstützen sorgen dafür, daß der Deckelkasten sanft schließt und leicht zu öffnen ist

Mit dem rollenden Küchen-Mobil haben Sie alle wichtigen Koch-Utensilien im Kasten

Viel Platz zur Zubereitung schmackhafter Speisen, für Kochlöffel, Messer, Flaschen, Töpfe, Pfannen, Alufolie, Küchenrolle ...

Kapitel 6

Kochen und essen im Freien

Küche und Eßzimmer sind eingerichtet – da bleibt für den Heimwerker und Hobbykoch nichts mehr zu tun. Wirklich? Kaum winken die ersten Sonnenstrahlen, zieht es uns auf Balkon und Terrasse – und auch da wird gekocht und gegessen

INHALT

Duo-Grill für die Gartenparty

Mauer-Werk

Das Grillfest beginnt: Doch dort, wo eben noch drei Würstchen und zwei Koteletts einträchtig auf dem Grillrost vor sich hinbrutzelten, herrscht gähnende Leere: Fünf Gäste lassen es sich schmecken – dem Rest bleibt nur der Duft in der Nase und das Knurren im Magen. Denn bis bei 30 Gästen auch die letzten etwas Knuspriges vom kleinen Grill auf dem Teller haben, das dauert, und – was noch schlimmer ist – das schlägt auf die Stimmung.

Wir stellen Ihnen deshalb einen Duo-Grill für den Garten vor, dessen Größe jedem Ansturm hungriger Gäste gewachsen sein dürfte und dem auch Sturm und Regen nichts anhaben können. Höhe und Breite des Mauerwerks passen Sie Ihren individuellen Wünschen an, so daß Sie zum einen zwei Grillroste nach Wahl einsetzen können, und damit es sich zum anderen in bequemer Haltung ‚arbeiten'

1 Für den großen Gartengrill braucht man einen tragfähigen Untergrund. Deshalb wird die Erde für das Beton-Fundament 30 cm tief ausgeschachtet

2 Anschließend füllt man als Drainage eine rund 10 cm dicke Schicht aus Lavagries oder grobkörniger Asche ein und verfestigt den Füllstoff mit ... ▶

3 ... einem Stampfer. Wenn Sie keinen besitzen, können Sie sich mit einem Balken behelfen. Ist das Holz nicht gehobelt, unbedingt Handschuhe tragen

4 Damit der frisch eingegossene Beton nicht versickern kann, deckt man die Drainage mit einer PE-Folie ab. Dafür lassen sich auch Reststücke verwenden

5 Die etwa 20 cm hohen Schalbretter stumpf aneinandernageln und mit Pflöcken fixieren, damit sie sich später nicht durch den eingefüllten ...

6 . . . Beton nach außen biegen können. Das insgesamt rund 15 cm dicke Fundament sollte man nicht auf einmal, sondern zunächst nur halbhoch gießen

7 Der Praxis im Baugewerbe gemäß sollten Sie eine Stahlmatte auflegen, auch wenn es hier wegen der geringen Lasten nicht unbedingt erforderlich ist

8 Nachdem die zweite Betonschicht aufgefüllt ist, zieht man die Fläche glatt ab. Darauf achten, daß die Oberfläche genau in der Waage ist

9 Wenn das Fundament abgebunden hat, beginnt die Vorbereitung fürs Mauern. Der Ungeübte sollte sich eine Richt-Schnur ziehen, an der sich ...

10 ... die äußere Fläche jedes Steins leicht ausrichten läßt. Die Fugen nicht zu stark ausfüllen, denn das wird in einem späteren Arbeitsgang gemacht

11 Auf die erste Steinreihe legt man (ohne Mörtel) einen Streifen Dachpappe auf, um nach oben ziehende Feuchtigkeit abzusperren

läßt. Unten in den beiden Stauräumen ist nicht nur Platz für Holzkohle oder eine Gasflasche: Man kann dort z.B. auch Abfalleimer und Flaschenkästen lagern.

Das Mauer-Werk ist genau das richtige für Einsteiger, die sich mit der Handhabung von Zement und Steinen vertraut machen wollen. Wenn man den Grill – wie in unserem Fall – auf die grüne Wiese setzen will, muß man zunächst einmal für ein Fundament sorgen. Sowohl für den ca. 20 cm dicken Betonsockel als auch zum Aufmauern und Verfugen gibt es Gebinde mit Fertigmischungen, die man nur mit Wasser anrühren muß. Der Estrich sollte nicht zu feucht sein. An warmen Tagen aber sollten Sie ihn nach dem Glätten abdecken, damit er innerhalb drei Tagen gleichmäßig abbindet.

Handgeformte Verblender mit aufgerauhter Struktur wirken als Sichtmauerwerk besonders gefällig. Hierbei ist saubere Arbeit oberstes Gebot. Man muß nämlich nicht nur auf Lot, Winkel und Flucht achten, sondern auch darauf, daß kein Mörtel an die rauhen Sichtflächen gelangt. Sonst sofort mit Wasser und Scheuerbürste entfernen.

Die 125 cm langen T-Träger für die Grills bieten Platz genug für zwei heiße Eisen-Wannen und damit für viele knusprige Köstlichkeiten. □

15 Die Grilleinsätze kommen auf zwei T-Träger, die an den Seiten auf Holzlatten liegen und mittig in Mörtel eingebettet sind. Daneben ist die mittlere Stütze für ...

17 Mit einem Fugeisen in passender Größe die ca. 1 cm breiten Fugen auffüllen. Der Mörtel darf nicht flüssig, sondern muß körnig und locker sein

12 Die Wände so mauern, daß sich die Arbeitsplatte etwa in ein Meter Höhe einsetzen läßt. Dann kann man beim Grillen bequem stehen

13 Es werden nicht nur gelochte Ziegel vermauert. In den stufenförmigen, oberen Reihen ...

14 ... müssen ▶ geschlossene Steine aufgesetzt werden, weil die Deckfläche später sichtbar bleibt

16 ... die lose aufgelegte Steinplatte aus Basalt-Lava. Zu den Grills ca. 5 cm Abstand halten (Luftzirkulation !)

Der fertige Grill läßt tief blicken: Alle Wände sind hier als Sichtmauerwerk ohne eine weitere Behandlung zu sehen. Darüberhinaus haben wir die Innenflächen zweifach mit Fassadenfarbe gestrichen und den Boden gefliest

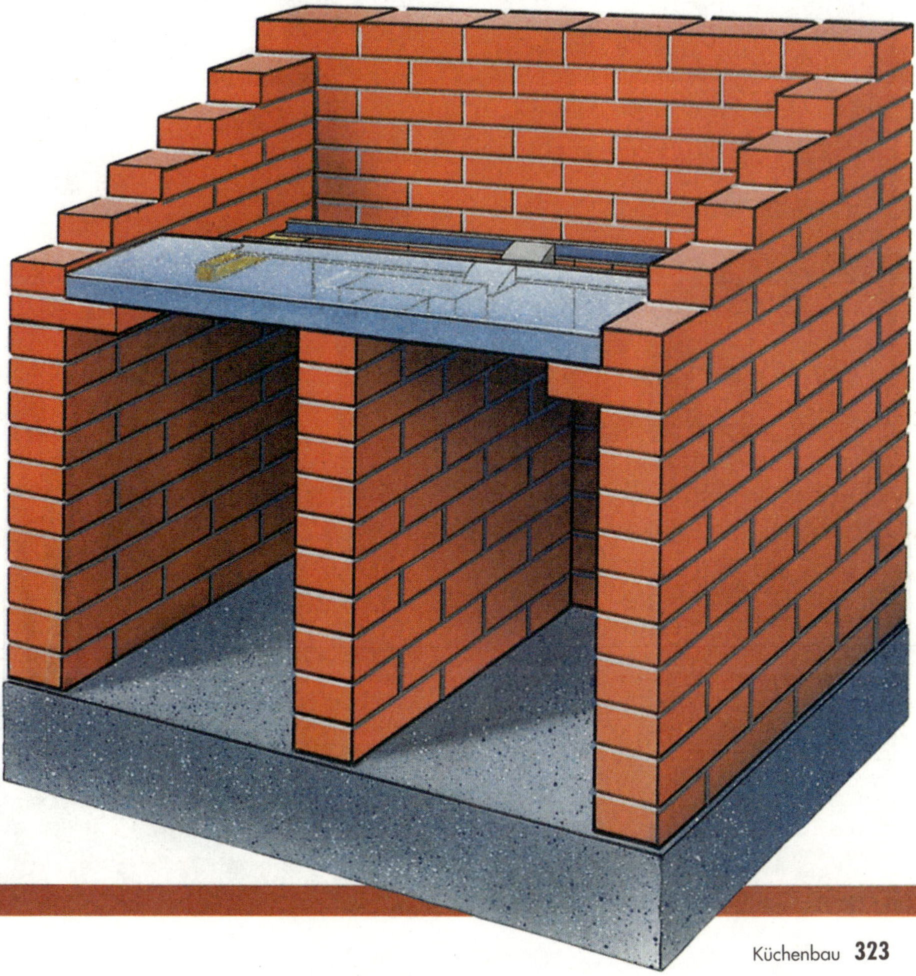

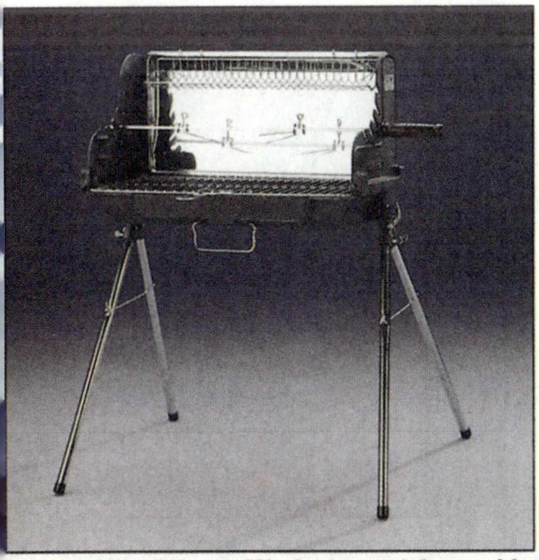

18 Das Mauer-Werk eignet sich sowohl für Holzkohlen- als auch für Gasgrills. An handelsüblichen Modellen sind dann natürlich die Beine überflüssig

Mobiles Vergnü

gen

Ein Grillplatz im Garten ist eine sehr praktische Einrichtung: Sobald die Witterungsumstände es erlauben, genießt man dort die schönen Tage des Jahres – die Geselligkeit stellt sich von selbst ein.
Einen solchen Platz können Sie an Ort und Stelle fest aufbauen oder – wie in unserem Fall – als Wagen, der die Funktion einer Freiluftküche auf Rädern erfüllt. Sein besonderer Pfiff ist ein klappbares Dach, welches verhindert, daß Regenwasser in die Glut läuft, wenn Sie nach dem Grillvergnügen die Holzkohle nicht mehr ausräumen wollen. Das Dach besteht aus zwei Platten, die mit Scharnieren verbunden sind und im zugeklappten Zustand den Wagen in einen Tisch für zwei Personen verwandeln oder eine Ablage für Grillgut und Salate bilden. Wenn Sie die eine Platte aufklappen und die angebrachte Verlängerung ausziehen, vergrößern Sie die Tischfläche auf das doppelte, und es finden vier Personen ausreichend Platz. Wir haben einen herkömmlichen Grill mit den Maßen 45 x 25 x 25 cm eingebaut. Wählen Sie einen anderen Einsatz, müssen Sie nur die Maße der Einbauöffnung ändern. Der Abstand vom Grill bis zum Holz sollte mindestens einen Zentimeter betragen. Den Grill befestigen Sie mit Stuhlwinkeln und Schrauben auf der Ablage.
Sie beginnen den Zusammenbau mit der Montage der Auflage und der Tischplatte. Dann nacheinander die Beine und die Verlängerung anbringen. Alle Verbindungen sind mit Schrauben und Holzleim ausgeführt, die Schraubenköpfe wurden versenkt. Die ausgeschnittenen Räder
Lesen Sie weiter auf Seite 329

Der Vorteil unseres Grillwagens besteht darin, daß Sie ihn jederzeit dort hinfahren können, wo die besten Licht- oder Windverhältnisse herrschen. Der gemütlichste Platz in der Abendsonne läßt sich so zielsicher ansteuern

Unser Tisch ist für drei Personen gedeckt, aber auch vier oder fünf Gäste finden an der Verlängerung Platz. Ein paar leichte Klappstühle machen den Grillplatz komplett

Der Grillwagen hat eine Länge von rund 1,10 m. Wenn Sie die Stütze herausziehen und die Verlängerung ganz aufklappen, erhalten Sie insgesamt die doppelte Fläche

Ob in der Sonne oder an einem schattigen Plätzchen – das rollende Grill-Mobil findet überall schnell seinen Platz. Griffleiste und Räder sorgen für einen leichten Transport

Mit einem Griff läßt sich die Verlängerung herausziehen. Damit vergrößern Sie die Tischfläche auf das Doppelte. Die Stütze ruht auf einem Holzdübel

Bei gelöster Flügelmutter kann die Klappe gesenkt und geschwenkt werden

Grillwagen mit Dach: So ist die auskühlende Glut vor überraschenden Regengüssen geschützt, und das Säubern wird nicht zur Pein

Klare Linie: Die einfache Verlängerung zum Abstellen von Speisen oder als Tisch

Die komplett ausgezogene Tischverlängerung, die viel zusätzlichen Raum bietet

Grill-Tips

Anzünden will gelernt sein: Kohle oder Briketts in die Glutwanne legen. Die Würfel verteilen und anzünden

Die Zündhilfen haben eine lange Brenndauer und hohe Hitze-Entwicklung. Erst wenn die Glut mit einer weißen ...

... Ascheschicht überzogen ist, legen Sie Ihre Teile auf. Nur in den Grillpausen füllen Sie Brennstoff nach

Das Freizeitvergnügen für die ganze Familie wird immer beliebter und ist aus ernährungsphysiologischer Sicht auch sehr gesund. Fleisch enthält viele Eiweißstoffe und Vitamine, und beim Grillen führen Sie kein weiteres Fett zu. Die Garmethode mit Holzkohle oder Holzkohlenbriketts birgt bei richtiger Handhabung keinerlei Gesundheitsgefahr. Doch zuvor sollte man sich gründlich informieren. Es gibt inzwischen neue DIN-Normen, die dem Verbraucher helfen, sich auf dem Markt besser zurechtzufinden.

Das Grillvergnügen beginnt mit dem Einkauf der Holzkohle oder Grillbriketts, es sei denn, Sie besitzen einen Gasgrill. Sie sollten immer darauf achten, daß auf Ihrem Brennstoff ein DIN-Zeichen (51749/10.89) vorhanden ist. Dieses besagt nämlich, daß die Brenn- und Schadstoffe reduziert sind und der Hersteller nur einheimische und unbehandelte Abfallhölzer verwendet. Soweit es auf der Verpackung zu erkennen ist, immer Holzkohle aus industrieller Fertigung vorziehen, denn das Herstellungsverfahren ist umweltschonend und garantiert eine gleichmäßige und saubere Qualität ohne schädliche Rückstände. Am besten ist es, Holzkohle aus tropischen Wäldern überhaupt nicht mehr zu kaufen. Leider gibt es immer noch einige Billiganbieter, denen die Herkunft der Rohstoffe gleichgültig ist.

Aus den Tropen aber kommt auch ein neues Produkt, welches Sie unbedenklich verwenden können: „Cococha". Hierbei handelt es sich um eine Grillholzkohle, deren Grundstoffe aus Kokosnußschalen hergestellt werden. Wegen ihrer Härte und Materialdichte eignen sich Kokosnüsse besonders gut für die Verarbeitung zu Kohlenstoff bzw. Holzkohlenbriketts. Sie werden als Abfall vor Ort gesammelt, getrocknet, verkohlt und mit pflanzlichen Bindemitteln verpreßt. Die Qualität entspricht der DIN 51749/10.89.
Sie sind in Würfelform gepreßt, hinterlassen sehr viel weniger Asche und haben eine lange Brenndauer. Erhältlich sind sie bei Ikea-Family und bei Tengelmann.

Grillzündhilfen sind ein weiteres wichtiges Thema. Seit Oktober 91 ist hierfür die neue DIN-Norm 66358/10.91 in Kraft, und damit sind die schlimmsten Billigprodukte vom Markt verbannt. Nach der DIN dürfen Zündhilfen nicht stinken, nicht rußen, müssen weitgehend ungiftig sein und auch nicht zu explosionsartigen Verpuffungen neigen. Daß sie dabei auch noch gut zünden sollen, versteht sich von selbst.

Es kann nicht oft genug betont werden: Verzichten Sie auf Alkohol, Spiritus, Benzin und andere leicht entzündliche Mittel beim Anzünden Ihres Grills. Jahr für Jahr passieren damit noch sehr viele schwere Unfälle, die absolut nicht sein müssen.

Der Trend übrigens geht auch weiterhin zum „indirekten" Grillen, das heißt zum umweltschonenden Vertikal-Grill. Der Vorteil hierbei ist, daß das Fett nicht mehr in die Glut, sondern in eine mit Wasser oder Sand gefüllte Wanne tropft, so entstehen keine gesundheitsschädlichen Verbrennungsprodukte. □

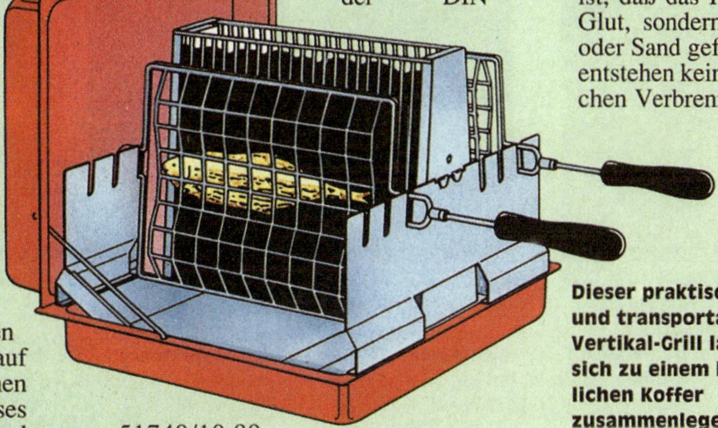

Dieser praktische und transportable Vertikal-Grill läßt sich zu einem handlichen Koffer zusammenlegen

Die in Würfelform gepreßten Grillbriketts kosten ca. 6,90 DM und werden in platzsparenden 3 kg-Packungen angeboten

Beginnen Sie die Montage mit der oberen Auflage und der Zwischenplatte. Die Auflage erhält vorher die Aussparung für den Grill

Die Tischbeine an die Längsholme schrauben. Die Verlängerung zusammenfügen und ebenfalls anbringen. Dann die Führungsleisten montieren

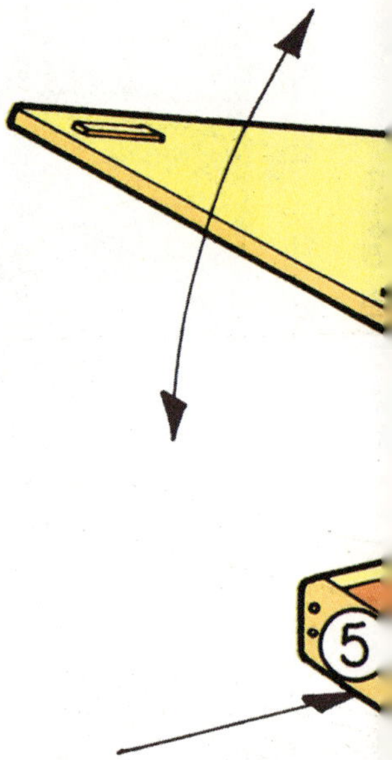

Die Anschlagklötzchen befestigen. Sie erhalten zusätzlich jeweils eine Schraube, die bei geöffnetem Dach in die Möbelverbinder greift

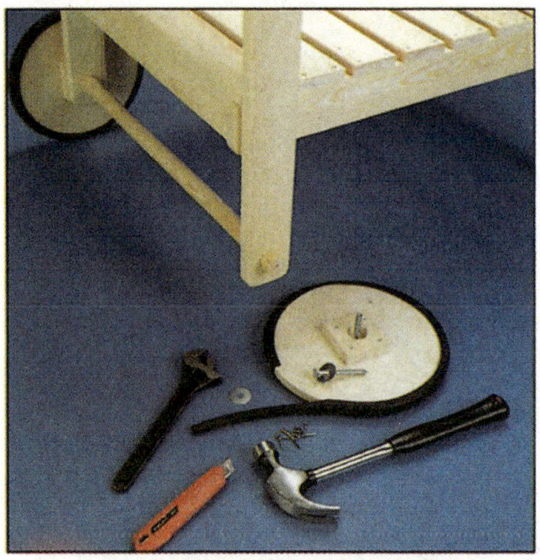

Alle Bohrungen zur Radverbindung herstellen. Den Schlauch aufnageln, dann die Räder montieren

Unser Foto zeigt den fertigen, aber noch unbehandelten Wagen. Die Stütze ist ausgezogen, und die ...

... Verlängerung ist hier als Dach und Windschutz aufgelegt. Die Zeichnung rechts oben zeigt die Einzelteile unserer mobilen Grillstation

EINKAUFSZETTEL

Pos.	Anz.	Bezeichnung	Maße in mm	Material
1	2	Längsholme	1040 lang	Fichte/Tanne 69 x 21 mm
2	2	Längsträger	750 lang	
3	2	Stützen	675 lang	
4	2	Stützen	590 lang	
5	1	Griffleiste	512 lang	
6	3	Querträger	513 lang	
7	1	Querträger	470 lang	
8	15	Auflagebretter	555 lang	69 x 15 mm
9	2	Auszüge	988 lang	Fichte/Tanne 44 x 21 mm
10	2	Anschlagklötzchen	70 lang	
11	2	Führungsleisten	988 lang	Fichte/Tanne 21 x 21 mm
12	2	Schwenkstützen	480 lang	
13	1	Teleskopfuß	226 lang	
14	1	Distanzleiste	130 lang	
15	2	Tischplatten	555 x 550	Multiplex 15 mm dick
16	2	Lagerflansche	50 x 50	
17	2	Radscheiben	∅ 250	
18	1	Achse	637 lang	Kiefer ∅ 28 mm

5 Scharniere; 4 Stuhlwinkel, 25 x 25 mm; 2 Sechskant-Holzschrauben mit Scheiben, ∅ 10 x 70; 2 Möbelverbinder; ca. 1,70 m Gummischlauch ½"; 1 Schloßschraube M 6 x 70 mit Scheibe und Flügelmutter; Spanplatten-Schrauben; 3 Holzdübel ∅ 8 x 40; wasserfester Holzleim. Materialkosten rund 95 Mark

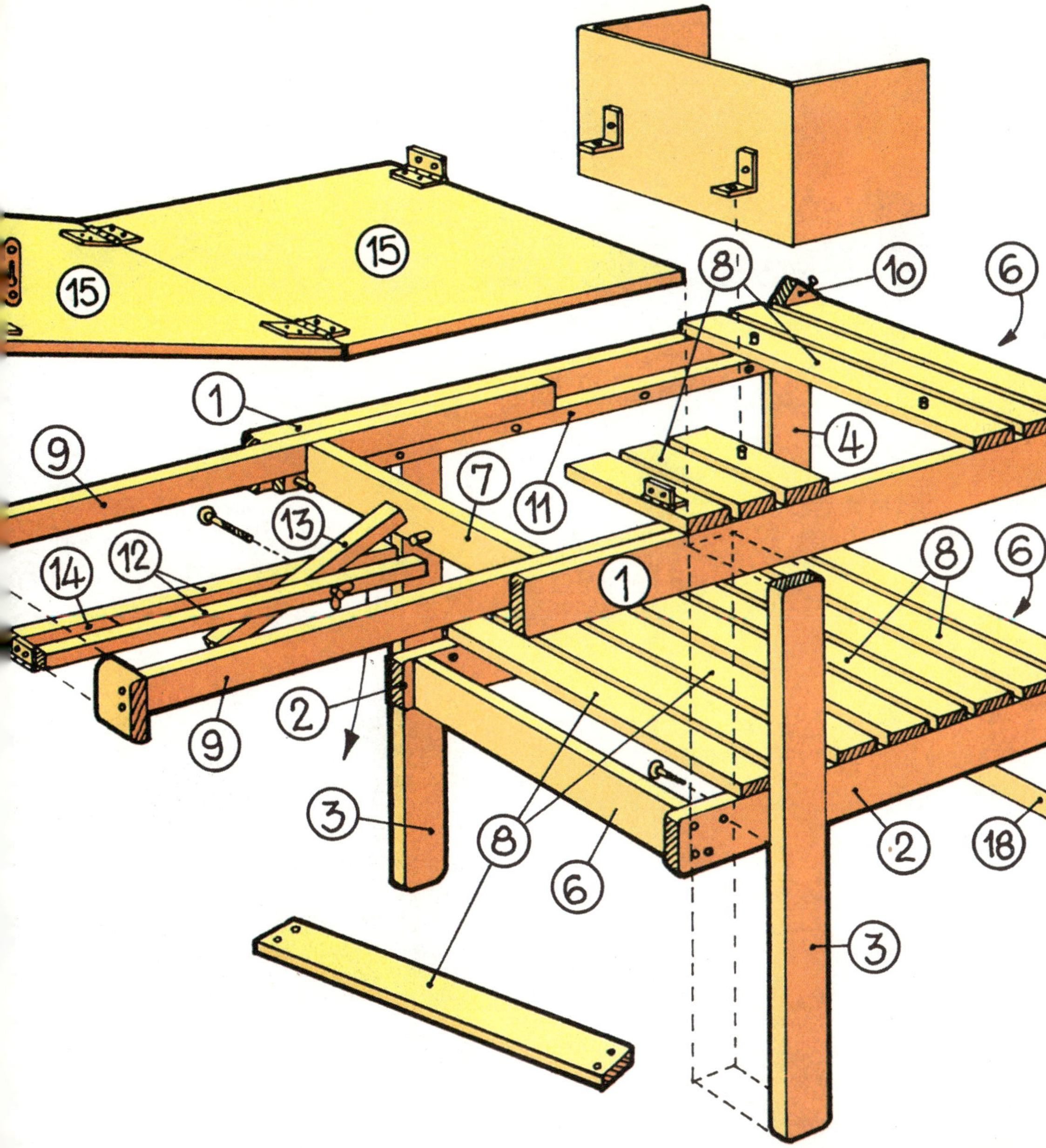

erhalten einen „Reifen“ aus dem aufgeschnittenen Schlauch: So läßt sich der Grillwagen später auf jedem beliebigem Untergrund gut rollen. Lagerflansche und hintere Stützen erhalten 28-mm-Bohrungen zur Aufnahme der Achse. Die Achse erhält zusätzlich rechts und links Bohrungen für die Holzschrauben. Jetzt fügen Sie sie ein und befestigen die Lagerflansche an den Rädern, die dann mit Holzschrauben auf der Achse montiert werden.
Nun die beiden Anschlagklötzchen anschrauben, die ihre Funktion bei geöffnetem Dach übernehmen und dann in die beiden Möbelverbinder einhaken, die an der Tisch-/Dachplatte befestigt sind. Möbelverbinder und Schrauben erst nach dem Anbringen der Tisch-Scharniere montieren, damit Sie genau ermitteln können, wo die Teile sitzen müssen.
Die Stützkonstruktion der Verlängerung besteht aus Auszügen, Griffleiste, Schwenkstützen, Teleskopfuß und Distanzleiste. Zwischen die beiden Schwenkstützen montieren Sie die Distanzleiste. Neun Zentimeter vom anderen Ende entfernt erhalten die Schwenkstützen und der Teleskopfuß eine Bohrung für die Schloßschraube, die dort angebracht wird. Ein Scharnier schafft dann die Verbindung der Stützkonstruktion mit der äußeren Griffleiste. Als Befestigung an dem Querträger dient ein Holzdübel. Nachdem Sie die Verlängerung montiert haben, bohren Sie als Anschlagsverlängerung zwei 8-mm-Dübel am äußeren Ende in die Führungsleisten. Zum Schluß legen Sie beide Tischplatten auf die Träger und schrauben die vier Scharniere rund einen Zentimeter von den Brettkanten entfernt auf.
Der fertig montierte Grillwagen muß jetzt nur noch oberflächenbehandelt werden. Wir haben ihn zunächst mit Grundieröl gestrichen und danach alle Schrauböffnungen mit einer wetterfesten Spachtelmasse abgedichtet. Anschließend erfolgt ein zweifacher Schutzanstrich. Wir haben uns für die Farbe Weiß entschieden, aber auch andere machen den Grillwagen zu einem Blickfang in Ihrem Garten. □

Stolz können Sie jetzt den neuen Grillwagen präsentieren. Gemütliche Stunden im Kreise Ihrer Freunde werden Sie für die aufgewendete Mühe entschädigen

An einer geeigneten Stelle – beispielsweise wie hier in geschützter Hanglage – wird der Platz für die Grillrunde vorbereitet. Die Erde hebt man aus und transportiert sie ab

Grillplatz aus Klinkern gemauert

Heißes Pflaster

Keine Angst: Unser gemauerter Grillplatz ist eine rundum saubere Sache. Wie geschaffen für laue Sommerabende, heiße Feten und kühle Getränke

Die Einfassungsmauer

1 Das Mauerwerk gründet auf einem frostsicheren Streifenfundament. Dafür hebt man einen spatenbreiten Graben aus, füllt ihn mit Beton und zieht diesen waagerecht ab. Das Betonfundament muß mindestens eine Nacht ...

2 ... aushärten, bevor darauf aufgebaut werden kann. Zum Mauern und als Bodenbelag im Freien eignen sich vorzugsweise frostharte Klinker. Ganz links entsteht der Kreisbogen für die Einfassungsmauer, links der Grill

3 Für den Verband sind ganze und halbe Steine erforderlich. Die Klinker kann man mit der Trennscheibe halbieren. Kreuzfugen sind zu vermeiden. Beim Aufbau wird je ein Stein der oberen Reihe auf eine Fuge in der unteren gelegt

4 Vorher den Mörtel verteilen und verstreichen. Hier der Aufbau des Grillsockels. Ein Sims aus quergelegten Steinen dient später als Auflager für das Kohlenblech. Darauf wird dann wieder im üblichen Verband aufgemauert

5 Die Steine müssen gut verfugt werden, sonst dringt Regenwasser ein und der Frost verursacht Risse. Ideal zum Verfugen ist ein Fugeneisen. Es paßt genau zwischen die Steine und ermöglicht das saubere Glätten und Verstreichen

6 Während des Aufbaus sind immer wieder Kontrollen mit der Wasserwaage nötig. Der Grill hat hier die Funktion eines Kamins. Deshalb muß er so hoch sein, daß der Rauch nach oben abziehen kann und beim Grillen nicht stört

7 Ist die gewünschte Höhe dann erreicht – in unserem Fall ca. 150 cm –, wird eine Schalung für den Rundbogen gebaut und aufgesetzt. Sie muß so fixiert werden, daß sie sich nach dem Aushärten problemlos wieder entfernen läßt

9 Während der Mörtel aushärtet, kann bereits der Boden zum Pflastern vorbereitet werden. Ein Unterbau aus Kies sorgt für die nötige Festigkeit

10 Die Steine werden auf ein dünnes Sandbett gelegt. Dazu muß man den Sand zuerst planieren, dann waagerecht mit einer Latte abziehen

12 Um zu sehen, ob der Rauch richtig abzieht, wird vor dem ersten Grillen ein Feuer entfacht. Für die Kohlen ist eine feuerfeste Unterlage nötig. Das kann ein speziell angefertigtes Blech sein, eine zugeschnittene Betonplatte oder ...

13 ... ein Boden aus Ziegeln, die auf einem Metallrahmen liegen. Der Grillrost muß verstellbar sein, damit sich die Hitze regulieren läßt. Dazu werden beidseitig an den Innenwänden je drei Metallschienen festgedübelt

Wer ein wenig Übung im Mauern hat, schafft den Grillkamin, die Einfassung und den Bodenbelag an einem Wochenende. Falls nötig, läßt man das Mauerwerk von einem Fachmann bauen. Die ‚Einrichtung' ist dann kein Problem. Zum Mauern benötigt man frostfeste Klinker, die auf Paletten geliefert werden (Preis pro m^2 rund 60 Mark). Als Basis dient ein Betonfundament, das entsprechend ausgegraben und gegossen wird. Nach dem Härten läßt sich dann eine Klinkerlage nach der anderen mit Mörtel im Verband aufmauern. Dabei baut man den Kamin gleich mit auf. Er kann beliebig breit und hoch gemauert werden. In unserem Fall ist er 180 cm hoch, 75 cm breit und 60 cm tief. Als Auflager für das Blech wird ein Sims gemauert. Der Grillrost ist mittels Metallwinkeln in der Höhe verstellbar. Möchte man einen Grillspieß installieren, setzt man in die Seitenwände zwei Metallhülsen ein. Sie dienen als Lager für den Grillspieß, der später durchgesteckt wird. Oben schließt ein Rundbogen den Kamin ab.

Zuerst die Arbeit, dann das Vergnügen

8 Der kleine Rundbogen läßt sich am einfachsten mit flach gelegten Steinen mauern. Auch hier sind Kreuzfugen zu vermeiden. Deshalb werden die Steine im Verband gemauert. Die Fugen wiederum sorgfältig mit Mörtel schließen

11 Als Bodenbelag dienen dieselben Klinker wie für das Mauerwerk. Zunächst werden sie großflächig verlegt. Danach schneidet man passende Stücke für die verbliebenen Lücken zu

1 Die Tischplatte muß sicher auf dem Betonsockel liegen. Dazu schraubt man sie am besten auf Lagerhölzern fest. Für die Dübel werden Löcher in den Beton gebohrt

2 Zum Montieren der Tischplatte genügen wenige Schrauben durch den Holzrahmen. So liegt sie fest auf und kann im Winter mit wenigen Handgriffen abgenommen werden

3 Wer die Platte ganzjährig draußen lassen möchte, sollte entweder druckimprägniertes Holz oder wetterfeste Hölzer wie Rote Zeder oder Lärche verwenden. Dann erübrigt sich sogar ein Schutzanstrich

Zum Mauern des Bogens ist eine Schalung aus Brettern erforderlich. Nach dem Mauern müssen unverzüglich die Mörtelreste von den Steinen entfernt werden. Später ist das kaum noch möglich! Während der Mörtel im Mauerwerk nach dem Aufbau trocknet, kann schon mit dem Bodenbelag begonnen werden. Auch dafür sind Klinker ideal. Sie werden auf Sand verlegt, mit einer Rüttelplatte verfestigt und mit Quarzsand ausgefugt. Die Einrichtung kann beliebig gestaltet werden. Entweder baut man bereits beim Mauern einen Sockel für Bank und Tisch mit auf, oder man schreinert oder kauft passende Möbel.
Gekostet hat der komplette Grillplatz rund 1400 Mark, wovon 1200 Mark für die Pflasterklinker veranschlagt werden müssen. In der Regel ist ein solcher Gartengrill genehmigungsfrei. Dennoch sind ausreichende Abstände zur Grundstücksgrenze und zu Wohngebäuden einzuhalten – auch im eigenen Interesse, schließlich soll der Rauch nicht stören. Günstig ist eine abseits vom Haus gelegene, windgeschützte Ecke. □

GRILL-TIPS

▶ Der Grill muß so plaziert und gebaut sein, daß niemand durch Rauch belästigt wird.

▶ Als Kohlenblech eignet sich nur (Edel-) Stahl. Weniger hitzebeständige Metalle brennen durch oder verziehen sich.

▶ Zum Grillen empfiehlt sich ökologisch unbedenkliche Holzkohle, die garantiert nicht aus Tropenholz hergestellt ist.

▶ Zum Anzünden nur speziell dafür vorgesehene Brennstoffe verwenden (Grillanzünder). Spiritus, Benzin o. ä. brennbare Mittel sind als Anzünder lebensgefährlich!

▶ Die offene Feuerstelle braucht eine ständige Überwachung!

▶ Die Kohle ist ‚reif' zum Grillen, wenn sie gut durchgeglüht ist und einen weißen Ascheüberzug hat.

▶ Tropfendes Fett ist entzündbar und gesundheitsschädlich. Besonders fettes Grillgut sollte man nur auf Aluschalen oder vertikal garen.

Auf Aluschalen gart das Grillgut, ohne daß Fett ins Feuer tropft und dadurch die schädlichen Benzpyrene entstehen

Dauerhaft und transportabel

Grill-Zeit

Unser Profi-Grill für unterwegs: aus rostfreiem Edelstahl und mit einer praktischen Aufhängung, an der Sie ihn überall in Betrieb nehmen können

Einfach einstecken und losgrillen – das können Sie mit unserem stabil geschweißten Gartengrill aus Edelstahl. An seinem unteren Ende befindet sich ein Erdspieß, der ihm sicheren Stand verleiht. Sein großer Grillrost, der neben den Stäben über eine Warmhaltefläche aus Stahl verfügt, läßt sich gut in der Spülmaschine reinigen. Die Höhe über dem Feuer können Sie ganz nach Wunsch verstellen, indem Sie den Seilhaken in eines von sechs Löchern in der Stütze einklinken. Wem das nicht genug Spielraum zu sein scheint, der kann natürlich auch nach Belieben weitere Löcher bohren. Die Liste der erforderlichen Materialien nebst unseren bemaßten Zeichnungen finden Sie auf den Seiten 338 und 339. Man braucht ein E-Schweißgerät, den Winkelschleifer nebst Trennständer, Fächerschleifscheibe oder Schleifteller; dazu die Tischbohrmaschine, einen Ball- oder Alu-Hammer, Schraubstock und Gewindeschneider. Außerdem Körner, Reißnadel und Meßwerkzeug wie die Winkelschmiege und einen Zollstock.

Bei der Arbeit mit dem Winkelschleifer ist eine Schutzausrüstung unentbehrlich: Da beim Ablängen, Entgraten und Schleifen Späne fliegen, muß man – genau wie beim Schweißen – Handschuhe und

1 *Reißen Sie die Maße und Winkel nach den Zeichnungen auf **den Seiten 338 und 339** mit einem Bleistift auf den Vierkantrohren an*

2 *Beim Ablängen und Entgraten mit dem Winkelschleifer fliegen Späne – eine Schutzbrille ist daher für diese Arbeit unentbehrlich!*

Der Grill ist schnell aufgebaut; zerlegt paßt er bequem in jeden Kofferraum

Immer Brille und Handschuhe beim Schweißen tragen

Schweißschild bzw. Brille tragen – zum Schleifen usw. braucht man eine seitlich geschlossene, zum Schweißen eine extrem dunkle Schutzbrille.
Auf Metall reißt man Maße mit der Nadel an, da Bleistiftstriche verwischen könnten. Vor Bohrungen wird mit dem Körner eine kleine Vertiefung ins Metall geschlagen, in der die Bohrerspitze Halt findet. Sie sollten beim Bohren, vor allem aber beim Schneiden der Gewinde, Schneidöl verwenden. Es wird tropfenweise auf die Bohrstelle gegeben und sorgt für Schmierung und Kühlung, wodurch sich die Standzeiten der Werkzeuge verlängern. Die Bohrungen sollten Sie auf dem Bohrständer vornehmen, da sonst nicht die nötige Präzision zu erzielen ist.
Bei der Arbeit mit Schweißgerät und Winkelschleifer kann es mächtig funken – achten Sie also darauf, daß sich keine leicht

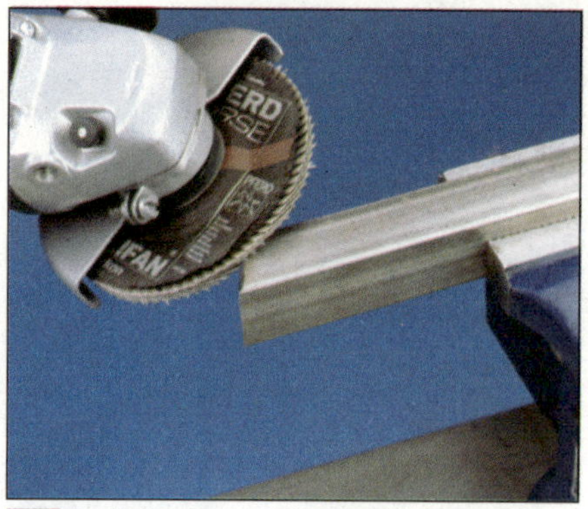

3 *Die Rohre in den Schraubstock spannen. Entgraten und schleifen Sie die Rohre mit einer Fächerscheibe oder dem Schleifteller*

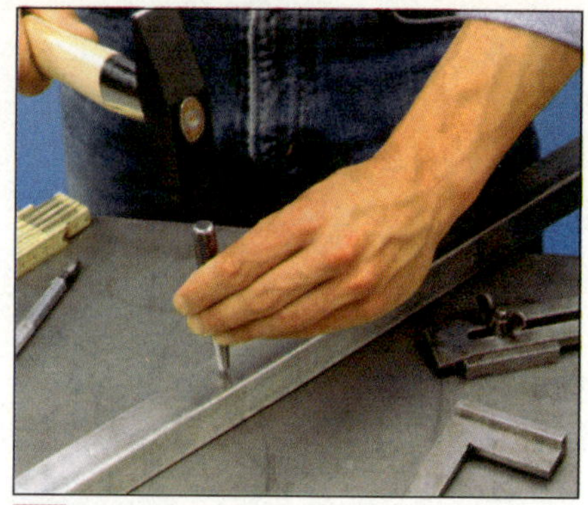

4 *Entsprechend der Zeichnung müssen die Bohrlöcher angekörnt werden. In der kleinen Vertiefung findet die Bohrerspitze Halt*

5 *Die Bohrungen auf dem Ständer ausführen. Arbeiten Sie mit niedrigen Drehzahlen, um ein Überhitzen des Bohrers zu vermeiden*

6 *Nach dem Bohren bleiben an den Bohrlöchern scharfe Grate stehen. Diese müssen unbedingt mit Hilfe eines Senkers entfernt werden*

7 *Durch ca. 8 mm große Bohrungen im Vierkantrohr wird der Rundstab für die Steckverbindung mit dem Erdspieß eingeschweißt*

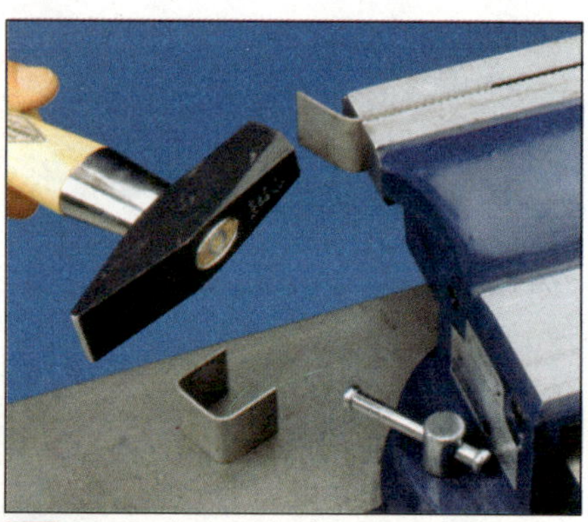

8 *Aus VA-Blechstreifen biegt man die beiden U-Kappen, die an der Stütze und dem Ausleger über den Seilrollen verschraubt werden*

9 *Hier werden Stütze und Ausleger miteinander verschweißt. Das Schweißgerät muß dafür auf Edelstahl umgerüstet werden: Man verwendet also eine Elektrode aus Edelstahl und setzt als Schutzgas das Edelgas Argon ein. Schutzbrille und Handschuhe sind beim Schweißen unentbehrlich!*

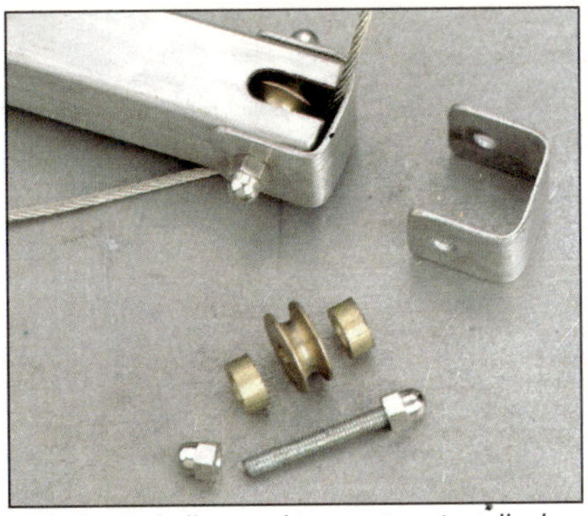

10 *Die Seilrollen werden montiert. Anstelle der Messing-Distanzscheiben können Sie auch M8-Muttern oder Unterlegscheiben nehmen*

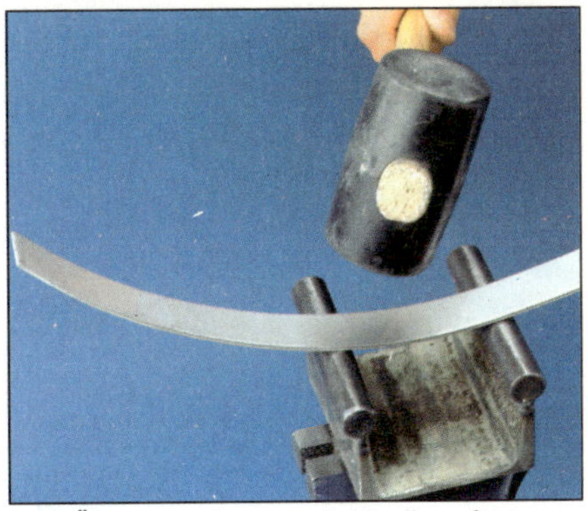

11 *Über einem für wenig Geld selbstgefertigten Hilfswerkzeug wird der Blechstreifen für die Umrandung des Grillrostes zum Kreis gebogen*

12 *Mit Hilfe eines kräftigen Ball- oder Aluminiumhammers wird der Ring geformt. Diese Arbeit erfordert nicht wenig Kraft und Ausdauer*

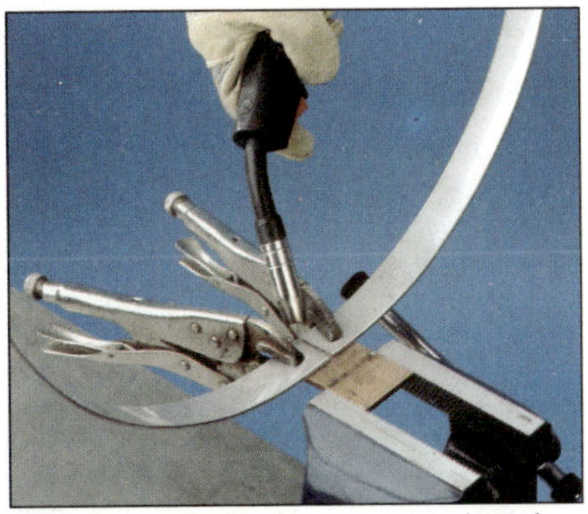

13 *Mit zwei Gripzangen spannt man die Enden des Rings auf einer Unterlage aus Kupfer fest, ehe man sie miteinander verschweißt*

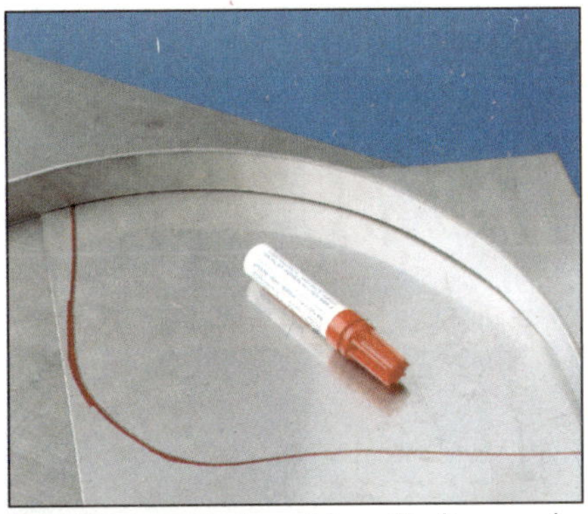

14 *Mit einem Marker zeichnen Sie die unregelmäßige Form der Wärmeplatte auf. Unser fertiger Ring dient dabei als Anreißschablone*

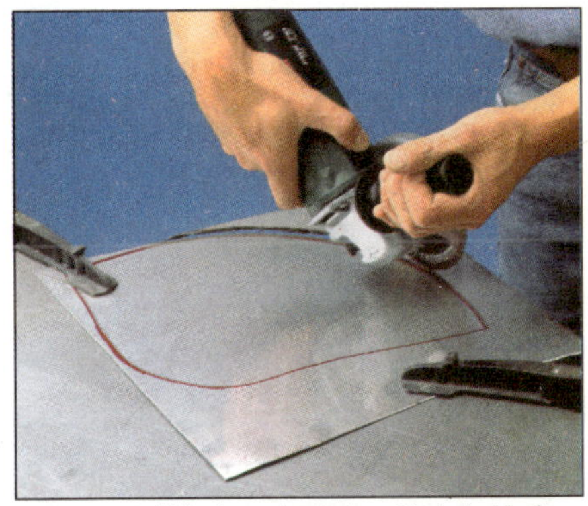

15 *Das Grillblech wird mit dem Winkelschleifer zugeschnitten. Danach behandelt man seine Oberfläche gründlich mit einem Schleifteller*

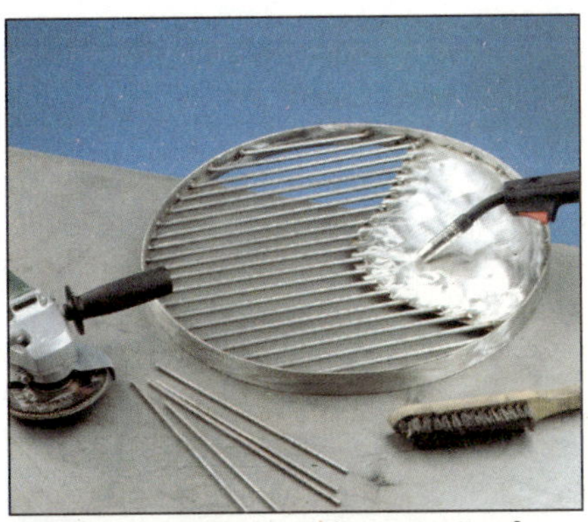

16 *Das fertige Blech und die seinem Umriß entsprechend passend zugeschnittenen Rundstäbe aus Stahl in den Ring einschweißen*

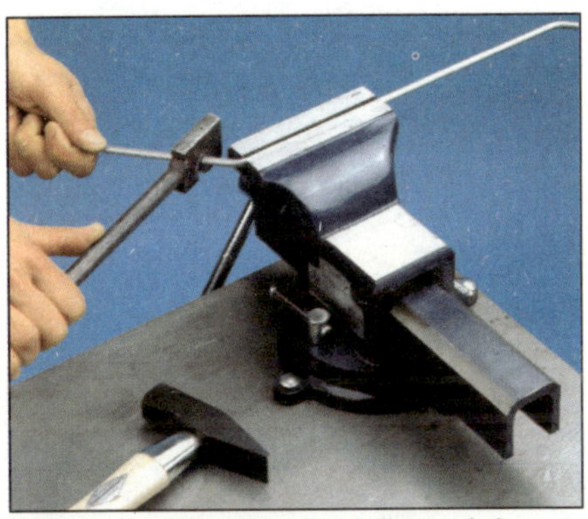

17 *Für die Aufhängung des Grillrostes haben wir auch 6-mm-Rundstäbe aus VA-Stahl verwendet. Hier sieht man, wie sie abgewinkelt …*

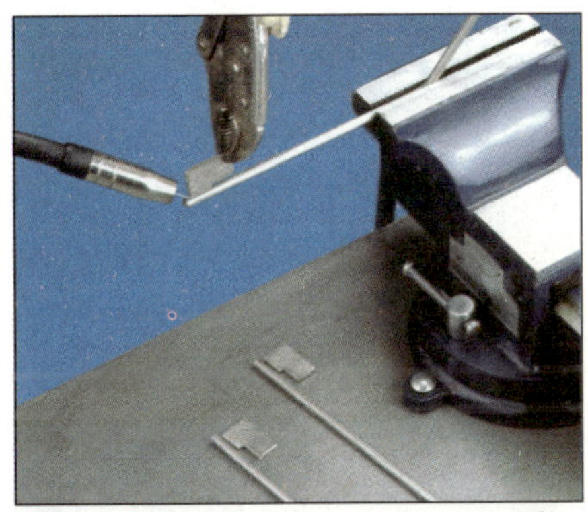

18 *… und dann drei mit Aussparungen versehene Clipsbleche daran geschweißt werden. In die Haken hängt man das Rost ein*

19 *Den offenen Ring für die Grillpfannen-Aufhängung haben wir mit der Gripzange und einem 42-mm-Rohr aus einem Rundstab gebogen*

20 *Nach dem Biegen des Ringes (der Haken zur Höhenverstellung des Seils wird ebenfalls um ein Rohr gebogen) schneidet man ihn auf*

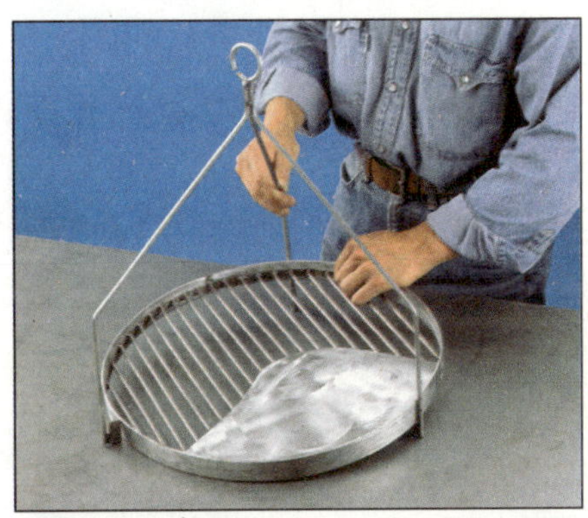

21 *Jetzt nimmt der Grill schon Formen an: Hier wird die Grillpfanne einmal probeweise in die Haken der Aufhängevorrichtung eingesetzt*

Die Zeichnungen enthalten alle nötigen Details

entflammbaren Gegenstände im Raum befinden. Apropos Feuer: Sie können den Mobil-Grill mit Hilfe des Erdspießes überall in geeignetes Erdreich stecken. Sie müssen aber unbedingt darauf achten, daß Ihr Grillfeuer nicht auf die Umgebung übergreifen kann. Eine Umrandung aus großen Steinen z. B. sieht nicht allein zünftig aus, sie dient auch der Brandsicherheit!
Wenn Sie den Grill komplett aus VA-Stahl bauen, sind die Kosten um einiges höher als die Ausführung, bei der nur die Grillpfanne aus VA besteht. Da aber normaler Stahl beim Einsatz im Freien unweigerlich rostet und ein Lacküberzug oder dergleichen wegen der Nähe zum Feuer nicht in Frage kommt, haben Sie an VA auch wesentlich länger Freude. Sparen Sie also nicht am falschen Ende – und Sie werden lange Zeit viele leckere Grill-Mahlzeiten genießen! □

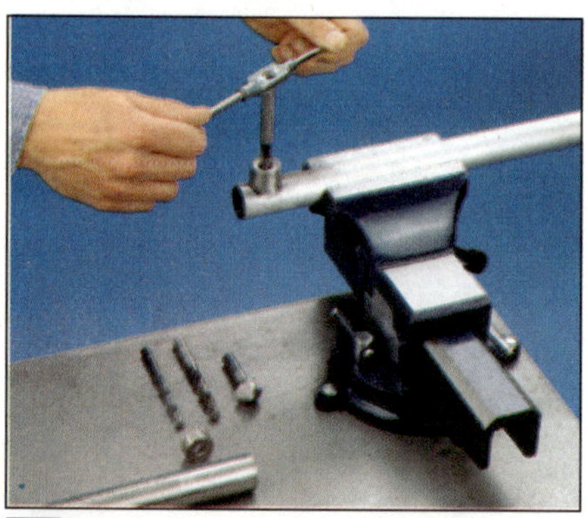

22 *Mittels einer Schraube wird die Verbindung von Stütze und Erdspieß fixiert. Hier wird das Gewinde für die Schraube geschnitten*

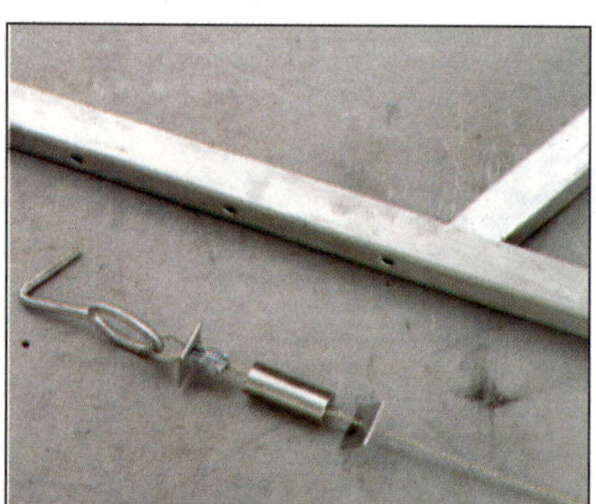

23 *Das Stahlseil und der selbstgebogene Haken sind mit einer Klemme verbunden, die wir durch ein kurzes Rohrstück kaschiert haben*

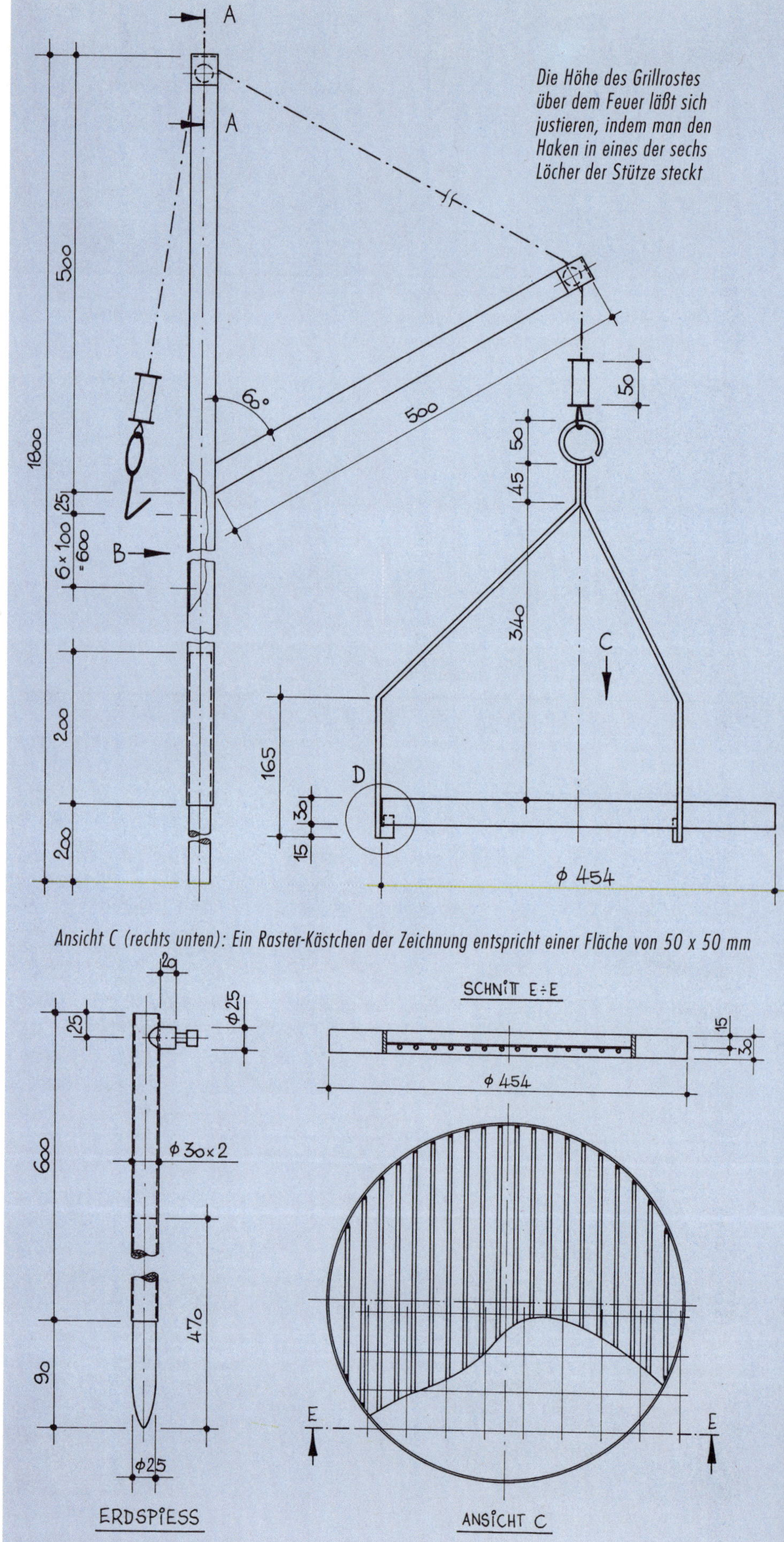

Die Höhe des Grillrostes über dem Feuer läßt sich justieren, indem man den Haken in eines der sechs Löcher der Stütze steckt

Ansicht C (rechts unten): Ein Raster-Kästchen der Zeichnung entspricht einer Fläche von 50 x 50 mm

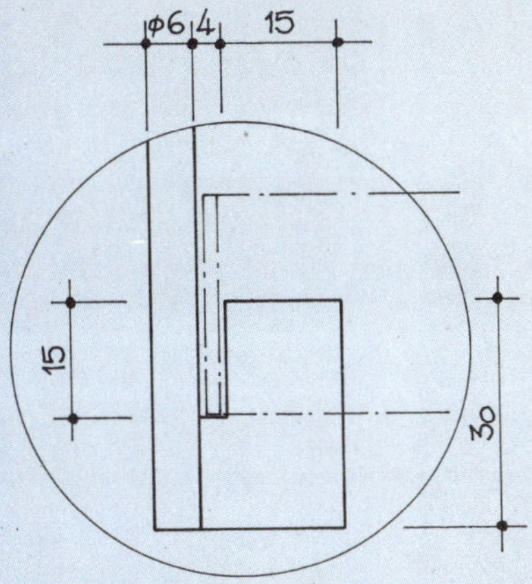

DETAIL D

Eines der drei 30 x 19 mm großen Clipsbleche mit Aussparung, die als Aufhänge-Haken an den Stäben sitzen

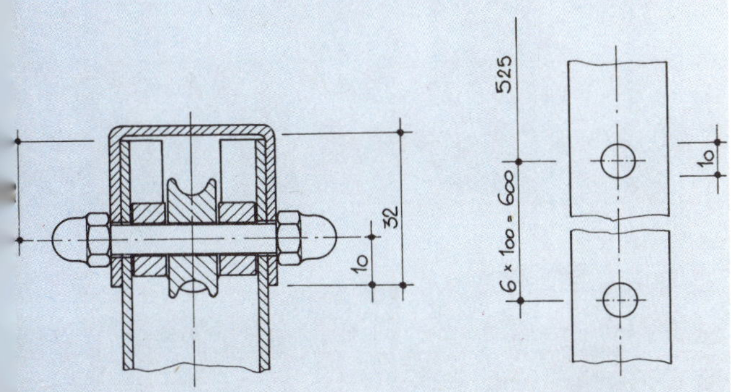

SCHNITT A÷A

ANSICHT B

Der Schnitt A–A zeigt die Umlenkrollen für das Stahlseil. In Ansicht B sieht man zwei Löcher zur Arretierung des Seils

Materialliste:

Stütze:
1 Vierkantrohr (Stütze)
30 x 30 x 2 x 1600 mm lang;
1 Vierkantrohr (Ausleger)
30 x 30 x 2 x 500 mm lang;
1 Rundstahl
∅ 25 x 400 mm lang;
2 Rohrstücke
∅ 20 x 2 x 50 mm lang;
4 Plättchen
2 mm dick, 30 x 30 mm;
2 Blechstreifen (U-Kappen)
30 x 2 x 98 mm lang;
1 Haken
∅ 6 mm, ca. 360 mm lang;

dazu:
1 Seil ∅ 3 x 1800 mm; 2 Seilklemmen; 2 Gewindebolzen M6 x 46 mm; 2 Umlenkrollen (Ms) ∅ 25 x 10 mm dick; 4 Distanzhalter (Ms) ∅ 15 x 7 mm; 4 Hutmuttern (Ms-vernickelt) M6, DIN 1587

Grillpfanne:
1 Blechstreifen
30 x 2 x 1420 mm lang;
3 Aufhänger
∅ 6 x 525 mm lang;
1 offener Ring
∅ 6 x 170 mm lang *);
3 Clipsbleche
2 mm dick, 30 x 19 mm;
Rundstäbe
Rundstahl ∅ 6, ca. 5,5 lfdm;
1 Ablageblech
2 mm dick, ca. 390 x 220 mm
(nach Raster zuschneiden)

Erdspieß:
1 Rohr
∅ 30 x 2 x 600 mm lang;
1 Dorn
∅ 25 x 470 mm lang;
1 Gewindeflansch
∅ 25 x 20 mm (mit M10-Innengewinde)
1 Innensechskant-Schraube
M10 x 35, DIN 9124

Materialkosten (komplett aus VA-Stahl) rund 190 Mark, alternativ nur Grillpfanne aus VA-Stahl: Materialkosten rund 90 Mark

*) Ring-Innendurchmesser = 50 mm (ergibt sich beim Wickeln um einen 42-mm-Dorn nach dem Auffedern.

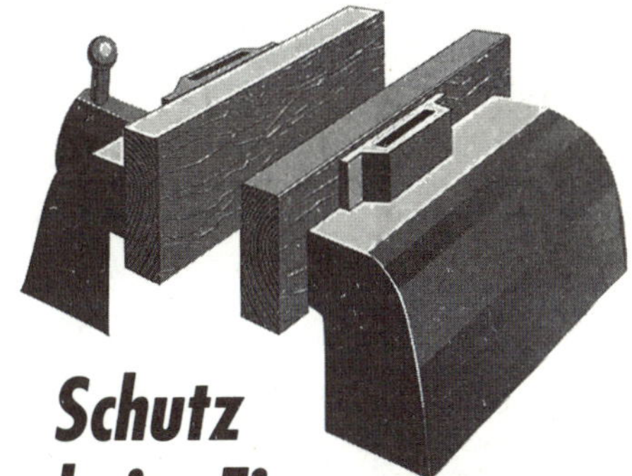

Schutz beim Einspannen

Wer empfindliche Werkstücke aus Holz, Kunststoff oder Buntmetall in einen Schraubstock einspannen muß, hat sehr bald Ärger mit Druckstellen auf dem Material. Zwar gibt es für manche Schraubstöcke anschraubbare Schonbacken, und man kann ebensogut mit losen Zulagen arbeiten, doch bei diesen beiden Methoden geht es in der Regel recht umständlich zu. Abhilfe schaffen hier Schonbacken aus Holz, an die einfach ein Magnetschnäpper für Schranktüren angeschraubt wird. Die Zulagen sind durch die magnetische Haftwirkung rasch am Schraubstock angebracht und können bei Bedarf ebenso rasch wieder entfernt werden. Auch speziell angefertigte Schonbacken für kompliziertere Formteile lassen sich auf diese Weise ganz bequem befestigen.

Haltevorrichtung für Winkelschleifer

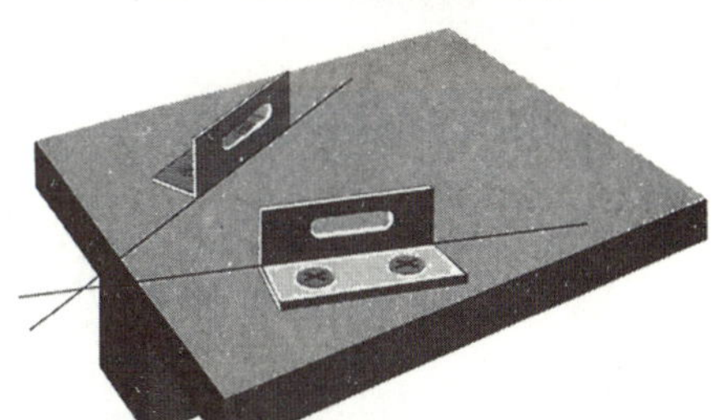

Aus einer Tischlerplatte, einem Vierkant und zwei Balkenverbindern können Sie diese Haltevorrichtung für Ihren Winkelschleifer bauen. Die Stahlblechwinkel werden mit je einem Langloch versehen und auf der Platte verschraubt. Unten schraubt man den Vierkant an. Mit dem Handgriff auf einer Seite und einer passenden Schloßschraube auf der anderen Seite wird der Schleifer dann in den Winkeln befestigt. Die ganze Vorrichtung spannen Sie am Vierkant in die Hobelbank oder einen Schraubstock ein. Beim Hantieren an der laufenden Maschine ist übrigens erhöhte Vorsicht und Aufmerksamkeit angebracht!

Gartenküche für den Sommer

Kochen im Freien

Gehören Sie auch zu denen, die das ›Grill-Vergnügen‹ im Sommer leid sind, aber trotzdem nicht gern in der Küche stehen möchten? Dann haben wir die Lösung für Sie: eine mobile Freiluft-Küche mit integriertem Eßplatz

Bei unseren südländischen Nachbarn sind sie gang und gäbe: sommerliche Freiluft-Küchen der unterschiedlichsten Art – je nach Mentalität und Portemonnaie mehr oder weniger perfekt.
Oft ist es einfach die alte, ausgediente Küche, die nun sommers ihren Dienst im Freien tut, manchmal werden auch maßgeschneiderte Outdoor-Küchen gemauert. Wir haben uns für eine vergleichsweise bescheidene Variante entschieden: einen Küchenwagen auf Rollen mit einer Einbau-Kombination aus zweiflammigem Gaskocher und Spülbecken sowie einem Klapptisch. Eine Lösung also, die sich auch auf kleinen Terrassen und Balkonen problemlos verwirklichen läßt.
Für den Korpus haben wir 18 mm dicke Multiplex-Platten verwendet, ein wasserfest verleimtes, mehrschichtiges Material, das sich auch für den Einsatz im Freien eignet. Ein

So sieht die Outdoor-Küche von hinten aus. Nach getaner Arbeit macht sie sich ganz klein: Die Tischplatte wird einfach hochgeklappt. Jetzt kann das Kochmobil als Servierwagen oder praktische Ablage dienen

1 Sämtliche Korpusteile bestehen aus 18 mm dickem Multiplex. Sie werden entsprechend den Maßen im Einkaufszettel mit der ...

2 ... Handkreissäge zugeschnitten. Die Rundungen für die Teile (1), (2) und (6) lassen sich am besten mit einem Hilfszirkel aufzeichnen

3 Danach schneidet man die Rundungen von Arbeits- bzw. Bodenplatte, Tischplatte und Zwischenboden mit Hilfe der Stichsäge aus

7 Mit dem Schwingschleifer (120er Schleifpapier) glättet man nun sämtliche Oberflächen, die später grundiert bzw. gestrichen werden

8 Der Korpus wird später mit Hilfe von Flachdübeln zusammengesetzt. Hier das Einbringen der dafür notwendigen Schlitze

9 Bevor man den Korpus verleimt, alle Schraublöcher vorbohren und versenken, damit man die Schraubenköpfe später einlassen kann

Praktisch: Die Konstruktion läßt sich zusammenklappen

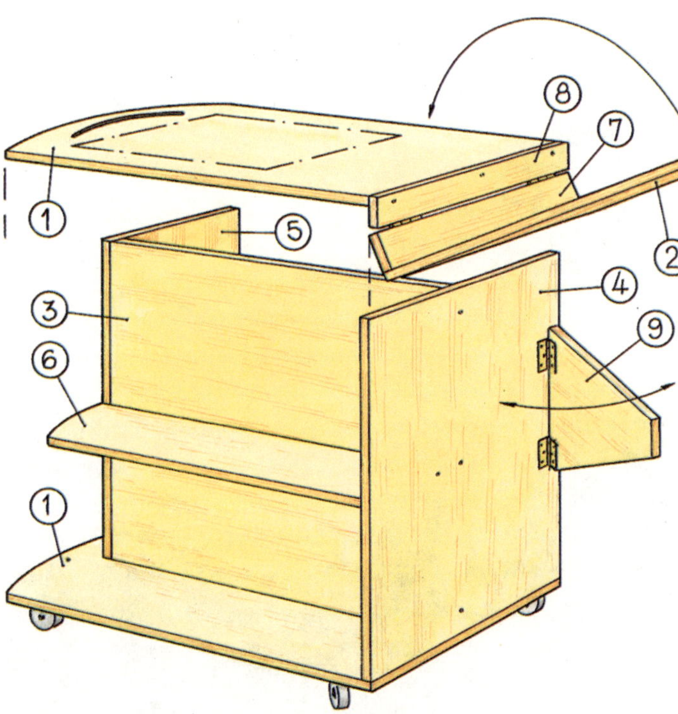

Paßt auf fast jeden Balkon: Das Kochmobil braucht zusammengeklappt eine Stellfläche von rund 95 x 70 cm, ausgeklappt ca. 195 x 70 cm

4 Sämtliche Kanten müssen sauber geschliffen werden. Hier ist ein Bandschleifer mit Staubabsaugung im Einsatz. Zur Not tut's auch ...

5 ... ein Schleifklotz (120er Schleifpapier). Jetzt wird der Spülenausschnitt ausgesägt. Damit man die Stichsäge ansetzen kann, muß ...

6 ... zunächst ein Loch vorgebohrt werden. Beim Ausschneiden konturgenau arbeiten und die Stichsäge mit beiden Händen führen

10 Falls notwendig, Fehlerstellen verspachteln und schleifen. Alle Teile grundieren, mit 180er Papier zwischenschleifen und ....

11 ... zweimal endbehandeln. Das Muster an den Kanten mit Klebeband abkleben und im Anschluß mit gelbem Holzlack überstreichen

12 Schließlich die Scharniere, Griffbügel und Rollen (zwei davon mit Feststeller} am Korpus fixieren. Spül-Koch-Kombination einsetzen

Insalata Caprese

(Tomaten mit Mozzarella)

Zutaten für 4 Personen:
4 große Tomaten
300 g Mozzarella
1 Bund großblättriges Basilikum
Salz, Pfeffer aus der Mühle
2 EL kaltgepreßtes Olivenöl

Tomaten waschen, Stielansätze entfernen, in ca. 1/2 cm dicke Scheiben schneiden. Mozzarella gut abtropfen lassen und ebenfalls in Scheiben schneiden. Tomaten- und Mozzarellascheiben abwechselnd kreisförmig anordnen, mit Basilikumblättern garnieren. Alles mit wenig Salz und reichlich frisch gemahlenem Pfeffer bestreuen und mit Olivenöl, eventuell auch mit etwas Balsamicoessig beträufeln.

EINKAUFSZETTEL

Pos.	Anz.	Bezeichnung	Maße in mm	Material
①	2	Arbeits-/Bodenplatte	955 x 700	Multiplex
②	1	Tischplatte	995 x 700	18 mm dick
③	1	Stützwand	820 x 768	
④	1	Stützwand	768 x 700	
⑤	1	Stützwand	460 x 768	
⑥	1	Zwischenboden	838 x 220	
⑦	1	Scharnierträger	700 x 60 *	
⑧	1	Scharnierträger	700 x 40	
⑨	1	Schwenkstütze	600 x 400/120	

4 Rollen (zwei mit Feststeller) mit Aufschraubplatte, Bauhöhe ca. 50 mm; 4 Scharniere 60 x 40 mm (geöffnet); 1 Griffbügel, ca. 20 mm hoch; 1 Spüle-/Kochstellen-Kombination; Spanplatten-Schrauben; wasserfester Holzleim.

Materialkosten (ohne Spüle-/Kochstellen-Kombination) rund 360 Mark

* richtet sich nach der Höhe des Griffbügels auf der Arbeitsplatte

vollflächiger Farbanstrich und ein weiterer mit Parkettlack schützen vor Witterungseinflüssen. Zusammengeklappt ist die Küche ca. 95 cm lang, 70 cm breit und 89 cm hoch. Die Koch-Spül-Kombination nimmt in etwa die Hälfte der Länge ein, der Rest ist Arbeitsfläche. Die Arbeitshöhe beträgt gut 85 cm, und die ausgeklappte Tischplatte hat eine Höhe von etwa 75 cm – genau richtig zum Essen. Eine Mittelwand trennt den Unterbau in zwei Teile. Stabile Möbelrollen, zwei davon mit Feststeller, sorgen für Mobilität. Zusammengeklappt läßt sich das Kochmobil wunderbar als Beistell- oder Servierwagen verwenden oder auch als Ablage für dekorativen Krimskrams zweckentfremden. □

Kontakte:
Spül-Koch-Kombination ‚Inox': Camping Gaz, Am Eisernen Steg 20, 65795 Hattersheim, ✆ 06190/89070;
Farbe ‚Superdeck' und Parkettlack: Sadolin, Pf. 105 620, 20038 Hamburg, ✆ 040/2484550;
Sichtschutz: 1001 Holzsysteme, Pf. 1653, 53706 Siegburg, ✆ 02241/5431001;
Pflaster: Nostalit, Pf. 701149, 35020 Marburg, ✆ 06421/43071;
Elektrowerkzeuge: Robert Bosch GmbH, Pf. 100156, 70745 Leinfelden, ✆ 0711/758-0.

Stuhl

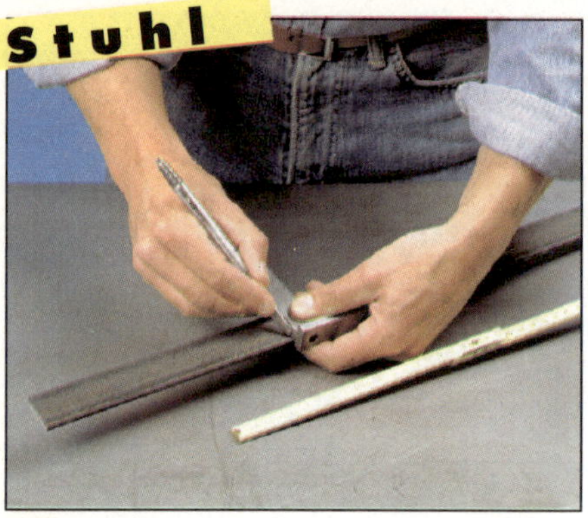

1 *Zunächst werden die Materiallängen (Einkaufszettel) und die Bohrungen mit Hilfe von Reißnadel und Anschlagwinkel markiert*

2 *Danach erfolgt der Zuschnitt des Materials. Hierfür spannt man den Winkelschleifer in eine Trennvorrichtung. Schutzbrille tragen!*

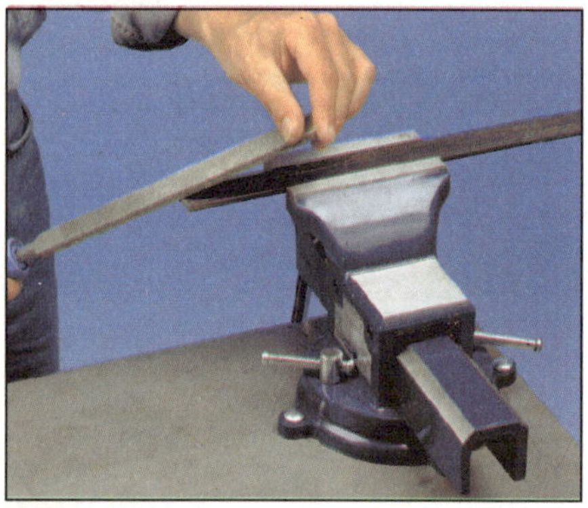

3 *Wegen der Verletzungsgefahr werden die Schnittstellen entgratet. Entweder mit der Feile oder mit dem Winkelschleifer*

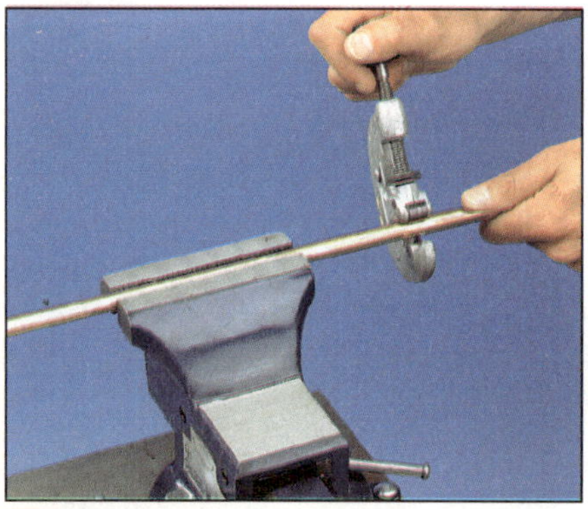

4 *Die Kupferrohre für die Stabilisierungsstreben können ebenfalls schon zugeschnitten werden. Diesmal mit dem Rohrabschneider*

Polsterauflagen gesehen bei Dinger's Garten-Center, Köln; Hammerit-Lack: Molto, 35792 Löhnberg/Lahn

Im Trend

Möbel aus Metall

Kauft man die exklusiven Stücke im Designer-Shop, kosten sie ein Vermögen – selbstgebaut dagegen nicht einmal 600 Mark

Man muß das Eisen schmieden, solange es heiß ist. Für uns hieß das, einen Trend aufzugreifen, der im Augenblick hochaktuell ist: Möbel aus Metall. Sie finden rege Nachfrage – meist zu Preisen, die vom Materialwert her kaum zu rechtfertigen sind.
Eisen wird zum Kilopreis gehandelt, und der liegt bei Abnahme geringer Mengen bei rund vier Mark. Das erklärt, wie wir eine solch exklusive Möbelgruppe für knapp 600 Mark fertigen konnten – wobei allein schon 350 Mark auf die Tischplatte aus Verbundglas entfielen. Auf diesen ‚Luxus' sollten Sie aus Sicherheitsgründen möglichst nicht verzichten – besonders wenn der Tisch im Freien steht. Man muß ja nicht unbedingt gleich an Hagel und Sturmböen denken; auch die Vorstellung, daß man im Hochsommer eventuell mit bloßen Beinen unterm splitternden Glastisch sitzt, rät zur Vernunft. Von den Dimensionen her – der Tisch ist

Hilfswerkzeuge

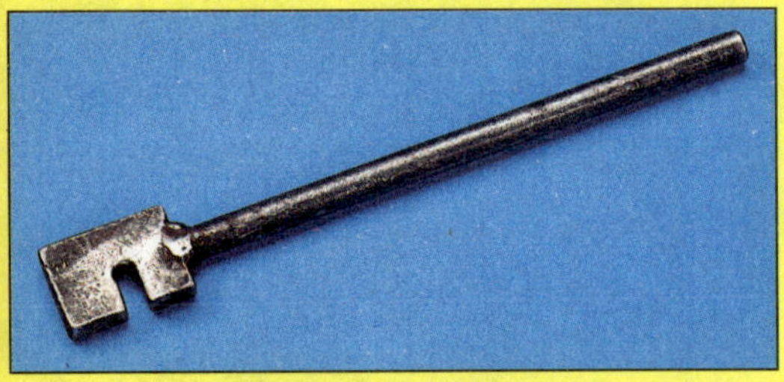

Dieses Hilfswerkzeug brauchen Sie zum Biegen der Fuß- und Seitenoberteile (Foto 9). In der Zeichnung unten stehen die ...

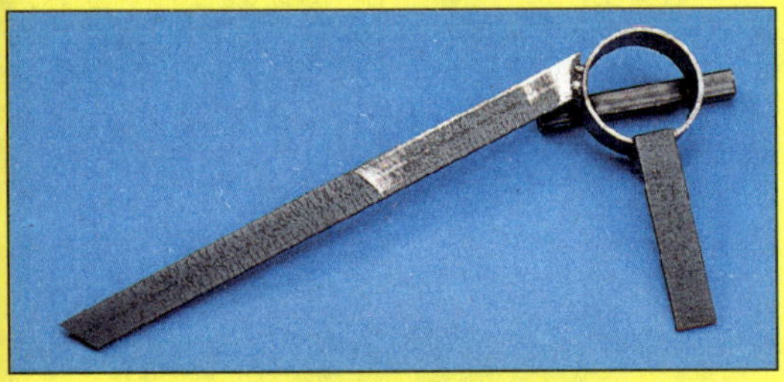

... erforderlichen Abmessungen. Hier die Biegehilfe für die Armlehnen (Foto 10). Deren Maße finden Sie in der Zeichnung ganz unten

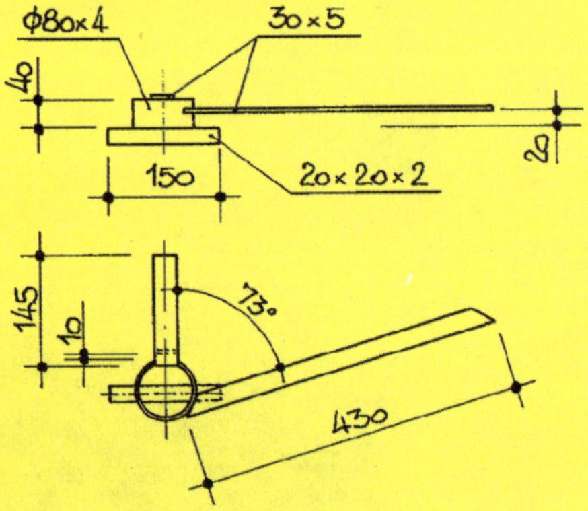

Nach diesen Angaben können Sie die beiden Werkzeuge anfertigen. Das 80-mm-Rohr eventuell beim Schlosser zuschneiden lassen

5 *Nun erfolgt das Körnen für die Bohrungen. Wegen unterschiedlicher Materialbreite (geringe Abweichungen möglich) immer von ...*

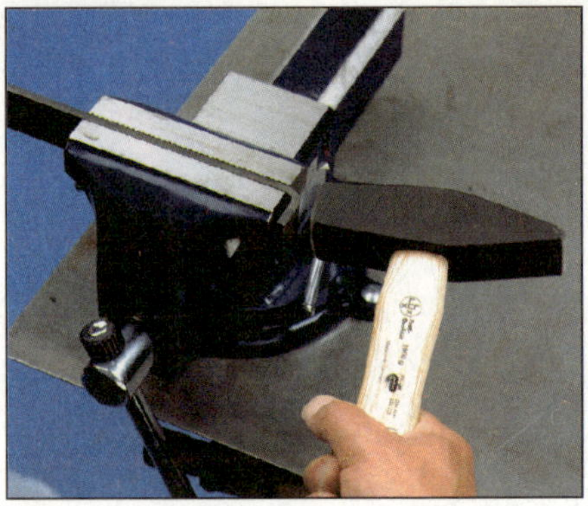

6 *... zwei Seiten anreißen. Zum Abwinkeln der Fußteile mit einem Hammer oder Fäustel spannt man die Flacheisen in den Schraubstock*

10 *Die Armlehnen bekommen ebenfalls anhand einer Schablone und mit einer selbstgefertigten Hilfskonstruktion die gewünschte Form*

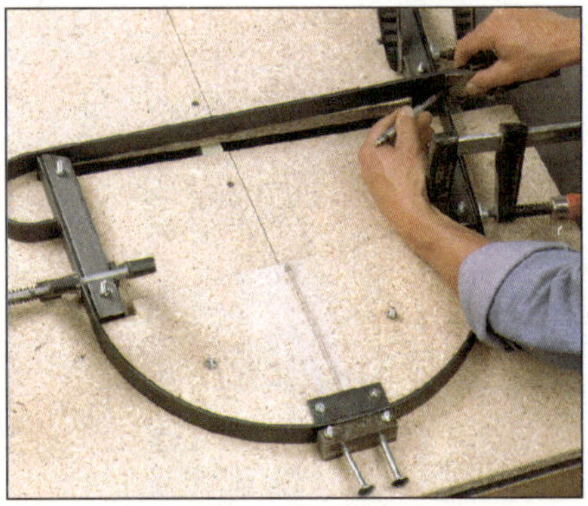

11 *Zum Anreißen der Ausklinkungen an den Armlehnen und der Punkte für die Querverstrebungen Seitenoberteil auf der Schablone fixieren*

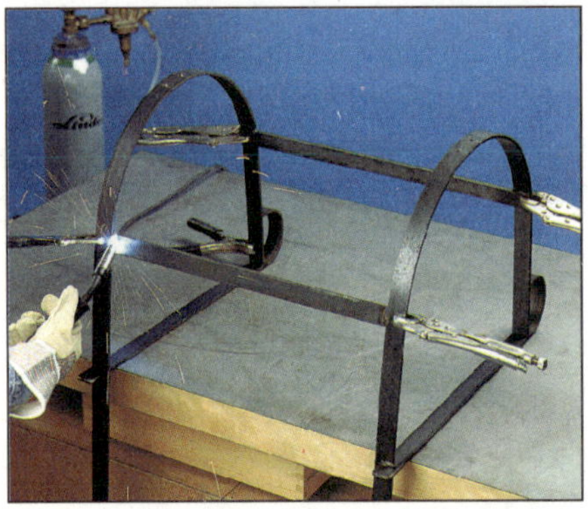

15 *... nicht auf der Schablone! Die Querverbindungen mittels Gripzangen oder Zwingen an den Anreißpunkten fixieren und verschweißen*

16 *Die Stäbe für die Sitzfläche werden vorn 30 mm abgewinkelt. Dann kann der zweite Knickpunkt am Stuhloberteil festgelegt ...*

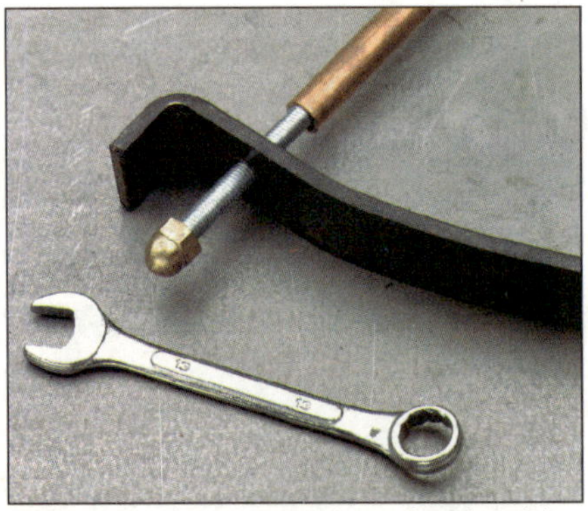

19 *Danach setzt man den Gewindestab und das übergestülpte Kupferrohr in die vorgebogenen Fußteile ein und fixiert sie mit Hutmuttern*

20 *Nun geht es ans Verspannen und Verschrauben der Fußteile. Hierbei ist Vorsicht geboten: Die Teile können zurückfedern*

7 *Danach bohrt man die Löcher für die Verbindungselemente von Ober- und Unterteil und die Verstrebungen. Das Werkstück einspannen*

8 *Nach dem Einlegen der Fuß- bzw. Seitenoberteile in die Schablone (siehe Zeichnung Seite* ***351) werden sie mittels Schrauben fixiert***

9 *Die Seitenoberteile und Fußteile können* ***nun mit dem Hilfswerkzeug (S. 346 links*** *unten) in die richtige Form gebogen werden*

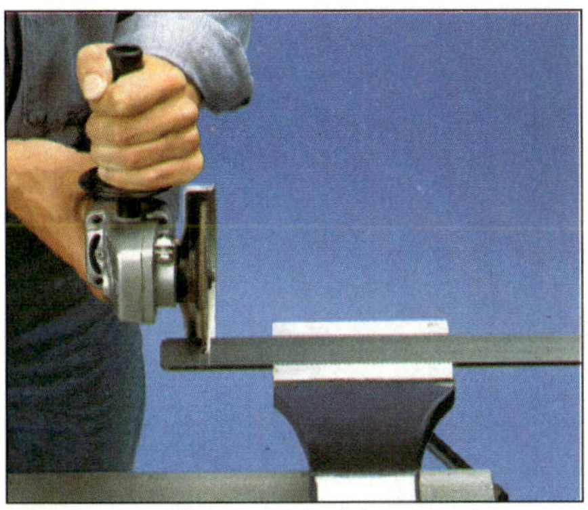

12 *Beim Ausklinken der Armlehnen (wichtig: einmal links, einmal rechts!) mit dem Winkelschleifer oder der Bügelsäge ist es ...*

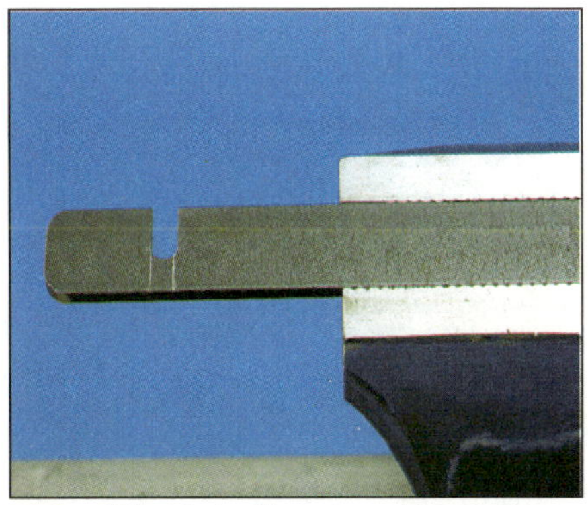

13 *... hilfreich, im Abstand von 12 mm ein 6-mm-Loch zu bohren. Im Foto oben ist die fertige Ausklinkung zu sehen*

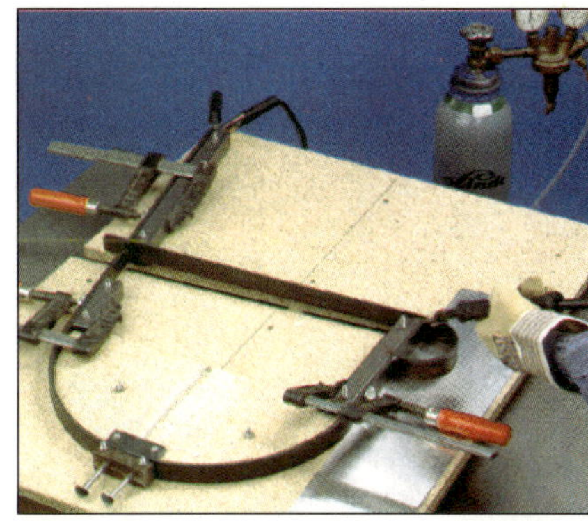

14 *Wegen der Brandgefahr beim Anpunkten der Armlehne an das aufgespannte Seitenoberteil ein Alublech unterlegen! Verschweißt wird ...*

17 *... und angerissen werden. Die Stäbe abwinkeln und nach Abstandsangabe einschweißen. Die überstehenden Enden der Sitzfläche ...*

18 *... trennt man mit dem Winkelschleifer präzise ab und verputzt anschließend alle Schweißnähte. Das Oberteil ist nun fertig*

21 *Die fertigen Fußteile werden mit Aufdoppelungen, Gewindestäben und Hutmuttern am Stuhloberteil verschraubt. Möchte man ....*

22 *... Versteifungsstreben einsetzen, um das Federn des Stuhles zu unterbinden, ist der Bogen gegen Zurückfedern zu sichern*

130 x 72 cm groß – haben wir ihn so bemessen, daß vier Personen ausreichend Platz zum Essen finden. Begnügt man sich mit einem kühlen Sommerdrink, reicht der Platz für Sechs. Es ist jedoch kein Problem, die Maße abzuwandeln. Wird allerdings eine Länge von 200 cm überschritten, müssen zusätzliche Stabilisierungsstreben montiert werden.

Der Sitzkomfort der Stühle ist mit dem der bekannten Freischwinger vergleichbar. Das leichte Federn haben wir als sehr angenehm empfunden. Wer es nicht mag oder nicht verträgt bzw. sehr ‚gewichtig' ist (ab 100 kg Körpergewicht), montiert einfach zwei zusätzliche Versteifungsstreben. Deren Abmessungen haben wir im Einkaufszettel auf S. 348 unter ‚Option' vermerkt. Wie ein solcher Stuhl aussieht, können Sie auf dem großen Foto darunter sehen. Das ‚Gruppenbild mit Dame' (Seite 344f) hingegen zeigt die Variante ohne Versteifungsstreben.

Die Frage nach der Rostanfälligkeit läßt sich recht leicht beantworten. Klar, die Möbel rosten – aber nur dann, wenn man sie nicht schützt. Wird jedoch Rostschutzmittel und entsprechender Lack aufgetragen, ist das auf Jahre hinaus kein Thema mehr. Vor dem Grundieren müssen die Teile sorgfältig mit Spiritus entfettet werden, dann kommt Zinkstaubfarbe darauf, anschließend der gewünschte Lack. Um dem Material nichts von seiner ursprünglichen Wirkung zu nehmen, haben wir uns für eine transparente Grundierung und Lackierung entschieden. Wer

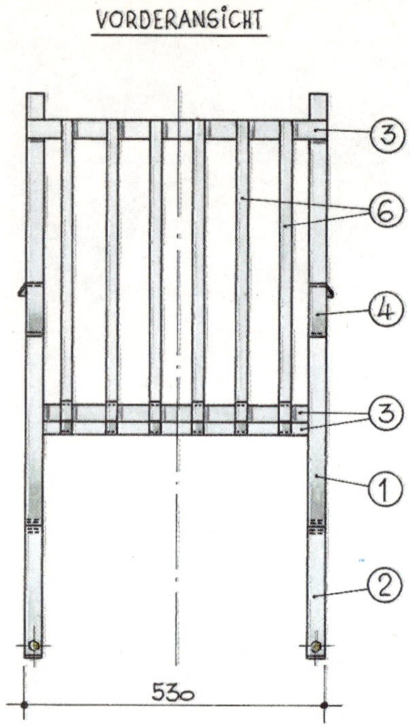

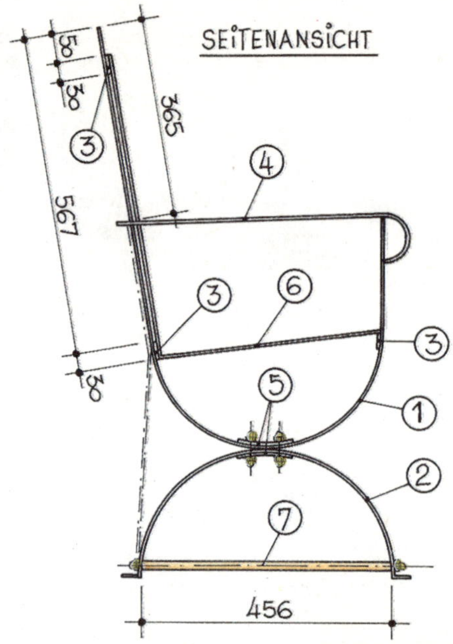

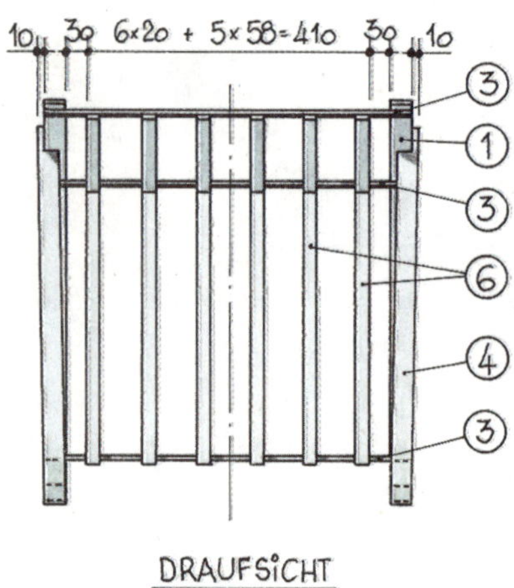

Oben: Vorder- und Seitenansicht, links die Draufsicht des Stuhles mit allen erforderlichen Maßangaben. Im Einkaufszettel finden Sie die Materialangaben für einen Stuhl ohne Versteifungsstreben, unter ‚Option' die zusätzlich erforderlichen Teile

EINKAUFSZETTEL

Pos.	Anz.	Bezeichnung	Maße in mm	Material
①	2	Stützbögen	1440 lang	Flachstahl 30 x 5 mm
②	2	Stützbögen	790 lang	
③	3	Querstreben	530 lang	
④	2	Armlehnen	695 lang	
⑤	4	Aufdopplungen	100 lang	
⑥	6	Sitzbänder	1050 lang	Flachstahl 20 x 3 mm
⑦	2	Kupferrohre	456 lang	∅ 12 mm

M8-Gewindestäbe: 2x 487 mm und 4x 40 mm lang; 12 Hutmuttern (Messing) M8. Materialkosten rund 40 Mark

Option: 2 Versteifungen (Flachstahl 30 x 5 x 620 mm lang), 2 Gewindestäbe M8 x 30 mm lang und 4 Hutmuttern (Messing) M8.

Möchte man das Federn des Stuhles verhindern, werden zwei Versteifungsstreben mit dem Seitenoberteil verschraubt. In diesem Fall müssen die Gewindestangen 5 mm länger als angegeben sein

1 Die Anfangsschritte sind zunächst gleich wie beim Stuhl. Dann werden die Fuß- und Seitenoberteile auf der Tisch-Schablone gebogen

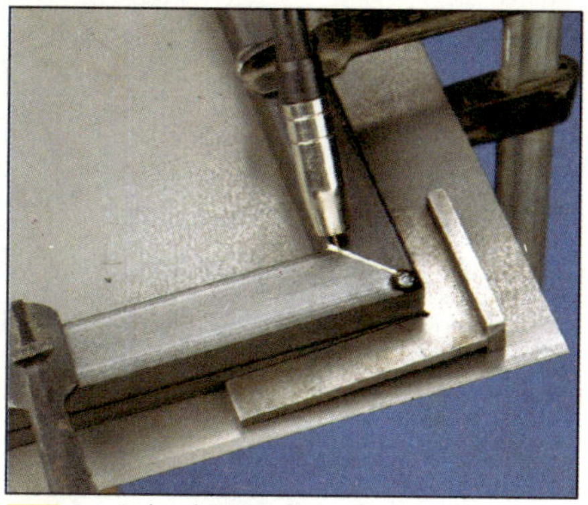

2 Der Rohrrahmen sollte auf einer ebenen, nicht brennbaren Unterlage ausgerichtet, gepunktet und verschweißt werden

3 Mit dem Winkelschleifer verputzt man dann alle Schweißstellen. Es empfiehlt sich, hierbei einen Schleifteller zu verwenden

4 Die Diagonalstreben werden im Schraubstock abgewinkelt und wie die Armlehnen des Stuhles ausgeklinkt. Die Aussparung sollte ...

5 ... hier jedoch 8 mm breit sein. Diagonalstreben ineinanderstecken, ausrichten (Rohrrahmen-Innenmaß minus 10 mm), verschweißen

6 Jetzt verbindet man die Diagonalstreben, Tischseitenteile und Stützstreben mit dem über den Gewindestab gestülpten Kupferrohr

7 Das geht allerdings nicht ohne eine solche Hilfskonstruktion. Zum Schluß braucht nur noch der Rohrrahmen ausgerichtet ...

8 ... und mit den Seitenteilen verschweißt zu werden. Wie bei allen Schweißarbeiten auch hier unbedingt Schutzkleidung tragen!

sich den Voranstrich ersparen möchte, findet im gut sortierten Fachhandel ein neues Produkt, das diese Arbeit überflüssig macht (Foto auf S. 350). Werden die Möbel als reine Dekorationsgegenstände verwendet, kann aber auch eine natürliche Rostpatina sehr reizvoll wirken.

Das Material – Vierkantrohr, Flachstahl, Kupferrohr, Gewindestäbe und Hutmuttern – bekommen Sie in gut sortierten Baumärkten oder Schlossereien. Adressen stehen im Branchenbuch. Wir haben bei der Materialauswahl darauf geachtet, daß sich die Teile mit Werkzeugen bearbeiten lassen, die in jeder gut ausgerüsteten Heimwerkstatt zu finden sind: Bügelsäge, Winkelschleifer, Rohrabschneider, Hammer oder Fäustel, Ständerbohrmaschine und Schweißgerät.

Beim Schweißen müssen Sie unbedingt ein Schweißschild verwenden und Handschuhe tragen! Wegen der starken Hitzeentwicklung sollte man auf Kleidungsstücke aus Kunstfasern verzichten und darauf achten, daß keine leicht entflammbaren Gegenstände im Raum sind. Aus Sicherheitsgründen haben wir bei diesen Arbeiten ein Alublech auf die Arbeitsplatte gelegt und auch nicht direkt auf der Schablone (Sperrholz) geschweißt!

Beachtet man die Sicherheitsvorkehrungen, ist das Arbeiten mit Metall eine interessante und reizvolle Erfahrung. Dieser Werkstoff ist nämlich längst nicht so schwierig zu biegen und zu formen, wie häufig angenommen wird. Versuchen Sie es – der Erfolg wird Ihnen recht geben. □

Aus Sicherheitsgründen haben wir für die Tischplatte Verbundglas verwendet, was allerdings mit satten 350 Mark zu Buche schlug. Sie liegt auf transparenten Gummiplättchen

EINKAUFSZETTEL

Pos.	Anz.	Bezeichnung	Maße in mm	Material
①	2	Längsrahmen	1300 lang	Vierkantrohr
②	2	Querrahmen	720 lang	30 x 30 x 2 mm
③	2	Stützbögen	1100 lang	Flachstahl
④	2	Stützbögen	1200 lang	30 x 5 mm
⑤	4	Verstrebungen	710 lang	
⑥	2	Kreuzstreben	1180 lang	
⑦	4	Aufdoppelungen	100 lang	
⑧	2	Kupferrohre	650 lang	∅ 12 mm
⑨	2	Kupferrohre	640 lang	∅ 12 mm

M8-Gewindestäbe: 4x 695 mm und 4x 40 mm lang; 16 Hutmuttern (Messing) M8; 1 Verbundglasplatte, 10 mm dick, 1236 x 656 mm. Materialkosten (ohne Glasplatte) rund 70 Mark

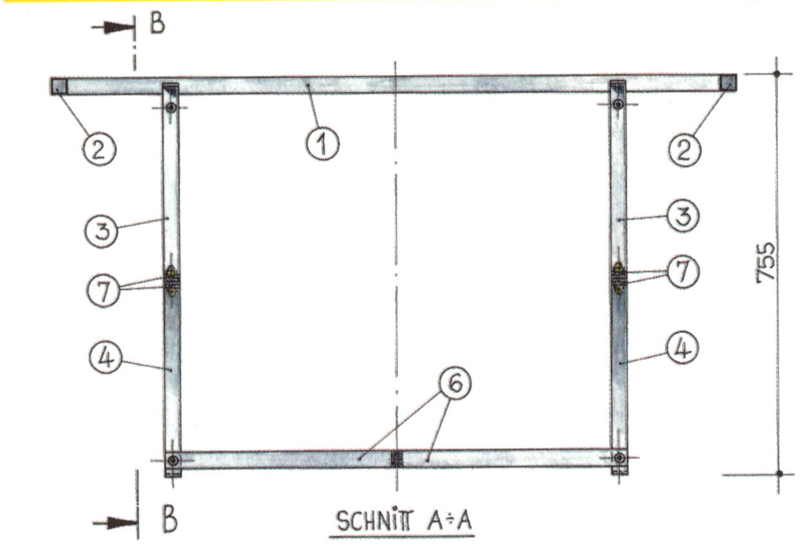

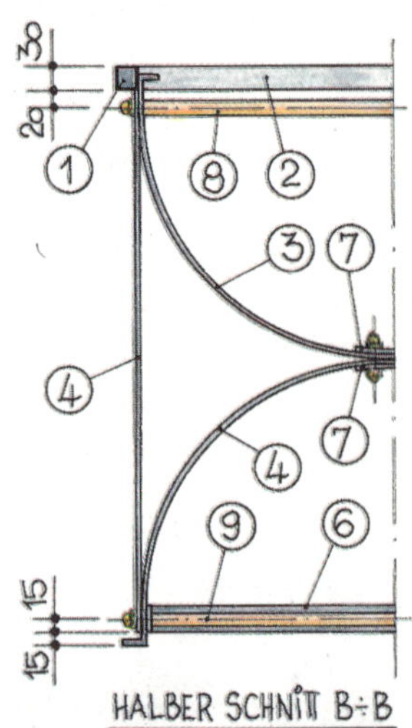

Die Zeichnungen zeigen den Tisch: ganz links den Schnitt A–A, daneben den halben Schnitt B–B und links unten die halbe Draufsicht ohne Glasplatte

Neu auf dem Markt ist ein Metall-Lack (als Spray und in der Dose), der die Rostschutz-Grundierung überflüssig macht

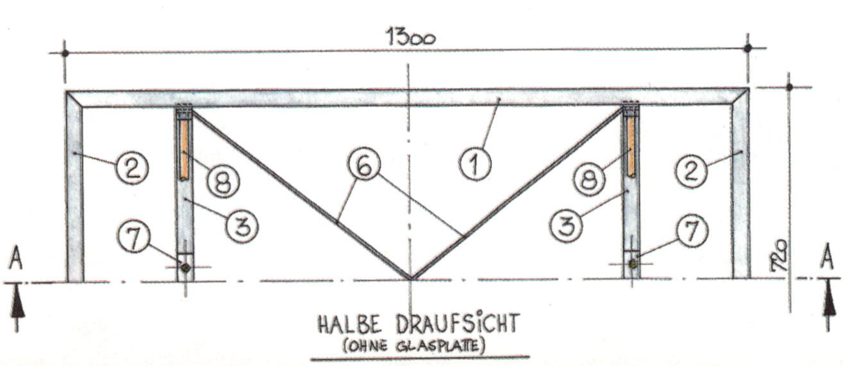

Schablonen für den Stuhl

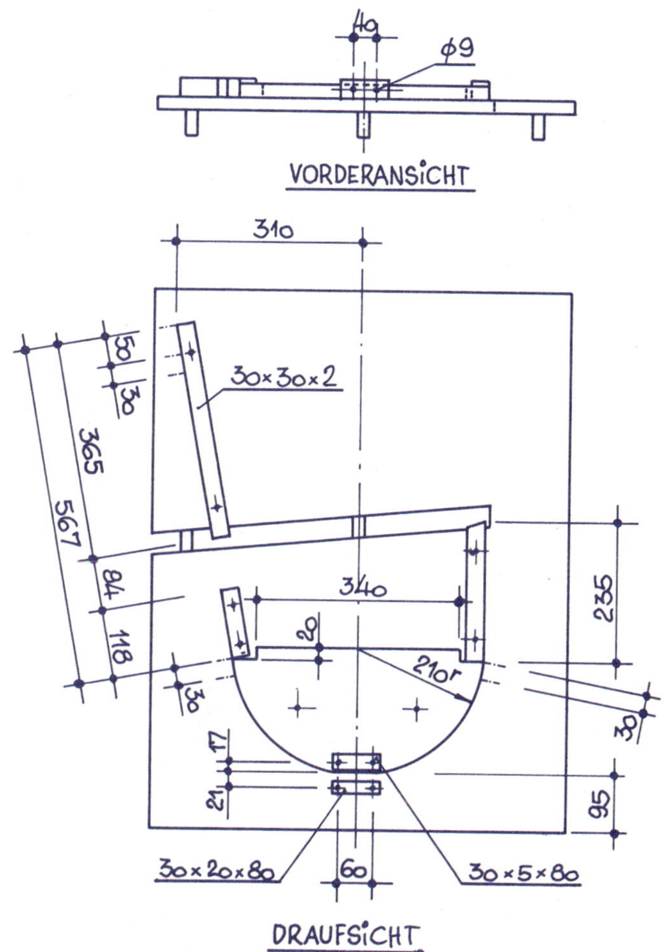

Schablonen für den Tisch

Mit Hilfe der oben und unten dargestellten Schablonen und Hilfswerkzeuge (Fotos ***und Zeichnungen auf S. 346) ist das Biegen der Stuhlseitenteile kein Problem***

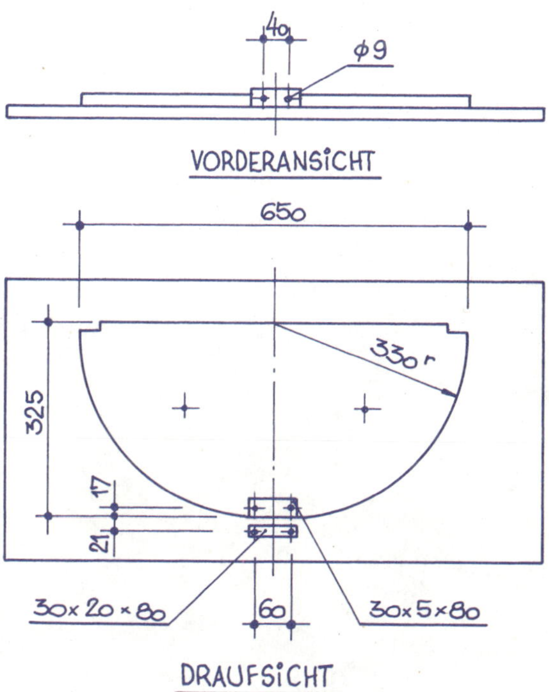

Links die Vorlage für die zum Tischbau erforderliche Schablone. Hierauf lassen sich die Rundungen der Seitenteile paßgenau biegen

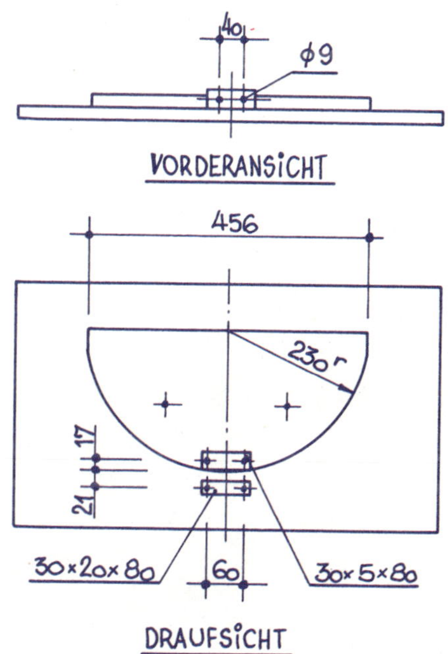

Aus Lärche: Servierwagen

Richten Sie mal was an

Wir dachten hier nicht an ein mehr oder minder geordnetes Chaos. Gemeint ist ein lukullisches Mahl, das Sie Ihren Freunden auf der Terrasse bereiten dürfen. Da käme unser Servierwagen gerade recht

Ein altes deutsches Sprichwort gibt die Richtung vor: ‚Essen und Trinken hält Leib und Seele zusammen'. Getreu diesem Motto und ganz auf der Höhe unserer mobilen Zeit, stellen wir Ihnen als Bauplan-Thema in diesem Monat ein Möbelstück vor, das all dem in der schönsten Weise gerecht wird: Unser Servierwagen – auf Englisch *trolley* genannt – rollt auf Rädern, er trägt fast jede Speise, und er bietet Flaschen und Gläsern einen sicheren Stand. Ein besonderes Bonbon ist außerdem ein herausnehmbares Tablett, das die Mobilität weiter erhöht. Natürlich ist dieses gute Stück nicht einfach herzuzaubern. Also

Wir fotografierten in den Schloßgärten zu Arcen /NL

RAMAZZOTTI
AMARO

Trolley mit Finessen: Die Montage

gilt auch hier die bekannte Formel (sehr frei übertragen): ‚Vor das Schlemmen haben die Götter den Schweiß gesetzt'. Aber keine Sorge, so schlimm, wie sich das anhört, ist es gar nicht. Vorausgesetzt, Sie folgen unseren Hinweisen in der Bildfolge. Als besondere Hilfe werden Sie es empfinden, wenn Sie knifflige Stellen vorab auf einen Bogen Packpapier oder alte Tapete zeichnen. So klärt sich manches Problem schon in der Planungsphase.

Servierwagen, die es gemeinhin zu kaufen gibt, haben den Nachteil, daß ihre Arbeits- oder Ablagefläche oft ziemlich begrenzt, zumindest aber nicht variabel gestaltet ist.

Wir lösten dieses Problem so: Die Arbeitsfläche gibt es zweimal. Die untere Ablage ist über Winkel mit dem Korpus verbunden. Sie erhält – befestigt mit je zwei eingelassenen Nähtisch-Scharnieren – zwei gleich lange, aber halb so breite Klappen. Im umgeschlagenen Zustand verdoppeln die beiden Klappen die ursprüngliche Arbeitsfläche. Getragen werden diese beiden Klappen von einem rechts und

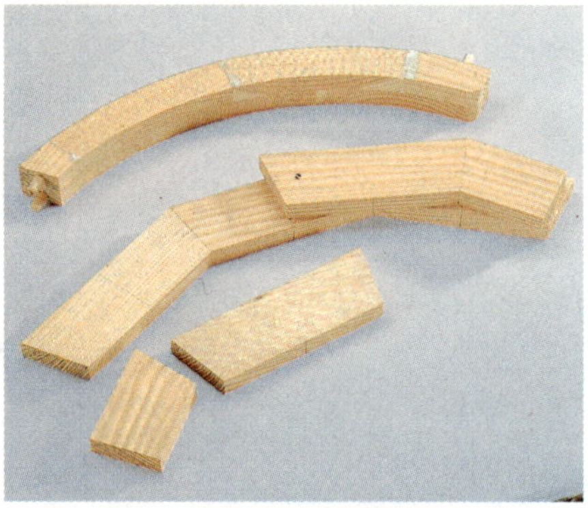

1 Der Bogen zur Griffstange besteht aus sieben Stücken, die versetzt zueinander verleimt werden, um eine hohe Stabilität zu erreichen

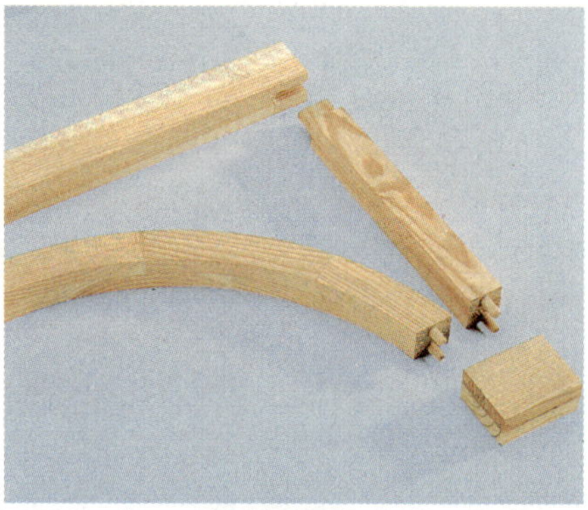

2 Hier liegen Abschlußstück, Stollen, Ausleger und Bogen noch lose beieinander. Erst jetzt wird das Abschlußstück exakt angepaßt

3 Die Verbindung von Längszargen und Stollen erfolgt mit Dübeln. Dübelspitzen helfen beim genauen Übertragen der Bohrmittelpunkte

4 An jeder Stirnseite des Servierwagens sitzen zwei Schubladen. Die Laufleisten dafür werden mit den Längszargen verschraubt

5 Die Auszüge, die die Arbeitsplatten-Klappen tragen, sind durch eingeleimte Dübel unverlierbar. Hier entsteht deren Kulissenführung

6 Mit der Kreissäge fertigt man die Zapfen der Füllungsleisten, die später die Tischplatte, die mit ihr verbundenen Klappen und die ...

Das Verleimen der vorgefertigten Seitenteile mit den Querzargen (unten, mit Spannband) und Griffstange (oben, mit Klemmzwingen)

7 ... Bodenplatte bilden: Erst hochkant zwei Schlitze sägen (stabilen Anschlag benutzen!), dann flach die äußeren Reste entfernen

Stabile Räder machen mobil

Räder, Radsätze, sogar Achsen kann man kaufen. Oder selbst herstellen. Das ist interessanter und obendrein auch noch preiswerter. In unserem Fall gilt das für die vier Räder, die den Servierwagen erst richtig mobil machen.
Nicht immer rollen diese dienstbaren Geister auf wunderschön ebenen Fliesen- oder Dielenböden. Und gerade für den strapaziösen Einsatz, beispielsweise auf einer Terrasse mit Natursteinbelag, ist unsere Radkonstruktion wie geschaffen.
Wichtig dabei ist, daß der Maserungsverlauf der beiden Lagen beim vollflächigen Verleimen deutlich gegeneinander verdreht wird, am besten um 90°. Das erhöht die Stabilität wesentlich, das Rad ‚steht' besser. Zusätzlichen Schutz gegen strapaziöse Bodenoberflächen bieten die eingeklebten Umleimerstreifen.

Umlaufend erhält das Rad mittig einen Schlitz für den Steg des Umleimers

1 *Vollflächige, wasserfeste Verleimung ist Voraussetzung für strapazierfähige Räder, die jedem Wetter und unebenen Böden trotzen*

2 *Die Diagonalen der quadratischen Scheiben ergeben den Mittelpunkt für die Zirkelspitze. Rad- und Speichenbreite werden festgelegt*

3 *Mit der Stichsäge wird die Kreiskontur grob, das heißt mit etwa 2 mm Zugabe umlaufend zugeschnitten. Diese Hilfskonstruktion, an ...*

4 *... der Oberfräse fixiert und mit einem Dübel als Zentrierung ausgestattet, ermöglicht die Herstellung eines perfekten Außenkreises*

5 *Um die Speichen herausarbeiten zu können, erhalten alle Eckpunkte Bohrungen, in die anschließend die Stichsäge eingesetzt wird*

6 *Zum Glätten der Konturen kommt noch einmal die Stichsäge zum Zuge. Diesmal aber mit einem Schleifadapter und Schleifstreifen*

7 *Ein Abrundfräser mit Kugellager, eingespannt in die Oberfräse, sorgt für gefällige Kanten an den äußeren und den inneren Konturen*

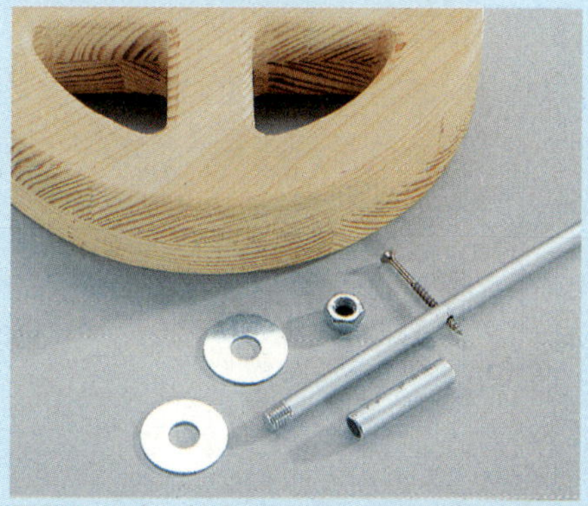

8 *Die Achse läuft in eingesetzten Rohrstücken. Ihre Länge ist so bemessen, daß bei angezogenen Hutmuttern genügend ‚Spiel' bleibt*

Zapfenverbindungen für die Platten

1 *Alle Rahmenbretter, die die Zapfen der Füllungsleisten aufnehmen, erhalten mit Hilfe eines Scheibenfräsers passende Schlitze*

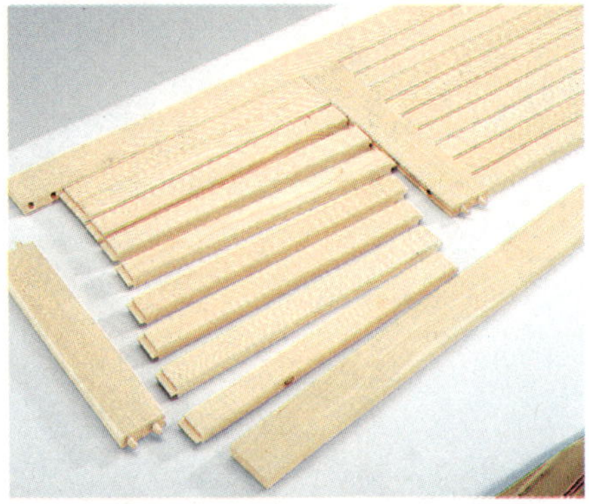

2 *Die Bodenplatte entsteht. Die durchgehenden Schlitze in den Rahmenbrettern ermöglichen noch Lagekorrekturen bei den Füllungsleisten*

3 *Die äußeren Rahmenbretter der Bodenplatte sind vor dem Verschrauben an den vier Ecken den Stollenmaßen anzupassen (Stichsäge)*

4 *Die beiden komplett vorgefertigten Achsen* ***(siehe auch Kasten Seite 355) werden mit*** *den Stollen und der Bodenplatte verschraubt*

5 *An den beiden Stirnseiten sind, fixiert durch Dübel, auf Lagerböcken abnehmbare Locheinsätze für Gläser und Flaschen vorgesehen*

6 *Nähtisch-Scharniere verbinden die Tischplatte mit den beiden Klappen. Die Aussparungen entstehen mit Forstnerbohrer und Stechbeitel*

Ohne Tischplatte bleibt der Blick auf das Innenleben frei. Das Detail zeigt die Verbindung zwischen Korpus und Platte

einem links sitzenden Auszug. Jeder der Auszüge wird durch einen Holzdübel so geführt, daß er sich zwar eine bestimmte Strecke bewegen kann, aber nicht verlorengeht. Wichtig bei der Herstellung des Langlochs (der Führungskulisse) ist eine exakte Anpassung an den Dübeldurchmesser. Auch in den anderen Teilen der Führung sollte sich der Auszug gerade bewegen lassen, jedoch nicht darin schlackern. Sonst könnte er dazu neigen, unter dem Gewicht der Klappe und der darauf stehenden Speisen und Getränke nachzugeben. Das würde dann nicht nur die Optik unseres Servierwagens ganz empfindlich stören, es hätte unter unglücklichen Umständen auch recht fatale Folgen für das sorgfältig bereitete Menü. Wenn Sie den Einkaufszettel eingehend studiert haben (und das sollten Sie vor Baubeginn unbedingt tun), wird Ihnen aufgefallen sein, daß es zwei verschiedene Versionen der Schubladen gibt. Dies ist erforderlich, um den baulichen Gegebenheiten auf der Stirnseite mit dem Griff Rechnung zu tragen.

Zur besseren Nutzung sind alle Schubladen ganz herauszunehmen. Bei der oberen Schublade auf der Griffseite wäre das nicht möglich, hätte sie die Länge der anderen. Sie ist deshalb um 40 Millimeter kürzer, der prinzipielle Aufbau jedoch gleich.

Um den Bewegungsspielraum der beiden oberen Schubladen nicht zu beeinträchtigen, müssen die Stuhlwinkel, die die Arbeitsplatte mit dem Korpus verbinden, in ihrer vollen Materialdicke in die Arbeitsplatte eingelassen werden. Seitlich ist das nicht

Preiswerte Alternative: Das Abrichten

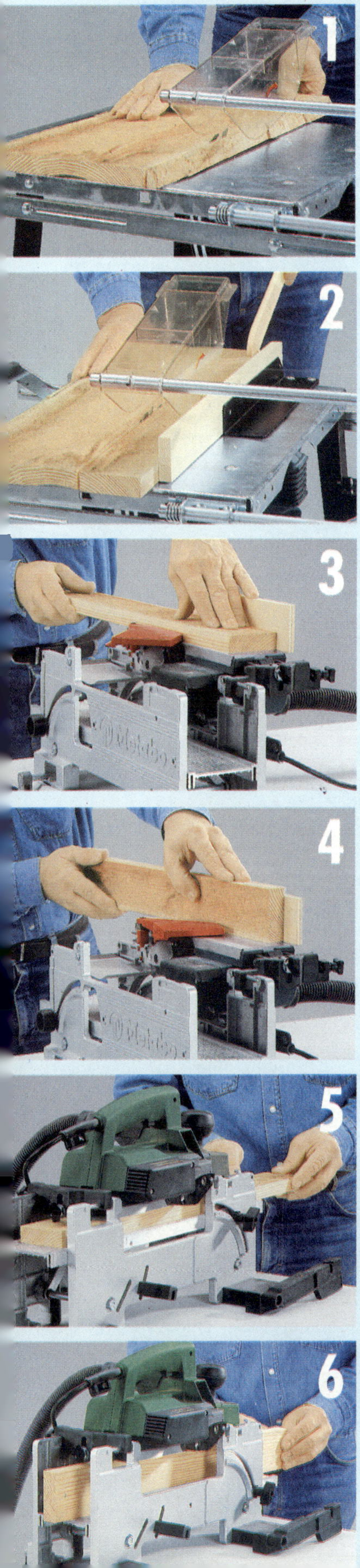

Keine Frage, auch nachwachsende Rohstoffe sind teuer. Insbesondere dann, wenn Sie verarbeitungsgerecht in Form von Leimholz-Platten angeboten werden. Die Angebots-Palette ist mittlerweile recht groß, sowohl bezüglich der Holzarten als auch der Brettgrößen. Wenn man jedoch auch Wände aus Einzelbrettern herstellt (wie beispielsweise die Längszargen unseres Servierwagens), ist die Verwendung selbst abgerichteter Bretter durchaus sinnvoll. Die Kosten für das Material können im Vergleich zu Leimholz (regional unterschiedlich) zwischen einem Viertel und einem Drittel niedriger liegen. Beim Abrichten erfolgen die ersten beiden Schritte auf dem Sägetisch: Eine unbesäumte Kante wird von der Bohle getrennt (1). Dann kommt der Parallelschnitt auf Breite plus einer Zugabe (2). Obligatorisch sind dabei Schutzhaube und Schiebestock! Jetzt geht es an die Feinarbeit. Dazu zählen die absolute Rechtwinkligkeit im Querschnitt und die Maßgenauigkeit. Zunächst wird eine flache Seite plan gehobelt (3), um eine exakte Seitenführung bei dem nun folgenden Abrichten der schmalen Kante zu ermöglichen (4). Die endgültige Brettdicke ergibt sich beim Durchschieben in der Abricht- und Dickenhobel-Einrichtung (5). Der letzte Arbeitsgang, das Hobeln auf Breite, erfolgt in der gleichen Weise mit hochkant gestelltem Brett (6).

Umweltfreundlich: Die vierfache Mülltrennung kann hier platzsparend erfolgen

Abfallsammler

Seit der Einführung des Dualen Systems stehen in vielen Gemeinden heute schon drei oder vier Tonnen vor dem Haus. Damit Sie schon in Ihrer Wohnung den Müll ganz bequem vorsortieren können, haben wir diesen Abfallsammler gefertigt, den Sie in einen Küchenunterschrank einbauen können. Die Maße dafür richten sich ganz nach dem vorhandenen Platz und den Gefäßen, die Sie dafür aussuchen. Als Material verwendeten wir beschichtete Spanplatte, 19 mm dick. Außerdem benötigen Sie zwei Teleskopauszüge. Die Ausschnitte müssen Sie entsprechend den zu verwendenden Gefäße aufzeichnen und dann anschließend mit der Stichsäge ausschneiden.

Die beiden Teleskopauszüge montieren Sie unter Zuhilfenahme einer Sperrholzzulage an den Seitenwänden des Unterschrankes

Auch mit geschlossenen Klappen bietet der Servierwagen reichlich Fläche

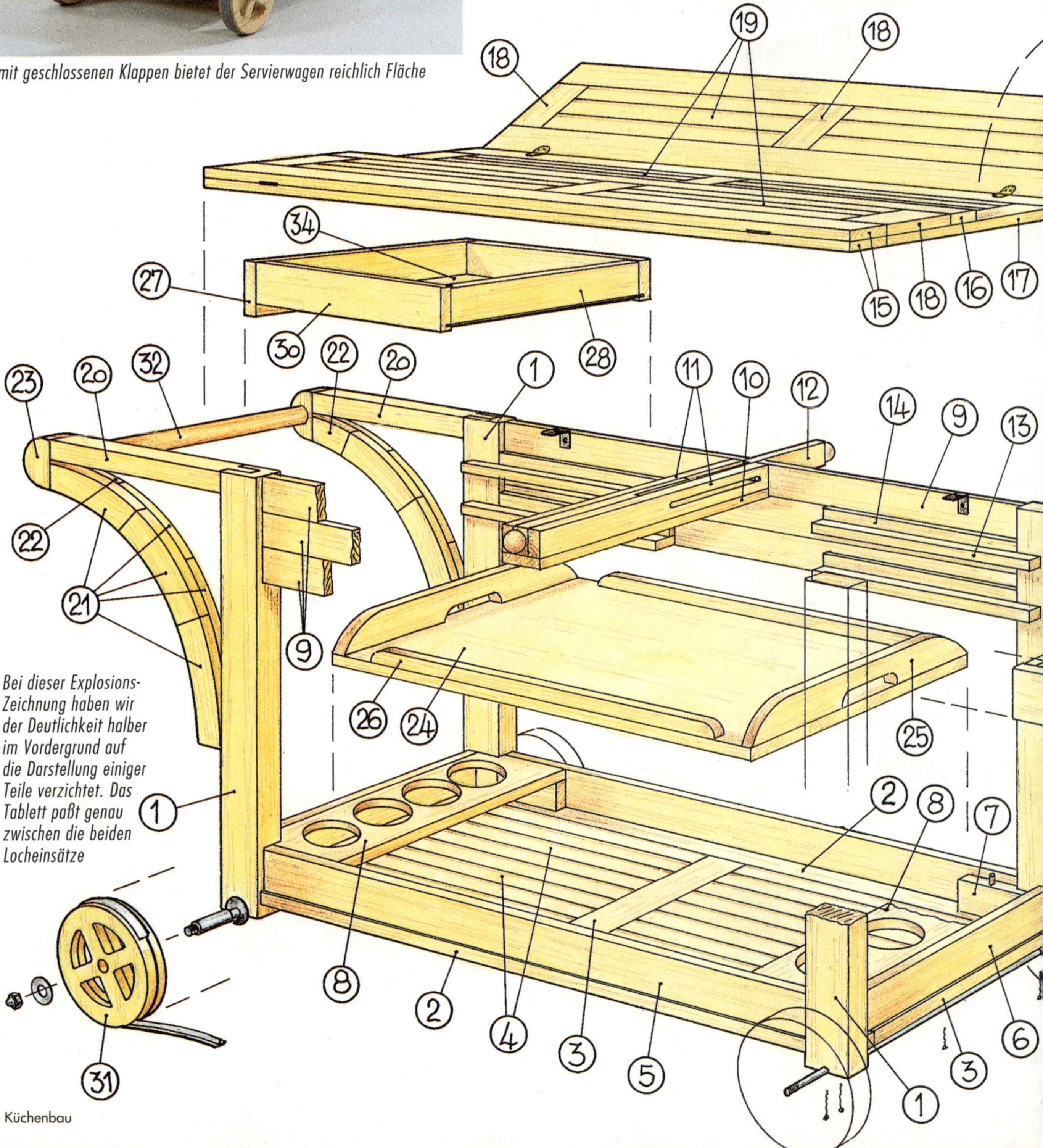

Bei dieser Explosions-Zeichnung haben wir der Deutlichkeit halber im Vordergrund auf die Darstellung einiger Teile verzichtet. Das Tablett paßt genau zwischen die beiden Locheinsätze